21世纪高等院校旅游管理精品教材

旅游文化学

（第二版）

CULTURE OF TOURISM

2nd edition

李朝军 郑焱 编著

东北财经大学出版社
Dongbei University of Finance & Economics Press
大连

图书在版编目(CIP)数据

旅游文化学 / 李朝军，郑焱编著．—2版．—大连：东北财经大学出版社，2016.6（2022.8重印）

（21世纪高等院校旅游管理精品教材）

ISBN 978-7-5654-2190-7

Ⅰ．旅…　Ⅱ．①李…　②郑…　Ⅲ．旅游-文化-高等学校-教材　Ⅳ．F590

中国版本图书馆CIP数据核字(2015)第314965号

东北财经大学出版社出版

（大连市黑石礁尖山街217号　邮政编码　116025）

教学支持：（0411）84710309

营 销 部：（0411）84710711

总 编 室：（0411）84710523

网　　址：http：//www.dufep.cn

读者信箱：dufep@dufe.edu.cn

大连永盛印业有限公司印刷　东北财经大学出版社发行

幅面尺寸：185mm×260mm　字数：421千字　印张：19.5

2016年6月第2版　2022年8月第3次印刷

责任编辑：孙　平　责任校对：那　欣　王　娟

封面设计：冀贵收　版式设计：钟福建

定价：36.00元

第二版前言

旅游文化学是一门尚未定型的新兴学科。对这门学科的性质、研究对象、研究内容以及研究方法的争论持续不断，结论很不统一，甚至有旅游文化学是否能够成立的讨论。本书试图对旅游文化现象展开系统考察，尝试建立比较明晰的旅游文化学概念和理论体系。本书首先运用逻辑分析的方法探讨旅游文化与文化旅游的区别（之所以要用逻辑分析的方法，是因为目前旅游文化与文化旅游混淆的现状主要是逻辑混淆引起的，表现在时间逻辑和因果逻辑等方面），廓清旅游文化与文化旅游混淆的现状，对旅游文化和旅游文化学加以界定，然后从旅游活动展开基本要素角度入手分析旅游文化学的系统构成。本书没有讨论旅游资源的文化内涵（“旅游客体文化”），是因为作者认为：一方面，旅游文化是旅游者、旅游从业者和旅游目的地居民在旅游者旅游活动过程中所营造的一种新型文化形态，是旅游者通过旅游业活动在旅游活动过程中以旅游目的地为最终极的载体相互作用、共创共生的过程和结果。资源的文化内涵与旅游文化是间接的而非直接的关系，资源的文化内涵是客观存在于特定的地域空间、因所具有的文化价值而拉动旅游者前往的，而旅游文化是在旅游活动开展之后形成的新型文化形态，二者之间存在质的差异性。另一方面，旅游客体文化包罗万象，一旦涉及旅游资源、旅游吸引物的文化内涵，似乎一切现象都与“旅游文化”有关，内容庞杂，在短小的篇幅中难以阐释清楚，因此难以成为旅游文化学研究的对象。本书试图在契合文化、旅游文化和旅游文化学概念的基础上，构建旅游文化学的主要内容和体系，并按照比较、评价和思辨并重的思路，进行各个章节内容的写作。作者的路径是从逻辑分析到综合，从旅游者和旅游从业者到旅游者、旅游从业者和目的地居民相互作用而逐次展开，这个结构体现了作者对旅游文化学研究对象的理解。

本书的结构和主要内容如下：

第一章、第二章和第三章是本书的基础理论部分，主要讨论旅游文化的概念系统，旅游文化的本质与特征，旅游文化认识论（研究对象、研究内容、学科性质和学科体系）等方面的内容。

第一章首先回顾了旅游文化学研究的历史和现状，总结旅游文化学研究的各种理论观点，通过对各种理论观点的评介，确立作者旅游文化学的研究对象和内容、学科性质以及研究方法。按照作者的理解，旅游文化学的研究对象是旅游者、旅游从业者和旅游目的地居民在旅游者旅游活动过程中所营造的一种新型文化形态的内在矛盾，旅游文化学研究的任务是通过研究来认识这种新型文化形态发生的形态结构、运动轨迹和存在的规律以及对现存文化（现存文化这里主要是指各种旅游资源的文化内涵及其表现形式，它具有阶段性特点）产生的各种影响。这一研究对象决定了旅游文化学必然是一门跨学科的边缘性学科，拥有独特的构成体系和研究方法。旅游文化的表现载体可以落实在旅游者、旅游业和目的地三大构面上，这三个构面的研究内容应该成为旅游文化学体系的核心系统。本章以核心系统和拓展系统构建了旅游文化学的研究内容体系，因篇幅所限，本书只涉猎了旅游文化学研究内容体系的核心系统部分（参见表1-6）。

在第二章里，作者运用整合分析的方法，提出了认识旅游文化本质与相关范畴的模型框架。旅游和文化的本质是旅游文化本质的逻辑起点和归宿点，直接规定着旅游文化的本质。在探索性分析旅游和文化本质的基础上，作者认为旅游文化是一种文化整合的过程，是旅游引致的人化的过程与结果。流动性和开放性是旅游文化最基本的特征。当认识到旅游文化是由旅游者活动、旅游从业者活动和目的地居民互相作用产生的一种新型文化形态时，我们就会发现，我们过去建立的旅游文化学体系中"客体说"中所包含的主体内容如山水、建筑、园林、宗教、民俗、艺术等静态的文化研究载体不宜成为旅游文化学研究的内容。这种认识还可以解决过去旅游文化无所不包的尴尬处境。当认识到旅游文化的本质是一种文化整合时，我们就会发现旅游文化是客源地文化（通过旅游者）与目的地文化（通过旅游业活动和目的地居民）双向扩散的结果。旅游文化作为一种复杂的现象，需要用全面的视角来认识和分析。

在直截了当批判了旅游文化概念界定混乱倾向的基础上，作者提出了界定旅游文化概念的四个原则：旅游、文化与旅游文化概念契合一致的原则；旅游文化界定应该坚持狭义"文化"原则；旅游文化的定义应该揭示旅游文化的本质；旅游文化的主体主要是旅游者，也包括旅游从业者和目的地居民，但不包括旅游客体或旅游资源。进而，作者运用逻辑分析的方法试图区分旅游、旅游文化、文化旅游与旅游的文化效应，进一步来认识旅游文化的本质与特征。

基于以上分析，作者把旅游文化界定为：旅游文化是旅游者、旅游从业者和旅游目的地居民在旅游活动过程中所营造的一种新型文化形态，是旅游者通过旅游活动在旅游过程中以旅游目的地作为最终极的载体相互作用、共创共生的过程和结果，是由旅游活动引致并迸发出来的形式多样的各种文化现象的总称，其实质是旅游引致的人化过程与结果。判断是不是旅游文化研究内容的一个标准就是这种文化现象是否出现在旅游活动之后，并且这种文化现象是否由旅游活动的开展而形成的。这一点非常重要，可以说是本书立论的基点之一。

第三章是对旅游文化的形成、功能和地位进行分析的一章。契合本书旅游文化概念（旅游文化的主体主要是旅游者，也包括旅游从业者和目的地居民）和研究内容体系（旅游文化研究的三大构面）的说法，作者从旅游者和旅游业两个维度以及旅游目的地最终极载体和最佳观测点的定位出发，构建了旅游文化形成的机制模型（见图3-3），力求超越个别旅游文化现象，把握旅游文化形成的全貌和全过程。需要特别指出的是，旅游者活动和旅游业活动在旅游文化形成过程中的基础地位是有所差别的。旅游者的旅游活动在旅游文化形成过程中处于第一核心的地位；旅游业活动在旅游文化形成过程中处于第二核心的地位。在不同的历史阶段，旅游者活动和旅游业活动在旅游文化形成过程中所起的作用及其形式各不相同，随着旅游业的兴起，旅游业活动在旅游文化形成过程中的作用越发明显和突出。旅游者的旅游活动和旅游业活动两者紧密结合，推动丰富多彩的旅游文化的发展。此外，作者对旅游文化功能的认识也是从旅游者和旅游业两个维度加以展开的。旅游文化的功能主要表现在人化自然、丰富与发展文化、推动社会发展与变迁、塑造旅游形象、调控矛盾等方面。本章最后讨论了旅游文化在旅游、旅游业和文化中的地位问题。

第四章、第五章和第六章是从旅游者维度来考察旅游文化的，主要讨论了旅游审美文化、旅游消费文化和旅游休闲文化等内容。

第四章从美的发生的角度考察了美的本质与存在形态，并结合中西美学话语模式，从不同的层面来认识旅游审美文化。在这一章中，旅游审美、旅游审美关系和旅游审美心理要素与过程是最重要的概念。作者的观点是，旅游审美是在旅游过程中所发生的美的欣赏和美的创造过程。构成旅游审美文化的最主要基石是感知、情感、联想和想象、理解等心理活动，这些心理要素相互联系、相互依赖和相互作用，在自由和谐的彼此推移过程中产生审美感受，是形成美的体验和美的创造的源泉。悦耳悦目、悦心悦意、悦志悦神是旅游审美感受的三大文化层次。旅游审美更多是一种心理创造过程，只有旅游者把这种美的发现、欣赏和创造过程和文化创造过程记录和描绘下来时，人们才能去理解和审视这种隐形的旅游审美文化。旅游审美文化通过旅游审美效应作用于审美主体，直接促进审美主体理性审美判断的累积和审美欲望的增长，间接完善了审美主体的心理结构、提高美的鉴赏力、丰富人的精神境界。

第五章从消费行为角度来探讨旅游消费行为在旅游文化产生发展过程中的内在决定力量是什么，文化是旅游消费行为的根本动因。不同的旅游消费行为模式体现不同的旅游价值观和旅游消费文化取向。所以，在这一章中，详细地阐述了旅游消费的概念与特点，分析了旅游消费中的文化影响因素。从纵向动态角度看，旅游消费行为文化存在演进的轨迹，在现代化和后现代化时代，消费主义文化是旅游消费行为文化的最重要体现形式。而伴随着旅游消费的迅速升温，许多不健康、不正常的旅游消费文化现象不断滋生蔓延，主要表现在奢侈性（炫耀性）、欺骗性、愚昧性、恶习性、非文明性和非理性等方面，反映了加强旅游消费文化建设的紧迫性。

第六章从旅游与休闲关系的角度提出了旅游休闲文化的命题。休闲文化是人们在从事休闲活动的过程中，将那些使自己感觉愉悦的活动与自己的审美活动、创造活动联系在一起，经过充分自由选择和纯粹兴趣所致，用于自我享受、调整和发展的价值观念和生活方式；是为满足人的精神需要由（旅游）休闲活动引致并迸发出来的形式多样的各种文化创造、文化欣赏、文化建构等文化现象。不同的社会和不同的民族对各种剩余资源（如时间和金钱）的处理方式就形成了不同社会和不同民族休闲文化的基本特征。所以，在这一章中，详细地阐述了中国古代休闲文化的典型形式，比较了中西人本休闲文化和物本休闲文化，分析了中国建设休闲文化过程所要面对的观念困境和文化困境，进而提出建设中国特色休闲文化和传统休闲典型形式的市场化和现代化两大命题。

第七章和第八章是从旅游业维度来考察旅游文化（现象），主要讨论了旅游产品文化和旅游企业文化等方面的内容。

在第七章，作者在区分旅游产品文化与旅游文化产品基础上，认为旅游产品文化是在商品经济条件下（特别是在市场经济条件下），受经济发展水平的影响，在现代市场意识和营销意识支配下，渗透到旅游产品设计、开发和营销过程中的、逐渐形成的一种整体性的观念形态和文化创造以及反映在旅游产品上的文化层次和文化趋向。本章运用整合分析的方法，提出了旅游产品文化的功能阶梯模型（见图7-1），旅游产品文化的形成和发展路径（见图7-2），旅游产品文化的形成机制、运动规律和调节机制模型（见图7-3）。旅游产品文化是在通过外化和创造机制来开发旅游产品的过程中形成的。

作者还认为，主题提炼在旅游产品文化的形成和建设过程中非常重要。旅游产品文化主题提炼，要从目标市场出发进行旅游产品文化主题定位；要以资源为依托开发个性化的旅游产品，凸显旅游产品文化特色；要围绕主题，在形象和营销上提升旅游产品文化品位。作为旅游产品形式之一的旅游景观，是旅游产品最佳的观测单位；旅游线路是最常见的旅游产品；旅游服务是无形的旅游产品。因此，只有仔细审视旅游景观文化、旅游线路文化和旅游服务文化，才能理解和把握旅游产品文化的脉搏和全貌。

第八章对旅游企业文化进行了分析。企业管理和企业文化体现为一种虚实结合的关系。在界定旅游企业文化概念、特征和功能基础上，本章分析了旅游企业文化建设的现状与误区，构建了旅游企业文化塑建的原则、程序、路径和方法。旅游企业经营管理文化的主体主要是旅游饭店、旅行社、旅游交通企业和旅游景区等。

第九章从旅游目的地维度来进一步考察旅游文化（现象）。旅游目的地（旅游接待地）是旅游文化现象的最终极载体和最佳观测点。旅游目的地地域（本源）文化、旅游对目的地的社会文化影响与各种旅游文化现象在旅游目的地的各种表现形式交织在一起。旅游目的地文化生态是包括旅游目的地地域文化、旅游对目的地的文化影响、旅游目的地文化（各种旅游文化现象）以及旅游目的地文化发展变迁与调试的综合体。旅游目的地文化变迁和发展是相互交织在一起的多重文化构成的极其复杂的变迁合力作用的结果，并据此提出了旅游目的地文化变迁合力与依赖路径模型（见表9-6）。虽然可持续旅游发展观对旅游目的地文化变迁和调试有一定的指导作用，但旅游目的地文化的可持续发展依赖于利益相关者对可持续旅游发展观的深刻理解、力量对比以及相应的管理协调。如何追求旅游目的地文化变迁中的健康发展，如何把握好诸多影响旅游目的地文化变迁因素之间的契合点和平衡点，这在旅游发展的实践中实际上构成了今后相当长时期内我国旅游业发展面临的最严峻的挑战之一。

编著者

2016年4月

目　录

第一章　导　论

学习目标

学过本章之后，你应该能够：

1.了解国内外旅游文化（学）研究的历史与现状，并把握旅游文化学研究的发展趋势。

2.通过比较、评价和思辨，理解旅游文化学研究的基本对象，以及所研究的核心内容。

3.认识不同学科在旅游文化学研究中的作用以及旅游文化学与相关学科的关系，并由此认识旅游文化学的学科性质和特点。

4.运用相关研究方法，结合旅游专业实践活动，开展旅游文化研究。

第一节　旅游文化（学）研究的历史与现状

从世界范围来看，旅游学的研究始于近代，而在中国的研究仅有30年的时间，所以，相对于其他成熟学科而言，旅游学属于十分年轻的学科；作为旅游学分支的旅游文化学，其研究与旅游学研究一样，经历了筚路蓝缕的演进过程。在研究对象的认定、研究内容的选择、研究方法的运用，甚至旅游文化学作为旅游学的分支学科能否成立等问题上都存在不同意见。总体来看，学界努力尝试构建旅游文化学学科体系，经历了从无到有、从比较肤浅到比较成熟的历程，对旅游文化（学）的本质与特征的认识不断加深。事实表明，旅游文化（学）的研究具有强大的生命力，值得我们尝试和探索。

旅游学研究发端于英语学术圈，在我国仅有近30年的历史。时间上的差距意味着研究水平的差距，对进入中国旅游理论研究视野更晚的旅游文化学研究而言更是如此。因此探讨和评介国外旅游文化的研究历史和现状对国内旅游文化学的研究就显得尤为重要。

一、国外旅游文化研究进展

（一）国外旅游文化研究的一般性描述

旅游文化研究最早兴起于欧美，研究成果丰硕。但是，英语学术圈几乎不把“旅游文化”当作旅游研究的一个独立的分支学科，而更多是当作旅游研究的最重要视角——文化视角来看待的。在我们接触的外文资料中，至今没有见到以旅游文化学为题的专著、教材、研究报告和学术论文，也找不到一个确切的旅游文化的定义和研究框架。

1994年，肖洪根在《华侨大学学报》发表《国内外旅游文化研究述评》一文，系统地考察了西方旅游文化概念研究中的模式理论，比较了中西旅游文化研究的差异。这篇文章内容丰富、思维严谨、评介精辟，是我国旅游文化学研究历程中非常重要的文献。2014年，赵红梅在追溯国内外旅游文化研究成果的基础上，从文化的发生层面来界定和框限旅游文化，并在内涵、特性、功能层面上对旅游文化与一般文化进行比较分析，反思国内旅游文化研究的概念误区，并尝试以文化人类学视角来廓清旅游文化的外延，将旅游文化视为文化生产与再生产的结果，为旅游文化内涵的明确化、具体化做了抛砖引玉的前期思考[①]。这篇文献对国内外旅游文化的研究进行了系统梳理和精准的评价，是我们撰写国内外旅游文化研究这一部分内容的重要资料来源和依据。

国外旅游文化的研究走过了一条披荆斩棘的道路。在二战前后，西方就存在着旅游是一种经济现象还是社会文化现象的争论。德国学者葛留克斯曼、瑞士学者汉泽克尔与克拉普夫等人关于旅游是社会现象的观点虽不占主流，却把旅游研究延伸到旅游文化领域。20世纪60年代，全球大众旅游兴起，在英语学术圈内，经济、社会文化、生态环境三方面的旅游影响研究逐渐深入，研究内容进一步向旅游文化领域扩展。但这种旅游影响研究由于忽视旅游的文化属性，是“循着功利主义观点的思维发展起来的[②]”。因此，这一时期是旅游文化意识朦胧发展的时期，旅游文化概念的形成与提出还不成熟；但随着西方世界旅游业的兴起，旅游在目的地和客源地引起了广泛的社会文化问题。人文学者开始关注旅游现象，并以多种视角加入旅游研究。旅游文化的研究领域逐渐扩展，主要包括旅游社会学、旅游人类学。

20世纪70年代，旅游文化领域的各学科得到迅速发展。1973年，美国威斯康星大学的加法利教授创办《旅游研究年报》(*Annals of Tourism Research*)，成为英语学术圈第一份以旅游文化现象为主要研究客体的旅游刊物，虽然它并没有使用“旅游文化”一词，但却因研究旅游文化而闻名遐迩。从1979年开始，《旅游研究年报》对旅游现象进行有组织的、有目的的多学科综合研究，每卷都有一期专辑。1991年，《旅游研究年报》出版《旅游社会科学专辑》，对旅游各分支学科研究成果进行总结，1997年后开始出版成熟的旅游社会科学丛书。邹本涛、谢春山认为，《旅游研究年报》的创刊，标志着西方开始了严格意义上的旅游文化研究[③]。

从20世纪70年代开始，旅游社会学开始奠定学科地位，取得重要研究进展。其中，旅游对目的地社会文化影响及其变迁的原因与本质的研究是旅游文化研究重要的领域。1974年，瓦伦·史密斯在墨西哥组织美国人类学研究会，该会呈交的会议论文形成《东道主与游客：旅游人类学》(*Hosts and Guests: The Anthropology of Tourism*)文集。文集论文分为两类：一类是探讨游客体验及其所遇事物的文化解释；另一类是评价旅游带给东道主社区社会文化系统的实际影响[④]。这虽然是一部旅游人类学论著，但研究内容都与旅游

① 赵红梅.论旅游文化——文化人类学视野[J].旅游学刊，2014，29（1）：16-26.
② 申葆嘉.国外旅游研究进展[J].旅游学刊，1996（1-5）.
③ 邹本涛，谢春山.旅游文化学[M].北京：中国旅游出版社，2008.
④ Smith V L.Hosts and guests: the anthropology of tourism[M]. University Park,PA: The Pennsylvania University Press，1989.

文化有关。在这一论著中，Graburn的论文*Tourism: The Sacred Journey*，把旅游放在旅行历史和文化语境中研究中，置旅游文化于生命和时间的过程中，开拓了旅游文化广阔的研究空间，被公认为旅游人类文化学的经典之作。文中现代旅游与宗教仪式在结构、功能等方面具有相似性，旅游就是一种现代化的世俗仪式等观点，深刻影响了旅游人类学和旅游文化学的研究①。MacCannell的旅游文化研究也值得注意，MacCannell既把旅游看作反映现代化过程的例证，又视旅游为嵌入现代社会心理的一个楔子。其《旅游者：有闲阶级新论》一书把旅游者提升为一个由现代性演变决定的新的社会阶级的观点，有力彰显了旅游的社会文化内涵。

旅游文化的产生和发展由来已久，但正式作为一个概念提出只有30年的历史。一般认为，"旅游文化"概念最早是在美国学者罗伯特·麦金托什和夏希肯特·格波特于1977年在美国合作出版的《旅游学——要素·实践·基本原理》一书中作为第二章标题出现的。该书把旅游文化与旅游社会学相提并论，这或可以成为旅游文化研究开始从旅游社会学研究中分离出来，并成为旅游学独立分支学科的标志。旅游行为研究和旅游社会文化研究成为旅游人类学、旅游社会学和旅游文化学都争相开拓的领域，进一步促成了旅游文化属性广泛深刻的认识和研究。

20世纪90年代以来，旅游在西方后工业化社会中的作用更加突出，国外旅游社会文化学的研究领域更加集中在旅游者、旅游对旅游目的地社会文化影响研究等方面。在旅游者研究方面，有尤瑞的《旅游者的凝视》、亚利·里德的《旅行者的心灵：从基加马治到环球旅游》、玛丽·路易·普拉特的《帝国主义的眼睛：旅行写作与跨文化的演变》等代表性著作。在这些论著中，旅游文化研究的触角延伸到旅游行为文化、旅游心理和政治文化领域。此外，旅游目的地社会文化影响研究成果则是不胜枚举。还需要特别指出的是，旅游休闲文化的研究是西方旅游文化研究的又一重要领域。后现代化时期的旅游消费文化、休闲生活形态等成为新的旅游文化研究的发展方向。在这一领域，主要的代表性论著有J.皮普尔的《休闲：文化的基础》、John R.Kelly的《走向自由——休闲社会学新论》和Geoffrey Godbey的《人类思想史中的休闲》等。

旅游文化的研究随着旅游发展的不断深化而逐渐深入。我们可以通过扫描旅游文化在美国最负盛名大学的旅游和休闲课程设置状况来透视旅游文化的研究地位。美国主要大学旅游研究中与旅游文化相关内容见表1-1。

（二）国外旅游文化研究的主要领域

30多年来，西方的旅游文化研究以《旅游研究年报》、《旅游管理》、《旅游研究杂志》、《休闲研究年刊》和《休闲研究》等刊物为主要平台，全面深入地研究了旅游与休闲文化的各个方面。在学术交流上，除了定期的旅游文化国际年会外，各国、各地区还有为数众多的各类研讨会②。由此可见，西方的旅游文化研究业已成为旅游研究的主流。

---

① Burns P M.An introduction to tourism and anthropology[M].London and New York: Routledge, 2000.
② 肖洪根.国内外旅游文化研究综述[J].华侨大学学报（社会科学哲学版），1994（1）.

表1-1　**美国主要大学旅游研究中与旅游文化相关内容简表**[①]

大学	与旅游文化研究相关的内容
哈佛大学	作为宗教朝觐的现代旅游；人类自身作为旅游吸引物；作为本土文化销售的旅游
普林斯顿大学	历史文化学视角的宗教遗产旅游吸引物展示
耶鲁大学	亚洲的旅游与文化
麻省理工学院	全球文化视野中的太空旅游
斯坦福大学	旅游与文学；文化旅游
哥伦比亚大学	云南的民族文化旅游；旅游对家庭、外来者和当地居民的影响；旅游与文化和人际关系；文化、旅游与发展
芝加哥大学	玛雅的旅游与文化人类学

国外主要运用人文主义研究范式来开展旅游文化研究[②]。一方面，规则化、计量化和标准测量的科学主义范式在研究旅游文化的很多专题时，难免有力不从心的感觉；另一方面，旅游文化的演绎从最初开始就是一个人化自然，而不是同化人格和物化诉求的文化实践过程。

在世界范围内，每年有上10亿人次通过旅游相互交流和接触，旅游文化现象通过人际关系、国家关系和国际关系等得以呈现，世界范围内旅游文化的历史演义和小区域尺度旅游文化的当代复兴与传播，无不呈现出精彩纷呈的画面。梳理国外旅游文化研究历程表明，人文主义是旅游文化研究的基础范式，旅游文化研究是立足于人类学的多学科和跨学科研究。

黄金葵对国外旅游文化研究的主要领域有过精准的梳理和归纳。旅游人类学基础理论研究、旅游发展历程研究、旅游景观主题环境创意研究、旅游文学叙事和旅游文化传播研究，是旅游文化研究的四大基础性领域[③]。

首先，文化解构观与游客凝视论是旅游人类学基础概念。例如，科恩从Permanency（恒久性）、Voluntariness（自愿性）、Direction（方向性）、Distance of Trip（距离性）、Recurrency（往复性）、Purpose of Trip（目的性）等维度解构游客的身份[④]；Berger（2004）在其代表作《解构旅行：旅游研究的文化视角》中，旗帜鲜明地指出："对异域风情的追寻（Search for the Exotic）是旅游文化现象的核心特质。[⑤]"与旅游文化解构研究不同的另一条研究路径就是"游客凝视论"（Tourist Gaze）[⑥]。离开了游客群体的凝视，各类自然和人文景观就缺少了旅游文化的意义，凝视行为机制可以视为旅游者与非旅游者行为的一个显著性差异。

① 根据网络资源整理。同时参考了吴必虎，蔡利平.美国大学中的旅游研究——旅游研究向名牌大学的渗透[J].旅游学刊，2001（4）.

② 黄金葵.人文主义研究范式与旅游文化研究国际动态述评[C]//中国旅游科学年会论文集.北京：中国旅游研究院，2015：18.

③ 黄金葵.人文主义研究范式与旅游文化研究国际动态述评[C]//中国旅游科学年会论文集.北京：中国旅游研究院，2015：18.

④ Cohen E. Who is a tourist? a conceptual clarification[J].Sociological Review，1974，22（4）：527-555.

⑤ Berger A A.Deconstructing Travel[M]. Creek, CA： Alta Mira Press，2004：33-34.

⑥ Urry J.The tourist gaze [M]. London： Sage Publications，1990：1-15.

其次，世俗朝圣论与文化商品化是旅游发展历程研究的核心。作为西方早期代表性旅游文化现象的泛欧游历，以及作为殖民主义怀旧情结代表的殖民地旅游，以及针对工业化现象形成的带薪休假现象，是旅游文化研究关注的重点。泛欧旅行是16—19世纪西方旅游文化发展的标志性事件①，是世界旅游文化发展和传播的重要篇章②。美国人类学家纳尔逊·格雷本立足价值观视角，提炼出人类旅游实践活动背后隐藏着世俗朝圣的仪式行为模式③。文化商品化是旅游业发展形成的又一大重要文化现象，本真性和原真性讨论与文化商品化讨论相伴相生④。旅游观光和旅游摄影是旅游凝视的一种消费形式，经过摄影实践加工的形象是一种人类思维内化的产物，是旅游文化现象的集中体现。

再次，文化遗产和表演本真性是旅游主题环境创意研究的核心领域。创意是旅游规划开发的灵魂，我们在讨论和研究各种成功的旅游创意方案时，往往忘记了背后隐藏的人文内涵和学理源头。非物质文化遗产和文化遗址的规划与开发始终处于旅游创意开发的中心位置，游客对异域非物质文化遗产的追寻，以及居民对本土文化的认同，也始终是学界和业界关注的焦点。当旅游开发和居民的生活图景协同共进时，旅游产业实践成功的机会就大大提高。迪恩·麦肯奈尔等坚持旅游表演要呈现社会文化本真性，而爱德华·布鲁纳等坚持旅游表演的加工创造性；前者将旅游文化现象假定为被真实底层结构支撑的表层结构，后者将旅游生产置于宏大的历史语境中，旅游表演本真性就是本真的旅游生产实践性⑤。

最后，旅游叙事机制和旅游文化传播机制是旅游文化研究的重要方面。爱德华·布鲁纳将人类的旅游实践活动划分为三个层次：被生活实践的旅游；被体验的旅游；被讲述的旅游。旅游叙事和旅游文化传播机制是一个旅游生活、旅游体验和旅游叙事循环往复的过程⑥。

（三）国外旅游文化研究的基本特征

纵观国外旅游文化的研究历史，不难发现其中存在以下特点：

首先，国外旅游文化的研究“比较注重从人本主义的角度出发”⑦，也就是说，国外旅游文化研究是把旅游者置于旅游文化研究框架的中心位置的。国外主要从旅游者、游客、客源地社会和目的地社会四个视角出发，进行系列研究，形成了相应的理论和观点。在旅游跨文化交际的过程中，由不同的旅游者审美动机与旅游消费行为而引发的旅游文化现象，由旅游主客之间文化碰撞产生的各种文化现象（如旅游主客之间的沟通方式和过程、旅游涵化、文化商品化和作为世俗仪式的旅游等），成为旅游文化研究的主要领域。应该说，这种研究方式已经超越了经济现象的有限空间，紧紧围绕旅游的社会文化本质，因而得以在一个更为广阔的范围内突出旅游文化的动态特征⑧。

其次，从研究主导方向看，旅游文化研究已超越旅游经济的研究，成为旅游研究的主

① Towner J.A historical geography of recreation and tourism in the western world 1540-1940[M].Chichester: John Wiley&Sons, 1996.

② Mead W E.Grand tour in eighteenth century[M].Boston and New York: Houghton Mifflin Company, 1914.

③ Graburn N.Secular ritual: a general theory of tourism[M]//Gmelch, S B.Tourists and Tourism: A Reader. Long Grove: Waveland Press, 2009.

④ Wang N.Rethinking authenticity in tourist experiences[J].Annals of Tourism Research, 1999, 26（2）: 349-370.

⑤ Bruner E.Culture on tour[M]. Chicago: The University of Chicago Press, 2005: 33-100.

⑥ Bruner E.Culture on tour[M]. Chicago: The University of Chicago Press, 2005: 33-100.

⑦ 肖洪根.国内外旅游文化研究综述[J].华侨大学学报（社会科学哲学版），1994（1）.

⑧ 沈祖祥.旅游文化学导论[M].福州：福建人民出版社，2006.

导方向。20世纪60至80年代，旅游经济研究成为旅游学研究的主题。在旅游现象之上所笼罩的经济外壳，是促使人们最早关注旅游现象的主要原因，这种关注以学术姿态出现，成为影响旅游科学发展的历史力量。20世纪80年代以后，大众旅游带来一系列社会文化问题，对西方国家而言，最需要解决的不是旅游经济问题，而是旅游社会文化问题。

再次，从研究取向看，重应用研究轻基础理论研究。在旅游实践发展的迫切需要下，再加上已有的旅游理论缺乏系统性，西方旅游研究形成的重应用轻理论的传统也延续到旅游文化的研究上。这种倾向，可以从西方国家主要的旅游文化研究刊物《旅游研究年报》、《旅游管理》、《旅游研究杂志》、《休闲研究年刊》和《休闲研究》等刊载的学术论文看出来。这种应用研究导向在旅游博士论文中也同样得到反映[①]。

最后，从学科研究视角看，西方旅游文化研究多以旅游的社会文化影响为着眼点，旅游文化成为旅游研究最重要的视角。但西方旅游文化的研究依附于旅游社会学和旅游人类学，并没有发展成为相对独立的旅游学科的分支学科。西方的旅游人类学研究主要偏重于接待地主人和客人人际关系的文化现象和演变，以及这种文化现象对接待地社会的影响。一个重要结论是：很多社会中文化演变的主要因素并不是旅游，旅游仅仅是一个助推因素。Nash在《旅游人类学》中系统归纳了旅游研究特征，提出了3个论点：旅游现象作为发展或文化涵化的研究、旅游现象作为个人移动的研究、旅游现象作为一种上层建筑形式的研究[②]。肖洪根在研究国外旅游文化研究状况时，把国外旅游和旅游者概念研究归为两类：从社会学角度把旅游视为一种文化现象来界定，焦点在旅游者的量化标准、文化特征以及旅游的社会文化影响；从经济学角度出发，把旅游界定为一个包容多种工业的新兴工业，焦点集中在供、需角度定义旅游经济现象。这些研究表明，在国外的旅游科学研究中，旅游资源的文化属性是作为旅游吸引物系统存在于旅游学科体系中的，旅游的社会文化影响是存在于旅游影响研究系统中的。这可能就是国外学者不把旅游文化作为旅游学科的分支学科而使之独立存在的原因。

二、国内旅游文化与旅游文化（学）研究

旅游文化概念的提出是中国乃至世界旅游业发展到今天的必然呼唤。旅游文化研究的必要性是由旅游及其相关事象的文化属性决定的。现代旅游越发达、旅游业发展速度越快、旅游地规模越大、旅游影响越深越广，旅游文化及其作用和影响就越大。旅游文化（学）的研究随着旅游业的兴起而开始，随着旅游研究的深化而逐渐深入。回顾和探讨国内旅游文化学研究的历史和现状，要从早期旅游文化研究历程的介评开始。

（一）早期的旅游文化研究

国内旅游文化的研究发轫于旅游性质与旅游功能的研究。国内学术界普遍肯定旅游的文化属性，认可旅游的教育社会文化功能。早期在于光远《旅游与文化》[③]、林洪岱《论

① 申葆嘉.国外旅游研究进展[J].旅游学刊，1996（1-5）.
② Nash D.旅游人类学[M].宗晓莲，译.昆明：云南大学出版社，2004.
③ 于光远.旅游与文化[J].旅游，1981（2）.

旅游业的文化特征》[①]等论文中，他们就旗帜鲜明地提出旅游不仅是经济性很强的事业，而且是文化性很强的事业。这些主张成为旅游文化研究的思想渊源。

1984年第1版的《中国大百科全书·人文地理卷》分册中，第一次提出了“旅游文化”的概念，这也是学术界多数学者认可的“旅游文化”名称的由来。之后不少学者在论著中，都试图对旅游文化加以界说，逐渐深化旅游文化的研究。应该说，俞慈韵的《论旅游文化》、喻学才的《关于建设中国旅游学的构想》、郁龙余的《旅游与旅游文化》三篇文章是国内旅游文化研究历程中非常重要的文献。俞文第一次从文化结构的角度来阐释旅游文化，并提出旅游史是旅游文化属性的最有力证据[②]。喻文把旅游文化遗产提到很高的位置，呼吁重视中国古代旅游研究来促进中国旅游事业的发展[③]。郁文阐释了旅游的新含义，界定了旅游文化概念，并预言了旅游文化学的孕育与建设[④]。喻学才、沈祖祥是开启旅游资源文化内涵研究的典型代表人物，《中国旅游文化传统》[⑤]、《旅游与中国文化》[⑥]是早期旅游文化研究重要的著作。这些文章和著作对我国的旅游文化（学）研究具有相当重要的意义。这些文章或论著内容丰富、点评精炼，当然应该成为作者构建旅游文化学内容的重要资料来源、思想依据和仔细考量的对象。

早期对旅游文化现象的研究最早是从分析旅游资源的文化内涵开始的；此后，随着旅游业的兴旺繁荣和文化旅游热潮的到来，相继出现一批批旅游文化研究的学者，其中沈祖祥、喻学才、范能船等人做出了许多开创性工作，形成了许多有意义的成果，对今天的旅游文化学研究产生了重要影响。

早期的旅游文化研究主要集中在概念界定、必要性分析、旅游资源文化内涵挖掘等方面。值得注意的是，从学源角度看，主要是历史学和文化学学者逐渐参与到旅游资源文化内涵的研究中。这一特征一方面突显了文化在旅游中的重要地位、旅游资源文化内涵复杂，另一方面也体现了旅游文化研究从一开始就注重理论研究的特点。这种特征一直伴随着旅游文化和旅游文化学研究的始终。纵观早期旅游文化研究的历程，主要存在以下几个特征：

1.从研究方法看，早期的旅游文化研究表现出依赖历史文化学方法的时代特征

最初，旅游文化研究的切入点是运用历史文化研究的方法进行的纵向研究与考察和类型学指导下的旅游资源文化内涵挖掘。1978年改革开放前，中国旅游以外事接待为主，只具备产业雏形，不完全属于产业范畴，旅游的文化需求与供给均处于最初级阶段，文化旅游活动局部存在。就是在这种背景下，一些学者开始关注旅游与文化的关系。但由于缺乏基本的理论指导，这时的研究大都是认知性的考察，采用的方法主要是描述式和介绍式的，研究的内容或多或少地都能在历史文化领域找到相关的影子，研究的目的更多是直观地体现旅游与文化的关系，这些研究开启了旅游资源文化内涵挖掘的步伐。

① 林洪岱.论旅游业的文化特征[J].浙江学刊，1983（4）：65-67.
② 俞慈韵.论旅游文化[J].东疆学刊（哲学社会科学版），1986（2）：109-111.
③ 喻学才.关于建设中国旅游学的构想[J].湖北大学学报（哲学社会科学版），1986（5）：62-65.
④ 郁龙余.旅游与旅游文化[J].深圳大学学报（人文社会科学版），1989（2）：46-50.
⑤ 喻学才.中国旅游文化传统[M].南京：东南大学出版社，1995.
⑥ 沈祖祥.旅游与中国文化[M].北京：旅游教育出版社，1996.

从1978年改革开放直到20世纪80年代末期，旅游文化研究主要是在历史学和文化学观念指导下开展的，表现出依赖历史文化学方法的时代特征。在这个阶段的后期出现了其他学科的介入，但没有改变历史与文化学研究视角主宰旅游文化研究的局面。这种局面的存在有如下原因：一是随着改革开放的进程，旅游业粗具产业规模，文化旅游需求逐渐增多，旅游资源的文化内涵迫切需要得到更多的挖掘与利用；二是旅游科学研究水平较低，旅游学科的地位和旅游研究积累都还不足以支撑旅游文化在更深层面进行研究，而运用历史文化学的方法挖掘旅游资源的历史文化内涵就能较好地解决这些问题。这一时期的旅游文化研究的主要成就表现在中国旅游文化史研究方面，出现了一些相当优秀的学术成果。如东南大学喻学才先生的《中国旅游文化传统》一书，为人们了解中国旅游文化的来龙去脉和发展演变提供了良好的途径。

显然，这一时期的旅游文化研究方法比较单一。究其原因，在根本上学科研究成果积累太少；另外，历史文化角度的学术选题单一，造成在研究方法形成范式前，缺少众说纷纭、百花齐放的氛围，影响了旅游文化研究的发展和旅游文化学的形成。

2.从研究内容看，早期的旅游文化研究主要集中在概念界定、必要性分析、旅游文化内涵等领域

根据沈祖祥的统计，仅20世纪80年代，关于旅游文化的定义就有30余种[①]。其中，又以寠石、晏亚仙、魏小安、陈辽的界定更具代表性。“旅游文化是个金字塔结构的文化体系，其主体应当是那鲜明地反映了旅游经济和旅游活动的特殊需要部分。”[②]“旅游文化，是根据发展旅游事业的规划和旅游基地的建设，以自然景观（名山、名水、名城、名景）和文化设施为依托，以包括历史文化、革命文化和社会主义精神文明为内容，以文学、艺术、游乐、展览和科研等多种活动形式为手段，为国内外广大旅游者服务的一种特定的综合性事业。”[③]“旅游文化可以初步界定为是通过旅游者以特殊的生活方式，满足旅游者求新、求知、求乐、求美的欲望而形成的综合性现代文化现象，或者是通过对异国异地的文化的消费而形成的现代特殊生活方式。”[④]“旅游文化是人类过去和现在所创造的与旅游有关的物质财富和精神财富的总和。”[⑤]应该说，这些概念的阐释虽然较为粗糙，但具有开创性作用，在《中国大百科全书·人文地理卷》界定的基础上又前进了一步。随后，出现了“物质财富+精神财富论”、“二元表层互补结构论”、“旅游主客体关系总和论”，这些研究表明旅游理论界开始系统地对旅游文化进行基础构建，努力把旅游文化的研究根植于中国传统文化的大系统之中[⑥]。总体来看，早期的旅游文化概念研究过多拘泥于基本理念的梳理和界定，各说各话，自成一家，缺乏交流、比较与鉴别，在基本问题上存在严重分歧。

对中国的传统旅游文化和旅游资源的文化内涵进行深度挖掘，是早期旅游文化研究一

① 沈祖祥.旅游文化概论[M].福州：福建人民出版社，1999.
② 寠石.旅游文化初探[J].旅游之友，1986（1）.
③ 晏亚仙.旅游文化管见[N].中国旅游报，1987-09-27.
④ 魏小安.旅游文化和文化旅游[J].旅游论丛，1987（2）.
⑤ 陈辽.漫谈旅游文化[N].中国旅游报，1987-11-11.
⑥ 沈祖祥.旅游文化概论[M].福州：福建人民出版社，1999.

条重要的途径。1986年，喻学才《关于建设中国旅游学的构想》率先提出应该重视中国五千年旅游文化遗产。1987年9月，在武汉举行的首届旅游学学术讨论会上，与会代表对具有中国特色的旅游文化传统进行了认真的研讨，对中国旅游文化传统进行了系统的梳理，同时一致认为中国旅游文化具有优良传统，对其继承发展是对现有旅游资源进行深层开发的前提。1987年10月，在九华山召开的首届中国山水旅游文化学讨论会上，与会代表认为：海外炎黄子孙，特别是40岁以下的那部分华人后裔，很多人对中国传统文化十分陌生，用中国古代传统文化对其进行热爱祖国的教育是最佳选择①。喻学才的《中国旅游文化传统》和沈祖祥的《旅游与中国文化》是早期旅游文化内涵研究的经典集成之作。在这两部开山之作中，中国旅游传统文化的纵向发展历程得到总结，隐藏在中国文化背后博大精深的旅游理论和旅游思想得到了挖掘。中国思想文化、历史文化、宗教及神话传说、文学艺术、园林文化、民俗文化和饮食文化与旅游的关系得到了展示和介绍。这些研究开启了旅游资源文化内涵筚路蓝缕的挖掘过程。

但这一时期的旅游文化研究过多的笔墨着落在人文旅游资源的文化内涵分析与挖掘上，甚至干脆将文化旅游资源的研究等同于旅游文化的研究，对旅游景观开发中文化规律的探讨不多，缺乏深入的研究，致使实践活动带有相当的盲目性，近年来大量人造景观兴衰匆匆就是最好的佐证②。

3.从研究取向看，主张应用研究，主张旅游文化为旅游规划开发和经济发展服务，强调旅游文化对旅游发展的指导作用

1986年，于光远先生在《旅游与文化》一文中指出，“旅游不仅是一种经济生活，而且也是一种文化生活”，“旅游业不仅是一种经济事业，也是一种文化事业”③。在1985年上海旅游学会开展的旅游文化研讨活动中，代表们就指出旅游业必须有适合自身发展需要的文化形态。在1987年由湖北省青年旅游研究会组织召开的首届中国旅游学术研讨会上，代表们普遍认为：发展旅游事业不接受旅游文化的指导是不可思议的，加强旅游文化研究，是对现有旅游资源进行深层开发的前提④。可见，这一时期的旅游文化研究就开始强调其应用取向。究其原因，旅游研究的应用取向决定了旅游文化研究的应用取向；旅游规划开发经营过程中文化作用的日渐重要迫切要求加强旅游文化的研究。当然，这种呼吁是否在当时的旅游规划开发经营过程中真正起到指导作用，尚需另当别论。但这种应用研究取向引发了后来的旅游文化资源开发阶段论、文脉（地格）理论、旅游资源开发文化创意观、旅游文化动态景观论、旅游地文化变迁等一系列应用研究领域。

4.旅游文化的研究出现向多学科拓展的倾向

早期旅游文化研究的拓展主要表现在旅游文化研究向其他学科开始渗透。喻学才提出应该重视中国五千年旅游文化遗产的研究，来促进中国旅游事业的发展。林永匡等认为旅

---

① 喻学才.近年来旅游文化研究概况[J].社会科学动态，1989（10）.
② 马波.现代旅游文化学[M].青岛：青岛大学出版社，1998.
③ 于光远.旅游与文化[J].瞭望，1986（3）：35-36.
④ 喻学才.旅游文化研究二十年[J].东南大学学报（哲学社会科学版），2004（1）：63-70.

游文化活动的心态价值观念是旅游文化活动的核心，是中国旅游文化史研究的首要课题[①]。旅游文学的研究也取得进展，赵家莹提出，旅游文学指与旅游有关的一切文学作品，狭义的旅游文学则专指那些"游记"[②]。汪文波指出，旅游文学的概念应当放宽。除此之外，旅游文学的分期、旅游民俗学等方面的问题都有涉及。

进入20世纪90年代后，旅游文化研究出现新的特点，不仅专门研究旅游文化的机构或团体组织大量出现，全国性的或区域性的旅游文化研讨会不断召开，而且它们开始专门讨论"旅游文化学"的学科地位。1991年《上海大学学报》第4期上刊发了唐友波、徐吉、郭青生、高蒙河的《旅游文化学发凡》一文。该文主要是从文化学的角度来讨论旅游，更可贵的是，他们已经意识到旅游文化是一种"从本质的高度对旅游进行综合研究，进行宏观的规律性研究"的学科[③]。据北京刘垣生《文化——旅游的灵魂——第二届旅游文化学术研讨会侧记》披露，1994年8月在南戴河会上代表们也曾对旅游文化学科的建立问题进行了讨论。1996年《旅游学刊》刊发了东南大学毛桃青的《旅游文化应有自己的学科地位》一文。该文明确提出建立"旅游文化"学科的必要性。该文作者认为无论是为了旅游业健康发展，还是从学科分类的角度上都应设立旅游文化学科[④]。较之80年代，这是一个进步。它标志着高等旅游教育已经敏锐地感觉到了旅游业对旅游文化的呼声，也从学科建设角度显示了旅游文化学在旅游学中的重要地位。

总体来看，早期的旅游文化研究努力寻求体系化、规范化的目标，开始有组织地界定旅游文化的一些基本概念，出现了一批旅游文化研究者，并开始旅游文化学的学科建设。旅游文化学术交流活动成为常态。早期的旅游文化研究得出一些重要的结论：旅游文化是旅游业的灵魂和支柱；旅游文化是旅游可持续发展的保障；旅游文化应该确立自己的学科地位，应从学术外围走向学术中心；应重视旅游文化的应用研究。

（二）旅游文化学基础理论研究

2012年，谢彦君等发表《旅游文化及其相关范畴、命题的理论透视》一文，批判地评述了国内35部"旅游文化学"教材或著作的内容结构，指出学术界苦心经营的"旅游文化"学科到头来仍在"文化旅游资源"领域里徘徊[⑤]。确实，几乎每年都有旅游文化学新著或新论问世；总体来看，大多旅游文化学论著难以摆脱"三体论"的桎梏，很多是"三体论"的翻版。2012年，谢春山从旅游文化的主体观、环境观、时间观、区域观、效应观和实践观来构建旅游文化学体系，从不同视角呈现了旅游文化的面相[⑥]，可以算是一种全新的尝试。

总体来看，旅游文化学基础理论的研究经历了从无到有、从粗浅到较成体系、从旅游文化到旅游文化学研究逐渐演变的过程，逐步积累了一些学术成果，也存在一些问题。这些研究积累自然成为我们深入探讨旅游文化学的诸多问题的基本材料和依据。

---

① 林永匡.旅游是破解中国传统文化的密码[J].乐山师范学院学报，2005，20（1）：118-122.
② 赵家莹.中国古代旅游文学概述[J].杭州大学学报，1982，12（4）：25-31.
③ 唐友波，徐吉，郭青生，等.旅游文化学发凡——一个文化学的视野[J].上海大学学报（社会科学版），1991（4）：4-12.
④ 毛桃青.旅游文化应有自己的学科地位[J].旅游学刊，1996（5）：49-51.
⑤ 谢彦君，周广鹏.旅游文化及其相关范畴、命题的理论透视[J].旅游科学，2012（1）：26-35.
⑥ 谢春山.旅游文化学[M].北京：高等教育出版社，2012.

探讨旅游文化学的研究历程，应该结合中国旅游发展的实践历程、旅游学科的理论研究历程和旅游教育建设历程来研究。一方面，在旅游产业实践过程中，无论是旅游规划与开发，还是旅游企业的经营与管理，旅游文化重要性日益突显，文化因素渗透在现代旅游活动的各个方面，迫切要求对旅游文化相关问题进行深入研究；另一方面，学术界兴起旅游文化学的研究热潮，目的之一就是构建和完善旅游学科的学科体系，厚实旅游科学的学科地位，提升旅游的学术地位。

1978年改革开放后，旅游接待开始转向旅游经营，旅游业开始朝真正意义上的新产业迈进。“七五”时期，旅游产业地位初步明确，旅游行业管理开始形成；“八五”时期，旅游产业地位逐步提高，国内旅游迅猛崛起，旅游产品丰富多彩；“九五”时期，旅游产业基础夯实，支柱产业、重点产业或先导产业地位进一步确立，政府主导的力度加强；进入21世纪，入境旅游、国内旅游和出境旅游三个市场平衡发展的局面逐渐增强。在旅游产业发展演变的过程中，“文化搭台、经济唱戏”成为中国旅游发展的主要经验之一。文化在旅游产业中的地位日益重要，文化旅游热促成旅游与文化研究热潮，文化在旅游发展中的应用研究提上日程，深刻影响旅游文化学的形成和发展。旅游发展的模式客观规定了旅游研究的目标取向和指导思想。中国旅游发展的经济利益导向、先国际后国内的发展选择次序和适度超前的发展战略深刻影响着旅游学的理论建设，也影响着旅游文化学的理论构建。

旅游文化学建设标志性事件是中国旅游文化学会的成立和首届中国旅游文化学术研讨会的胜利召开。旅游学界对旅游文化的基本概念求同存异，达成了一些共识，为旅游文化学发展成为一门独立的学科奠定了较为坚实的基础，旅游文化学的发展方向得到初步明确[①②]。伴随着一系列旅游文化和旅游文化学著作和教材的出版，旅游文化学学科框架也得到初步明晰。

伴随着旅游教育的迅速发展，旅游文化学作为旅游学科的次级学科逐渐建立起来。在最初出版的著作中，沈祖祥、喻学才等编写的教材或以旅游文化或以旅游与文化冠名。这些教材名称（《中国旅游文化传统》、《旅游与中国文化》）昭示，旅游文化学学科概念尚未提出，但这些开山之作总结和研究了中国传统文化理论、旅游思想和旅游特征的旅游文化理论，为旅游文化教学发挥了奠基作用。同时，它们在内容和研究方法上成为影响乃至制约旅游文化学发展的学术渊源，在此后形成的旅游文化学中“客体文化”部分的内容可以说是深受这些著作的影响。

从已经出版的旅游文化学教材来看，较大影响的有以下几种理论研究框架：“三要素结构论”和“主体结构论”。在研究内容上，三要素结构论建立在旅游主体、旅游客体和旅游介体的认知构架上。卢云亭在《旅游文化学及其系统结构分析》一文构建了三要素结构理论[③]，沈祖祥在《旅游文化概论》等书中对这一结构理论做了实践上的探索。该书认

① 冯乃康.首届中国旅游文化学研讨会纪要[J].旅游学刊，1991，6（1）：57-58.
② 刘志强.广东旅游文化研讨会综述[J].广东社会科学，1996（2）：131-132.
③ 卢云亭.旅游文化学及其系统结构分析[G]//白槐.旅游文化论文集.北京：中国旅游出版社，1991.

为：以旅游主体、客体和介体作为旅游文化的三大块领域的标志，清晰明确，简便易行。旅游介体，一边连接着旅游主体，一边连接着旅游客体，从而使旅游文化成为一个有机的统一体。而且从旅游的文化属性分析，文化是旅游的出发点和归属点，是旅游景观吸引力的源泉，是旅游介体的灵魂，因此，把旅游文化划分为主体文化、客体文化和介体文化符合同一层面、同一标准的要求①。

我们认为，从主体、客体、介体文化三角度来认识旅游文化虽然简便易行，但从宽泛的认识角度而不是从旅游文化产生过程的角度来架构旅游文化学的研究框架，恐有过于宽泛之嫌。其中，旅游客体文化包罗万象，一旦涉及旅游资源、旅游吸引物的文化内涵，似乎一切现象都与“旅游文化”有关，内容庞杂，在短小的篇幅中难以阐释清楚，因此旅游资源的文化内涵（旅游客体文化）能否成为旅游文化学的研究内容值得进一步探讨。读者可能会发现，在阅读三要素结构论著之后，旅游文化发展变化演进的脉络，仍然显得不是那么清晰：旅游文化似乎就是与旅游有关的文化；旅游文化似乎就是在中国传统文化之前加上旅游的标签形成的；旅游文化似乎就是旅游资源的文化内涵与文化意义；旅游文化学的体系都有似曾相识而又纷繁复杂之惑。

主体结构论强调应着重考虑旅游文化的两个主体和旅游交换的过程，旅游文化分为旅游消费文化和旅游经营文化两大块，马波先生是主体结构论的典型代表（参见马波编著的《现代旅游文化学》，青岛大学出版社，1998）。主体结构论发端于“碰撞论”。1991年，“首届中国旅游文化学术研讨会”召开，形成了多数学者首肯的“碰撞论”，即“旅游文化是旅游主体、旅游客体和旅游媒体相互作用所产生的物质和精神成果”。显然，主体结构论是从旅游文化的产生过程角度来分析探讨旅游文化的，更能为人们所接受。突出旅游主体的中心地位，与国外旅游文化研究的特征是相符合的。

纵观旅游文化学基础理论研究历程，主要存在以下几个特征：

（1）从研究者学源背景和研究范围看，呈现出从历史文化学单一学科向多学科甚至跨学科方向发展的演化特征。

早期的旅游文化研究，最初的切入点是运用历史文化研究的方法进行的纵向研究与考察和类型学指导下的旅游资源文化内涵挖掘。20世纪90年代，这种状况逐渐发生变化，学者们不仅从历史文化（如谢贵安、谢元鲁、沈祖祥、范能船、姚昆遗等）角度来探讨旅游文化，而且从跨文化交流（如章海荣）、中文（如尹华光、贡小妹等）、政治学（如钟贤巍）、人文地理学（如马波）、体育学（如白晋湘、饶远等）、社会学（如潘宝明、朱平安）、文化学（如李伟）对旅游文化进行深入研究，跨学科研究蔚然成风②③④⑤。目前，学术界已基本认可旅游文化学是一门综合性和应用性学科，跨学科研究已经成为旅游文化研究的新风尚，并取得了丰硕的成果。这种跨学科的研究不仅拓宽了旅游文化的研究视野，催生了旅游文化史学、旅游行为文化、旅游审美文化、旅游企业文化、旅游生态文化、旅

① 沈祖祥.旅游文化概论[M].福州：福建人民出版社，1999.
② 喻学才.旅游文化研究二十年[J].东南大学学报（哲学社会科学版），2004（1）：63-70.
③ 晏鲤波，庄兴成.旅游文化研究述评[J].桂林旅游高等专科学校学报，2007，18（1）：143-146.
④ 范能船，朱晓松.近十年旅游文化研究综述[J].旅游学刊，1992，7（1）：49-52.
⑤ 石坚.中国三十年旅游文化研究综述[J].经济研究导刊，2014（3）：239-241.

游伦理文化、旅游文学、旅游民俗和旅游美学等分支学科，而且通过借鉴相关学科的研究方法，强化了旅游文化学的研究深度。旅游文化学不断集聚相邻学科的研究成果，充实自己的理论体系，然后再运用这些新理论跨学科多维度地研究旅游文化现象，提升了旅游文化研究的层次。

（2）从研究方法来看，早期的旅游文化研究方法以文献查阅、田野作业、调查问卷等定性、定量分析为主。进入21世纪以后，研究方法已逐步采用逻辑分析方法、统计分析方法和数学模型方法等，对文化问题的研究更加精细，更加科学[①]。在论文的写作方面，由20世纪八九十年代以描述类为主逐步向分析类和概念类过渡，论文的理论色彩更浓，论文的质量更高[②]。

（3）从研究内容来看，伴随着旅游文化学学科体系构建的需要，逐渐形成了旅游文化结构要素系统、旅游文化类型、旅游文学、旅游文化资源应用与开发等领域的研究与旅游资源文化内涵研究并驾齐驱的局面。

①旅游文化结构要素系统研究。

在旅游文化结构系统研究方面，“三体说”继续影响着主流旅游文化研究阵营。这可以从最近几年出版的旅游文化学论著得到验证。如喻学才主编的《旅游文化》（中国林业出版社，2001）；尹华光主编的《旅游文化学》（湖南大学出版社，2005）；沈祖祥主编的《旅游文化学导论》（福建人民出版社，2006）；刘敦荣主编的《旅游文化学》（南开大学出版社，2007）；曹诗图和孙静的《旅游文化学概论》（北京大学出版社，2008）等一系列著作，基本都是根据“三体”结构理论来统领其旅游文化学的理论框架的。当然，部分旅游文化学研究者采取折中的办法，在部分论著（包括上面列出的）中，或多或少地增加部分研究内容，比如旅游文化模式、目的地文化、旅游民俗、旅游管理者文化（也称为旅游制度文化）、旅游审美、旅游文学等内容，但仍然是“三体”结构的理论框架。与此同时，也有一些学者试图打破“三体说”的藩篱，构建新的旅游文化结构系统。章海荣从文化人类学、跨文化交流学的角度切入，把旅游文化结构系统限制在相对狭窄的旅游主体文化身份和目的地文化生态系统上（参见章海荣编著的《旅游文化学》，复旦大学出版社，2004）；钟贤巍把旅游文化资源、旅游文化类型作为主要的旅游文化系统结构，形成新的旅游文化学体系（参见钟贤巍主编的《旅游文化学》，北京师范大学出版社，2004）；姚昆遗、贡小妹把旅游消费文化、旅游资源文化、旅游产品文化、旅游环境文化、旅游经营文化纳入旅游文化系统（参见姚昆遗、贡小妹编著的《旅游文化学》，旅游教育出版社，2006）；邹本涛、谢春山把旅游体验文化和旅游介入文化作为旅游文化的结构系统，以此来统领旅游文化学的框架（参见邹本涛、谢春山编著的《旅游文化学》，中国旅游出版社，2008）。通过仔细的思量和考究，不难发现，在大部分旅游文化学著作中，旅游资源的文化内涵仍然要占据大量的篇幅，俨然成为旅游文化系统结构的组成部分，这可能是很多研究始料未及的。

---

① 张宏梅，陆林.国内旅游研究方法的初步分析[J].旅游学刊，2004，19（3）：77-81.
② 赵飞，等.国内旅游文化开发研究综述[J].云南地理环境研究，2004，16（2）：48-52.

旅游文化结构要素系统的讨论主要是围绕“三体说”展开的。沙向军①对旅游“三体”构架进行了批判，并主张把“客体”与“媒体”（介体）从旅游文化的研究范畴中分离出来。这种做法引起了部分学者的异议。胡幸福②认为，“旅游文化”不包含旅游活动三大要素之一的旅游客体还成为什么“旅游文化”。也有人认为，旅游文化结构要素可不可以按照旅游业的结构来肢解和理解，关键取决于对旅游文化概念的把握③。

此外，文化的“三层”结构（物质、行为和意识）也被迁移到旅游文化结构要素研究上来。这种研究主要体现在引领旅游文化的界定上，真正把旅游文化“三层”结构运用到旅游文化学体系构建中的著作比较少见。当然，这一理论成了旅游审美意识、民族旅游特性分析等研究范畴的理论渊源。李映洲④等在总结了旅游文化结构要素系统的研究基础上，结合马斯洛需求层次理论，提出了“三态”旅游文化结构。“三态”结构包括静态、动态和意态旅游文化。静态旅游文化就是显露在最外层的、有形的、能够被人的感知器官所感知的物质形态所表现的文化内涵；动态旅游文化是有形的、能够被人的感知器官感知的非静态的形式所表现的文化内涵；意态旅游文化是旅游者精神文化，没有外壳形式，表现为一种意向性力量或趋向性力量，它是旅游活动参与者的文化心态及其在观念形态上的表现。“三态”旅游文化理论有利于动态旅游文化的重视与保护，提供了动静结合的研究思路。

②旅游文化类型研究。

学界对旅游文化类型研究主要是以结构类型、历史类型和资源类型为切入点的。文献检索发现，旅游文化的结构类型与旅游文化“三体说”基本重合⑤。于晶在分析了“三体”文化内涵与特征基础上认为，“三体”分类方法没有抓住旅游文化的主要矛盾，提出了原生与非原生旅游文化两种类型⑥。陈传康先生提出旅游文化的二元结构，旅游业要求文化形式上的传统化和思想上的现代化相结合，旅游业的每一个环节，安排既有传统又有现代的内容，建立合理的二元结构，才能促进旅游业的发展和提高⑦。这可以看成是中国旅游发展的文化学解释，这一研究成果对我们的旅游文化学研究具有借鉴意义。

历史视角和资源视角的旅游文化分类从一开始就受到旅游文化研究者的重视，这些研究成果在以旅游文化或旅游文化学命名的论著和旅游文化研究论文中广泛存在。在以旅游文化冠名的论著中，历史类型和资源类型的划分广泛存在，如喻学才主编的《中国旅游文化传统》（东南大学出版社，1995），潘宝明、朱安平主编的《中国旅游文化》（中国旅游出版社，2001），沈祖祥主编的《旅游与中国文化》（旅游教育出版社，2001）；在以旅游文化学冠名的论著中，历史类型和资源类型的划分是作为旅游客体文化的研究范畴存在的，如钟贤巍主编的《旅游文化学》（北京师范大学出版社，2004）、尹华光主编的《旅游文化学》（湖南大学出版社，2005）。伴随着旅游文化历史类型和资源类型研究，旅游资源

---

① 沙向军.旅游文化再考察[J].旅游学刊，1997（4）：12-15.
② 胡幸福.旅游文化与历史文化的区别[J].山西师范大学学报（社会科学版），2005，32（3）：8-12.
③ 晏鲤波，庄兴成.旅游文化研究述评[J].桂林旅游高等专科学校学报，2007，18（1）：143-146.
④ 李映洲，魏倩."三态"旅游文化结构体系探讨[J].桂林旅游高等专科学校学报，2007，18（4）：475-478.
⑤ 王方，周秉根.旅游文化的类型与特征及其在旅游业中的地位分析[J].安徽师范大学学报（自然科学版），2004，27（1）：87-90.
⑥ 于晶.旅游文化的另类解读[J].辽宁行政学院学报，2008，10（3）：167-168.
⑦ 转引自吴必虎.区域旅游规划原理[M].北京：中国旅游出版社，2001.

的文化内涵被广泛挖掘。除此之外，中外旅游文化共时性和历时性的比较研究也取得重要进展。帝王巡游、古代商人商务旅游、士大夫游学等古代旅游文化类型被广泛研究[①②]。马勇[③]等还研究了中国旅游文化流变的历程。

③旅游文学研究。

中国旅游文学源远流长，但把它作为旅游文化理论研究是不到20年的事。1990年中国旅游文学研究会第四届年会召开，1991年喻学才发表《中国旅游文学研究会第四届年会学术论文综述》，标志旅游文学作为旅游文化理论研究趋于成熟。除了涉猎旅游文学概念、分类、特征和起源等基本理论之外，旅游文学作为旅游文化资源开发研究得到重视[④]。

④旅游文化资源应用与开发是旅游文化研究最重要的领域。这与旅游文化研究取向内容部分重合，具体研究状况参见旅游文化研究取向特征部分内容。

（4）从研究取向看，继承了早期旅游文化研究的应用研究取向。

此类论文占了旅游文化研究论文的一半以上[⑤]，这说明学者们对现实开发与建设的重视，这与旅游学科实践性较强的特点相吻合。旅游文化研究达成以下重要的共识：旅游文化开发建设过程中，要突出传统文化和地方特色；开发与保护并重，实现资源的可持续发展。崔郁等总结了宗教旅游文化、旅游饮食文化、旅游民俗文化、旅游建筑文化在旅游文化建设中的广泛应用[⑥]。

旅游文化应用研究的代表性成果还有旅游文化资源开发阶段论、文脉地格理论、旅游资源开发文化创意观、旅游文化动态景观论、旅游地文化变迁等。陈传康最早将文脉的概念引入到旅游开发中，李蕾蕾则发展了陈传康的文脉理论，提出了旅游项目的文脉开发应采取文脉协调、文脉突破、文脉协调与文脉突破相结合的三种方法。彭华指出旅游文化开发需要解决文化向导确立、文化主题定位、文化内容策划、文化形象设计等四个主要问题，同时指出自然景观要注重科学内涵、美学内涵和附会文化的充分挖掘，人文景观要注重民族性、艺术性、神秘性、特殊性和传统性的充分提升，并在清远市旅游发展规划中，形成了成熟的文化旅游资源开发模式，即文化精华的提炼—文化资源向旅游产品转化论证—文化主题的确定和开发策划—文化旅游产品开发[⑦]。

进入21世纪后，旅游文化的应用越来越得到学术界的重视，同时也越来越受到广大社会的认可，应用研究的成果如雨后春笋般涌现，相继出现了旅游文化资源开发四阶段论和旅游资源开发文化创意观等研究成果。例如，庄志民运用“思想实验室”的技术路线，大胆假设，小心求证，对旨在启动西欧、北美市场为绍兴度身打造旅游意象定位，以“风流绍兴”旅游意象定位绍兴形象[⑧]，是旅游文化设计探索的经典之作。

目前，旅游文化的应用研究主要注重旅游地文化变迁[⑨]。关于旅游地文化变迁的研究

---

① 石秀华.中国古代旅游文化类型及其特征[J].武汉科技大学学报（社会科学版），2002，4（1）：93-95.
② 赵炜.中西古代旅游文化类型特征比较[J].新疆财经学院学报，2004（4）：23-27.
③ 马勇.中国旅游文化史论纲[J].湖北大学学报（哲学社会科学版），2007，34（5）：90-93.
④ 韦国兆.近十年中国旅游文学研究综述[J].桂林旅游高等专科学校学报，2007，18（4）：619-629.
⑤ 喻学才.旅游文化研究二十年[J].东南大学学报（哲学社会科学版），2004，6（1）：63-70.
⑥ 崔郁旅，曾军.旅游文化研究进展[J].资源开发与市场，2007，23（4）：381-384.
⑦ 尹华光.旅游文化学[M].长沙：湖南大学出版社，2005.
⑧ 庄志民.“风流绍兴”旅游意象定位新论——旅游文化设计探索系列[J].旅游科学，2009，23（1）：44-52.
⑨ 杨俭波.旅游地社会文化环境变迁机制试研究[J].旅游学刊，2001，16（6）：70-74.

主要集中于两个方面：旅游对旅游地社会文化的影响和旅游地社会文化变迁机制。旅游对旅游地文化具有潜移默化的影响作用，其积极影响有促进对外文化交流、本土文化复兴、本土文化现代化等；消极影响有本土文化商业化、文化遗产破坏等。

总体来看，旅游文化学基础理论建设取得了重要进展：旅游文化学理论框架开始成型，部分理论自成体系，多学科视角的旅游文化学体系相继涌现。但我们也要看到，诸如旅游文化基本概念、研究内容和基本结构等旅游文化学基本理论问题共识少于分歧。在基本概念层面，旅游文化与文化、旅游文化与文化旅游、旅游文化与旅游的文化影响、旅游资源的文化内涵与旅游文化等概念常混为一谈，旅游文化的内涵与外延仍然不甚清楚；在旅游文化立意层面，以高谈旅游文化的意义、旅游的文化影响代替旅游文化本质的研究；在旅游文化学教学层面，以丰富有趣的旅游资源文化内涵规避旅游文化内在规律的探索；以包罗万象的文化旅游资源代替旅游文化的边界……旅游文化学学科建设不能回避这些问题，只有清楚地回答了这些问题，才能推动旅游文化学的发展。

第二节　旅游文化学的研究对象和内容

一、旅游文化学的研究对象

确定旅游文化学的研究对象是旅游文化学学科构建的头等大事，这是因为：一方面，研究对象的确立是一门学科成立的必要条件，科学研究的区分，就是根据科学对象所具有的特殊矛盾性①；另一方面，尽管旅游学术界非常关注对旅游文化学研究对象的探索，但似乎有各说各话的嫌疑，缺乏交流与沟通，缺乏比较与鉴别，认识不一、互不通联，不利于学术交流与对话，不利于旅游文化学学科的发展。

在英语学术圈，梳理与旅游文化相关的研究文献，可以发现：旅游客源地民族文化、客源地文化、旅游主体客体文化、旅游引发的文化交流与碰撞等都是旅游文化研究的对象与范畴。当然，我们需要认识到，对国外旅游文化研究对象和范畴的归纳只是便于我们认识国外旅游文化研究的现状，但并不能据此认为，旅游文化学的研究对象就一定如此。

为了更好地把握旅游文化学的研究对象，我们总结了部分旅游文化学论著的观点（见表1-2）。比较和透视这些观点有利于更好地把握旅游文化学的研究对象。

各家对旅游文化学研究对象的界定，各有侧重，但几乎都把旅游文化学的研究对象指向了旅游。旅游文化学的研究对象是否与旅游学的研究对象有很多重合之处呢？有一种颇为流行的说法：一门学科同另一门学科的区别主要不在于研究对象，而在于研究角度、立场和方法。比如王宁②认为："研究对象本身是建构的产物。即使在同一门学科内，不同的视角和学派决定了研究对象也可能是不同的。一门学科的'合法性'不在于其研究对象的排他性，而在于其研究视角、方法、手段和目标的独特性。"可能受这种观念的影响，部分旅游文化学论著在构建其研究框架时，回避了旅游文化学的研究对象问题。在钟贤巍主

① 转引自谢彦君.基础旅游学[M].北京：中国旅游出版社，2004.
② 王宁.关于消费社会学研究对象的几点思考[J].中山大学学报（社会科学版），1999，39（5）：120-126.

表1-2 旅游文化学研究对象与研究内容比较简表

作者（主编）	学者宣称的旅游文化学研究对象	论著所体现的研究内容	简要评价
马波	旅游活动中的人或人化物，而不是自然物；是社会现象，而不是自然现象	旅游消费行为文化；旅游审美文化；旅游企业文化；旅游接待地经营文化；文化旅游资源开发	文化旅游资源排除在旅游文化研究范畴外具有合理性；研究对象与研究内容一致
谢贵安 华国梁	旅游文化事象及其本质	旅游文化源流；旅游主体文化；旅游客体文化、旅游中介体文化；旅游社会环境文化	“三体”论
李星明	旅游文化现象、旅游的文化内涵、旅游文化产生发展的规律	文化旅游资源（山水、园林、建筑、宗教、饮食、文化艺术等）；企业文化	“客体”论的延伸；类型学角度的文化旅游资源的述介
刘敦荣	客体和介体文化使用价值及相关因素变化的客观规律；客体文化和介体文化怎样满足主体的文化需求	以旅游主体和客体文化、旅游审美文化、自然和人文旅游资源文化为主要内容的旅游文化；旅游企业文化和景区文化建设	“三体”论的折中；文化旅游资源纳入研究体系中；强调旅游文化建设，具有重要意义
尹华光	旅游文化学基本理论；旅游主体和客体文化；旅游企业文化；旅游生态文化	旅游主体的观念、审美与消费；旅游资源客体；休闲文化；旅游企业与旅游制度文化	“三体”论的延伸；强调文化旅游资源（客体）；提出旅游制度文化
方志远	旅游文化现象；旅游文化本质；旅游文化产生发展规律	旅游文化传统变迁与发展；旅游文化事象；旅游主体文化；旅游目的地文化；旅游跨文化交流；文化旅游	“主体”论和“碰撞”论的结合；文化旅游与旅游文化等同
邹本涛 谢春山	旅游文化系统；旅游文化研究	旅游文化学原理；旅游文化本体；旅游文化子系统（体验和介入文化）；旅游文化影响因素；旅游文化系统的动态过程；旅游文化建设	跳出“三体说”；以体验文化和介入文化作为基本支撑点
沈祖祥	旅游文化实践、旅游方式制度、心理性格和知识思想系统四大系统；旅游内部三个相互关联、运动的结构和演变规律	旅游文化发展史；旅游文化的基础；旅游主体文化；旅游消费、审美文化；旅游景观文化；旅游介体文化；旅游地域文化	“三体”论的发展；“以生活方式化”构建旅游文化学研究体系

注：马波.现代旅游文化学[M].青岛：青岛出版社，1998；尹华光.旅游文化学[M].长沙：湖南大学出版社，2005；方志远.旅游文化概论[M].广州：华南理工大学出版社，2006；李星明.旅游文化概论[M].武汉：华中师范大学出版社，2007；刘敦荣.旅游文化学[M].天津：南开大学出版社，2007；邹本涛，谢春山.旅游文化学[M].北京：中国旅游出版社，2008；沈祖祥.旅游文化学导论[M].福州：福建人民出版社，2006.

编的《旅游文化学》（北京师范大学出版社，2004）、章海荣撰写的《旅游文化学》（复旦大学出版社，2004）、李伟主编的《旅游文化学》（科学出版社，2006）、谢元鲁主编的《旅游文化学》（北京大学出版社，2007）和曹诗图、孙静主编的《旅游文化学》（北京大学出版社，2008）等论著中，没有具体的论（表）述旅游文化学的研究对象问题，这是作者们的无心之失还是刻意回避？

不难发现，在旅游学术界，关于旅游文化学的研究对象有三种比较有代表性的观点："客体说"、"三要素论"和"主体论"。"客体说"把旅游资源的文化内涵当作主要的研究对象；"三要素论"认为，旅游文化学的研究对象是旅游主体、旅游客体和旅游介体；"主体论"认为，旅游文化学的研究对象是旅游文化的两个主体和旅游交换的过程，即旅游消费文化和旅游经营文化。

"客体说"的弊端显而易见，笼统说旅游资源的文化内涵就是旅游文化，是存在很大问题的。旅游资源（如历史古迹）中的文化内涵也是人创造的，旅游文化是在旅游活动中才得以创造产生的，是一个生生不息的动态过程。把旅游资源的文化内涵当作旅游文化，就会把旅游文化变成没有活力的静止物。况且，旅游客体文化包罗万象，一旦涉及旅游资源、旅游吸引物的文化内涵，似乎一切现象都与"旅游文化"有关，内容庞杂，结果是无从下手或四处下手，将许多似是而非的东西收罗进来，在短小的篇幅中难以阐释清楚。因此，客体文化难以或不宜成为旅游文化学研究的对象。

"三要素论"的旅游文化学研究对象，以哲学思想为指导，以主体、客体、介体为三大支撑点来考察旅游文化现象或文化旅游的吸引物，实际上主体、客体、介体三者之间并无直接的关联性，有一盘散沙的嫌疑，无一条核心的主线来统领旅游文化学的研究。尽管这一派的大多数学者都承认旅游文化学的研究对象是旅游文化现象、旅游文化的本质以及旅游文化发生和发展规律，但在所构建的次一级的研究对象体系中，又把旅游文化学的研究对象概括为旅游主体文化、旅游客体文化、旅游企业文化、旅游生态文化等内容，并且认为旅游客体文化是旅游文化研究的基础，旅游客体文化主要包括旅游山水文化、旅游园林文化、旅游建筑文化、旅游宗教文化、旅游民俗文化和旅游休闲文化等。我们认为，作为研究对象，最好不要是几个孤立静止的要素组合，把主体、客体和介体作为旅游文化学研究对象的最主要部分，太过于一般而空洞化，不能体现旅游文化现象的独特性，因为任何文化现象都不能离开主体、客体和介体。对于"三要素论"的旅游文化学研究对象来说，所概括的研究范围还需要进一步商榷，而且这些要素很难统一到一条核心主线上来。"三要素论"继承了"客体说"的观点，把旅游资源的文化内涵再次等同于旅游文化，纳入旅游文化学的研究范畴，反映了这一学科的不成熟。

"主体论"的旅游文化学研究对象强调旅游主体的地位，着重考虑旅游文化的两个主体与旅游交换的过程，以旅游文化现象、旅游文化本质以及旅游文化产生和发展的规律作为研究对象。"主体论"认为，旅游文化学从总体上研究人们的智慧和实践创造能力在旅游活动方式上包括思维方式和行为方式上的表现和发展的规律。

从主体角度提出的旅游文化学研究对象，与"客体说"和"三要素论"观点有较大的差异，又更进了一步。主体论者不是简单地关注旅游文化的物质构成和物化载体、简单地挖掘旅游资源的文化内涵再贴上旅游文化的标签、宽泛地界定旅游文化的研究领域，而是把旅游文化与主体的智慧和实践创造能力联系起来，从旅游主体的角度来审视旅游文化现象，以旅游消费文化和旅游经营文化为两大支撑点，应该说思辨性和逻辑合理性更强，逐渐接近了旅游文化学研究核心的东西。

“主体论”是我们对旅游文化学研究对象理解的主要认识来源。原因有四：第一，西方旅游文化研究的视角与特征是我们坚持发展这种认识的重要因素之一（“对旅游文化概念的表述比较注重从人本主义的角度出发，把旅游者置于旅游文化结构框架的中心位置，以交际或跨文化交际为媒介，研究旅游过程中主客体碰撞而产生的各种文化现象，突出这个概念的动态特征①”）；第二，缩小旅游文化概念的外延、缩小旅游文化学的研究对象和范畴、规避“客体说”和“三体说”研究对象所引致的宽泛风险（实际现状正是如此），有利于引导旅游文化学研究向脚踏实地的方向发展，促成旅游文化的深度研究；第三，也是最重要的一点，旅游客体文化包罗万象，一旦涉及旅游资源、旅游吸引物的文化内涵，似乎一切现象都与“旅游文化”有关，内容庞杂，结果是无从下手或四处下手，将许多似是而非的东西收罗进来，在短小的篇幅中难以阐释清楚；第四，一门新兴学科的发展基本要经历宽泛—缩小—拓展的研究历程，旅游文化学要发展就必须跳出宽泛研究思路的桎梏，无论从哪个角度进行缩小化的立论都应受到鼓励和赞赏。

本书的结构框架就是基于这些认识并在修正“主体论”认识的基础上建立起来的。要正确认识旅游文化学的研究对象，我们需要把握以下几点：

第一，旅游文化学与旅游文化不是一回事。在旅游学术界，我们不仅时常把旅游文化与文化旅游简单等同而加以混淆，而且时常把旅游文化与旅游文化学混淆在一起。这一点从旅游文化学研究的现状就可以看出。从已出版的三十余本旅游文化方面教材和专著的名称与内容体系来看，部分旅游文化学教材实际上就是旅游文化素材拼盘式的简单组合。为什么时常把旅游文化混同于旅游文化学？是否是人们泛化地界定旅游文化而需要把旅游文化学的研究等同于包罗万象的“旅游文化”（实际上是旅游资源的文化内涵）研究？抑或是旅游文化就是旅游文化学的主要研究内容？于是，人们自然而然地把旅游文化与旅游文化学混同起来。实际上，旅游文化学不是研究文化旅游，而是要研究旅游文化现象；不是研究旅游的文化属性，而是要研究旅游文化的本质与特征；不是研究旅游的文化影响，而是研究作为新型文化形态存在的表现方式和载体；不仅要研究旅游文化现象，还要研究旅游活动所引起的旅游文化现象是如何矛盾运动的。

第二，旅游文化学要把研究旅游文化现象的内在矛盾作为首要目的，研究这种内在矛盾发生的基础、原因、物化形态和载体，研究旅游文化矛盾运动发展的影响和趋势。旅游

① 肖洪根.国内外旅游文化研究综述[J].华侨大学学报（社会科学哲学版），1994（1）.

文化现象的形成与发展依存于旅游活动，因此，旅游文化学的研究就要从旅游者和旅游经营者到旅游者、旅游经营者和目的地居民相互作用而逐次展开。旅游活动包括旅游者活动、旅游开发经营活动和旅游者与目的地居民的交往等，而这也就构成了旅游文化内在矛盾的几个构面。

旅游文化学的研究对象与旅游活动的性质和广域关联度密切相关。旅游活动的发生涉及客源地（O=Original）和目的地（D=Destination）两类场所，这两类场所大多数情况下是不重叠的，有各自的运行规律。从空间角度看，不仅需要对两者分别进行分析，还涉及两者间的相互作用，包括客流从O到D之间的位移，以及D对O的市场营销；从旅游文化的角度看，是客源地O原生文化与目的地D原生文化相互流动、交互作用的结果。我们可以把它们称为原生文化O-D对研究。O-D对矛盾运动是旅游文化学研究的最核心层。O-D对矛盾运动主要表现在旅游者旅游行为（主要是消费行为）和旅游审美两个层面。由于旅游活动的运行过程除包括两者内部的过程以及两者间的互动外，还直接与旅游企业经营和产品经营直接联系在一起，因此，旅游企业文化也应该是旅游文化学的主要研究对象之一。原生文化O-D对与经营文化三者间相互博弈、相互作用，形成目的地的文化生态。原生文化、旅游文化、目的地文化生态形成了一个周而复始的环形发展模式。这些矛盾运动的物化形式和载体、矛盾运动的机制和轨迹，以及运动变化规律和所表现的旅游文化现象是旅游文化学研究的核心。

第三，旅游文化学研究对象主要以旅游主体即旅游者和旅游经营者为主，但旅游目的地旅游文化和目的地文化生态是旅游文化的最终极的载体，因此旅游文化学的研究绕不开旅游目的地旅游文化的研究。

因此，我们把旅游文化学的研究对象界定如下：旅游文化学的研究对象是旅游者、旅游经营者和旅游目的地居民在旅游者旅游活动过程中所营造的一种新型文化形态的内在矛盾及其表现，旅游文化学研究的任务是通过研究来认识这种新型文化形态发生的形态结构、功能、特征、运动轨迹和存在的规律以及对现存文化产生的各种影响（现存文化在这里主要是指各种旅游资源的文化内涵及其表现形式，它可能具有阶段性特点）。

二、旅游文化学的研究内容

（一）旅游文化学研究内容主要观点

要把握旅游文化学的研究内容，首先要从梳理和评介我国学术界旅游文化学研究内容的各种见解开始。从旅游文化学研究的现状看，旅游文化学的研究内容是按照旅游文化的构成来划分的，由于旅游文化构成划分的角度不同，因而研究内容也不尽相同。学术界对旅游文化的研究内容主要有以下四种见解：

1.按照文化结构划分的研究内容

按照文化的结构，将旅游文化划分为三部分，即旅游物质文化、旅游制度行为文化、旅游精神文化。旅游物质文化，指蕴藏丰富文化内涵的、旅游者视觉可以辨识的、占据一定空间、有一定形态的文化物质实体，如宫殿、园林、坛庙、古人类遗址、桥梁、造像、碑刻、雕塑以及旅游纪念品和旅游服务设施等；旅游制度行为文化，指旅游活动中的各种社会规范和约定俗成的习惯性定势等，如苗族芦笙节、大理三月街、傣族泼水节等；旅游精神文化，也叫旅游观念文化或旅游心态文化，指引导、影响人们旅游实践的直接或间接的在旅游实践中抽象出来的价值观、审美情趣以及思维方式等，如儒家“中和为美”、道家“自然为美”、佛家“空灵为美”的审美观念对旅游者思维的指引。

2.按照旅游的基本要素划分的研究内容

按照旅游的基本要素，将旅游文化划分为三部分，即旅游主体文化、旅游客体文化、旅游介体文化。旅游者是旅游的主体，旅游主体文化在旅游文化中具有核心地位，包括旅游者的观念、行为模式、思想与信仰，旅游者的文化素质和职业，旅游者的心理、性格、爱好，旅游者的生活方式等；旅游客体文化，也称为旅游景观文化，是作为旅游对象的文化事物与现象，包括旅游历史文化、旅游建筑文化、旅游园林文化、旅游宗教文化、旅游民俗文化、旅游娱乐文化、旅游文学艺术、人文化的自然景观等，随着旅游消费内容的扩展，有着更为丰富的内容；旅游介体文化是在旅游活动中联系旅游主体与旅游客体，起到中介体作用的文化，包括旅游餐饮文化、旅游商品文化、旅游服务文化、旅游管理文化、旅游文化教育、旅游导游文化、旅游政策和法规等，其中旅游服务文化应是旅游介体文化中的核心部分。

3.按照现代旅游商品交换特性划分的研究内容

按照现代旅游商品交换的特性，将旅游文化划分为两部分，即旅游消费文化和旅游经营文化。旅游消费文化是以旅游者为主体的文化，包括旅游消费行为文化和旅游审美文化。前者主要研究文化对旅游者旅游态度、旅游动机、旅游决策、旅游消费行为方式等的影响；后者则从审美的角度，探讨旅游审美的文化特征和基本类型。旅游经营文化是旅游经营者所反映和创造的文化，主要包括旅游产品经营文化、旅游企业经营文化和旅游目的地经营文化。旅游产品经营文化，是指旅游资源转化为旅游产品的文化过程，包括旅游资源文化特质分析、旅游产品的文化规范、塑造和表现方法等。旅游企业经营文化，是指旅游企业围绕企业的经营目标，在显在和潜在层面上的文化建设。旅游目的地经营文化，是指一个城市、一个地区乃至一个国家作为旅游目的地的宏观的经营文化，包括旅游目的地整体形象的确立与宣传、旅游发展文化环境的营造、旅游对旅游目的地以及旅游业的影响等。

4.按照文化交流环节划分的研究内容

此种划分方法认为，旅游文化是文化交流与对话的一种形式，是以旅游主体为中心，以区域文化生态为对象，以跨文化交流为媒介，在丰富多样的旅游活动中迸发出来的、形式复杂多样的各种文化行为表征的总和。因此，旅游文化的研究内容主要包括三部分，即旅游主体的文化身份、区域的文化生态系统和旅游的跨文化交流。

（二）旅游文化学内容体系探讨

在探讨旅游文化学内容体系的研究论文中，苏州大学张国洪[①]的《旅游文化学：研究选位与学科框架》、广西大学阳国亮[②]的《论旅游文化学》、安徽师范大学陈麦池[③]的《旅游文化与旅游文化学研究的理论辨析》、武汉科技大学曹诗图[④]的《略论旅游文化学的主要问题》和渤海大学邹本涛[⑤⑥]的《旅游文化学新论》和《再论旅游文化学》是比较重要的文献，尽管以这些研究构建为指导的旅游文化学著作只有少部分面世，但这些理论思考的方向值得我们进一步思索和评介。

阳国亮认为，旅游文化学的内涵、研究对象和研究目的理解上的差异，导致旅游文化学内容体系的分歧，他在“内涵和外延基本明确后”提出了旅游文化学的基本构架。阳先生的旅游文化学内容体系发轫于“三体说”，在“三体说”内容之上，扩展了“三体说”的内容，使旅游文化学的研究内容体系更加复杂（见表1-3）。需要指出的是，这种研究构架与作者对旅游文化学研究对象的选择思路基本是相反的。

表1-3 **阳国亮的旅游文化学内容体系**

基本问题	旅游与文化的关系及其基本范畴
核心问题	旅游文化消费主体及其行为规律
关键问题	旅游文化客体及其供给形式
实现问题	旅游文化介体及其服务形式是旅游文化消费品的实现问题
低层次问题	旅游文化资源及其策划规则
高层次问题	旅游文化政策及其作用

注：根据阳国亮先生论文归纳整理。

张国洪以微观和宏观两级系统为基本指导思想，把旅游文化学的内容解构为五个方面（见表1-4）。张先生的内容体系与“客体说”、“三体说”和“主体论”的内容体系完全不同。张文把旅游文化事象纳入微观和宏观两级系统，微观系统以旅游行为文化为核心；宏观系统以旅游场景和环境文化为范畴，以旅游文化过程、旅游文化结构为切入点，对旅游文化进行功能解析，形成了复杂的旅游文化学内容体系。从认识论角度看，这一全新的理论框架符合了理论思辨的系统性和整体性要求；从研究方法角度看，这一理论框架体现了新兴交叉学科跨学科研究方法的要求；但相关内容的研究积累难以支撑这一复杂的内容体系，更重要的是，内涵和外延尚不清晰的诸多新概念可能会给人带来一些困惑。

① 张国洪.旅游文化学：研究选位与学科框架[J].旅游学刊·基础理论与教育专刊，1999（9）：20-23.
② 阳国亮.论旅游文化学[J].广西民族大学学报（哲学社会科学版），2008，30（1）：109-113.
③ 陈麦池，黄成林，辛福森.旅游文化与旅游文化学研究的理论辨析[J].首都师范大学学报（自然科学版），2011，32（5）：62-66.
④ 曹诗图.略论旅游文化学的主要问题[J].旅游论坛，2011（5）：98-101.
⑤ 邹本涛.旅游文化学新论[J].旅游论坛，2009（6）：797-800.
⑥ 邹本涛.再论旅游文化学——敬复曹诗图先生[J].旅游论坛，2011（5）：102-106.

表 1-4　　张国洪的旅游文化学内容体系

<table>
<tr><th>要素</th><th>次级系统</th><th colspan="2">研究内容</th></tr>
<tr><td rowspan="3">旅游文化系统</td><td>旅游行为文化</td><td>以旅游者的文化动机和行为为基点，从文化、社会和个性系统三方面展开，分类研究其特征、属性，并剖析其文化背景</td><td rowspan="3">在三个子系统协调关系基础上的场景文化、旅游文化传播、旅游文化冲突与控制研究</td></tr>
<tr><td>旅游产品文化</td><td>旅游吸引物文化蕴含与主题、旅游设施文化内涵与风格、服务与管理文化指向、旅游企业的文化定位</td></tr>
<tr><td>旅游环境文化</td><td>自然生态、时空环境和社会环境</td></tr>
<tr><td rowspan="3">旅游文化模式</td><td>旅游行为文化模式</td><td colspan="2">旅游者行为文化模式、旅游接待者及旅游地居民行为文化模式、旅游群体的特殊行为文化模式以及旅游行为文化模式类型研究</td></tr>
<tr><td>旅游产品文化模式</td><td colspan="2">旅游需求被动和主动满足理念、方式、程度构成旅游产品文化模式，涉及旅游资源开发、线路文化、服务文化、企业文化、产业文化等模式</td></tr>
<tr><td>旅游环境文化模式</td><td colspan="2">旅游地景观文化模式、旅游地社会文化模式、旅游地环境的综合模式</td></tr>
<tr><td rowspan="2">旅游文化功能</td><td>旅游文化功能作用</td><td colspan="2">体现在旅游文化场景中，不同性质文化的传播与融合、场景中文化主体的角色、文化评价与文化选择机制</td></tr>
<tr><td>旅游文化要素间的功能结构</td><td colspan="2">旅游文化要素的一定目的、相互依赖关系，以及各要素对结构的作用</td></tr>
<tr><td rowspan="3">旅游文化变迁</td><td>变迁模式</td><td colspan="2">旅游地与客源地的文化边际重叠、文化向性与选择接受文化互动与趋同</td></tr>
<tr><td>变迁趋向</td><td colspan="2">旅游行为文化多样化、旅游产品文化多极化、旅游环境文化多相性的时段表现</td></tr>
<tr><td>变迁指导</td><td colspan="2">活动强制或情景强制、非价值化理念驱使等问题的预警研究和对策研究</td></tr>
<tr><td rowspan="2">旅游文化建设</td><td>微观</td><td colspan="2">旅游行为文化的正向引导、旅游产品文化的正确选位、旅游行为文化的合理规范</td></tr>
<tr><td>宏观</td><td colspan="2">旅游环境文化的有效控制</td></tr>
</table>

注：根据张国洪先生论文归纳整理。

2011年，陈麦池等发表《旅游文化与旅游文化学研究的理论辨析》一文，在从理论上阐述旅游文化和旅游文化学的基础上，构建了旅游文化学研究“旅游学现象”文化的初步框架（见图1-1）[①]。陈麦池等提出，文化与“旅游学现象”的概念辨析是构建旅游文化学框架的理论根基，对旅游文化的探讨和研究需从文化的内在外部结构和静态动态机理等方面考察。目前国内旅游文化研究过于肤浅，大量使用“旅游文化建设”等假大空话语，统一规范的研究学术缺失，需要追根溯源，正本清源，让旅游文化研究回归并联姻其“娘家”（文化）和“婆家”（旅游文化）后，进一步厘清旅游和旅游文化的研究对象和学术定位。

陈麦池等认为，旅游文化既不是旅游与文化的简单叠加，也不能单从旅游主体或客体

① 陈麦池，黄成林，辛福森.旅游文化与旅游文化学研究的理论辨析[J].首都师范大学学报（自然科学版），2011，32（5）：62-66.

的角度来加以诠释，更不能将其与民族文化等同。旅游文化作为旅游另一种表述的新视角有助于研究者从旅游的外显层面深入到内隐层面，从而推动旅游研究向纵深方向发展。旅游文化不仅包括人类改造自然景观创造人文景观等外化过程，而且包括人类在各种旅游活动中自身心智塑造的内化过程。旅游文化又是动态和发展的。当代旅游文化是消费性文化、生活文化、资本驱动型文化和创意文化，通过注重提炼本源文化的符号与元素、与现代时尚相结合、贴近大众生活、迎合当代年轻人、融合现代材料和技术等方面把握当代旅游文化创意①。

如果旅游者文化是旅游文化史的主体，那么旅游客体文化、旅游媒体文化是旅游文化史的一翼，旅游研究成果则是其另一翼。旅游文化史建构于这种"一体两翼"的基本模式之下，获得对旅游文化更切近实际的理解和阐释，更进一步，旅游历史文化和旅游企业文化作为旅游文化的两翼，而其主体——"旅游学现象"文化——成为旅游文化学（Tourism Culturology）的研究对象，通过哲学、文化学、历史学、民俗学、美学和建筑学等学科进行研究。

旅游文化学致力于研究"旅游学现象"文化，包括旅游文化（文脉）资源开发、整合与形象营销、旅游文化品牌与品牌文化、旅游节事的文化表达与解读、旅游文化符号与意象、旅游地生活方式的文化、旅游的文化殖民主义、旅游地文化开发与文化影响（变迁）的评估与调适、旅游地文化遗产的功能利用与历史保护、旅游的跨文化交流与传播等核心主题。基于上述分析，陈麦池等构建了旅游学现象文化——旅游文化学的演化框架体系②。

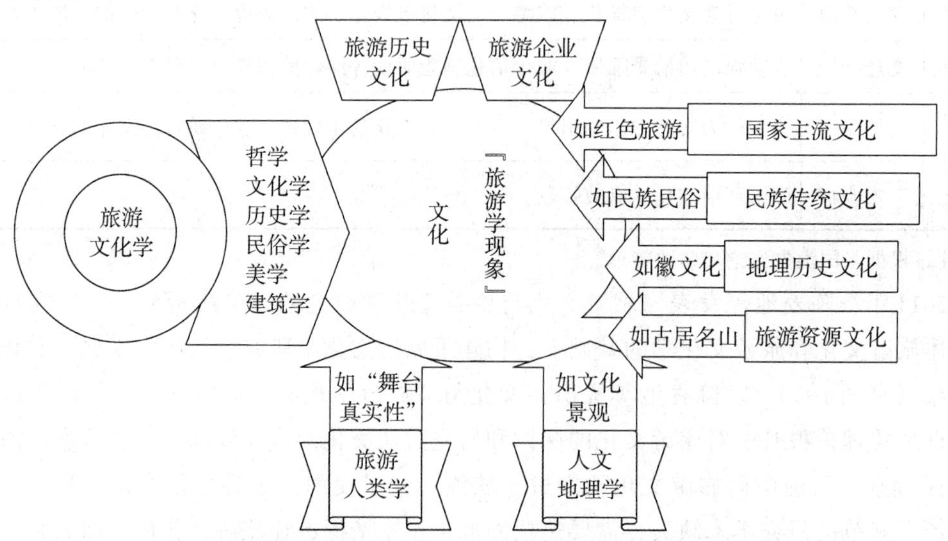

图1-1　陈麦池等的旅游文化学研究"旅游学现象"文化的基本框架

围绕旅游文化学研究对象和内容体系，曹诗图和邹本涛先生有过相关论战，这对旅游文化学学科体系的构建起到重要的推动作用。邹本涛认为，很多传统的旅游文化学研究者

① 王大悟.旅游文化之当代解读[J].旅游科学，2007，21（4）：19-23.

② 陈麦池，黄成林，辛福森.旅游文化与旅游文化学研究的理论辨析[J].首都师范大学学报（自然科学版），2011，32（5）：62-66.

把旅游文化学视同旅游学一样都以旅游为自己的研究对象，是十分不正确的。因为，“强调视角取向，模糊了学科的界限；研究视角不能构建研究对象，研究对象决定研究视角；把旅游作为旅游文化学的主要研究对象，不但模糊了旅游文化学与旅游学的界限，也使旅游文化学变成了文化学取向的旅游学，永远依附于旅游学而不能独立”。实际上，旅游文化学是“关于旅游文化系统及旅游文化研究的学问①”。因此，旅游文化系统及旅游文化才是旅游文化学的主要研究对象。旅游文化系统包括旅游文化自身及其影响因素。旅游文化自身包括旅游文化的静态要素和动态过程。旅游文化自身在旅游文化系统中处于核心地位，所以是旅游文化学研究的核心对象。旅游文化存在于社会与自然之中，必然要受到社会、自然等因素的影响，研究旅游文化而不研究这些影响因素，无助于把握旅游文化发展、变化的规律。旅游文化的影响因素在旅游文化系统中处于边缘地位，是旅游文化学的重点对象之一②。

曹诗图发表了《略论旅游文化学的主要问题》③，在肯定邹本涛的旅游文化学内容体系的同时，又对旅游文化学的定位、现状和对象问题进行了商榷。邹本涛归纳其要点有三：“旅游文化研究与旅游研究的合流趋势是合理的，旅游文化学并非徒有其名”；“旅游文化学应是文化学视角的旅游学，不是关于旅游文化系统及旅游文化研究的学问”；“旅游文化学应主要研究旅游与文化的关系和旅游文化构成体系及旅游文化发展规律④”。曹诗图认为，旅游文化学的内容体系主要包括旅游主体文化、旅游客体文化、旅游介体文化、旅游区域文化（旅游文化的空间分析）、旅游跨文化研究、旅游接待地文化变迁与调适研究等方面；前四者主要围绕旅游与文化的关系展开，后二者主要涉及旅游文化的发展变化规律。旅游文化学的研究视域可归纳为旅游文化构成体系、旅游跨文化和旅游接待地文化三大部分；研究核心和重点是旅游主体文化（旅游者的人文化成）和客体文化（旅游景观的文化鉴赏、文化分析以及文化开发）⑤。正是基于该思路，曹诗图主编了《旅游文化学概论》⑥，并认为该书“受到旅游学界的认可并深受广大师生欢迎⑦”。

邹本涛针对曹诗图提出的商榷，发表了《再论旅游文化学——敬复曹诗图先生》，认为“在各自主要目标或使命尚未完成的情况下，旅游文化研究与旅游研究合流是不合理的，其结果必然是旅游文化学独立性的完全丧失”；“《旅游文化学新论》与《略论旅游文化学的主要问题》主张的旅游文化学定义分别以‘旅游文化与学’和‘旅游与文化学’为逻辑起点，前者较为可取，后者殊属不当”；“在旅游文化学研究对象的表述上，《旅游文化学新论》并无不妥，而《略论旅游文化学的主要问题》却游移于旅游与旅游文化之间未有决断。旅游文化学的研究重心还应回到旅游文化上来⑧”。

2012年，谢春山出版《旅游文化学》一书，创造性地从旅游文化的主体观、环境

① 邹本涛.旅游文化学新论[J].旅游论坛，2009（6）：797-800.
② 邹本涛.旅游文化学新论[J].旅游论坛，2009（6）：797-800.
③ 曹诗图.略论旅游文化学的主要问题[J].旅游论坛，2011（5）：98-101.
④ 邹本涛.再论旅游文化学——敬复曹诗图先生[J].旅游论坛，2011（5）：102-106.
⑤ 曹诗图.略论旅游文化学的主要问题[J].旅游论坛，2011（5）：98-101.
⑥ 曹诗图.略论旅游文化学的主要问题[J].旅游论坛，2011（5）：98-101.
⑦ 曹诗图.略论旅游文化学的主要问题[J].旅游论坛，2011（5）：98-101.
⑧ 邹本涛.再论旅游文化学——敬复曹诗图先生[J].旅游论坛，2011（5）：102-106.

观、时间观、区域观、效应观和实践观来构建旅游文化学的内容体系[①]，呈现出旅游文化的系统面相（见表1-5）。

表1-5　**谢春山的旅游文化学内容体系**

旅游文化学内容体系	本体观	旅游文化的概念；旅游文化的结构；旅游文化的特征
	主体观	旅游文化主体的构成及其特征；旅游文化主体的创造心理；旅游文化主体的创造行为
	环境观	自然环境对旅游文化的影响；社会环境对旅游文化的影响；经济环境对旅游文化的影响；文化环境对旅游文化的影响；政治环境对旅游文化的影响
	时间观	旅游文化的产生；旅游文化的发展；旅游文化的未来
	区域观	旅游文化与区域的关系；中国旅游文化的区域划分；中国各区域的旅游文化
	效应观	旅游文化的经济效应；旅游文化的社会效应；旅游文化的环境效应；旅游文化的空间效应
	实践观	旅游文化与景区规划开发；旅游文化与旅游企业经营；旅游文化与旅游纪念品设计

注：根据谢春山先生著述整理。

研究对象规定研究内容，因此旅游文化学的研究内容还是应该从研究对象出发来理解和把握。作者把旅游文化学研究对象界定为旅游者、旅游经营者和旅游目的地居民在旅游者旅游活动过程中所营造的一种新型文化形态的内在矛盾及其表现。在这个界定中，旅游文化的形成与运动以旅游者、旅游经营者和旅游目的地居民间的相互作用为前提。原生文化O-D对与旅游文化三者之间的矛盾运动推动目的地文化生态的形成与发展。因此，旅游文化的表现载体可以落实在旅游文化的三个构面上，对这三个构面的研究理论与方法、研究重点就需要我们进行探讨。这三个构面层面的研究内容成为旅游文化学体系的核心系统。本书只研究了旅游文化学研究的核心系统部分（见表1-6）。

在旅游者构面，旅游文化学既需要研究旅游者的旅游消费行为，也需要研究旅游者的旅游审美。这种研究是旅游文化学的最核心组成部分。本书关于旅游者、旅游经营者和旅游目的地居民三者序位关系便是依照这种认识加以安排的。旅游者构面的研究主要是从群体角度来入手而不是个体视角的探索。因此，在旅游者构面，旅游文化学的研究内容包括：旅游文化的本质与特征；旅游文化的构成要素；旅游审美文化；旅游消费文化；旅游休闲文化。

在旅游开发经营者构面，要从旅游开发经营企业的个体行为出发来考察旅游文化现象，进而探讨整个旅游开发经营行业所形成的旅游文化特征，研究整个旅游开发经营企业在旅游文化形成与发展过程中的作用与角色。这一部分研究内容主要由旅游规划开发文化、旅游企业经营和产品经营文化构成。

① 谢春山.旅游文化学[M].北京：高等教育出版社，2012.

表 1-6　　旅游文化学内容体系

<table>
<tr><td rowspan="17">旅游文化学研究内容体系</td><td rowspan="11">核心系统</td><td rowspan="3">基础理论</td><td>概念系统</td><td colspan="2">概念对辨析</td></tr>
<tr><td>旅游文化本质特征</td><td colspan="2">旅游文化本质；旅游文化特征；旅游文化功能</td></tr>
<tr><td>认识论研究</td><td colspan="2">研究对象；研究内容；
学科性质与学科体系；旅游文化运行规律</td></tr>
<tr><td rowspan="8">旅游文化构面及其相互作用与运动</td><td rowspan="3">旅游者构面</td><td>旅游审美文化</td><td rowspan="3">原生文化 O-D 对研究；</td></tr>
<tr><td>旅游消费文化</td></tr>
<tr><td>旅游休闲文化</td></tr>
<tr><td rowspan="2">旅游业构面</td><td>旅游开发与产品文化</td><td rowspan="2">原生文化与经营文化的运动；</td></tr>
<tr><td>旅游企业文化</td></tr>
<tr><td rowspan="3">目的地构面</td><td>旅游对目的地文化影响</td><td rowspan="3">地域文化、旅游文化、目的地文化生态环路模式</td></tr>
<tr><td>旅游目的地文化变迁</td></tr>
<tr><td>旅游目的地文化调试</td></tr>
<tr><td rowspan="6">拓展系统</td><td rowspan="6">旅游文化向相邻学科的拓展延伸</td><td>旅游文化史</td><td colspan="2">旅游文化流变历程；古代旅游文化类型及特征；古代旅游文化表现形式；民族旅游文化</td></tr>
<tr><td>旅游文学</td><td colspan="2">旅游文学起源；旅游文学应用；旅游文学地域化研究；旅游游记</td></tr>
<tr><td>时间地理旅游文化学</td><td colspan="2">旅游文化时空分异研究；旅游文化空间变化；跨文化交流</td></tr>
<tr><td>旅游文化教育</td><td colspan="2">旅游文化教育功能；旅游文化建设</td></tr>
<tr><td>旅游管理文化</td><td colspan="2">旅游管理文化价值取向研究
（目标价值与工具价值的博弈）</td></tr>
<tr><td>旅游制度文化</td><td colspan="2">行业标准；管理模式；法律规章</td></tr>
</table>

在旅游目的地构面，要把旅游目的地作为旅游文化表现的最终极载体来看待。这一部分主要由旅游对目的地的文化影响、旅游目的地文化变迁和文化调试等内容构成。

在这个核心系统之外，存在着旅游文化学研究对象的拓展系统：旅游文化史、旅游文学、时间地理旅游文化学、旅游文化教育、旅游管理文化、旅游制度文化等研究内容。随着旅游文化学研究的发展，这些研究领域可能成为旅游文化学研究的拓展部分。旅游文化史的研究以古代旅游文化流变为基点，主要从古代旅游文化类型及特征、古代旅游文化表现形式和民族旅游文化三个方面展开；旅游文学研究包括旅游文学起源、旅游文学应用、旅游文学地域化研究和旅游游记等研究主题；时间地理旅游文化学从时间地理的角度开展横纵向或区域旅游文化时空分异研究、旅游文化空间变化和旅游跨文化交流研究；旅游文化教育主要关注旅游文化教育的功能以及对旅游文化建设的影响；旅游管理文化主要围绕旅游管理文化价值取向而展开；旅游制度文化研究包括行业标准、管理模式和法律规章等三方面的研究。这些研究领域能否真正纳入旅游文化学的学科体系的拓展部分，需要旅游实践的检验，也需要旅游文化学研究的时间检验。在此，以旅游制度文化为例加以简单阐释。

旅游制度文化能否纳入旅游文化学的范畴，作者的看法是：旅游制度文化是旅游文化学的研究对象和内容，但不是主要的或者说是核心的研究领域，可以作为旅游文化学的延伸扩展部分。在旅游文化的形成与发展过程中，旅游制度文化与旅游文化是间接而非直接的关系，旅游文化更多是自发形成的。例如，在对性旅游和黄色旅游文化控制和监管的过程中，旅游行政管理者和旅游协会在促成旅游文化健康发展发展过程中到底起了多大作用？在旅游行政管理者和旅游协会备受掣肘的管理环境下，作者认为，就旅游文化实践而言，旅游管理文化对旅游文化的作用是比较有限的；就旅游理论研究而言，在介绍、引进和辨别旅游管理文化之外，在近期内能否从根本上综合和提升旅游管理文化，尚难预料。

第三节　旅游文化学的学科性质和学科地位

旅游学作为一个独立的学科在中国尚未得到官方认可，更不用说旅游文化学的学科地位了。旅游被看做经济和管理理论的应用领域，因而旅游文化应该纳入什么范畴从来都是众说纷纭的。把握旅游文化学在旅游学科中的地位是理解旅游文化学的学科性质和体系的关键。我们对旅游文化的学科性质和地位的理解，应该建立在这样的认识基础之上。

一、旅游文化学的学科性质

学科是什么？它是如何定义的？学科是科学知识体系的分类，不同的学科就是不同的科学知识体系，它一般依据学科研究对象、研究特征、研究方法、学科的派生来源、研究目的、目标等方面进行分类。一般认为，构成独立的学科要素有三：研究的对象或研究的领域，即独特的、不可替代的研究对象；理论体系，即特有的概念、原理、命题、规律等所构成的严密的逻辑化的知识系统；方法论，即学科知识的生产方式。“学科的特征在于它不依赖于其他学科的独立性。这种独立性反映在它的研究对象、语言系统和研究规范上。[①]”

总体来看，旅游文化还处于学科建设的起步阶段。旅游文化学研究对象不确定、理论体系争论不休、研究方法也未形成。学者从不同的立场来界定旅游文化学的归属（见表1-7）。

① 李光，任定成.交叉学科导论[M].武汉：湖北人民出版社，1989.

表1-7 **旅游文化学学科归属及研究方法简表**

作者	学科归属	理由阐释	研究方法
谢贵安(1997)	文化学、旅游学、社会学、历史学和管理学等学科之间的边缘学科和相互结合的交叉学科	展示旅游主体在纵向超越历史时段和横向跨越文化空间的活动，展现旅游活动“人文化成”的文化规律。以旅游主体为视角，涉及文化、旅游、社会、历史、管理等领域，通过“人化自然”和“自然人化”的角度，从人类心灵层面认识主体与旅游文化的关系	理论分析方法；实地调查法；文献考证方法；比较研究法
马波(1998)	文化学的分支、旅游学学科群的组成部分	旅游文化学与旅游学其他分支学科关注焦点不同，但与旅游学的其他学科门类不能截然分开	文献法；实地调查法；比较法；逻辑分析法
章海荣(2004)	旅游生活所创的跨文化交流学问，统属于休闲学	旅游从其现实表现属休闲的一种；旅游学科应归属于休闲科学范畴。通过LRT的比较分析，认为休闲科学是一个综合性、跨学科的研究领域，西方休闲学体系中，包含着旅游文化学	旅游学文化内涵学科化研究法；文化社会学对目的地的文化研究法；文化传播的跨文化交流学研究法
尹华光(2005)	交叉学科、边缘性学科、综合性学科	旅游文化学研究涉及的学科众多	文献法；调查法；观察法；比较法；定量分析与定性分析结合法；系统分析法
姚昆遗(2006)	综合性学科、边缘性学科	旅游文化研究，既面向不同国家和地区、不同民族和种族、不同文化和宗教背景的不同层面的旅游者，又涉及自然、天文、地理、历史、艺术、社会和经济各个方面的环境	普遍联系的观点、动态发展的观点、联系比较的方法。广博的知识积累和丰富的实践体验
方志远(2006)	多学科	旅游学和文化学视角的旅游文化基本问题研究；文化人类学角度的主体文化研究；文化地理和人文地理学角度的区域性文化生态系统研究；休闲和跨文化交流视角的旅游消费文化研究	整体论研究方法；多学科跨学科研究；田野工作社区研究
沈祖祥(2006)	旅游学的分支学科	旅游学的基本主题与视角是旅游文化学的出发点	系统方法；辩证法；跨学科分析方法
刘敦荣(2007)	文理结合的多学科交叉的边缘性学科	人文社会科学属性表现为以研究旅游文化为核心，研究与其相关联的文化事象和各种影响因素；自然科学属性表现为地域、地理、环境资源、景点景观、山水、地质、建筑园林文化等	唯物辩证法为指导的研究方法；从实际出发的特殊研究方法；实地调查法和比较研究法

注：谢贵安.旅游文化学[M].北京：高等教育出版社，1997；马波.现代旅游文化学[M].青岛：青岛出版社，1998；章海荣.旅游文化学[M].上海：复旦大学出版社，2004；尹华光.旅游文化学[M].长沙：湖南大学出版社，2005；方志远.旅游文化概论[M].广州：华南理工大学出版社，2006；姚昆遗.旅游文化学[M].北京：旅游教育出版社，2006；沈祖祥.旅游文化学导论[M].福州：福建人民出版社，2006；刘敦荣.旅游文化学[M].天津：南开大学出版社，2007.

从学界表述来看，学者大都认同旅游文化学的边缘、交叉、综合性质。只有章海荣从人类本质研究的角度提出，旅游文化学统属于休闲学。而谢元鲁的《旅游文化学》、钟贤巍的《旅游文化学》等论著并没有论述旅游文化学的学科归属问题。在研究方法的介绍上，学者的基本观点没有太多的差异。

作者认为，旅游文化学的交叉综合性质是由旅游文化的复杂性和综合性特点决定的。无论是从旅游文化广义和狭义的视角来看，还是基于旅游文化学宽泛和收缩的理念，旅游文化学的研究，必然深受旅游学和文化学这两个母学科的影响。旅游文化学的交叉综合性质，不仅表现在旅游文化学研究的历史进程中，而且实际上根植于旅游现象的复杂性、文化现象的复杂性和旅游文化学研究对象的复杂和综合性这些根本点上。

二、旅游文化学的学科地位

旅游文化学要成为一个学科，就必须界定其学科地位问题，回答旅游文化学与旅游学等相关学科之间的关系。

从旅游学学科体系的框架中，可以了解旅游文化学的学科地位和状况。旅游文化的基础理论是在顺应旅游业发展的同时，借鉴旅游学、文化学等相关学科理论研究的基础上不断发展起来的学科理论。在整个旅游学科体系中，旅游文化学相对比较年轻，理论更幼稚一些，这既是旅游学学科现状的反映，更是由旅游研究最初是从经济的视角进入决定的。

如果作者是正确理解了相关研究者意图的话，那么是否可以认为，对于“旅游文化学”存在两种对立性的观点：一种是旅游文化学很难成立，即使能够存在，在旅游学的学科体系中也不是最基本层面。如在谢彦君先生的旅游学学科体系框架中，旅游文化学就不存在或者说不是旅游学最基本的学科。“虽然在学科罗列方面，该模型仍然未必是全面的，但这些学科可以认为是最基本的，在有些学科领域，当然存在继续细分的可能和必要，但层次上已在其次。如旅游企业管理学，可以分……旅游经济学可以分为……旅游规划学可以分为……有些学者在罗列分支学科科目时所做的扩展很大，给人一些启迪。但这里需要注意几点：一是有些学科并不成熟，不宜以学冠之；二是有些学科即使在将来恐怕也难成立；三是有些学科虽然现在还没有出现，但将来成为独立的旅游学分支学科的必要性似乎很显然[①]。”显然，在最基本的层面，谢彦君先生的旅游学科体系是不认可旅游文化学的学科地位的（见图1-2）。搜索谢彦君先生的研究成果，我们会发现，在对诸如旅游体验、旅游符号等旅游基础理论研究过程中，谢先生谈到了旅游心理学、旅游社会学、旅游人类学等角度，恰恰没有谈到旅游文化学，这对一个崇尚旅游学综合的纯理论研究者而言，肯定是有其原因的。是谢先生的疏忽（“该模型未必是全面的”），还是旅游文化学难以成立或在旅游学科体系中本身就无足轻重呢，抑或是谢先生认为旅游文化研究的领域统属于旅游社会学和旅游人类学？

---

① 谢彦君.基础旅游学[M].北京：中国旅游出版社，2004.

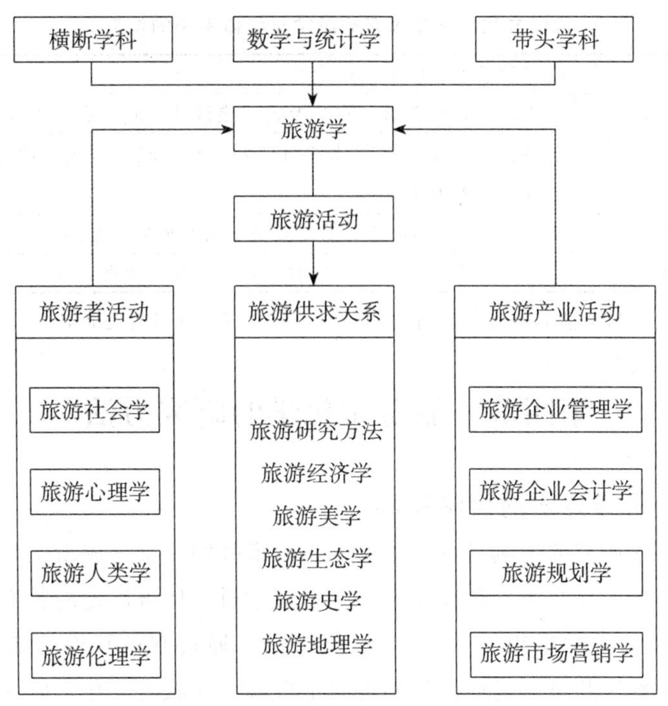

图 1-2 谢彦君旅游学学科体系构成模块图

资料来源 谢彦君.基础旅游学[M].北京：中国旅游出版社，2004.

早在1989年，郁龙余[①]就曾预言和呼吁旅游文化学学科建设问题。1995年《旅游科学》第2期刊发了东南大学毛桃青的《旅游文化应有自己的学科地位》一文。该文明确提出建立"旅游文化"学科的必要性。作者认为无论是对旅游业健康发展来说，还是从学科分类的角度上都应设立旅游文化学科。它标志着高等旅游教育已经敏锐地感觉到了旅游业对旅游文化的呼声，也从学科建设角度显示了旅游文化学在旅游学中的重要地位。1995年，喻学才、毛桃青在撰文呼吁建立旅游学学科体系的过程中，从旅游经济与旅游文化关系等角度出发，认为传统上把"旅游文化"这些属于其他各种学科的研究领域置于"旅游经济"的框架下是不合适的，而应该由旅游学来统辖这些学科[②]。在这些研究者的旅游学科体系中，旅游文化学是作为旅游学科的基本体系存在的。翟辅东也是旅游文化学的支持者，在其旅游学学科体系中，旅游文化是作为结构旅游学的基本要素排在第一序位的，这凸显了旅游文化在翟先生的旅游学学科体系中的地位（见表1-8）。

本书作者认为，旅游文化学是能作为旅游学的次级学科存在的，旅游文化学的重要性是由作为旅游文化学的母学科即旅游学和文化学的地位决定的。现代旅游越发达，旅游业的发展速度越快，旅游地的规模越大，旅游的影响越广，旅游学学科的地位就愈突出。随着旅游文化及其作用和影响的广度和深度越来越大，旅游文化的学科地位就会确立；文化在现代社会的张力也会强化旅游文化的学科地位。

---

① 郁龙余.旅游与旅游文化[J].深圳大学学报（人文社会科学版），1989（2）：46-50.
② 喻学才，毛桃青.论旅游学学科体系亟待建立[J].江汉论坛，1995（12）.

表 1-8　　旅游文化学在翟辅东旅游学学科体系中的位置

旅游学学科体系	综合旅游学	旅游学原理、旅游学概论等
	部门旅游学	旅游地、旅游交通、旅游饭店、旅行社、旅游商店等（吃住行游娱购）
	旅游管理学	旅游管理理论、旅游统计与规划、旅游政策法规、旅游教育、旅游市场、旅游企业管理等
	结构旅游学	旅游文化、旅游心理、旅游经济、旅游形象、旅游生态、旅游地理、语言等
	旅游学研究方法	控制论、系统论、信息技术、社会调查、数理统计、景观识别技能等

资料来源　翟辅东.区域旅游开发与规划[M].长沙：湖南地图出版社，2000.

第四节　旅游文化学的研究方法

一、旅游文化学研究方法的哲学基础

哲学对任何科学研究的影响是毋庸置疑的。辩证唯物主义是旅游文化学研究的根本指导思想。在辩证唯物主义之下，还存在着一个规定学科具体方法论的哲学基础和思想，即实证、规范和实用的哲学思想①。实证主义坚持只有通过观察获得的知识才是可以信赖的，对事物的可观察性和可测量性的强调走向了极端。在旅游文化学研究中，实证主义的方法可以促使学界避免过于主观的意见影响理论解释框架的构建和研究结论的形成。规范主义是人类在社会发展过程中对社会和自然过程所形成的规则性认识的历史积累。在旅游文化学领域，旅游文化建设就需要这种思想的指导来形成对策性的结论。实用主义着重强调解决现存的问题，不注意理论逻辑的思辨。

与此同时，我们对社会文化现象的认识一般遵循金字塔似的路径。在三大哲学思想指导下的科学知识金字塔认知模型对旅游文化学学科建设具有重要现实意义，如图 1-3 所示。

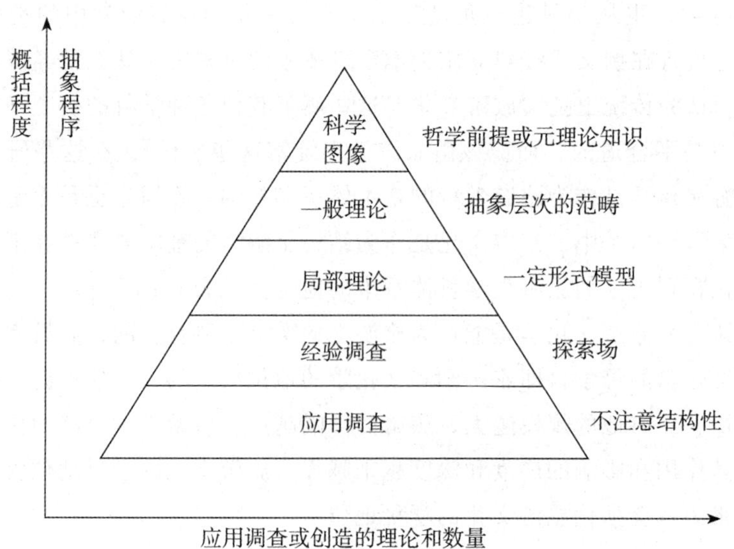

图 1-3　科学知识哲学层次金字塔认知模型

① 谢彦君.基础旅游学[M].北京：中国旅游出版社，2004.

二、旅游文化学研究方法的形成

一门学科的建立，不仅要有独特的研究对象、研究内容和学科体系，还要有自己的研究方法。现代科学的发展，使学科不断分化，交叉学科不断增多，跨学科不断综合和整合。任何一门新兴的学科要走向完善，必须借助其他学科的研究方法。新兴学科研究方法的形成主要是靠研究方法的移植、渗透和融合[①]。平行学科间，一门学科的研究方法向另一门学科的移植，多是通过研究对象的转移、理论原理的借鉴或研究方法的综合来实现的；母学科与子学科间、成熟学科与新兴学科间，研究方法多是通过母学科向子学科、成熟学科向新兴学科的渗透来实现的；经过移植和渗透，有可能在新学科内实现多种研究方法和研究手段的交叉与融合，形成新的科学研究方法。

旅游文化学作为一门新兴的交叉综合学科，在研究方法上既有交叉学科的一般特征，也有其独特的研究思路和方法。像其他学科一样，旅游文化学研究方法同样受辩证唯物主义哲学方法和思维的指导；旅游文化学作为社会科学，社会科学的一般研究方法也可以适用于旅游文化学研究；旅游文化学的研究方法肯定受到其母学科即旅游学和文化学的深刻影响。也就是说，旅游文化学通过渗透、移植和融合相关学科的研究方法，加以整合形成适应于复杂的旅游文化现象和广泛的旅游文化学研究内容的相对独特的方法系统。

三、旅游文化学研究的具体方法

具体来说，旅游文化学的研究方法根植于复杂的旅游文化现象和矛盾运动形态、根植于旅游文化学广泛的研究内容。作者试图在较基本的层面上从旅游文化研究历程的角度归纳总结旅游文化学的研究方法。

（一）文献资料法

文献资料法是利用各种渠道对文献和资料进行合理收集与应用，通过理性分析以获得间接理论知识的一种方法。我们不仅需要依靠网络、各种统计资料、公开出版的图书等文献资料来研究现代的旅游文化现象及其发展变化，而且还要运用历史文献法来考证旅游文化现象的起源、在历史文献资料中寻找到旅游文化历史演进轨迹的蛛丝马迹。旅游文学起源及其应用、旅游文学地域化研究以及旅游游记研究必须依靠丰富的文献资料来展开。可见，旅游文化史、现代旅游文化现象和旅游文学的研究更多要借助文献资料法。

（二）调查法

调查法是通过访谈、问卷等手段，系统地直接搜集资料，并加以分析概括归纳来获得科学结论的研究方法。普查、抽样、典型调查和个案调查是其主要形式。我们通过调查，可以有计划地、周密地和系统地了解旅游文化现象，并对调查搜集到的大量资料进行分析、综合、比较、归纳，为我们认识旅游文化的物化形式及其载体、发展变化规律提供思

① 金吾伦.跨学科研究引论[M].北京：中央编译出版社，1997.

路。在旅游文化的研究中，我们主要依靠问卷调查等手段来认识旅游消费行为文化和旅游经营文化的特征。

（三）比较法

比较法是科学研究活动普遍运用的一种方法，通过多个对象属性的相互对比，我们就能找出彼此间差异。旅游文化学中的比较既可以进行横向比较，也可以进行纵向比较。在原生文化O-D间的流动、旅游文化时空分异、旅游文化空间变化、旅游跨文化交流、旅游文化类型与特征等研究领域都可能要运用比较的研究方法。

（四）田野工作

田野工作是文化人类学、社会学和环境科学广泛使用的实证性研究方法。一些研究者强调，只有通过在小型社区长期的直接参与观察，才可能把文化现象放于一个整体加以理解和分析，对当地社会进行全面考察，洞悉文化的演变过程。因此，田野工作在旅游文化研究中有着广泛的应用领域。国外旅游人类学和旅游文化学所取得的有影响的研究成果大都是运用田野工作的方法完成的。国内运用田野工作进行的研究极其有限，在旅游文化领域还有很多工作需要去做。在旅游文化学研究中，我们要运用田野工作方法来认识旅游目的地社会文化变迁、文化调试，文化真实性感知，旅游目的地文化商品化以及旅游目的地旅游文化的最新表现形式以及发展趋势等问题。赵红梅认为，旅游文化是文化人类学视角下的一种特殊文化，是旅游这一特殊生活方式的文化表征。了解旅游文化发生、形成与演变的规律，需要借助文化人类学的民族志研究方法，从主位观的角度去获取关于特定旅游文化现象的第一手资料，逐渐积累对旅游文化的客位认知①。

（五）模型或模式分析

模型或模式是刻画现象结构、形态、关系和演变路径的描述性分析工具。模型或模式的构建、解释和预测功能有助于人类理解复杂的人文和社会科学现象。对旅游文化现象而言，旅游文化包含复杂的时空运动关系，旅游文化结构的复杂性、旅游文化与其他社会现象间的广域关联性，借助模型或模式等高度概括的归纳方式就可能把握。

（六）统计分析

统计分析就是借助数理统计工具对旅游文化现象进行研究。统计分析成为现代旅游研究最重要的研究方法。文献资料、调查、比较、田野工作、模型和模式本身就离不开统计分析的支持。

旅游文化研究的方法主要是通过“解决问题”式的途径从其他相关学科移植、渗透和融合而来的。上述具体的研究方法之间无优劣之别。这些研究方法还要统领于系统和整体的思想，这样才可以避免旅游文化学研究过程中只注重部分、忽略考察整体的倾向，使我们更清楚地认识旅游文化系统诸要素之间的联系与运动，整体把握旅游文化的本质、结构、特征、内容、形式、变迁和发展趋势以及演变规律。

---

① 赵红梅.论旅游文化——文化人类学视野[J].旅游学刊，2014，29（1）：16-26.

本章重要观点

1.旅游文化学能否真正成为一个比较成熟的学科，需要旅游实践的检验，也需要旅游文化学研究的时间检验。

2.国外旅游文化研究视角（以旅游者为中心）应该成为国内旅游文化研究考虑的重要因素，广义的概念界定、宽泛的研究对象和内容不利于规避研究宽泛的风险。

3.旅游文化学的研究对象是旅游者、旅游经营者和旅游目的地居民在旅游者旅游活动过程中所营造的一种新型文化形态的内在矛盾及其表现，旅游文化学研究的任务是通过研究来认识这种新型文化形态发生的形态结构、功能、特征、运动轨迹和存在的规律以及对现存文化产生的各种影响。

4.旅游文化学是一门新兴的交叉综合学科，不仅表现在旅游文化学研究的历史进程中，而且根植于旅游现象的复杂性、文化现象的复杂性和旅游文化学研究对象的复杂和综合性这些根本点上。

本章问题讨论

1.你认为旅游文化学是否有存在的必要？怎样理解“旅游文化学能否真正成为一个比较成熟的学科，需要旅游实践的检验，也需要旅游文化学研究的时间检验”这一观点？

2.旅游文化（学）研究，涉及了众多相关学科。你能否分别以实例说明不同学科在旅游文化（学）研究中的作用，由此更好理解旅游文化学的学科性质？

3.找几本典型的旅游文化学著作，对其研究内容和体系做一番比较和评介。请说明，这些著作的研究内容和体系有何异同，其原因是什么？请给予适当评价。

4.构筑旅游文化学的学科体系和框架的逻辑主线是什么？

5.举例说明不同的旅游文化学研究方法的适用范围。

本章补充阅读材料与案例分析

五本旅游文化学著作的粗浅比较

旅游文化的研究可以从多个视角进入。旅游中可能的文化消费或文化遭遇是一种理解；旅游活动中的文化交流也是一种理解；旅游活动六大要素食、住、行、游、娱、购过程中体现的文化现象又是一种阐释；文化学角度的逻辑定位也是一种解释，所以旅游文化的研究和旅游文化学学科体系的构建呈现散乱状态，缺乏火力交接地带，不便于学术的交流和碰撞。

1.关于旅游文化与旅游文化学的概念

学者们都是从界定或介绍文化的概念入手来导入旅游文化与旅游文化学的概念。文化概念的理解不同，旅游文化的界定也就各异。学者都是在大量介绍文化概念的基础上，指出文章选用某一观点，并以此作指导，从旅游过程中主客体的遭遇、消费和产生的文化导出旅游文化的概念。

谢文认为：“旅游文化是人类文化在旅游中的普遍显现。”对旅游文化可从旅游的精神层面、制度层面和物质层面来分析。从旅游活动的过程来看，是主体、客体、中介体和旅游社会环境的文化。从谢文的定义中，旅游文化学的旅游主体、客体、中介体体系非常明显。这是旅游文化学学科研究中早期的一大成果。

马文引述了中外学者对文化的解说，给出了自己的定义："旅游文化是旅游者和旅游经营者在旅游消费或旅游经营服务过程中所反映、创造出来的观念形态及其外在表现的总和，是旅游客源的社会文化和旅游接待的社会文化通过旅游者这个特殊媒介相互碰撞作用的过程和结果。"它强调了旅游文化是一种交流过程而产生的文化现象。

章文分析了旅游行为的哲学意义，认为旅游行为背后隐含着的人类出走和超越意志表现为走向完善和自由的冲动。人类追求自由和完善自身的本质属性，既体现在从超越到回归的历史纵向过程中，也体现在文化空间的跨越上。旅游是人类社会最普遍和民间最自由的对异质文化加以体验、比较和影响的活动，是文化创造的一种形式。由此，旅游文化"奠基于追求人性自由、完善人格而要求拓展和转换生活空间的内在冲动，其实质是文化交流与对话的一种方式。是世界各区域民族文化创造基础上的后现代全球化趋势中大众的、民间的休闲消费文化"。章文超越了旅游文化现象研究的范畴，构建了以文化交流为核心的旅游文化学体系。

尹文介绍了文化一词的由来，归纳了旅游文化的四种论断：旅游+文化论、民族文化论、主体论与客体论、碰撞论，认为"旅游文化是旅游主体、旅游客体和旅游媒体内在的及其相互作用所产生的物质成果和精神成果的总称"。在分析文化的物质、制度、行为和精神的结构后，构建了旅游文化学的主体、客体、介体体系。

姚文认为"旅游文化是以一般文化的内在价值为依据，以吃、住、行、游、娱、购六大要素为依托，以旅游主体、旅游客体和旅游中介体的相互关系为基础，围绕旅游活动整个过程有机形成的物质文明和精神文明的综合"。

从五本著作来看，旅游文化学的研究大概是从以下几个角度来着手的：一是着眼于旅游的要素，从旅游主体、客体、中介体等方面来探讨旅游的文化现象；二是着眼于旅游文化交流的过程，试图找到旅游文化所反映的本质。

2.关于旅游文化学的学科体系（见表1-9）

梳理早期与旅游文化相关的书籍，可以发现：早期的旅游文化研究着眼于文化特质，介绍可以成为旅游资源、旅游吸引物的各种文化形态。在笔者看来，它们应该纳入旅游吸引物研究的范畴或者是文化介绍及民族文化教育的切入点。

从这五本著作来看，谢文从主客体和中介体角度构建旅游文化学的学科体系；马文以文化学的逻辑对旅游文化进行整合和组合，涉及了旅游文化的定位、历程、基础、特点、传统、继承与发展；姚文和尹文的学科构建基本没有超越这些范畴；可能马文和姚文还想兼顾从旅游产业活动的角度来构建旅游文化学的学科体系；章文的体系构建最有独创性，从人类本质角度来阐释旅游文化学的本质，是对旅游文化本质研究的第一次真正尝试，进一步启发并开拓了学界对旅游文化学的研究视角。

表 1-9 **旅游文化学学科体系比较简表**

作者		章海荣	姚昆遗等	尹华光	谢贵安	马波
体系构成	第一章	旅游文化学学科和核心理论：理论构成及学科归属；支撑学科	旅游文化学的学科体系	旅游文化学概论	绪论：研究对象；文化系统结构与特征；研究方法	文化概论
	第二章	旅游主体：文化的负载者：人是文化的产物；主体的文化身份与文化品位	旅游消费文化：消费行为特征；消费过程的文化渗透；消费行为的文化走向	旅游主体文化（主体、消费、审美文化）	旅游文化源流：旅游文化的起源与发展；突变与扩展；交流与整合	旅游文化与旅游文化学
	第三章	旅游地生态文化系统：村落与市镇	旅游资源文化：文化特征；文化内涵	旅游客体文化（上）：山水、建筑、园林文化	旅游主体文化：民族旅游性格及现代转换；主体文化人格及塑造	旅游消费行为文化
	第四章	城市文化与城市精神：城市形象；城市个性与文化特色	旅游产品文化：产品文化特征；文化功能的可持续开发	旅游客体文化（下）：宗教、民俗文化	旅游客体文化：定义与类别；特征与文化功能	旅游审美文化
	第五章	人际直面交往与传播：文化扩散与涵化；文化整合与转型	旅游环境文化	旅游休闲文化：中国古代、现代休闲文化、西方休闲文化	旅游中介体文化：旅游行业文化和企业文化；服务者文化人格塑造	旅游资源及其开发文化
	第六章	旅游文化震惊和文化冲突	旅游经营文化：经营文化特征；企业文化；经营与传统文化	旅游企业文化：内涵与功能；企业文化构建；旅游饭店、旅行社、旅游交通企业文化	旅游社会环境文化：出发地、目的地社会环境文化及其调适与保护	旅游企业文化
	第七章	综论：当代休闲消费：演绎文化的产品		旅游制度文化：行业标准；管理模式；法律规章	结束语：旅游的文化步履：从超越自然到回归自然	旅游接待地经营文化
	第八章			旅游生态文化：生态特征；文化生态位；生态文化的旅游开放和开发；保护和永续利用		

3.关于旅游文化学的学科归属（见表1-10）

表1-10 旅游文化学学科归属及研究方法简表

作者	学科归属	阐释	研究方法
谢贵安	文化学、旅游学、社会学、历史学和管理学等学科之间的边缘学科和相互结合的交叉学科	展示旅游主体在纵向超越历史时段和横向跨越文化空间的活动，展现旅游活动“人文化成”的文化规律。以旅游主体为视角，涉及文化、旅游、社会、历史、管理等领域，通过“人化自然”和“自然人化”的角度，从人类心灵层面认识主体与旅游文化的关系	理论分析方法；实地调查法；文献考证方法；比较研究法
章海荣	旅游生活所创的跨文化交流学问，统属于休闲学	旅游从其现实表现属休闲的一种；旅游学科应归属于休闲科学范畴。通过LRT的比较分析，认为休闲科学是一个综合性、跨学科的研究领域，西方休闲学体系中，包含着旅游文化学	旅游学文化内涵的学科化研究法；文化社会学对目的地的文化研究法；文化传播的跨文化交流学研究法
尹华光	交叉学科、边缘学科、综合性学科	旅游文化学研究涉及的学科众多	文献法；调查法；观察法；比较法；定量分析与定性分析结合法；系统分析法
姚昆遗	综合性学科、边缘性学科	旅游文化的研究，既面向不同国家和地区、不同民族和种族、不同文化和宗教背景的不同层面的旅游者，又涉及自然、天文、地理、历史、艺术、社会和经济各方面的环境	普遍联系的观点、动态发展的观点、联系比较的方法。广博的知识积累和丰富的实践体验

表1-10表明，学者大都认同旅游文化学的交叉、综合学科的学科属性。只有章文从人类本质研究的角度，提出旅游文化学统属于休闲学。在研究方法的介绍上，基本没有太多的差异。

4.旅游主体文化研究内容比较（见表1-11）

表1-11 旅游主体文化研究内容比较简表

作者	旅游主体文化研究内容
谢贵安	通过界定民族旅游性格，比较分析华夏民族和西方民族旅游性格的原生特征及成因；提出民族旅游性格的近现代转换是原生特征向次生特征转换的形式，比较中西民族旅游性格转换的差异及特征；旅游主体文化人格与民族旅游性格的关系；求真、求善、求美与旅游主体人格塑造；旅游与休闲相互渗透，旅游文化对旅游主体性情有调适功能
章海荣	人的本质就是人的文化存在，运用文化人类学或文化社会学的研究成果“主体是一定文化的负载者”、“人是文化的产物”来确认在旅游跨文化交往过程中，旅游所具有的作用。旅游主体，作为跨文化空间位移的主体，受文化身份与文化品位的影响，本身负载着一定的文化，也在进行着跨文化空间的传播和运作
尹华光	介绍中外旅游主体观念文化的发展历程，探索了我国旅游观的发展演变。从文化对比角度分析中西旅游主体的观念文化、消费文化、审美文化特征，并阐释了原因

5.旅游客体文化研究内容比较（见表1-12）

表1-12 旅游客体文化研究内容比较简表

作者	旅游客体文化研究内容
谢贵安	从探讨旅游资源的概念入手，界定旅游客体的定义与类别。归纳旅游客体的特征，分析其文化功能
章海荣	从旅游地生态文化角度来阐释旅游客体的文化特征。村落、市镇和城市文明是其根本立足点。从村落文化如何起源、村落聚居地特征怎样，市镇文化起源、商贸文化的演进，城市文化生态系统与形象等角度论证人类不断寻求和转换自身的生存空间
尹华光	介绍中国山水文化、建筑文化、园林文化、宗教文化、民俗文化的基本特征和类别
姚昆遗	从自然旅游资源和人文旅游资源分类角度来阐释旅游资源文化的特征和类型

在我们看来，单纯介绍旅游客体的特征和分类，似乎仍然像早期旅游文化研究一样，仅仅在介绍旅游的吸引物系统。窃以为，静态的旅游文化研究不应是旅游文化研究的重点，动态的旅游文化学研究观可能是推动旅游文化学建设的一种更好的选择。

6.旅游中介体文化研究内容比较（见表1-13）

表1-13 旅游中介体文化研究内容比较

作者	旅游中介体文化研究内容
谢贵安	旅游行政部门、旅游行业协会和旅游服务企业等中介体在旅游链中的地位；旅游行业文化和企业文化的特点；旅游服务者文化人格的塑造
马波	旅游企业文化；旅游接待地经营文化
尹华光	旅游企业文化的界定及构建，旅游饭店企业、旅行社和旅游交通企业的文化层次区分及内涵；旅游行业标准、旅游管理模式和旅游法律规章
姚昆遗	旅游经营主体文化特征；旅游企业文化的因素和建设模式；旅游经营与传统文化

谢文在构建旅游文化学的学科体系时直接提出了旅游中介体文化概念。马文、尹文和姚文并没有直接提出旅游中介体文化概念，从相关内容的介绍来看，为了比较的需要，故把这些内容归为旅游中介体文化研究的范畴。

7.思考

谢彦君先生认为：科学研究的区分，要根据科学对象所具有的特殊的矛盾性。对某一现象的领域所特有的某一矛盾的研究，就成为某一学科的主要研究对象。从目前旅游文化研究的进展来看，我们似乎还没有找到一条能统筹旅游文化矛盾运动的线索，来揭示旅游文化现象的发生、形态结构、运动规律和内在本质。

对旅游文化的研究是不是应该从静态的旅游主体、客体和中介体文化的特征入手，从动态的旅游主体、客体和中介体文化的交互作用和影响中走出来，还需判明演变，分析态势，预测发展趋势，寻找恰当的调控机制。

在旅游文化影响的研究中，大多寻求强势文化与弱势文化相互作用的规律，我们或能换一个角度，从旅游在文化与文明冲突过程中的角色扮演，普遍的文明随着旅游文化的交流在不断地扩张和推进，在消解特殊的文化空间等角度来研究旅游文化。

8.五本旅游文化学著作基本情况（见表1-14）

表1-14 五本旅游文化学著作基本情况简表

作者	书名	出版社	版别
章海荣	《旅游文化学》	复旦大学出版社	2005
尹华光	《旅游文化学》	湖南大学出版社	2004
姚昆遗	《旅游文化学》	旅游教育出版社	2006
谢贵安	《旅游文化学》	高等教育出版社	1999
马波	《现代旅游文化学》	青岛出版社	2001

【阅读提示】

1.收集各种旅游文化学教材上所列举的旅游文化学研究对象、研究内容和体系，进行总结、比较和评介。

2.讨论建立旅游文化学内容体系的紧迫性。

3.收集整理曹诗图和邹本涛关于旅游文化学内容体系研究的相关成果①，与本章补充阅读材料结合起来，尝试提出自己的旅游文化学研究对象和内容体系。

① 可参见：邹本涛.旅游文化学新论[J].旅游论坛，2009（6）；曹诗图.略论旅游文化学的主要问题[J].旅游论坛，2011（5）；邹本涛.再论旅游文化学——敬复曹诗图先生[J].旅游论坛，2011（5）；谢春山.旅游文化学[M].北京：高等教育出版社，2012.

第二章

旅游文化的本质与特征

学习目标

学过本章之后，你应该能够：

1.在一个高度整合的框架下，多层次、全方位地认识旅游文化的全貌。

2.在分析旅游本质和文化本质的基础上，理解旅游文化的本质规定性。

3.理解旅游文化所具有的流动性和开放性等基本特征。

4.掌握旅游文化的概念，并且能讨论不同学者对旅游文化定义的差异与得失。

5.能清晰地勾画出旅游、旅游文化、文化旅游与旅游文化效应等诸多相关的范畴或概念的关系。

第一节　整合框架下的旅游文化本质与特征

一、旅游文化本质的认识框架

旅游文化作为一种现象已经存在了几千年，然而把旅游文化作为一个研究领域，却还是最近几十年的事情。这种研究主要还是限于对旅游文化进行历时性的描述和评介，对旅游文化类型的归纳和琐细式的介绍。旅游文化像风像雨，你能感其存在，却难以触摸其形状；视之无处不在，揽之却难以盈手。过去如此，现在依然如此。因此，我们有必要对旅游文化有更深层的了解，对旅游文化的规律性运动有切实的把握。然而，我们不得不承认，直到今天，关于什么是旅游文化的问题我们还未获得满意的答案。一些泛化的甚至是错误的旅游文化观点弥漫在学术丛林之中，使我们难以廓清迷雾，拨云见日。

在认识和分析旅游文化本质的过程中，学界普遍存在“注重分析，忽视综合”“以点带面，以偏概全”“认识模糊，概念混淆”的问题[①]。探讨旅游文化的本质，可以运用分析的方法，但“这种分析必须建立在保持旅游文化整体的完整性的基础之上”，否则各种分析结论极易成为旅游文化的“拼盘”而不是旅游文化的本体。将研究的视角错位为研究对象本体，是旅游文化本质认识的遍在性错误。例如，部分研究者认为旅游文化是一种特殊生活方式，是一种文化交流和对话方式，这是将旅游与旅游文化混同形成的错误认识。因此，必须通过高度整合，形成一个理解和认识旅游文化的框架图，才能触摸到旅游文化的

① 谢春山，李芷逸，唐伟.旅游文化的本质与特征研究[J].旅游研究，2014，6（1）：6-11.

本质[1]。

旅游文化是一种极其复杂的社会现象，旅游文化本质的决定表现在不同的层次上。旅游文化应该有其内隐的内核，有一般性的属性，有外显性的特征，不同的层面都能诠释旅游文化的本质。正如我们需要在一个高度整合的框架下才能认识旅游的全貌一样，把握旅游文化的全貌也需要借助一个高度整合的框架。图 2-1 是描述旅游文化本质的认识框架图。

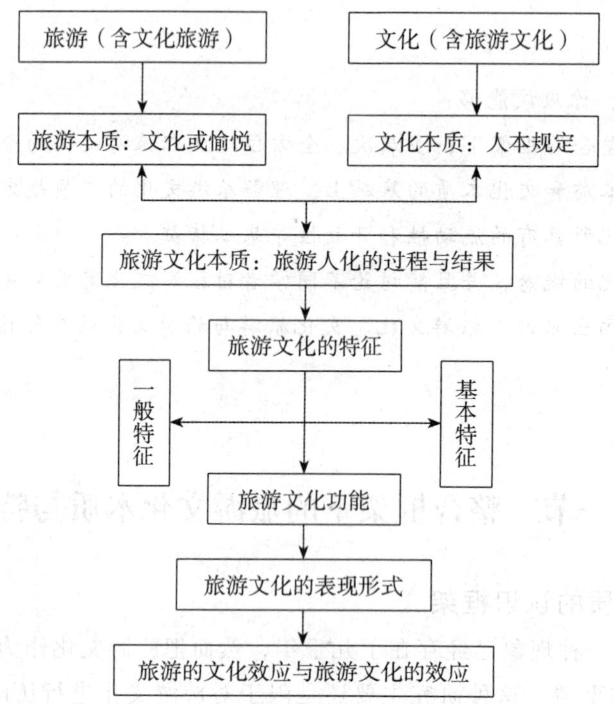

图 2-1　旅游文化本质与相关范畴的认识框架

从图 2-1 所表示的关系看，从旅游文化的本质规定到旅游文化的外部表现形式及其效应之间，肯定存在着层次众多、构成复杂的影响因素。这些因素的综合作用最终会以不同的外部形式表现出来。但这些因素或特征无不是在旅游文化本质规定下不断演化作用的。旅游文化的本质从根本上看是由旅游和文化的本质共同决定的，这种规定贯穿旅游文化形成、发展与演变的整个过程。旅游文化的特征包含文化所具有的一般特征，但必须存在旅游文化的基本特征，因为旅游文化的基本特征是区别具有相同属性文化的根本尺度，这些基本特征使其成为旅游文化。旅游文化的表现形式最终体现在旅游文化的结构性研究分析中。

二、旅游文化的本质

从图 2-1 我们看到，旅游文化在根本上是旅游引致的人化过程与结果，是人类社会发展到一定阶段，最基本的生存与生活方式表现形式之一，是一种被构建的文化意义系统。

旅游和文化的本质是旅游文化本质的逻辑起点和归宿点。旅游的本质和文化的本质直

① 李朝军，郑焱．试论旅游文化的本质[J]．长沙大学学报，2012，26（1）：16-18.

接规定着旅游文化的本质。因此，探讨旅游文化的本质，离不开对旅游和文化本质的探索性综合分析。

（一）旅游的本质

关于旅游的本质，学术界有过广泛的讨论。出自对旅游业在国民经济发展中的作用等功利性认识的需要，早期的研究者主张旅游的经济本质，把旅游看作是一种经济活动，并通过旅游的经济贡献来论证旅游的经济本质。1927年意大利罗马大学的马里奥蒂出版了《旅游经济讲义》（Lezionidi Economia）一书，首先系统剖析和论证了旅游的经济性质，得出旅游是属于经济性质的社会现象这一结论。此后，在相当长时间里，旅游被普遍视为一项具有重要经济意义的活动。1935年德国葛留克斯曼的《旅游总论》（Allgemeine Fremdeverkehrskuncle）和1942年瑞士亨泽克尔教授的《旅游总论概要》（Grundriss der Allgemeine Fremdenverkehrslhre）等论著开始怀疑"旅游经济性质"的结论。第二次世界大战后，随着社会学家、历史学家和文化学家对旅游现象非经济性质的逐渐关注，一些原来持经济论的专家学者也开始扬弃自己的观点，建议对旅游现象的研究"从经济中进去，从文化中出来"①。

的确，从旅游发展的历史进程看，旅游是人类社会经济和文化发展到一定阶段的产物，必定具备经济活动和文化活动的特征，但旅游活动是在具体的社会环境中发生和进行的，旅游者在旅游过程中必然要同社会环境中的诸多方面发生联系，几乎社会环境中的一切现象也都不同程度地表现在旅游者的旅游活动中。这一纷繁复杂的历史发展过程在旅游学术实践中就表现为人们未能明确辨识旅游现象和旅游性质以及旅游和旅游业之间的关系，从而导致混乱，造成熟悉和理解上的断章取义和误用。随着旅游现象越来越丰富，越来越难以把握，对旅游本质的认识必然要经历一个复杂而长期的过程。

随着旅游实践和旅游理论研究的不断深入，旅游的非经济内核基本得到了认同和接受。综合起来看，旅游非经济本质的认识，大致有审美、文化、精神享受（愉悦）和符号等几种旅游本质的观点。

旅游的审美本质首先是由美学家提出来的。早在1988年，北京大学著名美学家叶朗撰文指出："旅游从本质上说是一种审美活动。离开了审美，还谈什么旅游？②"沈祖祥认为，"旅游是一种文化现象，是……为实现某种需要而作的非定居旅行的一个动态过程的复合体"③。冯乃康则明确提出，"旅游的基本出发点、整个过程和最终效应都是以获取精神享受为指向"，"旅游是一种审美活动，一种综合性的审美活动"④。此外，王子华、李大金⑤，俞孔坚⑥，王柯平⑦，国家旅游局人事劳动教育司⑧等坚持旅游

① 申葆嘉.国外旅游研究进展[J].旅游学刊，1996（1-5）.
② 转引自冯乃康.中国旅游文学论稿[M].北京：旅游教育出版社，1995.
③ 沈祖祥.观乎人文以化天下——旅游与中国文化论纲[M]//沈祖祥.旅游与中国文化.北京：旅游教育出版社，1996.
④ 冯乃康.中国旅游文学论稿[M].北京：旅游教育出版社，1995.
⑤ 王子华，李大金.旅游学概论[M].昆明：云南人民出版社，1995.
⑥ 俞孔坚.观光旅游资源美学评价信息方法探讨[J].地理学与国土研究，1989（4）.
⑦ 王柯平.旅游审美活动论[M].北京：旅游教育出版社，1990.
⑧ 国家旅游局人事劳动教育司.旅游学概论[M].北京：中国旅游出版社，1997.

审美实践本质的观点。陈才[①]在分析旅游现象基本矛盾的基础上，认为旅游在本质上是人们非职业性地前往异地对景观（包括活动）身临其境的探索和体验活动。并进一步解释“探索”是身临其境地了解景观，满足好奇心和探索欲望，“体验”则主要是感受景观（活动）中的愉悦感（包括审美愉悦和世俗愉悦）。谢彦君和龙江智坚持并发展了这一观点。“旅游的本质是审美和愉悦，这是古今中外的旅游莫不如此的，是所有旅游都必须具备的内核，否则就不成其为旅游。”[②]“旅游是个人以旅游场为剧场，旨在满足各种心理欲求而进行的短暂休闲体验活动。”[③]此外，关于旅游本质的认识还有休闲与生活方式等。

西方旅游人类学界在旅游本质探究方面，存在着分别以纳尔逊·格雷本和戴尼逊·纳什为代表的立场鲜明的两种观点。前者强调，旅游是一种有着丰富符号内涵的人类活动，是具有“仪式”性质的行为模式和游览的结合。后者从旅游影响的结果反观旅游的实质，“旅游在本质上是帝国主义的一种形式”[④]。

我们认为，关于旅游愉悦本质和文化本质的表述是对旅游本质基于相同的认识而在不同的层面给出的正确性认识：愉悦是旅游者审美的核心目的和旅游的本质，旅游愉悦本质的表述是在文化本质统辖下的更深入、更细微、更精确的旅游文化本质表述的另外一种形式。

（二）文化的本质

人是文化的人，文化是人的文化，人的世界是文化的世界。文化现象在人的世界中无处不在。在一个熟人圈层的文化环境下，或许难以感受文化的力量。但当我们从熟悉的环境进入陌生环境时，文化会非常鲜明地表现在诸如言谈举止、待人接物、解决问题和处理事务的活动中。外出旅游就是一种体验文化和感受文化存在的独特方式。要揭示文化以及旅游文化的本质，需要从文化发生与发展的逻辑中寻找出其内隐的文化内核。

关于文化起源，我们可以见到神创说、自然发生说、人类自身匮乏说和人类本性说。人们提出各种文化起源或发生的学说，其本质在于发现人的生产与文化的本质属性[⑤]。文化的人本规定性是文化的最本质的规定[⑥]。文化的本质是人类历史凝结而成的生存方式，体现出人对自然和本能的超越。超越与创造是人在追求自由维度以示与动物根本区别的标志，这也是自然人化的过程。也就是说，人之所以为人，人之所以作为动物特殊的类而存在，关键是人对自然和本能的超越与创造。

虽然关于文化本质的学说对这一问题理解的角度各有不同，但从某种意义上说，它们关于文化的人本规定性已基本达成共识[⑦]。功能主义文化学代表人物马林诺夫斯基突出了

① 陈才.论旅游现象的基本矛盾[J].旅游学刊，2000（6）.
② 谢彦君.基础旅游学[M].北京：中国旅游出版社，2001.
③ 龙江智.从体验视角看旅游的本质及旅游学科体系的构建[J].旅游学刊，2005，20（1）.
④ 宗晓莲.西方旅游人类学两大流派研究浅析[J].思想战线，2001（6）.
⑤ 陈华文.文化学概论[M].上海：上海文艺出版社，2004.
⑥ 陈序经.文化学概观[M].北京：中国人民大学出版社，2005.
⑦ 王延中.费孝通文化论初探[J].社会学研究，2003（2）.

文化与本能的对立，认为人类后天文化创造的力量弥补了先天本能脆弱的缺点①。德国人类学家蓝德曼也曾指出：动物的器官构造比人更加专门化，专门化的结果是动物的本能；人的器官并不指向某一单一活动，造成人类本能的贫乏。人类后天的创造性弥补了先天的脆弱性不足，正是这种补偿促成人化的过程与结果，也就是文化的形成与发展过程。雅斯贝尔斯的论述更为明确，他直接使用非特定化范畴来区别人与动物：人类避免了全部器官的特殊化，器官的劣势给人以压力，潜力的优势给人以能力②。马克思也认为，人类区别于动物的本质特征在于人是自由自觉的类的存在物。物种的特性在于生命活动的性质，人类的特性就在于其自由自觉的活动③。于是人在进化过程中，走上了一条与动物不同的道路。

我们认为，文化学必须在关注人类行为的同时，还要关照我们周围的生命现象，以供我们作为参照系，来和我们人类行为进行比较，这样才能理解人类行为与文化的本质。比如，就人类饮食而言，人类分工比较细，食谱较宽；而单打独斗的动物食谱较窄。与人类物质上的杂食性相对应的是精神上的杂食性。物质和精神上的杂食性通过共享来实现与完成。又如，人类性的选择为什么是双性而非单性或三性或多性繁殖。这是因为一方面求偶择偶的过程不易；另一方面双性繁殖能够产生多样性的后代。一性繁殖丧失多样性，而群婚的动物群体的生存战略是广种薄收，它不管后代生存与否。随着文化的发展，生存披上了文化的外衣。这种生理上的先天规定性决定了文化的创造性本质。

我们引证了哲学家和人类学家关于文化的人本规定性的观点及其著名论述；同时，我们也通过观照人类周围的生命现象，确认了文化的人本规定性：对自然和本能的超越、创造以及对自由的追求。人类通过对自然与本能的超越与创造，在自然界留下文化的印迹，其结果是人生活在一个文化的世界，一个以人的活动为中心的世界。

（三）旅游文化的本质

学界对旅游文化本质的认识还处于初级阶段，很少有人专门对此进行深入论述和探讨。表2-1总结了学界有关旅游文化本质的论述情况。

表2-1显示，人们对旅游文化本质的认识分歧较大，表述各异。把旅游文化的本质归纳为几点，视野虽宽，但即使是从形式上看，其表述都不能看作旅游文化的本质，因为事物的本质应该只有一个。对旅游文化的本质不甚清楚有以下两个原因：一方面，透过现象看本质本身就十分不易，旅游文化现象纷繁复杂、表现形式日益丰富多样，这增加了对旅游文化本质认识的难度；另一方面，当我们去界定事物的本质时，却忘记了什么才是事物的本质。因此在揭示旅游文化的本质时，首先需要把握本质是什么。本质是事物固有的、决定事物性质、面貌和发展的根本属性，是一事物区别于他事物的内在依据。

---

① 马林诺夫斯基.文化论[M].费孝通，译.北京：中国民间文艺出版社，1987.

② 转引自李伟.旅游文化学[M].北京：科学出版社，2006.

③ 马克思，恩格斯.马克思恩格斯全集（第42卷）[M].中共中央马克思恩格斯列宁斯大林著作编译局，编.北京：人民出版社，1979.

表 2-1 学界关于旅游文化本质论述情况

学者	旅游文化本质表述或描述
马波①	文化的本质在于创新，旅游文化不是一般社会文化向旅游领域的简单移入，而应该是在继承或局部包容一般文化形态的前提下创造出来的新型文化
李学江②	旅游文化本质与特征可从四方面加以认识：文化历程角度是传统性和现代性的结合；文化层次角度是从属于社会主义文化的亚文化；文化价值角度是具有精神和审美价值的文化；文化风格角度是一种个性张扬、外向开放、充满活力的文化
谢贵安③	旅游文化的本质取决于人的本质属性
章海荣④	旅游文化的实质是文化交流与对话的一种方式，是世界各区域民族文化创造基础上的后现代全球化趋势中大众的、民间的休闲消费文化
邹本涛⑤	旅游文化的本质是人们对旅游的感受与应对
谢春山⑥	旅游文化是因旅游活动而产生和为旅游活动所整合的一种全新的过渡性文化

谢彦君先生认为，"从逻辑上来说，我们不能在理解文化的时候是一种方法论哲学，而在理解旅游文化时，却完全是另一种方法论哲学，或者干脆显得没有方法、没有哲学，于是也就丧失了应有的逻辑力量，并形成了此后一发而不可收的学术混乱"⑦。基于这种分析思路，谢彦君认为，旅游文化是文化的一种类型，是旅游现象发展到一定程度的产物，是旅游世界的主体文化或主流文化形态，是一种完整而自洽的文化⑧。

赵红梅认为，"旅游文化之所以产生，根源在于以旅游吸引力为纽带的不同文化群体的交聚。因此，着眼于旅游文化的发生层面，无疑最能阐释旅游文化的性质与内容"。"在人类学意义上，旅游文化是多元文化主体在相互接触中所形成的自我协调的意义系统，这一系统是由各介入主体围绕旅游活动而创造产生的。⑨"之所以我们说"旅游是一种被构建的生活方式，旅游文化是一种被构建的文化系统"，就是这个原因。陈刚、黄震方将符号学的"意义"概念引入旅游文化研究，以"意义均衡"理论来阐述旅游文化发生和变迁的机制⑩，开启了我们思考旅游文化本质的新思路。

---

① 马波.现代旅游文化学[M].青岛：青岛出版社，1998.
② 李学江.旅游文化论[J].东岳论丛，2004（6）.
③ 谢贵安.旅游文化学[M].北京：高等教育出版社，1999.
④ 章海荣.旅游文化学[M].上海：复旦大学出版社，2004.
⑤ 邹本涛，谢春山.旅游文化学[M].北京：中国旅游出版社，2008.
⑥ 谢春山，李芷逸，唐伟.旅游文化的本质与特征研究[J].旅游研究，2014，6（1）：6-11.
⑦ 谢彦君，周广鹏.旅游文化及其相关范畴、命题的理论透视[J].旅游科学，2012（2）：26-35.
⑧ 谢彦君，周广鹏.旅游文化及其相关范畴、命题的理论透视[J].旅游科学，2012（2）：26-35.
⑨ 赵红梅.论旅游文化——文化人类学视野[J].旅游学刊，2014，29（1）：16-26.
⑩ 陈岗，黄震方.基于意义及其均衡理论的旅游文化形成与变迁机制研究[J].改革与战略，2009（6）：132-135.

正如上述分析那样，从旅游文化形成、发生与运行过程看，由于文化（更深层面上是愉悦）是旅游的内核，人对自然和本能的超越与创造是文化的内核，因此，旅游文化就是旅游引致的人化过程与结果，是人类社会发展到一定阶段人类最基本的生存与生活方式表现形式之一。单就旅游的主客体而言，它们不是旅游，但是构成旅游发生的要件；单就旅游文化的主客体而言，它们也不是旅游文化本身。当旅游文化主体（旅游者、旅游从业者和目的地居民）在旅游活动（旅游文化客体）的统辖与牵引下相互作用、共创共生时，一种新型的文化形态便应运而生了。

需要强调的是，我们只是从简单逻辑的角度对旅游文化的本质进行了探索性的分析，从旅游文化发生的角度对旅游文化的本质加以思索，因此，我们对旅游文化本质的看法只是初步的，甚至可能是错误的。要允许旅游文化本质的不同甚至错误的认识，但回避旅游文化本质问题却不是做学问应有的态度。

三、旅游文化的特征

旅游文化本质的规定性决定了旅游文化的特征。作为一种新型文化形态的旅游文化，具有一般文化形态的共同特征，但作为一种特殊的文化类型，又具有其基本特征。一般特征是同属于同一事物的不同类别所具有的共同属性，而基本特征是区别于具有相同属性的不同类别事物的根本尺度，它们使旅游文化成其为旅游文化。

对旅游文化的不同理解导致了对旅游文化基本特征的不同认识。表2-2总结了各家对旅游文化特征的论述情况。

上述各家对旅游文化特征进行了有益的探索，这种多角度、宽视野的认识方法有助于我们深入研究旅游文化的基本特征。特别是马波、胡幸福和谢春山等研究者的观点具有相当的创新性和启迪性。马波认为，“如果承认旅游文化是文化的一种特殊类型的话，那么它就具有一般文化所具有的属性。民族性、地域性、时代性、传承性、变异性都是文化的一般属性，严格地说，是不能算作旅游文化的特性的”。于是他提出旅游文化的特性具有三个要点：多元二重性、大众性、双向扩散性[①]。胡幸福在比较了两种代表性的观点基础上提出，“应该将旅游文化置于一个矛盾发展的过程来看。作为一种特殊的文化现象，它的特征突出表现在矛盾运动的对立统一的三个方面，即：文化求异与认同的统一、文化求雅与娱众的统一、文化求新与守真的统一”，“以上三对对立统一的矛盾运动最终的落脚点就是永无止境的不断创新的过程，这也是旅游文化最核心的特征”[②]。谢春山认为，认识和解决旅游文化特征研究中的问题，需要考虑以下两点：旅游文化特征是否应为旅游文化专属；旅游文化特征和文化特征关系如何。旅游文化特征的高度集中和抽象，就是旅游文化的本质，旅游文化区别于其他事物，最终只能依靠其内在本质和综合特征，而非某个单独特征[③]。

① 马波.现代旅游文化学[M].青岛：青岛出版社，1998：38.
② 胡幸福.再论旅游文化的特征[J].广州大学学报，2010，9（10）：59-62.
③ 谢春山，李芷逸，唐伟.旅游文化的本质与特征研究[J].旅游研究，2014，6（1）：6-11.

表2-2　旅游文化的（基本）特征

学者	旅游文化（基本）特征
王立、刘卫英①	综合性，民族性，大众性，地域性，直观性，传承性，自娱自教性和季节性
晏性枝②	系统性，人文性，开放性，交流性，文化性，经济性，综合性，相关性，服务性和创汇性
贾祥春③	继承性，创造性，服务性，时空差异性
马波④	多元二重性，大众性，双向扩散性
沈祖祥⑤	地域性，连续性，民族性，实用性，多样性或综合性，广泛性，思想性，时代性
王德刚⑥	综合性，矛盾性，多样性
谢贵安⑦	移传性，时代性，民族性和阶层性
吴莉淳⑧	普遍性，渗透性，交融性，加速传播，利于两个文明建设
王方、周秉根⑨	普遍性，渗透性，交融性，有加速传播的趋势，易于构筑两个文明
于行行⑩	地域性，融合性，变异性，传统与时尚并存
王玉成⑪	综合性，地域性，传承性，民族性，时代性，大众性，服务性
钟贤巍⑫	移动传播性，时代性，民族性，阶层性
姚昆遗、贡小妹⑬	综合性，民族性，地域性，通俗性，直观性，体验性，传承性
李星民⑭	时代性，地域性，民族性，创造性，综合性
刘敦荣⑮	传承性，民族性，地域性，时代性，阶层性
曹诗图、孙静⑯	传统与现代性，功利性与非功利性，自我确认性与认同性，外向性与交融性
邹本涛、谢春山⑰	流动性，开放性，多质性，情感性，适应性，易变性
谢春山等⑱	双向扩散性，民族性，地域性，阶层性，大众性
胡幸福⑲	文化求异与认同的统一，文化求雅与娱众的统一，文化求新与守真的统一

与此同时，我们发现，部分旅游文化（学）论著在谈论了文化的特征之后，却没有回答旅游文化的特征问题；部分旅游文化（学）论著既不谈文化的特征，更没提及旅游文化

① 王立，刘卫英.旅游文化基本特征试论[J].盐城师范学院学报（哲学社会科学版），1997（3）：56-60.
② 晏性枝.论宜昌旅游文化发展的战略选择[J].湖北三峡学院学报，1997（2）.
③ 贾祥春.旅游文化的特点及其在旅游业中的地位和作用[J].复旦学报，1997（4）.
④ 马波.现代旅游文化学[M].青岛：青岛出版社，1998.
⑤ 沈祖祥.旅游文化概论[M].福州：福建人民出版社，1999.
⑥ 王德刚.试论旅游文化的概念与内涵[J].桂林旅游高等专科学报，1999（4）.
⑦ 谢贵安.旅游文化学[M].北京：高等教育出版社，1999.
⑧ 吴莉淳.旅游文化的类型与特征分析[J].宿州师专学报，2002（4）.
⑨ 王方，周秉根.旅游文化类型与特征及其在旅游业中的作用[J].安徽师范大学学报（自然科学版），2004（1）.
⑩ 于行行.旅游文化的界定与特征[J].甘肃农业，2005（11）.
⑪ 王玉成.旅游文化概论[M].北京：中国旅游出版社，2005.
⑫ 钟贤巍.旅游文化学初探[J].社会科学战线，2006（4）.
⑬ 姚昆遗，贡小妹.旅游文化学[M].北京：旅游教育出版社，2006.
⑭ 李星民.旅游文化概论[M].武汉：华中师范大学出版社，2006.
⑮ 刘敦荣.旅游文化学[M].天津：南开大学出版社，2007.
⑯ 曹诗图，孙静.旅游文化学概论[M].北京：北京大学出版社，2008.
⑰ 邹本涛，谢春山.旅游文化学[M].北京：中国旅游出版社，2008.
⑱ 谢春山，李芷逸，唐伟.旅游文化的本质与特征研究[J].旅游研究，2014，6（1）：6-11.
⑲ 胡幸福.再论旅游文化的特征[J].广州大学学报，2010，9（10）：59-62.

的特征。要研究旅游文化的基本特征，首先需要回答什么是一般特征和基本特征。一般特征即事物所具有的特点，特点一般都是外显的；基本特征是区别于具有相同属性的不同类别事物的根本尺度，根本尺度一般都是内隐的。

从这个意义上说，上述很多观点把旅游文化的基本特征，与旅游的特征、旅游业的特征、文化交流的特征或文化的特征混淆甚至等同，或者把旅游文化的一般特征与旅游文化的基本特征混同，所得出的结论难以与旅游文化的实际基本特征相一致。因此，严格意义上的旅游文化特征研究应该区分旅游文化的一般性特征与基本特征，这是学术交流的客观需要，也是避免混淆最根本的办法。

（一）旅游文化的一般特征

旅游文化的一般特征是与同属文化范畴不同类别文化所共有的特征。因此，旅游文化的一般特征就包含在文化的基本特征之中。在各种文化特征分析的基础上，结合我们对文化本质的理解，我们认为，文化的创造性和自由性是文化最为重要的两个基本特征，其他基本特征都是文化创造性和自由性的自然延伸。文化的基本特征构成了旅游文化一般特征的主要内容。

1.创造性

文化的创造性是文化最主要的基本特征之一。文化是人类群体在改造自然、改造社会的实践活动中，经过漫长的历史积淀所创造的社会历史产物，而非自然界自发形成的。有了人对自然、社会、自身的认识与改造，世界上才有了可以称为文化的东西，即人是文化创造的主体。另一方面，文化创造性还表现在文化主体的被创造性。马克思将其称为“环境创造人”。文化对人的塑造教化特征体现在人的成长过程中的各个阶段：人类的文化创造为个人的成长奠定了物质基础；由群体和社会组织所构成的文化模式通过各种社会化的活动潜移默化地影响着个人的生活习惯、思维与生活方式；身处某一文化环境的个体，必然通过各种教育与学习的方式，接受文化对人的全面塑造；文化在塑造个人的同时，也赋予了个人创造文化的机会。

因此，文化是创造与被创造过程的结合，是一个外化过程和内化过程的结合。同样，旅游文化也是创造与被创造、内化与外化的过程与结果。旅游文化的创造性特征表现在旅游文化主体（即旅游者、旅游从业者和目的地居民）是旅游文化创造的主体；与此同时，旅游文化主体反过来又深受旅游文化的影响，把这种文化现象融合在其生存与生活之中。

2.自由性

文化的自由性特征是文化的创造性特征的必然要求。人要区别于其他的动物，必然要有一定的标志。人区别于动物，除了能够创造文化外，还有对自由的追求。文化的自由性特征体现在文化对自然和本能的超越中。从人类历史发展进程来看，经过几十亿年的物理变化、化学变化和生物进化，经过长期的生存竞争、物种选择和遗传变异，产生了人类。在人类社会产生之前的各种事物，没有进入人类生活领域，不为人类所改造、利用和创造，就不可能有文化的形成与发生。人类自觉地有意识地去改造、利用和创造，在超越自然的过程中达到追求自由的目的。此外，与其他生命一样，人类也具有自然的本能。例如，人类对生存、安全、性和爱抚等的需求以及人的喜怒哀乐个人反应，在未经后天的学习前提下，是一种本能的需求与反应，不属于文化的范畴。人类经过文化传承机制的作用，超越自身的本能，获得更大的发展空间。

旅游文化的自由性主要体现在旅游者要求拓展和转换生活空间的移动过程中；旅游文化的自由性还通过旅游者责任约束松弛和占有意识外显等旅游行为特征体现出来。在旅游活动过程中，通过旅游体验、旅游观赏、旅游交往和旅游消费，达到旅游审美和愉悦的目的，实现挣脱现实生活枷锁的目的，形成很多如Malcolm Crick所称的“倒逆现象①”：从工作到玩耍，从约束到自由，从有责任到自我放纵。

3.对象性

文化的对象性是指具体的文化总是指向具体的客观事物。在文化行为的层面，文化是在具体行为对象基础上累积而成的结果；在文化的精神层面，文化是人类主体心智在事物客体上的人化。不存在无对象的抽象的文化，文化的存在是具体的，需要依靠一定的表现载体。

4.价值性

人类的行为是有目的的，作为人类行为成就历史积淀的文化，必然体现人类的价值追求。人类旅游行为也无不体现了旅游文化主体的价值追求：旅游者在追求文化体验；旅游从业者或服务者在旅游服务的过程中通过商业开发、保留文化真实、文化创造等诸多手段，达到盈利与服务双重的目的；目的地居民在与旅游者的旅游交往过程中，通过示范效应、利益追逐等机制来达到利用旅游为自身服务的目的。

5.时空性

文化的时间性是指文化起源、形成、演化、变迁和发展的过程，也是一个积累与积淀、层次与统一、分化与进化的过程。文化的空间性是指不同国家、民族和区域的文化，总是在一定的空间领域内产生、形成和发展，从而形成不同的文化群、文化类和文化圈。旅游文化的时空性通过旅游资源、旅游市场、旅游客流和旅游活动分布的地域性以及旅游文化的发生发展过程来体现。

6.民族性

世界上有许许多多的民族，每个民族有自身的文化传统，每个民族生活在特定的环境之中，不同的环境造就不同的生产生活方式，形成不同的语言、文字、艺术、道德、风俗习惯，这就是文化的民族性。例如，人们常用稳重和内敛来描述华夏民族的原始文化特征，用冒险勇进、开放张扬来形容西方民族的原始文化特征。

旅游文化的民族性是通过旅游文化主体在不同的旅游文化领域所处的不同身份得以表现的。例如，当主体的民族性可以成为一种旅游资源，成为旅游吸引物时，在与旅游者的旅游交往过程中，自然创生出一种新的文化现象，成为文化旅游与旅游文化的结合点。

---

① Crick M.Representations of international tourism in the sosiao sciences[M]//Apostolopoulos Y.The Sociology of Tourism：Theoretical and Empirical Investigations. London：Routledge，2001.

7.继承性

人类存在着这样的机制：不仅使有形的物质遗产得以承袭，而且还使传统的价值观念、思维习惯、情感模式和行为规范得以承传。任何一种新的文化形态的出现，都不是凭空创造出来的，而是在借鉴吸收原有文化的基础上，历经文化传承与文化创造的过程与结果。

旅游文化的继承性表现为旅游文化进程的延续性和旅游活动的延续性。旅游文化的发展是历史不断积累的结果。具体而言，旅游文化的延续性则通过旅游活动的延续性实现。旅游者的一次旅游活动是短暂的，而旅游则是一种常态的生活方式，在旅游者的生命历程中，旅游活动会以连续的方式继续下去，这样，旅游文化则得以继承和延续。

（二）旅游文化的基本特征

旅游文化的基本特征是旅游文化区别于具有相同文化属性的不同类别文化的根本尺度，它们使旅游文化成其为旅游文化。诸多论著对旅游文化特征的认识和表述差别很大，是旅游文化研究最大的缺憾。因为，这些基本特征是旅游文化现象区别于其他文化现象的标志，是指导旅游文化研究的基点。含混不清甚至错误的认识和表述无疑会阻碍旅游文化学的建立与发展。正如马波先生所言，地域性、民族性、继承性、变异性、时代性等特征是文化的基本属性，严格地说是不能算作旅游文化的特性的①。旅游文化的基本特征作为识别旅游文化身份的基本标准，必须还要从旅游文化自身谈起。

我们认为，旅游文化不是一般性的文化，是一种独立的精神现象，是旅游者、旅游从业者和旅游目的地居民在旅游者旅游活动过程中所营造的一种新型文化形态，是旅游者通过旅游活动在旅游过程中以旅游目的地作为最终极的载体相互作用、共创共生的过程和结果，是由旅游活动引致并迸发出来的形式多样的各种文化现象的总称，其实质是旅游引致的人化过程与结果。它具有以下两个基本特征：

1.流动性

旅游文化的流动性根植于旅游和文化的基本特征之中，根植于旅游文化的形成与发展过程之中。根据谢彦君先生的观点，异地性和暂时性是旅游的两大基本特征②。旅游文化的流动性或移动性就根植于旅游的异地性和暂时性基本特征之中。旅游活动的发生，要以旅游者的空间移动为前提，是旅游者人生历程中很短暂的行为。旅游者是旅游文化的主要创造者，不管旅游者的出游动机是什么，旅游者拓展时空的追求、超越与探索的追求，总使自己处于移动的状态之中。旅游者作为人的动态本质，使旅游文化在形成、发展与流传的过程中，从一开始就具有突出的流动性。也就是说，旅游文化的流动性是由旅游文化形成的决定性力量旅游者的本质特征决定的。这种流动性还体现在旅游文化作为一种新型文化形态在相互作用、共创共生的过程和结果之中。旅游活动呈现出线性结构的特点，旅游者的线性移动，使旅游者、旅游服务者和旅游目的地居民联结在一起。

从历史的角度看，在传媒不发达和前大众旅游的年代，旅游文化的移动主要随着旅游者步伐而流动传播。在科学技术和传媒日益发达的近现代旅游时代，旅游文化的流动与传

① 马波.现代旅游文化学[M].青岛：青岛出版社，1998.
② 谢彦君.基础旅游学[M].北京：中国旅游出版社，2004.

播途径更多。诸多全新的旅游规划理念、旅游服务理念和旅游观念随着网络、报纸、期刊在不同的群体中迅速地传播开来，引领阵阵旅游文化风潮。旅游文化的流动或隐或显地反映着时代文化的影子，或强或弱地袒露着旅游文化主体（包括旅游者、旅游服务者和目的地居民）的文化追求。例如“驴友”一词不知肇始于何时何地，但几乎在一夜之间传遍全国。

此外，流动性是我们区分旅游文化与定居文化的一个基本标准。流动和非流动是人类在不同历史条件下出现的不同的生存和生活方式。人类的流动主要包括迁徙、旅行和旅游三种现象。早期的人类移动，主要是受自然界食物链的牵引。随着动植物驯化方法的发明，人类食物来源发生改变，人类演变出以游牧为生的牧民、以种地为业的农民和靠海为生的渔民等族群。随着生产力的发展，人类主体身份分化，自由时间在历史上的逐渐增长、人类休闲与娱乐的丰富，促进了审美意识的发展。人类主体身份分化、自由时间增长、非必要劳动活动的实践以及审美意识的发展，逐渐推动人类由迁徙和旅行向旅游的突变过程。这一人类流动和非流动交织的过程，形成了流动性和非流动性的两种不同的文化类型。因此，从这一角度来说，流动性使旅游文化成其为旅游文化而非其他文化，流动性是旅游文化的基本特征之一。

2.开放性

旅游文化的开放性特征根植于旅游与文化的基本特征之中。对旅游者而言，旅游的过程，就是暂时前往异地主动开放自己的过程。旅游者放开对内在欲望的理性约束，主动体验新奇美异的事项，持有开放性的心态，更是开放性的实践过程。对目的地居民而言，无论主动还是被动，客观上普遍存在着与旅游者交往的事实。总体来看，这种开放性主动多于被动。

旅游文化是在旅游者与旅游目的地居民的文化冲突与融合过程中形成的，在旅游文化的流动过程中，自然而然地也会与其他文化现象发生交流、碰撞与融合。在这一过程中，旅游文化本身并不排斥异质文化，这明显区别于其他文化和文化现象在文化交流过程中的表现。例如，部分中国旅游者可能不理解也不赞同国外性旅游过程中所形成的文化现象，但却不妨碍旅游者跨出国门而兴致盎然地旅游。

从文化风格的角度看，旅游文化是一种个性张扬、向外开放、充满活力的文化。虽然不同的文化群、文化类和文化圈文化是以整体面对世界、面对全人类的，并相互作用与交流，但是，非旅游文化的这种交流明显具有内向保守的性格。例如，中国古代的农耕文化作为定居文化的一种，对非农耕文化是具有排斥倾向的，“我为中心，四方荒野”。长城墙外的游牧民族游动在茫茫草地，突显其自由自在、游动不拘的特征；墙内的乡土民众画地为牢，“在家千日好，出门一日难”。从这个意义上看，古代旅游文化是对内向保守的农耕定居文化的一个有益补充。近现代的旅游文化开放性则是经济发展、社会开放和社会流动性增强的一种反映。当代旅游文化的交融性与多样性更是旅游文化开放性的一种自然的延伸。

第二节 旅游文化的概念

一、旅游与文化的关系

旅游越来越成为现代社会人们普遍追求的一种常态生活方式，现代旅游活动和旅游业的发展有效促进了文化的传承、交流和发展。旅游是文化交流和传承的平台，是文化资源开发的载体，是文化产业发展的动力，是旅游客源地和目的地社会变迁与发展的基本动因。文化的差异性和异质性催生了旅游动机。旅游与文化的关系非常密切。旅游前，异地性和异质性的文化是旅游者出游或休闲的基本动因；旅游中，文化消费、文化交流和文化交往，是旅游体验的基本表征和基本手段；旅游后，旅游体味、文化扩散和文化传播是新一轮旅游出现的基本逻辑起点。

首先，文化是旅游者的出发点和归宿点。

旅游实际上是一种为满足需求而进行的活动。旅游者外出旅游是出于一种较高层次的需求，出于对异地景观和异质文化的憧憬和体验，是在一定社会条件下的一种综合性的社会文化活动。这种需求超越了生理和本能的需要，上升到社会文化层次，具有社会文化意义。从历史的角度看，旅游与其说是经济发展的产物，不如说是人类文化进步和文化观念变迁的结果。旅游作为一种跨时空的消费活动，它的广泛出现是经济发展驱使的结果，但一个人能否成为旅游者更需要内在的动因，更是文化驱使的结果。正所谓“食必常饱，然后求美；衣必常暖，然后求丽；居必常安，然后求乐”。作为一种寓学于游的文化学习过程，在旅游过程中，旅游者通过综合性的审美体验，创造出新的具有价值的文化作品。对旅游者而言，旅游活动是文化消费的过程，更是文化的创造过程。此外，旅游者对目的地的进入以及所带来的异形异质的文化，对客源地和目的地的文化信息系统都会产生积极或消极的影响。因此，旅游活动所笼罩的经济外壳实际上反映了旅游者的文化本质，即文化是旅游者的出发点和归宿点。

其次，文化是旅游资源开发的灵魂。

旅游活动的产生，在内因上，是由于人类自身的文化需求而产生的心理内驱力；在外因上，当经济和时间等条件具备时，旅游产品的吸引力成为人们是否出游的关键。而旅游目的地所具有的旅游吸引力主要是由其文化内涵决定的。旅游的产生和大众化，一方面是人类追求自由生命表现（娱乐、消遣、审美、怡情等）的内驱力的结果，另一方面也是旅游资源和旅游产品魅力和吸引力作用的结果。

就人文旅游资源而言，无论是实物形态的存在，还是无形的社会文化事项，都是人类生产生活的产物，自然直接属于文化的范畴。人文旅游资源具有丰富的文化内涵。旅游者欣赏、体验和感悟人文景观的文化内涵决定了文化性在人文旅游资源开发中的基础性地位。从自然旅游资源来看，各种自然资源、自然要素和自然现象构成的自然景观，经过人类长期的认识与实践，最终成为“人化的自然界”，同样赋予了自然界丰富的文化内涵。

自然美是一种客观存在，大多具有永久的价值。但自然美无不是通过文化来鉴赏、反映和传播的，只有自然美与人的审美意识具有同构关系时，自然美才真正具有审美价值。人类的社会实践活动，赋予了自然资源文化性，正如人们常说的：大好河山孕育着文化，文化辉映着大好河山。

再次，文化也是旅游服务的灵魂。

旅游服务的对象是旅游者，而旅游者是以追求审美和求知等精神享受为主的文化消费者。旅游者的旅游体验过程本质上是购买文化、消费文化、享受文化、感悟和体验文化的综合性过程。旅游者的旅游行为不仅仅停留在游山玩水等感官愉悦的层次上，更是一种更高层次的增知长智的高级需求。因此，旅游产品和旅游服务缺乏文化品位，就不可能具有旅游吸引力、竞争力和生命力。旅游服务的文化特性表现在旅游活动过程的始终。旅游资源的开发和利用是一种经济活动，更是一种文化创造活动。对旅游活动食、住、行、游、娱、购提供服务的过程具有明显的文化色彩。比如，现代的旅游饭店就是集食宿、社交、娱乐、审美功能于一体的综合性服务场所。一个优秀的饭店，有必要不断提高餐饮、客房、娱乐等环节的文化品位，有必要培养和提高服务人员的文化素质，有必要提供富有情调的个性文化服务。旅游活动要素服务实践证明，旅游服务文化性越强，文化品位越高，旅游产品就越受旅游者欢迎。

最后，旅游与文化的关系还体现在两者交互作用的过程中。

郭少棠认为，旅游与文化的关系可以有两个视角：一是斯特拉斯伯格所说的“被记录的风景”；二是旅行过程中主客体的互动[①]。旅游和文化相互促进，共创共生、共容共生。一方面，旅游是文化发展、文化交流与传播的载体，文化与旅游的融合，为两者的发展提供了经济支撑。很多文化资源离开了大众化旅游的支撑，都难以有效地大规模地进入市场，实现其经济价值。旅游与文化的结合，能够促进旅游文化的产业化。旅游目的地作为地域文化开发的终极载体，在旅游活动中通过旅游者喜闻乐见的文化形式实现旅游资源和文化资源的价值。在发展旅游业的过程中，传统文化得到挖掘、先进文化得以弘扬和传播。旅游者作为异形异质文化的接受者，同时也将客源地文化特征注入旅游活动的全过程，文化之间的交流、碰撞与融合得以实现，新的文化内涵得以不断增长。在旅游发展的过程中，传统习俗和文化活动与形式重新开发和恢复，濒临湮灭的文化遗产得以重生和新生。另一方面，文化是旅游活动的本质属性。求新求奇求异求美求知的文化需要，推动旅游者外出旅游，去遭际和体验异形异质文化。自然而然，文化品位提升旅游产品的品位，增强旅游产品的吸引力、竞争力和生命力。

总之，文化是旅游者的出发点和归宿点，旅游在本质上是一种文化现象。旅游与文化水乳交融、密不可分、相辅相成、共容共生。我们要把旅游与文化有机结合起来，做到以文兴旅，以旅扬文。旅游资源开发要以文化理念为指导，丰富旅游产品的文化内涵；旅游服务管理要以文化理念为指导，提升服务的文化附加值，提升旅游产品的核心竞争力，实

① 郭少棠.旅行：跨文化想象[M].北京：北京大学出版社，2005.

现利益双赢。

二、旅游与文化的概念

（一）旅游的概念

有关旅游的概念，目前学界至少有上百种，众说纷纭，莫衷一是。谢彦君先生曾逐一检视旅游定义的演变过程，并对出自功利目的而对旅游做出泛化阐释的背景与原因进行了分析。梳理旅游概念研究文献，我们发现旅游概念的界定主要集中于经济学、人类学和文化学这三个视角。表2-3基本反映了旅游概念研究的大致状况。

表2-3 **旅游概念研究简况**①②③④⑤⑥

研究视角	代表人物或代表理论	旅游概念描述
经济视角	（奥）Herman Von Schullard	旅游是外国或外地人口进入非定居地并在其中逗留和移动所引起的经济活动的总和
人类学视角	交往理论（如（德）蒙根·罗特）	旅游是暂时离开住地，为了满足生活和文化需要，或各种各样的愿望，而作为经济和文化商品的消费者在异地的交往
	离开理论（如（英）伯卡特、梅特利克等）	旅游是人们离开经常居住和工作的地方，短期暂时前往一个旅游点的运动和逗留在该地的各种活动
	访问消遣理论（如WTO的定义）	旅游是一种访问活动，一种消遣旅行（例如，因主编《主人与客人：旅游人类学》闻名的Valene L. Smith认为，旅游是出自体验变化的目的而自愿地访问异地而暂时休闲）
	仪式本质理论（如Nelson Graburn）	旅游是具有"仪式"性质的行为模式与游览的结合，是一种世俗化和现代化的仪式，经历"世俗—神圣—世俗"的过程
文化视角	（法）雅法尔·雅法利	旅游是一种离开也是一种回归，包括客源地、目的地、媒体以及期间引发的外汇兑换、增值作用、就业机会、市场促销，也包括文化的同化、异化和商品化
	（法）让·梅森特	旅游是一种休闲活动，包括旅行或在离开定居点较远的地方逗留。其目的在于消遣、休息或为了丰富经历和文化教养
	冯乃康等	旅游是以去异地寻求审美为主要内容的一种短期生活方式
体验视角	谢彦君；龙江智等	旅游在根本上是一种主要以获得心理快感为目的的审美过程和自娱过程，是个人以旅游场为剧场，旨在满足各种心理欲求进行的短暂休闲体验活动
综合视角	（瑞士）汉泽克尔、克拉普夫	旅游是非定居者的旅行和暂时居留所引起的现象和关系的总和

① 谢彦君.基础旅游学[M].北京：中国旅游出版社，2004.
② 伯卡特，梅特利克.西方旅游业[M].张践，等，译.上海：同济大学出版社，1990.
③ Smith V L. Hosts and guests：the anthropology of tourism[M]. Philadelphia：University of Pennsylvania Press，1989.
④ 谢彦君.旅游体验研究——一种现象学的视角[M].天津：南开大学出版社，2005.
⑤ 冯乃康.中国旅游文化学论稿[M].北京：旅游教育出版社，1995.
⑥ 龙江智.从体验视角看旅游的本质及旅游学科体系的构建[J].旅游学刊，2005，20（1）.

我们认为，瑞士学者汉泽克尔与克拉普夫的“旅游是非定居者的旅行和暂时居留所引起的现象和关系的总和”的概念引入旅游的经济、社会和文化属性，这种灵活的界定，在学界对旅游全貌的认识还不够深入、对旅游本质认识还不完全统一的情况下，可以避免顾此失彼的问题。

（二）文化的概念

从文化的中文词源角度看，文化是“文”与“化”的复合。在中国古代典籍中，“文”既为文字、花纹，又通文章、文采、文德。古代典籍中常被提及的语句有：“物相杂，故曰文”（《周易·系辞》）；“五色成文而不乱”；“文，错画也，象交文”；“文命敷于四海”（《尚书·虞书》）；“质胜文则野，文胜质则史。文质彬彬，然后君子”（《论语·雍也》）。古籍中的“化”有改变、变化、造化之意。如《老子》中的“我无为而民自化”；《庄子·逍遥游》中的“化而为鸟，其名曰鹏”；《黄帝内经》中的“化不可代，时不可违”；《说文解字》解释为“教行也”，即改变人类原始蒙昧状态以及进行各种教化活动。文化最早被连缀起来使用是《易·贲卦》中的“刚柔交错，天文也。文明以止，人文也。观乎天文，以察时变；观乎人文，以化成天下”。西汉以后，文与化合成一词。《说苑·指武》说“凡武之兴为不服也。文化不改，然后加诛”。《文选·补之诗》说“文化内辑，武功外悠”。在中国古代其他文献中，例如《周易》、《吕氏春秋》、《史记》和《文心雕龙》等，都有许多关于文化现象的观察和文化含义的思索。

西方文化的语源来自拉丁文“cultura”，原意为土地耕耘和作物培育。人类对外部自然世界有目的地改造活动，象征着人类文明生活的开始与演变。随着古代西方人从认识自然转向认识自身，“culture”词义也扩展到人类的精神领域，有培育、教育、发展、尊重之义。显然，与中国古代的“文化”更侧重于社会人伦方面的意义不同，西方古代的“文化”则兼具自然人化和社会人伦两方面的意义，从一开始就大致具备了现代意义上的文化含义的雏形与特征。

1871年，文化学奠基者、人类学之父英国人爱德华·泰勒出版《原始文化》一书，把文化界定为“知识、信仰、艺术、伦理、法律、习俗以及作为社会成员的人所需要的其他能力和习惯所构成的综合体”。其后的文化研究者给文化的定义则有几百种之多，据大英百科全书统计，全世界有关文化的概念有160多种；据法国学者摩尔统计则有250种之多。表2-4梳理了经典的文化概念。①②

学界在探讨文化的概念时，还经常解剖文化的结构与类型。从文化结构和内容看，形成了物质与精神文化两分说，物质、制度、精神三层次说，物质、制度、风俗习惯、思想与价值四层次说，物质、社会关系、精神、艺术、语言符号、风俗习惯六大子系统说。此外，学界还基本接受了主亚文化，官方、大众与精英文化，雅俗文化，文化与反文化的文化分类。

① 陈华文.文化学概论[M].上海：上海文艺出版社，2004.
② 陈序经.文化学概观[M].北京：中国人民大学出版社，2005.

表2-4 经典文化概念

（英）爱德华·泰勒	知识、信仰、艺术、伦理、法律、习俗以及作为社会成员人所需要的其他能力和习惯构成的综合体
（美）克鲁克洪	某个人类群体独居的方式，包含显性式样和隐性式样，它具有为整个群体共享的倾向
《苏联百科全书》	广义文化是社会和人在历史上一定的发展水平，表现为人们进行生活和活动的一种类型和形式，以及人们所创造的物质和精神财富。狭义的文化仅指人们的精神生活领域
《大英百科全书》	一般性文化等同于总体人类社会遗产；多元相对的文化是一种渊源于历史的生活结构体系，包括语言、传统、习惯和制度，包括有激励作用的思想、信仰和价值，以及在物质工具和制造场中的体现
《中国大百科全书》	广义文化是人类创造的一切物质产品和精神产品的总和，狭义文化专指语言、文学、艺术以及一切意识形态在内的精神产品（社会学卷）；广义文化总括人类的物质和精神生产的能力、物质和精神的全部产品，狭义的文化指精神生产能力和精神产品（哲学卷）
《辞海》	人类在社会实践过程中所获得的物质、精神的生产能力和创造的物质和精神的总和

在各种文化定义的内容和结论基础上，我们认为，文化与自然对举，与无教化的质朴、野蛮对举。人类从“茹毛饮血，茫然于人道”的“直立之兽”演化而来，逐渐形成与天道既相联系又相区别的人道，这就是文化的发生、创造和发展过程。因此，可以这样来理解文化：文化是人们的一种生活方式；文化是人类的一种历史过程和活动过程；文化是推动人类向前不断发展、使人不断完善的创造过程；文化是一种高度综合复杂的现象。

三、旅游文化的概念

（一）旅游文化典型界定与简评

1.典型界定

30多年来，对旅游文化概念界定主要有以下几种：

（1）旅游+文化说

20世纪80年代，在中国旅游业和旅游学术研究刚刚起步的情况下，学者围绕旅游与文化的关系，把旅游与文化简单连缀叠加，提出旅游文化研究的命题。早在1981年，于光远就指出：“旅游不仅仅是一种经济生活，而且也是一种文化事业”，“从旅游资源角度看，文化事业的发展也是具有决定作用的事”①。

晏亚仙提出，“旅游文化是根据发展旅游事业的规划和旅游基地的建设，以自然景观和文化设施为依托，以包括历史文化、革命文化的社会主义精神文明为内容，以文学、艺术、游乐、展览和科研等多种活动形式的手段，为国内外广大旅游者服务的一种特定的综合性事业②”。与之持相类似观点的学者还有姚家齐③、彭华④和焦正安⑤等。

① 于光远.旅游与文化[J].旅游，1981（3）.
② 晏亚仙.旅游文化管见[N].中国旅游报，1987-09-27.
③ 姚家齐.黄山旅游文化的美学意义[J].旅游经济，1990（2）.
④ 彭华.关于旅游地文化开发的探讨[J].旅游经济，1998（1）.
⑤ 焦正安.旅游文化及佛教文化浅论[J].南京社会科学，1998（4）.

（2）民族文化说

喻学才先生在早期的研究中，提出“旅游文化是某个民族或某个国家在世世代代的旅游实践过程中所体现出来的本民族或本国家文化。它包括只有这个民族、这个国家独有的哲学观念、审美习惯、风俗人情等文化形态。或者说，旅游文化，就是一个民族的共同文化传统在旅游过程中的特殊表现[①]”。值得注意的是，在后期的研究中，喻学才先生对旅游文化的界定由原来的民族文化说发展为主客体关系说。

（3）总和说

旅游文化总和说是最广义的旅游文化概念。该说认为，“旅游文化是人类过去和现在所创造的与旅游有关的物质财富和精神财富的总和”。这种说法得到了1990年召开的首届中国旅游文化学术研讨会的肯定：“旅游文化是以一般文化的内在价值因素为依据，以旅游诸要素为依托，作用于旅游生活过程中的一种特殊文化形态，是人类在旅游过程中（一般包括旅游、住宿、游览、娱乐、购物等要素）精神文明和物质文明的总和。[②]”谢贵安先生的《旅游文化学》也持这种观点：“旅游文化是人类通过旅游活动改造自然和化育自身的过程中所形成的价值观念、行为模式、物质成果和社会关系的总和。[③]”此外，王明轩[④]、张复[⑤]、夏太生[⑥]等都有类似的观点。

（4）旅游客体文化说

旅游客体文化说的观点源于1984年第1版的《中国大百科全书·人文地理卷》：“旅游与文化有着不可分割的关系，而旅游本身就有一种大规模的文化交流，从原始文化到现代文化都可以成为吸引游客的因素。游客不仅吸取游览地的文化，同时也把所在地的文化带到游览地，使区间的文化差异日益缩小。绘画、雕刻、工艺作品是游人乐于观赏的项目。戏剧、舞蹈、音乐、电影又是安排旅游者夜晚生活的节目。诗词、散文、游记、传说、故事又可将旅游景物描绘得栩栩如生。[⑦]”在此基础上，周谦认为“旅游文化是指与自然风光、古籍遗址有关的历史掌故、民俗文化、文学艺术、传说故事及百科知识等[⑧]”。在众多的旅游文化研究论文和著作中，旅游客体文化说基本占据了半壁江山。

（5）旅游主体文化说

针对旅游客体文化说的弊端，学者提出了旅游主体文化说。旅游主体文化说认为，“旅游文化是旅游的人化，也就是旅游者的文化，是旅游者或旅游服务者在旅游观赏过程中反映出来的观念形态或其外在表现。”

（6）旅游主客体关系说

结合旅游客体和主体文化说的观点，有人认为“旅游文化是旅游主体和旅游客体之间

---

① 喻学才.山以贤称境缘人胜——中国旅游文化的重人传统[J].湖北大学学报，1987（6）.

② 冯乃康.首届中国旅游文化学术研讨会纪要[J].旅游学刊，1991（1）.

③ 谢贵安.旅游文化学[M].北京：高等教育出版社，1999.

④ 王明轩.中国旅游文化[M].杭州：浙江大学出版社，1998.

⑤ 张复.旅游文化[M].哈尔滨：北方文艺出版社，1991.

⑥ 夏太生.中国旅游文学暨文化概论[M].哈尔滨：黑龙江人民出版社，1999.

⑦ 中国大百科全书总编辑委员会《地理学》编辑委员会人文地理学编写组.中国大百科全书·人文地理卷[M].北京：中国大百科全书出版社，1984.

⑧ 周谦.泰山旅游文化发掘初议[J].旅游经济，1990（6）.

关系的总和”。喻学才先生经过多年的研究，对旅游文化的界定由原来的民族文化说[1]发展为旅游主客体关系说，分别在1995年和2002年出版的《中国旅游文化传统》[2]和《旅游文化》[3]著作中重申了这一观点。

（7）旅游三体碰撞说

在旅游主体和客体文化说的基础上，旅游三体碰撞说依据旅游主体、客体和介体三要素来界定旅游文化。该说认为，旅游三要素中的任何一项都不能形成或构成旅游文化，因而强调旅游文化是旅游三体碰撞的结果。苏恒认为，“旅游文化是旅游最通俗化、最愉快的、最多样的手段。它的活动舞台最大，它的活动方式最灵便，它的价值最多方面[4]”。三体碰撞说把介体引入旅游文化的形成过程中，在旅游主体和客体之间架起一道桥梁。中国首届旅游文化学术研讨会肯定了碰撞这一说法，表述为“旅游文化是旅游主体、旅游客体和利用媒体相互作用所产生的物质和精神成果[5]”。碰撞说突出了旅游介体的在旅游文化中的媒介作用，被许多学者认同。马波先生的“旅游文化是旅游者和旅游经营者在旅游消费或者旅游经营服务过程中所反映的观念形态及其外在表现的总和，是旅游客源地社会文化通过旅游者这个特殊媒介相互碰撞作用的结果[6]”就有碰撞说的影子。肖洪根在比较了国内外诸多学者的旅游文化定义之后，提出“旅游文化是以广义的旅游主体为中心，以跨文化交际为媒介，在丰富多样的旅游活动中迸发出来的，形式复杂的各种文化行为表征的总和[7]”。沈祖祥先生认为，这一界定是对旅游文化动态部分的准确解释[8]。

（8）文化交流对话说

章海荣先生在其《旅游文化学》著作中，提出“旅游文化是奠基于人类追求人类自由、完善人格而要求拓展和转换生活空间的内在冲动，其实质是文化交流与对话的一种方式。它是世界各区域民族文化创造基础上的后现代全球化趋势中大众的、民间的休闲消费文化[9]”。方志远大致认同文化交流对话说的基本观点，认为“旅游文化是文化交流与对话的一种形式，是以旅游主体为中心，以区域文化生态为对象，以跨文化交流为媒介，在丰富多样的旅游活动中迸发出来的形式多样的各种文化行为表征的总和[10]”。

（9）旅游体验介入文化说

邹本涛、谢春山认为，“旅游文化是人们旅游体验与介入过程及其精神产品的总和[11]”。该说认为，旅游文化既包括旅游体验与介入的创造过程，也包括其创造过程的结果即精神产品，并主要是一种精神现象。

（10）特殊生活方式说

该说认为，旅游文化可以初步界定为通过旅游这一特殊的生活方式，满足旅游者求

---

① 喻学才.山以贤称境缘人胜——中国旅游文化的重人传统[J].湖北大学学报，1987（6）.
② 喻学才.中国旅游文化传统[M].南京：东南大学出版社，1995.
③ 喻学才.旅游文化[M].北京：中国林业出版社，2002.
④ 苏桓.旅游与文化[J].四川师范大学学报，1990（5）.
⑤ 冯乃康.首届中国旅游文化学术研讨会纪要[J].旅游学刊，1991（1）.
⑥ 马波.现代旅游文化学[M].青岛：青岛出版社，1998.
⑦ 肖洪根.国内外旅游文化研究述评[J].华侨大学学报（哲学社会科学版），1994（1）.
⑧ 沈祖祥.旅游文化学导论[M].福州：福建人民出版社，2006.
⑨ 章海荣.旅游文化学[M].上海：复旦大学出版社，2004.
⑩ 方志远.旅游文化概论[M].广州：华南理工大学出版社，2006.
⑪ 邹本涛，谢春山.旅游文化学[M].北京：中国旅游出版社，2008.

知、求新、求乐、求美的欲望而形成的综合性文化现象，或者说是通过对异国异地的文化消费而形成的现代特殊生活方式。

（11）场景文化说

张国洪先生认为旅游文化及其关联要素包括：旅游文化场景及环境；旅游文化符号系统；旅游文化景观；旅游价值观念及其差异；旅游活动方式及其过程；旅游产品及其服务。基于此，张国洪认为，“旅游文化是以旅游行为为核心，旅游产品为依托，旅游环境为背景的系统性的场景文化[①]”。

（12）意识观念说

王德刚认为，“旅游文化是以旅游为特征的活动中产生的人与自然、人与人、人与社会关系的意识形态及其物化物[②]”。

（13）学理说

学理说认为，旅游文化是一种学科、学问或理论。由落脚点不同而产生以下看法：将旅游文化等同于旅游文化学，认为它是研究旅游活动过程中文化活动现象、本质及其规律的学科[③]；是研究人类旅游活动发展规律、接近于“人文旅游资源开发”的一门学问[④]；其研究重心是旅游活动的基础理论，诸如旅游活动的属性、特征、影响，旅游者的消费行为模式及其社会影响、接待地文化以及旅游伦理、旅游价值观、旅游意识等问题[⑤]。

（14）界定原则或路径说

界定原则或路径说主要是探讨界定旅游文化的原则、视角、方式或路径。其中，比较有影响力的论述主要有：①界定旅游文化的基本原则，即从狭义角度去理解旅游文化，这样才可能准确限定其研究内容，从而将研究推向深入，而不致流于空泛[⑥]。②从学科体系讲，旅游文化主体属于旅游社会学、心理学、伦理学的研究范畴，部分属于管理学范畴[⑦]。③从哲学视角去审视“旅游文化”，可以从旅游文化的现存形态、延续途径及生成过程等三个维度去理解和把握这一概念内涵的三重意蕴：旅游文化蕴涵特定社会所产生、存在的当下现实性生活方式；旅游文化是能够进入当下旅游实践活动视界并通过旅游资源开发形式而得以保存、延续的文化；旅游文化是在当下旅游实践活动中创新生成、可能作为未来旅游实践开发对象并用以发展文化旅游产业之资源的文化[⑧]。④从思辨路径看，要从概念思辨的泥淖中走出来，真正关注正在发生的旅游文化，从诸多现象中剖析旅游多元主体的行为特征及其意义域，只有这样才能明确旅游文化的内涵，抽象出旅游文化的共性、功能与结构，奠定认识论的基础[⑨]。

2.简要评价

从上述的引述中不难看出，人们对旅游文化的界定分歧很大。分析上述旅游文化界定

---

① 张国洪.旅游文化学：研究选位与学科框架[J].旅游学刊，1999（1）.
② 王德刚.试论旅游文化的概念和内涵[J].桂林旅游高等专科学校学报，1999（4）.
③ 喻学才.近七年旅游文化研究综述[J].社会科学动态，1996（8）.
④ 喻学才.旅游文化研究二十年[J].东南大学学报（哲学社会科学版），2004（1）.
⑤ 韩一武.旅游文化与文化旅游的差异[J].太原城市职业技术学院学报，2008（12）.
⑥ 邹本涛，谢春山.旅游文化新论[J].北京第二外国语学院学报，2009（11）.
⑦ 邓祝仁.论旅游文化及其特征[J].旅游科学，1993（3）.
⑧ 盛新娣，范聪卓，陈帆.哲学视域中“旅游文化”概念内涵的三重意蕴[J].经济与社会发展，2012（10）.
⑨ 赵红梅.论旅游文化——文化人类学视野[J].旅游学刊，2014，29（1）：16-26.

诸说可以发现：

旅游+文化说提出的旅游文化概念遵循“旅游+文化”的模式，将旅游与文化简单连缀叠加，显得十分模糊与笼统，但这些朦胧的认识和主张成为旅游文化研究的思想渊源，客观上推动了旅游业的健康发展。

民族文化说把旅游文化与民族文化混同，旅游文化被孤立地理解为一个民族的文化，混淆了旅游文化和民族文化两者的本质。这一弊端是显而易见的，也是部分学者最终放弃这一界定的原因。

旅游文化总和说根据文化的概念，初步形成了一个比较完整的旅游文化体系，但对旅游文化的界定基本偏向了文化学，忽略了旅游文化与文化的区别。此外，如同在界定旅游的概念时一样，总和说外延过大，有宽泛之弊。

旅游客体文化说的旅游文化研究从分析旅游资源的文化内涵开始，把旅游文化等同于人文旅游资源或旅游资源的人文内涵，把能够为旅游者提供欣赏和享乐的一切物质和精神财富的文化表现视为旅游文化，形成了不少有意义的成果，出现了许多名为旅游文化概论或旅游文化学的著作。但是这些以旅游文化冠名的著作或是分析旅游资源的文化内涵或是介绍中国传统文化知识而贴上了旅游文化的标签，其缺陷是显而易见的。把旅游资源中的文化内涵看作旅游文化，是最为省力的，也是最为荒唐的。旅游客体文化说的内容可以说是深受这些著作的影响，它们在内容和研究方法上成为影响乃至制约旅游文化学发展的学术渊源。旅游客体是旅游文化发生与发展的支撑性要素，但却难以揭示旅游文化的本质。而且旅游客体文化包罗万象，一旦涉及旅游资源、旅游吸引物的文化内涵，似乎一切现象都与“旅游文化”有关，内容庞杂，在短小的篇幅中难以阐释清楚。

旅游主体文化说确认了旅游主体在旅游文化中的核心地位，并明确指出旅游文化与旅游客体间是包含关系而非并列关系，姑且不论对错，这都是认识上的重大进步。从旅游文化的产生过程角度来分析探讨旅游文化，突出旅游主体的中心地位，与国外旅游文化研究的特征是相符合的。但这一针对旅游客体文化说而提出的论点，将旅游文化完全归结为旅游主体文化在旅游过程中的体现，又有矫枉过正之嫌。

旅游三体碰撞说从旅游主体、旅游客体和旅游媒介的关系出发，围绕旅游文化的动态特征，强调了旅游文化是旅游过程中通过媒介碰撞而产生的文化现象。它继承了主体说把旅游者置于旅游文化中的核心位置，继承了西方旅游文化研究强调旅游者的中心地位的做法。我们认为，旅游三体碰撞说作为当前最主流的观点，有对其进一步认识的必要。第一，旅游三体碰撞文化说把旅游文化本质与形成过程看似清晰化而实际上却过度泛化了。旅游主体文化、客体文化、媒体文化三者实际上指的是旅游者文化、旅游资源文化和旅游行业文化，属于“旅游的文化”或“旅游业的文化”，与“旅游文化”的范畴存在相当大的区别。不错，这三者的现象和关系确实说明了旅游的文化属性。但是，旅游的文化属性与旅游文化的属性是否属于同一个范畴呢？这是一个有关旅游文化学科研究走向的极为重要的问题[①]。符合逻辑的认识是，旅游与旅游文化是两个不同的概念，旅游的文化属性是旅游的众多属性之一，而旅游文化的属性有自己明确的主体归属，二者拥有各自独立的属性主体。因此，旅游的文化属性与旅游文化的属性属于两个不同的范畴，对此应有清醒的认识，一定要分清这种区别，不能把“旅游的文化”与“旅游文化”想当然地等同起来。第二，旅游三体碰撞文化说看似强调了旅游文化的整合性而实际却割裂了旅游文化的整体性。旅游文化是一个独立而完整的概念，是独立于旅游和文化之外的新生事物，对于其属性的认识，离不开旅游实践和旅游业实践活动。旅游文化从属性上讲，它不必然依附于上述“三体”而存在，不是“三体”文化属性的综合。例如，“三体”之外的社会成员、社会群体大都具有自己的旅游观念，这种观念自然属于旅游文化，而其形成并不是“三体”碰撞所能解释的。“身在‘三体’之外，其旅游文化创造焉能必然发生在‘三体碰撞’之中？[②]”旅游文化可以发生在“三体”碰撞之中，但发生在“三体”碰撞之外的就一定不是旅游文化吗？第三，旅游三体碰撞文化说看似缩小了旅游文化研究的内容，实际上却使旅游文化的研究内容无限膨胀，无所不包，本身又回到被学界广为诟病的“无所不包”的状态[③]。旅游文化的边界模糊，旅游文化个性缺失，这直接导致了旅游文化的研究像是一个流浪儿，一会敲敲旅游学的门，一会敲敲文化学的门，今天“借旅游管理学的粮，明天借旅游心理学的米”，但总是找不到属于自己的归宿。

文化交流对话说强调旅游文化的实质是文化交流与对话的一种方式，认识到旅游文化是以文化交流与对话为核心事件而展开的，影响着人类生活和存在的方式。文化交流对话说力图在认识人的本质基础上来认识旅游文化，具有很强的启发意义。

旅游体验介入文化说是在认可了旅游体验本质的基础上来界定旅游文化的，其优点是大大缩小了旅游文化研究的内容，旗帜鲜明地把旅游客体排除在旅游文化的研究框架内，发人深省。把旅游的本质与文化的本质结合在一起，以审美、求知、交往和情感体验作为旅游体验文化微观分析的支撑点，契合了旅游、文化与旅游文化三大概念；把旅游服务、开发、宣传、规范和旅游研究文化作为旅游介入文化的子体系，逻辑清楚。但在学界尚未就旅游体验的本质达成一致时，在此基础上立论，即使能成一家之言，也略显不足。

特殊生活方式说把旅游文化与生活方式等同起来，实际上是把旅游文化等同于旅游，其逻辑错误是显而易见的。逻辑上，旅游是人的一种生活方式，而旅游文化是反映人的该种特殊生活方式的文化形式或表征。

场景文化说是旅游体验剧场概念的延伸，并突出了各种关联要素的关系，构建了旅游文化系统、旅游文化模式、旅游文化功能、旅游文化变迁、旅游文化建设等六大庞杂的子系统来支撑场景文化说。全新的理论思考体现了理论思考的系统和整体性，但相关内容的研究积累难以支撑这一复杂的内容体系，更重要的是，诸多内容和外延尚不清晰的新概念可能会给人带来一些困惑。迄今为止，我们还没有看到正式出版的以场景文化说为基础理

① 桓占伟.旅游文化及其主流研究反思——基于旅游文化概念的分析[J].人文地理，2007（4）：72-76.
② 邹本涛,谢春山.旅游文化学[M].北京：中国旅游出版社，2008.
③ 桓占伟.旅游文化及其主流研究反思——基于旅游文化概念的分析[J].人文地理，2007（4）：72-76.

论构架的旅游文化学专著。

“界定原则或路径说”并未直陈何谓旅游文化，而是探讨了界定旅游文化的原则、视角、生成及缘起等问题。这种探讨的价值在于，通过对界定方式、路径等的思考，或者否定式界说，启发人们从多侧面、多层次探究应当如何看待和界定旅游文化的问题[①]。

（二）旅游文化概念的进一步探讨

1.旅游文化概念进一步探讨的必要性

近年来，学界再次掀起旅游文化概念研究的热潮。任媛媛认为，旅游文化概念以旅游活动本身为主体来界定比较合适，应当将旅游看成一个整体，应从宏观角度来界定旅游文化，对其内容的设定既要涉及宏观又要涉及微观。因为从最为核心和本质的意义来看，旅游就是一种文化活动，一切旅游文化都是以旅游活动为核心形成和体现出来的。也就是说，以旅游活动为核心而形成的一切文化现象和关系都可称之为旅游文化[②]。

谢彦君先生认为，“从逻辑上来说，我们不能在理解文化的时候是一种方法论哲学，而在理解旅游文化时，却完全是另一种方法论哲学，或者干脆显得没有方法、没有哲学，于是也就丧失了应有的逻辑力量，并形成了此后一发而不可收的学术混乱[③]”。基于这种分析思路，谢彦君认为，旅游文化是文化的一种类型，是旅游现象发展到一定程度的产物，是旅游世界的主体文化或主流文化形态，是一种完整而自洽的文化[④]。

赵红梅在谢彦君《旅游文化及其相关范畴、命题的理论透视》一文的基础上，对旅游文化概念进行了系统研究。“国内的旅游文化研究已进入了瓶颈阶段。尽管有近40部与旅游文化相关的著作和教材以及大量学术论文，但人们在各种意义上使用‘旅游文化’这一词汇，旅游文化的内涵与外延仍模糊不定。[⑤]”尽管每年有新作问世，即使是2012年谢春山创辟地从旅游文化的主体观、环境观、时间观、区域观、效应观、实践观呈现出了旅游文化的不同面相，但其一大缺陷在于旅游文化内涵的模糊化。因此，无跨学科视野的旅游文化研究，难免会造成误读旅游文化，奢谈探索性研究。赵红梅在追溯国内外旅游文化研究成果的基础上，从文化的发生层面来界定和框限旅游文化，并在内涵、特性、功能层面上对旅游文化与一般文化进行比较分析，反思国内旅游文化研究的概念误区，并尝试以文化人类学视角来廓清旅游文化的外延，将旅游文化视为文化生产与再生产的结果，为旅游文化内涵的明确化、具体化做抛砖引玉的前期思考[⑥]。

旅游文化研究确实走过了一段长长的弯路，其根源在于我们对旅游文化的误读。从一开始就误读误用了“旅游不仅是一种经济生活，而且也是一种文化生活，旅游业不仅是一种经济事业，而且也是一种文化事业[⑦]”（于光远语），将旅游的文化属性等同于旅游文化；文化旅游被认为集旅游文化属性之大成，而旅游文化往往被视为重要的旅游吸引物，从而将旅游文化等同于旅游资源的文化属性；在探讨如何开发旅游文化时，却是对文化旅

① 盛新娣，陈帆.国内学界关于“旅游文化”概念界定的研究述评注[J].经济研究导刊，2011（32）：281-283.

② 任媛媛.旅游文化及相关概念思辨[J].河北大学学报（哲学社会科学版），2012（9）：141-144.

③ 谢彦君，周广鹏.旅游文化及其相关范畴、命题的理论透视[J].旅游科学，2012（2）：26-35.

④ 谢彦君，周广鹏.旅游文化及其相关范畴、命题的理论透视[J].旅游科学，2012（2）：26-35.

⑤ 赵红梅.论旅游文化——文化人类学视野[J].旅游学刊，2014，29（1）：16-26.

⑥ 赵红梅.论旅游文化——文化人类学视野[J].旅游学刊，2014，29（1）：16-26.

⑦ 于光远.旅游与文化[J].瞭望周刊，1986（14）.

游资源文化内涵的挖掘与论证。“这种研究倾向不但使旅游文化狭隘化和静态化，且完全逃避了对旅游文化的主体——人的研究。①”

从旅游文化概念界定演变历程看，从唐友波（1991）②的旅游行为与旅游过程给“三体”带来文化上的影响，到郑本法（1992）③的“旅游文化是与旅游活动相关的社会文化，但与旅游活动相关的社会文化却不一定都是旅游文化”，到肖洪根（1994）④基于动态视角提出的“碰撞说”，再到王德刚（1999）⑤强调“旅游活动是旅游文化产生的前提”，再到沙向军（1997）⑥“是不是卷入旅游活动的文化形态都属于旅游文化呢”的诘问，再到赵红梅（2014）⑦的“旅游文化是文化生产与再生产的结果”，这些研究成果对明确和具体旅游文化的内涵和外延起到了重要作用。

但这些比较科学的研究成果在学界受到的重视程度还不够，缺少对这些研究成果的继承、发扬与创新。特别是缺少从构建和完善旅游科学的角度来思考和界定旅游文化的概念⑧。赵红梅认为，“有些范畴的研究可以暂告一段落，比如旅游文化研究的综述可以止于恒占伟⑨（2007）或晏鲤波、庄兴成（2007）⑩；旅游文化与文化旅游的比较研究早该止于徐菊凤（2005）⑪；旅游文化的开发研究若去掉‘旅游’二字会更妥当些。旅游文化外延与内涵的研究应以谢春山、邹本涛（2008）⑫的《旅游介入文化研究》一文为起点展开讨论，‘旅游文化’这一概念在很大程度上解决了旅游文化的多主体性问题”。

从上面的引述与评价来看，旅游文化定义诸说或望文生义，把旅游文化归结为旅游+文化的简单结合；或囿于某种视角；或囿于文化概念的模仿，偏于强调旅游文化的外在表现，定义较为笼统；或把概念混同；或是同义语的反复……尤其是占统治地位的旅游客体文化说使旅游文化的研究进入混乱不清的状态。读者可能会发现，在阅读完众多的旅游文化界定诸说之后，仍然觉得不是那么清晰：旅游文化似乎就是与旅游有关的文化；旅游文化似乎就是在中国传统文化之前加上旅游的标签形成的；旅游文化似乎就是旅游资源的文化内涵与文化意义；旅游文化似乎就是文化的一种形态；旅游文化似乎是一种生活方式；旅游文化结构都给人似曾相识而又纷繁复杂之惑。

综合来看，这种混乱状态表现在以下三个方面：一是旅游文化的外延扩大化了，从而使不宜划归到旅游文化之列的所谓旅游客体文化也成了旅游文化，如众多教材和专著把传统文化（古典园林文化、建筑文化、宗教文化、饮食文化、文化艺术等）的内容加上旅游的标签纳入旅游文化研究的主体内容。显然，将旅游对象物的文化内涵等同于旅游文化，在逻辑上是荒谬的，但在实践中我们却重复着这种谬论。二是旅游文化概念界定泛化了，

① 赵红梅.论旅游文化——文化人类学视野[J].旅游学刊，2014，29（1）：16-26.
② 唐友波，等.旅游文化学发凡——一个文化学的视野[J].上海大学学报，1991（4）：4-12.
③ 郑本法.旅游文化刍议[J].甘肃社会科学，1992（5）：32-35.
④ 肖洪根.国内外旅游文化研究述评[J].华侨大学学报（哲学社会科学版），1994（1）：69-75.
⑤ 王德刚.试论旅游文化的概念和内涵[J].桂林旅游高等专科学校学报，1999（4）：39-42.
⑥ 沙向军.旅游文化再考察[J].旅游学刊，1997（4）：12-16.
⑦ 赵红梅.论旅游文化——文化人类学视野[J].旅游学刊，2014，29（1）：16-26.
⑧ 李朝军，郑焱.旅游学科视角下的旅游文化概念研究[J].中南林业科技大学学报（社会科学版），2013（5）：1-6.
⑨ 桓占伟.旅游文化及其主流研究反思——基于旅游文化概念的分析[J].人文地理，2007（4）：72-76.
⑩ 晏鲤波，庄兴成.旅游文化研究述评[J].桂林旅游高等专科学校学报，2007（1）：143-146.
⑪ 徐菊凤.旅游文化与文化旅游：理论与实践的若干问题[J].旅游学刊，2005（4）：67-72.
⑫ 谢春山，邹本涛.旅游介入文化研究[J].旅游科学，2008（4）：73-78.

许多人偏好使用“总和”的词汇来界定这一新概念，造成旅游文化的内涵模糊化。三是旅游文化概念的提出较为随意，缺乏破立的基础性分析和依据，有自说自话之嫌。

这些认识论或方法论上的不足，导致概念混乱，重视综合性的表述而轻视分析性的话语，难以真正触摸旅游文化的本质①。旅游文化丰富多彩的外在形式，并不足以作为旅游文化定义的依据。因此，有必要对旅游文化的概念进行深入的探讨。

2.旅游文化概念界定原则

旅游文化概念混乱，关键在于缺乏深入的理性分析、缺乏界定原则的指导。在界定旅游文化时，引述他人的定义，然后给出自己的定义，这是常用的做法。但这种做法很多停留在表面的现象认识层面，缺乏理性的、符合逻辑的推理过程。

在众多的旅游文化学著作中，马波先生在《现代旅游文化学》一书中曾思考过旅游文化概念界定的原则问题：旅游文化不是一般社会文化向旅游领域的简单移入，而是在继承或局部包容一般文化形态的前提下创造出来的新型文化；旅游文化的特质必须在旅游活动中去寻找；只有清楚旅游文化的主体，才有可能把握旅游文化本身②。沈祖祥先生也提出了旅游文化概念界定的原则：旅游文化是一个系统，一个整体；旅游文化是动态的，而非静态的；旅游文化是旅游的“人”化，即旅游者主体的文化；旅游文化是一种渊源于历史的生活结构体系，偏重于精神③。十多年来，旅游文化的定义不断推陈出新，但像马波和沈祖祥先生这样做过理性思索的却是少见。赵红梅认为，国内旅游文化研究并不缺少概念的思辨，缺少的是明智的思辨路径和对具体旅游文化现象有意识的攫取、分析和认知。要抓住旅游文化的本质，需要从概念思辨的泥沼中跳出，多关注正在发生的旅游文化，从诸多现象中剖析旅游多元主体的行为特征及其意义域，明确旅游文化的内涵，从而为抽象旅游文化的共性、功能与结构奠定认识论基础④。盛新娣提出，承认界定诸说各自的合理性，是不能实现全面认识旅游文化概念的功能和目的的。只有综合各种界定并把握各自所含的精髓，才能形成一个能够容纳每种界定所包含的各方面意义的新界定⑤。否则，其结果必然是，定义越多，混乱越大；趋同倾向难见，趋异倾向明显；旅游文化现象描述越来越多，旅游文化本质仍然是雾里看花。

毋庸讳言，上述对旅游文化概念界定混乱倾向的批判是直截了当的。但是，批判比构建要容易得多。我们在此做出尝试，仅是表明一种态度，力图引起学界的思考和争鸣，而不是要斗胆做出定论。基于此，我们认为，旅游文化的界定应该把握以下几个原则：

（1）旅游、文化与旅游文化概念契合一致的原则。

“旅游文化”一词涉及旅游和文化两个关键概念，由于旅游和文化本身的复杂性以及旅游和文化概念本身的争议性，要想对旅游文化下一准确公认的定义，当然很难。对旅游和文化的理解不同，对旅游文化的定义自然不同，但不管怎样界定，都需要把旅游、文化与旅游文化概念统一起来，使之相契合。只要翻阅一下目前市场上的旅游文化学著作，就

① 李朝军，郑焱.旅游学科视角下的旅游文化概念研究[J].中南林业科技大学学报（社会科学版），2013（5）：1-6.
② 马波.现代旅游文化学[M].青岛：青岛出版社，1998.
③ 沈祖祥.旅游文化学导论[M].福州：福建人民出版社，2006.
④ 赵红梅.论旅游文化——文化人类学视野[J].旅游学刊，2014，29（1）：16-26.
⑤ 盛新娣，陈帆.国内学界关于“旅游文化”概念界定的研究述评注[J].经济研究导刊，2011（32）：281-283.

会发现许多旅游文化定义不能使旅游、文化与旅游文化三概念相契合。旅游文化的概念是一回事，旅游文化研究内容系统中所反映和体现的又是另一回事。其结果是：旅游文化与文化、旅游文化与文化旅游、旅游文化与旅游的文化影响、旅游资源的文化内涵与旅游文化等概念常混为一谈。

此外，要保证旅游、文化、旅游文化以及旅游文化研究内容的契合性和一致性，各种概念间的外延至少要保持一致。这意味着，旅游文化这个概念的最大外延，从旅游文化形成的基础看，不能超过“以旅游为基础的文化”或“旅游所引致的文化”；从内容指向看不能超过“以旅游为指向的文化”。

（2）旅游文化界定应该坚持狭义“文化”原则。

旅游文化的界定应立足于旅游文化个性的研究，而不是对文化共性的研究，这是旅游文化学学科建设的需要。一门新兴学科的发展基本要经历宽泛—缩小—拓展的研究历程，旅游文化学要发展就必须跳出宽泛研究思路的桎梏，缩小化的立论是比较理性的选择。况且，旅游本身就是人类所创造的人化活动，其本身就是一种文化现象和文化，广义旅游文化的界定必然使“旅游”与“旅游文化”名异而实同。一旦接受了用狭义的文化观来统辖旅游文化的概念，也就回答了旅游文化是物质（现象）文明还是精神（现象）文明的问题。

（3）旅游文化的定义应该揭示旅游文化的本质。

要区分“什么是旅游文化”与“旅游文化是什么”两个不同的概念，不能把两者简单混同。旅游文化的界定不应该是罗列式的或是排除式的。旅游文化的定义应该能够解释旅游文化的本质与基本特征，这是旅游文化定义的基本准则之一。事物的本质是复杂的，认识事物本质的过程是痛苦而漫长的，因此我们要允许对旅游文化本质的不同认识，但回避旅游文化本质的认识却是不应该的。回避旅游文化本质的认识，其结果是以高谈旅游文化的意义、旅游的文化影响代替旅游文化本质的研究，以丰富有趣的旅游资源文化内涵规避旅游文化内在规律的探索，以包罗万象的文化旅游资源代替旅游文化的边界。此外，旅游文化丰富多彩的外在形式，都不能代替旅游文化的本质，不足以作为界定旅游文化的依据。

（4）旅游文化的主体主要是旅游者，也包括目的地居民和旅游从业者，但不包括旅游客体或旅游资源。

旅游文化是旅游引致的人化过程。处于文化概念核心位置的是“人”。同样，处于旅游文化概念核心位置的也是“人”，即作为旅游文化主体的旅游者。依据重要性的不同，旅游文化主体地位排列的序位是旅游者>旅游从业者>目的地居民。虽然旅游客体是旅游文化形成的支撑性要素，但是旅游客体文化包罗万象，一旦涉及旅游资源、旅游吸引物的文化内涵，似乎都与“旅游文化”有关，内容庞杂，结果是无从下手或四处下手。另外，把旅游客体文化、旅游资源文化或者旅游资源的文化内涵视为旅游文化，是典型的概念错位和逻辑谬误。

3.旅游文化的定义及相关的几对范畴

（1）旅游文化的定义。

基于以上对旅游文化的全面分析，并根据给出的旅游文化界定原则，我们在此尝试给出旅游文化的定义。旅游文化是旅游者、旅游从业者和旅游目的地居民在旅游者旅游活动过程中所营造的一种新型文化形态，是旅游者通过旅游活动在旅游过程中以旅游目的地作为最终极的载体相互作用、共创共生的过程和结果，是由旅游活动引致并迸发出来的形式多样的各种文化现象的总称，其实质是旅游引致的人化过程与结果。

这个界定强调以下几个方面的内容：

①旅游文化的本质是旅游引致的人化过程与结果，这是旅游文化本质的规定性，是所有旅游文化现象都具备的统一内核。

②旅游文化主要是一种精神文化现象，而非物质文化现象。精神文化是判断旅游文化与非旅游文化的标准之一。旅游是人的生活和存在方式，旅游文化就是关于人的旅游生活方式的文化体现与反映；旅游是一种被构建的生活方式，旅游文化是一种被构建的文化意义系统。

③旅游文化主体主要是旅游者，也包括旅游从业者和旅游目的地居民。

④旅游文化是一种新型的文化形态和文化现象。之所以说旅游文化是一种新型的文化形态，是因为旅游文化的“新”是由“旅游引致”直接规定的。旅游文化的产生、发展与创造与旅游这种人类生活或存在方式直接关联。因此，客观存在着时间标准和直接因果标准来判断旅游文化的存在与否：该种文化现象出现在旅游活动之后，并且该种文化现象是由旅游活动的开展而形成的。

⑤旅游文化是旅游者、旅游从业者和旅游目的地居民在旅游者旅游活动过程中所营造和迸发出来的文化现象。

⑥旅游文化的最终极载体是旅游目的地。相对于定居文化而言，旅游文化是移动的文化，因此研究这一移动的文化需要找到一个终极的载体，而旅游目的地最能体现和反映旅游文化主体（旅游者、旅游服务者和旅游目的地居民）是如何相互作用、共创共生的。

（2）与旅游文化紧密相关的几对范畴。

为更好地理解上面给出的旅游文化的定义，还有必要解释与旅游文化紧密相关的几对范畴。

①旅游文化与定居文化。

旅游作为人类历史上典型的人口流动现象，是与定居相对而生的。居家生活创造了人类定居文化。从人类追求自由与创造的角度看，旅游的外出生活涉及定居地文化、目的地文化以及在旅游活动过程中相互作用而形成的文化创造。旅游者对文化空间的跨越，使旅游文化成为一种移动性的文化。旅游主体成为移动性的群体。这种移动性是引致旅游文化产生的基础，也是旅游文化不同于定居文化的基本特征。在现代社会条件下，移动性的旅游文化是与定居文化相互补充的客观存在。

②旅游文化主体与旅游主体文化。

在众多旅游文化的定义中，有不少把旅游文化主体与旅游主体文化、旅游客体文化与旅游文化客体等同起来。一般认为，旅游主体是旅游者，这是没有多大问题的。旅游文化的主体是什么？旅游文化发生与形成过程贯穿于整个旅游活动和旅游业活动过程中，因此，把旅游文化的主体等同于旅游者则过于狭窄；而且，把旅游从业者和目的地居民排除在旅游文化的主体之外，不能真正反映作为旅游者、旅游从业者和旅游目的地居民在旅游者旅游活动过程中所营造并迸发出来的一种新型文化形态共创共生、相互作用的本来面目。旅游文化主体主要是旅游者，也包括旅游从业者和旅游目的地居民。

③旅游文化客体与旅游客体文化。

旅游客体是旅游资源，旅游文化的客体却不是旅游资源，旅游文化的客体是旅游。没有旅游这个对象，就不可能创造出作为新型文化形态的旅游文化。旅游客体文化即旅游资源文化。不管是自然资源还是人文资源，当成为旅游者的造访对象时，它变成旅游资源，经过人类的创造开发活动，特定的文化内涵附着于旅游资源。从历史角度看，资源固有（原有）文化发生在旅游客体成为旅游资源之前，不可能是旅游文化；当附加文化发生之后，它因旅游活动展开而形成和发展，也可以视为旅游文化。

④旅游文化与历史文化。

旅游文化和历史文化是两个具有不同内涵和外延的概念，但旅游文化和历史文化混淆现象时有发生。在编写教材过程中，很多作者将旅游文化教材写成历史文化教材，或将历史文化教材写成旅游文化教材。很多冠名旅游文化学的著作，与文化概论呈现出高度的一致性。在课堂教学中，部分教师把旅游文化解读为历史文化，部分研究者具有旅游文化混同历史文化的惯性思维[①]。实际上，旅游文化和历史文化两大概念的内涵和外延差异较大。历史文化是人类在历史上改造世界和创造世界的过程中所积累下来的物质文明和精神文明的总和。旅游文化是旅游者、旅游从业者和旅游目的地居民在旅游者旅游活动过程中所营造的一种新型文化形态，是旅游者通过旅游活动在旅游过程中以旅游目的地作为最终极的载体相互作用、共创共生的过程和结果，是由旅游活动引致并迸发出来的形式多样的各种文化现象的总称，其实质是旅游引致的人化过程与结果。

第三节　旅游、旅游文化、文化旅游与旅游的文化效应

我们试图对与旅游文化相关的概念进行整体性梳理，提出似曾相识的四对概念与范畴，并加以简要分析。可以想象，如果人们的基本概念认识不能达成基本共识，学术交流必然是低效甚至是混乱的；如果只是提出概念，而缺乏概念界定的规则，概念就没有任何意义。如果没有严谨的概念体系和概念区分，对复杂事物做出准确的观察、分析和认识几乎是不可能的。旅游文化研究的核心，都不宜停留在对某一具体旅游文化现象的描述和分析上，而是要通过具象走向抽象，透过特殊矛盾发现一般真理，构建能够提高人们认识旅游世界的能力，这样才能推动旅游文化的研究和旅游学科的建设。

旅游文化是旅游文化学最核心的概念。为了真正理解什么是旅游文化，还有必要弄清楚旅游、旅游文化、文化旅游与旅游的文化效应等众多似曾相识的名词与概念。这个提法

① 谢春山，唐伟，李芷逸.试论旅游文化与历史文化的关系[J].旅游论坛，2013（9）：93-97.

听起来十分可笑，其实不然。四者的混淆是有先例的，甚至是常态的。很多旅游文化定义倾向于把旅游文化解释成包罗万象的范畴，很多旅游文化定义难以揭示旅游文化的本质，其中一个重要的原因就是混淆了旅游、旅游文化、文化旅游与旅游的文化效应四个似曾相识的名词与概念。

一、旅游与旅游文化

扫描一下众多的旅游文化（学）著作，有些研究者在界定完旅游文化之后，还在说旅游文化学就是研究旅游的；有些旅游文化学著作使用旅游一词的频次比旅游文化还多，两者之间常交替互换使用。在这些界定中，特殊生活方式说和广义旅游文化说所给出的旅游文化定义便是典型的例子。在“旅游文化是通过对异国异地的文化消费而形成的现代特殊生活方式”这一表述中，旅游文化等同于作为人类生存和生活方式的旅游；旅游本身就是人类所创造的文化活动，其本身就是一种文化现象，广义旅游文化的界定必然使“旅游”与“旅游文化”名异而实同。

正如前文所指出的，一方面，无论旅游概念如何表述，旅游的愉悦本质或文化本质是被学界基本接受和认可的。旅游愉悦本质或文化本质都是对旅游本质基于相同的认识而在不同的层面给出的正确认识，旅游愉悦本质的表述是在文化本质统辖下的更深入、更细微、更精确的旅游文化本质表述的另外一种形式。另一方面，无论文化概念分歧多大，广义与狭义之分、文化内化与外化之分也是学界基本接受和认同的。广义文化是物质文化和精神文化的总和，狭义文化仅指精神文化。文化是一个外化过程和内化过程的结合，外化就是人类“开物成务”创造物化产品改造外部世界的过程，内化就是文化主体在创造文化过程中不断被塑造的过程。在广义旅游文化统辖下，旅游文化不是旅游的某一方面或独立于旅游之外的另一事物，而是旅游的另一种表述，更加鲜明地体现了旅游的文化本质。因此，当区分旅游与旅游文化概念时，必须坚持狭义旅游文化的观点，否则，旅游文化就没有存在的必要和生存空间。

在旅游文化学的框架内，旅游文化与旅游有联系，更有区别。众多旅游文化研究者试图给出一个有别于旅游的界定，就说明了这一点。旅游文化与旅游的区别总结见表2-5。

表2-5　　**旅游与旅游文化的区别**

	主体	客体	性质
旅游	旅游者	旅游资源	物质和精神现象的总和
旅游文化	旅游者、旅游服务者、旅游目的地居民	旅游	精神现象

二、旅游文化与文化旅游（资源）

旅游文化和文化旅游是两个相关的重要研究领域，听起来非常熟悉，也见过很多的相关阐述，但长期出现困惑和混淆，没有引起文化旅游与旅游文化研究者的足够重视。因此，在建设旅游文化学过程中，文化旅游与旅游文化的概念的进一步明晰和区分就成为必须。

徐菊凤2004年12月12日通过Google搜索旅游文化与文化旅游两个关键词时，分别获得613万项关于“文化旅游”和835万项关于“旅游文化”的查询结果。比较后发现，这两个概念在某些词条下各有所指，而在很多情况下，它们被用来指称同一类事物[①]。学术界的误用与混淆也是如此。有些论文标题要论述“文化旅游”，文章中运用的词语却是“旅游文化”[②]。许多文章标题上要论述“旅游文化”，主体内容却是论述“文化旅游”资源开发问题，这类现象比比皆是[③④⑤⑥⑦⑧]。马波在研究中还发现，许多以旅游文化为题的论著，其实只是研究人文旅游资源的形成与特性，无形中将旅游文化等同于一般社会文化[⑨⑩]。

西方对“旅游文化”概念的表述，明显地把旅游者放置在旅游文化结构框架研究的中心位置，以交际（或跨文化交际）为媒介，研究旅游过程中主客“碰撞”而产生的各种文化现象，突出这个概念的动态特征[⑪]。西方学界视野中的“旅游文化”一般不被作为一个单独的研究学科（领域）来对待，也找不到一个关于“旅游文化”的具体定义，更多的是将它作为一种研究系统，一种研究视角。到目前为止，关于旅游的几个基础理论——主客关系理论、神圣游程理论、旅游地生命周期理论等，都是从旅游文化研究视角入手获得的。他们认为，目的地国民族文化，客源国文化，以及主体和客体、媒体在旅游活动过程中交互碰撞产生的文化都是旅游文化的研究范畴[⑫]。

文化旅游的说法众人皆知，但熟知并非真知。对文化旅游概念的研究在文献中偶有出现，但尚处于讨论阶段，没有形成统一观点[⑬]。更有人直接将“文化旅游资源”等同于“旅游文化资源”[⑭]。目前，学术界和实业界对“文化旅游”的研究与认识大都集中在对某地或某类文化资源的开发经营思路上，而从整体上对“文化旅游”进行系统研究的较少。总体来看，关于文化旅游的概念基本有以下几种认识：（1）文化旅游是一种旅游类型，可分为遗迹遗址旅游、建筑设施旅游、人文风俗节庆旅游和特色商品旅游等四大类型[⑮]；（2）消费者消费带有文化色彩的旅游产品的过程即是文化旅游[⑯]；（3）文化旅游相当于民俗旅游[⑰]；（4）文化旅游是指旅游产品的提供者为旅游产品的消费者提供的以学习、研究考察所游览国（地区）文化的一方面或诸方面为主要目的旅游产品，如历史文化旅游、文学旅游、民俗文化旅游等[⑱]；（5）人们对异地异质文化的求知和憧憬所引发的，离开自己的生活环境，观察、感受、体验异地或异质文化，满足文化介入或参与需求冲动的过

① 徐菊凤.旅游文化与文化旅游：理论与实践的若干问题[J].旅游学刊，2005（4）：67-72.
② 彭希喜.上海发展特色文化旅游存在的问题及其对策[J].旅游科学，1997（3）.
③ 简王华，腾健.桂西旅游资源特色及其旅游文化开发[J].地域研究与开发，2001，20（2）：90-93.
④ 马晓东，翟仁祥.论旅游文化资源及其开发——以苏北地区为例[J].人文地理，2001，16（6）：89-92.
⑤ 梁明珠.广州旅游文化资源开发总体构想框架[J].经济地理，2002，22（5）：628-632.
⑥ 李筱竹.旅游文化与贵州经济开发[J].贵州民族研究，1995（2）.
⑦ 彭寿清.重庆旅游文化发展初探[J].经济地理，2004（6）.
⑧ 蒋礼荣.北海市旅游文化资源开发研究[J].广西社会科学，2005（1）.
⑨ 马波.我国旅游文化研究的回顾与前瞻[J].桂林旅游高等专科学校学报，1999（2）.
⑩ 马波.现代旅游文化学[M].青岛：青岛出版社：1998.
⑪ 肖洪根.国内外旅游文化研究述评[J].华侨大学学报，1994（1）.
⑫ 肖洪根.国内外旅游文化研究述评[J].华侨大学学报，1994（1）.
⑬ 朱桃杏，陆林.近10年文化旅游研究进展——Tourism Management、Annals of Tourism Research和旅游学刊研究评述[J].旅游学刊，2005，20（6）：82-88.
⑭ 董金菊.我国旅游文化资源研究综述[J].皖西学院学报，2008，24（6）：52-54.
⑮ 马波.现代旅游文化学[M].青岛：青岛出版社，1998.
⑯ 郭丽华.略论“文化旅游”[J].北京第二外国语学院学报，1999（4）.
⑰ 于岚.文化旅游概念不宜泛化[J].北京第二外国语学院学报，2000（3）.
⑱ 蒙吉军，崔凤军.北京市文化旅游开发研究[J].北京联合大学学报，2001（1）.

程[①]；（6）广义的文化旅游是指在寻求和参与全新或更深文化体验基础上的一种特别兴趣旅游，与一般的旅游活动区别甚微，因为旅游说到底是一种文化现象，任何一次旅游经历，都是一次对新文化的体验[②]。

1991年，欧洲旅游与休闲教育协会（ATLAS）在参照了多种有关定义后，慎重提出了文化旅游的概念性定义和技术性定义[③]。文化旅游的概念性定义：人们离开他们的日常居住地，为获得新的信息与体验来满足他们文化需求而趋向文化景观的移动。文化旅游的技术性定义：人们离开他们的常住地，到文化吸引物所在地，如遗产遗迹、艺术与文化表演、艺术与歌剧等的一切移动。我们认为，这一文化旅游的定义不但强调了出游的动机，而且明确给出概念性和技术性定义，符合国际理论研究的惯常做法。概念性定义提供了文化旅游的理论框架，技术性定义则便于进一步明确文化旅游的内容与范畴，明确了具体的分类指标。

2012年，谢彦君先生发表《旅游文化及其相关范畴、命题的理论透视》一文，比较系统地比较了旅游文化与文化旅游。谢先生认为，"旅游文化是文化的一种类型"，"是旅游现象发展到一定程度的产物"，"是旅游世界的主体文化或主流文化形态"，"是一种完整而自洽的文化"；"文化旅游是旅游的一种类型"，"文化旅游体现了旅游者对文化景观的诉求"，"不能将文化当作旅游的核心内涵（硬核）"[④]。

基于前述分析，我们认为，文化旅游主要是对一些独特的、富有地方色彩的文化景观的观赏，是以感受真实文化而进行的旅游活动；而旅游文化是旅游者、旅游从业者和旅游目的地居民在旅游者旅游活动过程中所营造的一种新型文化形态，是旅游者通过旅游活动在旅游过程中以旅游目的地作为最终极的载体相互作用、共创共生的过程和结果，是由旅游活动引致并迸发出来的形式多样的各种文化现象的总称，其实质是旅游引致的人化过程与结果。文化旅游与旅游文化的区别见表2-6。

表2-6 文化旅游与旅游文化

	本质	文化来源	学科归属	所属范畴	主要研究内容
文化旅游	愉悦	文化旅游中的文化不因旅游存在与否而客观存在	旅游管理应用学科	旅游（产品、类型与旅游活动）	文化旅游对象物的开发、经营、营销与管理
旅游文化	旅游引致的人化过程与结果	旅游文化中的文化因旅游活动的发生而形成	文化学基础学科	文化	旅游活动引致的旅游文化现象的运动规律

三、旅游文化、旅游文化的效应与旅游的文化效应

在一般的社会宣传和大众肤浅的印象中，旅游常被视作文明和文化的使者，但深入的

① 张国洪.中国文化旅游——理论、战略、实践[M].天津：南开大学出版社，2001.
② 吴光玲.关于文化旅游与旅游文化若干问题研究[J].经济与社会发展，2006，4（11）：161-163.
③ 转引自徐菊凤.旅游文化与文化旅游：理论与实践的若干问题[J].旅游学刊，2005（4）：67-72.
④ 谢彦君，周广鹏.旅游文化及其相关范畴、命题的理论透视[J].旅游科学，2012（1）：26-35.

考察并不完全支持这种观点。当我们去认真探寻旅游的文化影响问题时，就会发现旅游的文化效应涉及很多方面。文化包含人的精神世界以及物化的物质世界中可以传承的带有共性的东西，由符号、语言、价值观、规范体系、社会关系与社会组织以及物质产品所体现出来的东西。旅游发展对上述文化要素的影响主要体现在手工艺品、语言、习俗和传统、烹饪、艺术和音乐、建筑、宗教、服装以及休闲活动诸方面。旅游对任何文化要素的影响都呈现出积极和消极两个方面。[①②③④⑤]

中国旅游学界和业界对旅游效应的认识进程和实践进程影响了对旅游的文化效应和旅游文化的认识。在中国奉行发展是硬道理的旅游实践指导思想下，学界引入的源于西方的旅游容量和旅游主客关系理论对业界却没有产生实质性的影响[⑥]。一方面，在理论与实践中，旅游文化被当作文化旅游或文化旅游资源内涵，这是因为，中国旅游的快速发展急需各种满足市场需求的具有丰富文化内涵的旅游资源和旅游产品，在旅游发展过程中产生的新型文化形态——旅游文化自然而然被当作一种旅游吸引物或文化旅游资源来看待；另一方面，在理论与实践中，只有当旅游效应的统筹调控问题真正提上议事日程时，学界和业界对旅游的文化效应的认识才会深入、才会准确。

提出旅游的文化效应问题，不是要人为地把旅游效应分解为几个方面，因为旅游效应的发生是有机统一的。不当旅游开发现象的频仍，一直以来不断引发反对旅游业的喧嚣。20世纪70年代希腊东正教堂的祷文把旅游看作玷污东正教所属城市、岛屿、村庄、修道院的恶魔，请求上帝的慈悲，因为他们正经受着现代西方入侵者的现代精神的痛苦考验[⑦]。诸如“旅游是现代病”、“旅游是文化娼妓”之类对旅游贬责的观点和资料比比皆是。这些激烈的表达背后隐藏着对旅游引致的“文化退化”现象和“文化孤岛”现象的深刻忧虑。但在这些“文化退化”与“文化孤岛”培育的过程中，旅游目的地的各种文化要素又被充分挖掘出来，经过整理、加工，到最后呈现在旅游者面前，这就成为旅游所促成的文化复兴现象。这些活动本身已经成为另一种作为新型文化形态的旅游文化。旅游文化源于本土原始文化，或在旅游规划开发过程中经过真实与创造的博弈等大量文化采借或文化表现形式的直接模仿，或在旅游经营与服务实践过程中经过文化商品化或文化舞台化，逐渐发展而形成。在旅游发展过程中设计出了许多与目的地居民相隔离的多种文化景点和文化表现形式，给真实文化戴上了虚假的面具。因此，在旅游目的地层面，旅游文化与旅游的文化效应似乎是一个问题的两个方面，一个过程的两个方面，两者交织在一起，有时候可能难以区分。当然，当我们不能正确认识旅游文化和旅游的文化效应时，旅游文化的效应就无从谈起。要理解什么是旅游文化的效应，就需要一定的学术积累，需要旅游实践来进一步加深我们的认识。

---

① 孙九霞.社区参与旅游对民族传统文化保护的正效应[J].广西民族学院学报（哲学社会科学版），2005，27（4）：35-39.
② 钟洁，陈飙，杨桂华.中国民族村寨旅游效应研究概述[J].贵州民族研究，2005，25（5）：85-90.
③ 陈昕.纳西文化变迁的旅游效应与调适研究[J].思想战线，2008，34（5）：117-118.
④ 潘秋玲.旅游开发对语言文化景观的影响效应研究——以西安为例[J].旅游学刊，2005，20（5）：20-25.
⑤ 潘秋玲，李文生.我国近年来旅游对目的地社会文化影响研究综述[J].经济地理，2004，24（3）：412-415.
⑥ 马波.中国旅游业转型发展的若干重要问题[J].旅游学刊，2007，22（12）：12-17.
⑦ 谢彦君.基础旅游学[M].北京：中国旅游出版社，2004.

综上所述，我们提出理解旅游文化概念相关的几对范畴，重在提出问题，而不是想一劳永逸地解决问题。正如由美国社会学家华莱士提出、被社会科学界广泛应用的“科学环”原理告诉人们的，观察和理论是研究的两个起点，经验世界和理论世界总在反复互动，螺旋上升[①]。旅游文化的研究是一个渐进过程。在认识旅游文化以及诸多相关概念范畴时，或一味空谈，远离旅游世界不去观察旅游文化的运动，各说各话胡乱地破立、提出概念并加以解释；或只是观察旅游实践，日复一日不辞辛劳地描述各种与旅游相关的现象并贴上旅游文化的标签，因而旅游文化的研究就难以真正地跨入学术殿堂，促进旅游学科与科学的健康成长。

本章重要观点

1.旅游文化是一种极其复杂的社会现象，旅游文化本质的决定表现在不同的层次上。旅游文化应该有其内隐的内核，有一般性的属性，有外显性的特征，不同的层面都能诠释旅游文化的本质。

2.旅游和文化的本质是旅游文化本质的逻辑起点和归宿点。旅游的本质和文化的本质直接规定着旅游文化的本质。

3.要认识旅游文化的全貌，必须从本质规定性、一般特征、基本特征等诸多层面和角度加以认识。

4.学术界对旅游文化的定义存在逻辑思路混乱的倾向。在旅游文化学视野下，必须坚持旅游、文化与旅游文化三概念契合一致的界定原则。

5.要允许旅游文化本质的不同甚至错误的认识，但回避旅游文化本质问题却不是做学问应有的态度。

本章问题讨论

1.事物的本质是什么？如果你认可本质是事物固有的，决定事物性质、面貌和发展的根本属性，是一事物区别于他事物的内在依据这一说法，那么你如何评价表2-1中不同学者对旅游文化本质的认识？

2.“盲人摸象”的故事对理解旅游文化现象有什么启示意义？如何认识旅游文化的全貌？本章在对旅游文化进行阐述时，提出了怎样的整合框架？

3.界定旅游文化应该遵循什么样的原则？

4.旅游、旅游文化、文化旅游以及旅游文化效应的区别和联系是什么？

本章补充阅读材料与案例分析

西方游历文本中的旅游文化

游历文本是记录旅游文化的最有效载体。西方如同中国一样，具有丰富的游历文本和丰富的旅游文本。文艺复兴以来，西方对外在世界的好奇增强，形成了非西方世界的诸多游历文本，游历者与读者（足不出户的游历者）分享他们游历过程中所获得的新信息，传

① Wallance W L.The logic of science in sociology[M]. Chicago：Aldine-Atherton Inc.，1971：18.

播不同类型和特征的旅游文化。文艺复兴以来的四个世纪，游历写作（travel writing）在数量、类型和受欢迎程度等方面不断增加，也越来越成为西方旅游文化研究的主要领域。这些游历文本的传播，对旅游文化的形成与传播起到了关键作用，对世界旅游文化的构建起到了导引性作用。这些主要游历文本见表2-7[①]。

表2-7　**文艺复兴400多年来对传播旅游文化产生重要影响的游历文本**

游历者（作者）	文本名	出版地	出版社	版本
Helen Angelomatis Tsougarakis	The Eve of the Greek Revival:British Travellers' Perceptions of Early Nineteenth-Century Greece	London	Routledge	1990
Ali Behdad	Belated Travellers: Orientalism in the Age of Colonial Dissolution	Durham	Duke University Press	1994
Peter Bishop	The Myth of Shangri-la:Tibet，Travel Writing and the Western Creation of Sacred Landscape	Berkeley	University of California Press	1989
Alison Blunt	Travel，Gender and Imperialism:Mary Kingsley and West Africa	New York	The Guilford Press	1994
James Buzard	The Beaten Track:European Tourism，Literature，and Ways to Culture 1800-1918	New York	Oxford University Press	1993
Robert Eisner	Travellers to an Antique Land:The History and Literature of Travel to Greece	Ann Arbor	University of Michigan Press	1991
Stephen Greenblatt	Marvelous Possessions:The Wonder of the New World	Chicago	University of Chicago Press	1992
Eric J. Leed	The Mind of the Traveller:From Gilgamesh to Global Tourism	New York	Basic Books	1991
Lisa Lowe	Critical Terrains:French and British Orientalism	Ithaca	University of Cornell Press	1992
Catherine A. Lutz and Jane L. Collins	Reading National Geographic	Chicago	University of Chicago Press	1993
Billie Melman	Women' Orients:English Women and The Middle East 1718-1918；Sexuality，Religion and Work	Ann Arbor	University of Michigan Press	1992
Dennis Porter	Haunted Journeys:Desire and Transgression in European Travel Writing	Princeton	Princeton University Press	1991
Mary Lousie Pratt	Imperial Eyes:Travel Writing and Transculturation	London	Routledge	1992
David Spurr	The Rhetoric of Empire:Colonial Discourses in Journalism，Travel Writing and Imperial Administration	Durham	Duke University Press	1993
Nicholas Thomas	Colonialism's Culture:Anthropology，Travel and Government	Princeton	Princeton University Press	1994

① Fritzsche S C.Narrating China：western travellers in the middle kingdom after Opium War[D].Chicago：The University of Chicago，1995：23-28.

尽管上述西方游历文本在材料选择、写作方法、关注焦点以及结论方面各有不同，但这些文本写作的动机十分相似：猎奇特定时期特定的异域世界；探究异域世界与帝国主义之间的关系；关注西方对世界其他地方的霸权。游历者对异域世界的好奇和科学探究，与因游历文本的写作所带来的长久满足感，相互影响、相互作用，推动了更多游历和游历写作现象的形成，推动了旅游文化在世界的扩散与传播①。这些游历文本展示了其他异域社会的文化属性和物理特征。总体来看，文艺复兴以来西方游历文本所体现的旅游文化具有如下特征：

1.从神秘导向转向科学导向

Mandeville和Columbus Stephen Greenblatt早期的游历文本，把重心放在世界奇迹以及相关概念上，重点记述了欧洲与新世界的第一次遭际。陌生感、奇特感是游历者观看对象物所共有的基本特征。对异域世界的奇妙感觉被应用于殖民化过程，驱动更多的异域游历和殖民开拓进程②。与此相伴相生，游历文本成为异域国家自我和他者形象分析的重要组成要素。但奇观和奇异中心性写作范式，阻碍了对陌生和未知对象及其相互关系的系统分类，这种游历文本写作范式以及基于该种范式所传播的旅游文化，对加深对世界的理解的作用是相对有限的。

弗朗西斯·培根（Francis Bacon）通过把好奇等共享的游历动机提升到科学观察的地位，赋予和凸显游历者要更加关注的内容，开辟了游历写作的新范式。他强调，游历者的科学观察是理解外来世界的心灵渠道。把训练有素的观察提升到准科学研究和理解世界的模式，忠实地记录、计算、归类、观察未知物象、未知人民及其相互关系，极大提升了17和18世纪游历写作的科学地位，使之成为一种深受欢迎的阅读文本③，也逐渐推动旅游文化开始传播开来。这一历史时期的游历文本及其所承载的旅游文化，不再运用丰富多彩的语言去记录闻所未闻的奇事和异域情调的细节，而是冷静记录衡量文本真实性所依赖的亲近度、逼真性和精确性等方面的内容。

约翰·洛克（John Locke）在《人类理解论》（An Essay Concerning Human Understanding）中进一步强化了这种认识世界的方法：世界知识，源自观感以及对记录信息进行智力探究式的思考。这种理解世界的方式，要克服源自个人和宗教动机的情感性理解，就如同牛顿小心开展实验，谨小慎微地观察和记录，发现自然世界的基本法则。出于非军事征服或非商业目的的宗教或英雄主义诉求的游历，是为了发现或保存那些未知的世界。Leed在*The Mind of the Traveller*：*From Gilgamesh to Global Tourism*中引证了丘吉尔游历文本中推荐的思想：游历者坚持写游历日志、冷静记录游历发现、科学对游历记录分类。Churchill游历文本记录推荐归类的主题类别有：气候、政府、权力、防御工事、城市笔记、宗教、语言、钱币、商贸、企业、财富、主教、大学、古董、图书馆、珍稀物事、艺

① Fritzsche S C.Narrating China：western travellers in the middle kingdom after Opium War[D].Chicago：The University of Chicago，1995：24.

② Greenblatt S. Marvelous possessions：the wonder of the new world[M].Chicago：University of Chicago Press，1992：24-25.

③ Batten C.Pleasurable instructions:form and convention in the 18th century travel writing[M].Berkeley：University of California Press，1978.

术品和艺术家、公共组织、道路、桥梁、森林、山脊、习俗、法规、特权、冒险、惊奇事件、植被、动物、任何可能好奇或感兴趣的东西①。

如同牛顿发表其研究新发现并准许其他科学家重复和证实（伪）其发现一样，游历写作也成为游历者与大众分享并验证其新发现的主要模式。游历文本详细记载游历者对异域世界的调查和观察发现。很多游历文本，立足于记录游历者的外在刺激，对观察者眼中的文化边界和内在体验做最小化的记录，因其详细和可证实性的描述而值得一读。游历文本向更加科学导向转向，不是要否认游历文本的文学水平，也不是要贬损那些扣人心弦和悬疑的描写，而是要强调游历文本从神秘到科学转向的变化特征。

18世纪，瑞典植物学家卡尔·冯·林奈（Linnaeus）创立了生物学人为分类体系和双命名法，通过有条理的分类和准确的命名来科学理解世界成为可能，成为推动人类探索异域世界的另一个驱动力②。无论是科学家、门外汉还是游历者，都开始热衷于走进异域世界一探究竟，去认知、命名或征服自然。于是，游历文本成为特定历史时期理解和占有世界的方式，也正是借此欧洲人环绕世界，进而完成世界性商贸活动。游历文本不仅填补了欧洲人对异域世界相关知识和信息的空白空间，而且使得游历异域世界的官方拨款具备了合理性基础③。与此同时，旅游文本开始真正成为旅游文化传播的信息源头，成为旅游文化建构的有效基础。

2.旅游文化关注焦点和主题的转向

对欧洲之外自然世界的探究，以及世界知识的日益系统化，推动西方的探索目标和对象开始发生转向。环球航行、绘制沿海地图、提供精确的海洋贸易线路，是15、16和17世纪航海发现的基本特征；但自18世纪开始，海洋探索开始向控制内陆地区延伸，海洋贸易向内陆扩展。新兴资本主义不断拓展新的市场，关注内陆市场，推销异域情调的产品或获得原材料。异国的自然特征、可通达性、自然资源的种类和特征、可商业化利用的农产品、消费品的稀缺性等延展性知识，通常成为游历者探究的附带产品，并逐渐使得科学知识无意地成为商业的仆人。例如，19世纪，受英国皇家园艺协会派遣来华的罗伯特·福琼（Robert Fortune）四次来华考察，从中国偷走茶树种子和制茶技术，严重打击了旧中国的茶叶经济，改变了世界茶叶版图④⑤。

探索和发现时代也是占有探索对象的时代。这一时期的游历文本和旅游文化清晰地反映了这一二元特征：半科学的、详尽的对对象的观察，风景、民族与观察对象的潜在用途交织。

Leeds指出："集聚自然景观，并以科学方法收集各种知识的努力，是值得钦佩和无私的行为。我们认为，这些行为或许突然推动文艺复兴时期的欧洲人走向科学和理性，从而改善了人类的条件。但也必须清楚，这些聚合世界的文化努力、适当的样本分类、田野观察可以充当欧洲帝国殖民扩展的遮羞布。热衷于收集知识，其实是占有和包围世界的宣

① Leed E J.The mind of the traveller：from gilgamesh to global tourism[M].New York：Basic Books，1991.
② Pratt M L.Imperial eyes：travel writing and transculturation[M].London： Routledge，1992：25.
③ Leed E J.The mind of the traveller：from gilgamesh to global tourism[M].New York：Basic Books，1991：193.
④ Leed E J.The mind of the traveller：from gilgamesh to global tourism[M].New York：Basic Books，1991：188.
⑤ 石志宏.罗伯特·福钧与中国茶叶机密的失盗[J].历史教学问题，2014（1）：21-25.

示[①]。”

空间游历通常会形成时间游历（发展阶段差异所形成）。空间位移体验能形成远距离的历史化现象（historicising）。游历不仅是远距离的空间位移，而且是文明和科技时间上的位移。游历者观察到的各种差异的历史化现象，会导致游历者把游历目的地居民视为游历者早期的本地形式，并在文明使命（civilising mission）旗子的伪装下，为控制和占有异域国家提供合理化解释。Sybille C.Fritzsche认为，16—18世纪，西方人源源不断来华，以传教等名义，给华人带来了西方科技、通信和军事产品，提升了欠发达中国居民战胜自然灾害的能力，成为18世纪的主导价值观[②]。因此，传播近代科技福祉、出口民主自由、宗教化（主要是基督化）无宗教信仰国家民族，这些设想的无私目标，与坦率宣扬的以利润为导向的商贸目标结合在一起，是19世纪来华游历文本和旅游文化的基本特征。

因差异形成的历史化现象也同样可以在与欧洲毗邻的国家中观察到。Lowe在分析18世纪英国土耳其游历文本时发现：记叙两国外交和商贸关系的游历文本和旅游文化，是殖民话语分析不可或缺的组成部分。文本把英国和殖民文化描述为对文化迥异的欠发达文明的侵蚀和占有，把土耳其和中东文化描述为暴力野蛮、邋遢猥亵、荒诞不经、难以理解，为英国和殖民文化的文化征服提供了合理化解释。在这种征服过程中，英国攫取了大量以原料、商品、劳动力和消费市场等各种形式出现的利益[③]。

类似地，可以发现19世纪来华游历文本及其承载的旅游文化中存在相同的趋势。这与18世纪以前来华所形成的旅游文化传播主要把历史文化、科技成就作为观察和写作的立足点，形成鲜明的对比。

3.游历文本及其承载旅游文化的权威性和真实性

科学发现和技术在游历世界的过程中发挥重要作用：与以前相比，游历者以更加安全便捷的交通方式和更少时间，装备大量的科学仪器和工具，游历更加宽广的世界，完成了越来越准确的观察记录。同时，科学技术也为游历者对异域考察和发现之后的控制和占领，提供了合理化的解释路径。

游历所获得的可证实的各种观察和记录信息，成为异域游历的正当理由。游历本质的变化，涵盖从对上帝创造世界的思考到对世界的科学理解等一系列问题，要求有不同的观察内容的表达方式。为提高文本的科学准确性和验证性，游历者立足事物外部现象，而不是通过内在情感进行中介性表达，通常用以下方式来提升所传达信息的可信度：直白的交谈（plain talk）、精确的数字（precise figures）、参考科学观察的仪器或工具、日历引文、详细的游历路线图、“当时我在场（I was there）”的提醒记号[④]。

通过清晰揭示游历者自己调查探究的准确位置，参照可观察得到的界标，进行详细的描述；通过按照时间顺序记录，游历者界定游历方位、确定游历位置、修正数据，吸引后

① Leed E J.The mind of the traveller：from gilgamesh to global tourism[M].New York：Basic Books，1991：211.
② Fritzsche S C.Narrating China：western travellers in the middle kingdom after Opium War[D].Chicago：The University of Chicago，1995：29-30.
③ Lowe L. Critical terrains：French and British orientalisms[M].Ithaca：University of Cornell Press，1992：37-38.
④ Fritzsche S C.Narrating China：western travellers in the middle kingdom after Opium War[D].Chicago：The University of Chicago，1995：30-31.

来的游历者重复并验证这些信息。19世纪后半期，精确的图纸和图片，使得游历者可以轻而易举地重复观察，赋予了游历文本的权威性。

游历线路的一致性和连续性，使游历写作以一种符合逻辑和读者容易理解的方式进行；屡次记录的入口日期，提升了游历文本的真实性和权威性。客观的和可验证的观察报告和数据被粗制滥造，游历者以自身文化为参照系，对异域文化进行主观性记录，比较和评价被观察的文化。这些比较通常会批评游历者曾经游历过的都市社会及其等级制度和治理结构。虽然这些比较是西方文化中心主义的，但因为有图纸、共同体验和共有知识，因而具有相当的真实性。

因此，我们会发现，除了物理特征的详细观察，对游历目的地社会关系的反映多具有个性化意蕴。游历文本记录游历目的地社会的劣后性制度安排、评论其基督信仰的缺位、批评其原始落后的经济状况、惊愕于没有机器的状况。近代科技没有起步的现状，为西方观察家和游历者找到了干涉的技术性理由，再次确认了西方文化的优越性和主导地位。游历文本中对中国习俗和文化长篇大论地反思，往往都会在较少的事实观察基础上对中国人的行为和态度进行一概而论式的总结。就游历文本本质而言，细节是对更大社会趋势和事件的隐喻，故事讲述或奇闻逸事就成为展示文化重要性的承担者。就中国而言，对中国历史和中国人的行为知识缺乏了解，更加强化和恶化了这一状况。

4.西方旅游文化传播中的语言运用

Todorov（1985）在其《征服美洲》中写道，对美洲的征服与其说是运用战马和优势火力，倒不如说是对其语言和文化的征服[①]。这是福柯知识权力分析范式在历史语境运用中的范例。运用他者世界所使用的概念、词汇以及蕴含在他者文化语境中的物体，表征他者，对他者进行详细化和具体化，向外在世界有说服力地解释他，进而弱化他对外来侵入的抗拒。

尽管19世纪后半期西方对中国的霸权不是建立在语言而是军事力量基础之上，但是在这些历史事件中两者却是并行不悖的。自13世纪以来，西方对中国的了解逐渐增加；到19世纪，西方形成了与中国文化背景不同的西方意识。这种准人类学式的对他者的知识构建，结构性地表征了西方的中国形象，因为人类学知识体系为西方人提供了强有力的分析、归类和层级化工具[②]。19世纪以来，西方的都市和宇宙意识与日俱增；但中国人的观念与世隔绝，认为中国是宇宙的中心，不能也不愿认识到其他文化的存在及其合理性[③]。

虽然游历者普遍不愿学习中文，但掌握汉语却有助于游历者的日常互动和交流。Cummings Gordon（1881）[④]曾写道：学习汉语需要有栎树脑、铜肺、钢神经、铁躯体、约伯般的耐心[⑤]、玛士撒拉般高寿[⑥]等条件。传教者把掌握汉语（包括书面和口语）作为在华

---

① Todorov T.The conquest of America，translated by Richard Howard[M].New York：Harper and Row，1985：54.

② Fritzsche S C.Narrating China：western travellers in the middle kingdom after Opium War[D]. Chicago：The University of Chicago，1995：8-9.

③ Fritzsche S C.Narrating China：western travellers in the middle kingdom after Opium War[D]. Chicago：The University of Chicago，1995：9.

④ C.F.Gordon Cummings.Wanderings in China[M].London：William Blackwood and Son，1881：52.

⑤ 约伯，圣经人物，是上帝的忠实仆人，他虔诚忍耐，真神称赞他"完全正直"、"敬畏真神"、"远离恶事"。

⑥ 玛士撒拉，圣经人物，活了969岁，是世界上有记录以来最长寿的人。人们把最古老的树称为玛士撒拉树，其中有一棵近5 000年树龄，现生长在美国内华达州的玛士撒拉一条小巷中，是一棵大盆地狐尾松。

从事宗教活动的必要条件（a sine qua non），大多数来华游历者对此多有共鸣。英国学者和官员在为中华帝国服务的过程中掌握了汉语，为欧洲读者提供了大量中国文化、历史和人民的信息[①]。当然，所有西方的中国知识大都通过游历文本传输给欧洲和美国读者，游历文本运用西方概念和术语，把这一陌生的国度解释给西方读者。运用他者术语来解释中国文化（如陌生和令人困惑的中国习俗），容易形成简单扼要化现象，导致歪曲中国真实景象，反映西方的关切。正如Said所阐述的："因为他们是被表征的，所有的表征首先嵌入在语言中，然后才是文化、组织和政治环境中[②]。"

早期近代科技文本都是用欧洲语言完成的。中国为自我更新和自强在引进前需要进行翻译，这进一步增加了西方人的优越感，强化了中国人的自卑感[③]。只有在19世纪后期，中国人才开始尝试运用自己的概念和文化术语，把自己介绍给西方，尝试来表征其古老而精致的中国文化[④]。

资料来源　本书作者湖南省社科基金阶段性研究成果（未发表）。

【阅读提示】

1.你怎样评价作者分析西方来华旅游文化的思路，能否结合本书旅游文化本质与相关范畴的认识框架，从旅游文化发生的角度对旅游文化的本质加以认识和思考？

2.根据本文作者的思路，游历文本、旅游和旅游文化是什么关系？

3.结合本文作者对西方游历文本中旅游文化特征的描述，依照本书旅游文化特征的归纳，深刻认识旅游文化的基本特征。

4.结合本书的旅游文化概念，参照西方游历文本中的旅游文化特征，试简要评价旅游文化概念界定诸说。

---

① Legge J. The Chinese Classics[M].Oxford：The Clarendon Press,1893.

② Said E.Oreintalism[M].New York：Vintage Books，1979：272.

③ Wright M C.The last stand of Chinese conservatism：The T'ung-Chih Restoration，1862-1874[M].Stanford：Stanford University Press，1957.

④ Fritzsche S C.Narrating China：western travellers in the middle kingdom after Opium War[D].Chicago：The University of Chicago，1995：10.

第三章 旅游文化的形成、功能与地位

学习目标

学过本章之后，你应该能够：

1. 了解旅游文化的形成过程，理解旅游文化形成的机制模型。

2. 通过比较与评价，认识旅游文化的诸多功能与表现形式。

3. 理解本章旅游文化功能分析的基本思路。

4. 多层次地认识旅游文化在旅游、旅游业和文化中的地位。

第一节 旅游文化的形成

旅游文化是怎样形成的？这是界定旅游文化包含的应有之意，是旅游文化学不宜回避的研究课题。研究旅游文化形成主要是要探索旅游文化形成的路径和机制问题。

一、学界看法及其简要评价

（一）学界对旅游文化形成的看法

旅游文化究竟是怎样形成的，目前尚未见到专门的论述，只是散见于各种旅游文化的界定中。旅游文化定义实际上已经回答了旅游文化是如何形成的。从各种旅游文化定义（参见第二章旅游文化的典型界定）中可以看到关于旅游文化的形成存在几种鲜明的观点。

1. 旅游文化通过旅游活动而形成

特殊生活方式说和总和说坚持旅游文化是通过旅游活动而形成的。前者认为，旅游文化是通过旅游这一特殊的生活方式，满足旅游者求知、求新、求乐、求美的欲望而形成的综合性文化现象，或者说是通过对异国异地的文化消费而形成的现代特殊生活方式。后者认为旅游文化是以旅游这一线性活动的展开而形成的，是以食、住、行、游、娱、购六大要素为依托，以旅游三要素的关系为基础，作用于旅游活动的整个过程而形成的。

2. 旅游文化通过旅游业的经营服务活动而形成

旅游介体文化说认为，旅游文化主要是旅游组织者为满足旅游者需求所采取的各种文化措施以及接待人员在接待工作中所表现出来的精神风貌和文化素养。

3. 旅游文化通过旅游消费和旅游经营活动而形成

旅游主体文化论把旅游文化分为旅游消费文化和旅游经营文化，认为旅游文化是旅游者或旅游服务者在旅游观赏和旅游服务过程中所反映出来的观念形态及其外在表现。旅游消费文化是以旅游者为主体的文化，旅游经营文化是旅游经营者所反映和创造的文化[①]。

4.旅游文化通过旅游主体、旅游客体和旅游介体的碰撞而产生

旅游三体碰撞说认为，旅游文化是旅游主体、旅游客体和旅游介体相互作用所产生的物质和精神成果。旅游三要素中的任何一项都不能形成或构成旅游文化，旅游文化是旅游三体碰撞的结果。

5.旅游文化通过文化交流与对话而形成

章海荣先生是这一观点的典型代表，在《旅游文化学》这一著作中，章先生详细论证了旅游文化的实质是文化交流与对话的一种形式[②]。方志远等也继承了这一观点[③]。

6.旅游文化通过旅游体验和介入而形成

邹本涛基于旅游文化本质是人们对旅游的感受和应对的认识，认为旅游文化是通过旅游体验和介入而形成的[④]。旅游体验文化主要通过旅游审美、旅游求知、旅游交往、旅游情感体验等途径形成；旅游介入文化主要通过旅游服务、景观开发、旅游宣传、旅游规划、旅游研究等途径形成。

（二）简要评价

旅游文化的形成离不开旅游活动和旅游业的活动、离不开旅游三体的碰撞与交流、离不开旅游体验和旅游介入，因此上述对旅游文化形成途径的认识都具有一定的合理性，但其局限性也是明显的。

首先，旅游文化形成于旅游活动或旅游业活动的认识失之偏颇。一方面，由旅游活动内容决定的旅游审美文化、旅游消费文化、旅游交往文化和旅游休闲文化等自然根植于和形成于旅游活动之中；另一方面，旅游业活动催生了旅游开发、经营和服务文化。因此，把旅游文化的形成归结于单一的旅游活动或者是旅游业活动的认识至少是不全面的。

其次，作为当前主流观点的旅游三体碰撞说把旅游文化的形成过程看似清晰化了而实际上却过度泛化了。一方面，在逻辑层面，旅游主体文化、客体文化、媒体文化分属于“旅游的文化”或“旅游业的文化”，与“旅游文化”的范畴存在相当大的差异。旅游的文化属性与旅游文化的属性属于不同的范畴[⑤]。把不同范畴的事物加以综合或碰撞，这种对旅游文化形成过程的认识难免失之偏颇。另一方面，旅游文化不必然依附于上述“三体”而存在，不一定是“三体”文化属性的综合过程与结果。例如，“三体”之外的社会成员、社会群体大都具有自己的旅游观念，这种观念自然属于旅游文化，而其形成并不是“三体”碰撞所能解释的。身在“三体”之外，其旅游文化创造焉能必然发生在“三体碰撞”之中？旅游文化可以发生在“三体”碰撞之中，但发生在“三体”碰撞之外的文化现象就一定不是旅游文化吗？

---

① 马波.现代旅游文化学[M].青岛：青岛出版社，1998.
② 章海荣.旅游文化学[M].上海：复旦大学出版社，2004.
③ 方志远.旅游文化概论[M].广州：华南理工大学出版社，2006.
④ 邹本涛，谢春山.旅游文化学[M].北京：中国旅游出版社，2008.
⑤ 桓占伟.旅游文化及其主流研究反思——基于旅游文化概念的分析[J].人文地理，2007（4）：72-76.

二、旅游文化形成机制

上述旅游文化形成诸说，都是以对旅游文化形成过程的解释为基准的。例如，“总和论”强调旅游文化是关于旅游活动文化的总和，缺乏旅游文化系统要素内在关联性的分析；“碰撞论”特别强调旅游文化的三要素经历一系列过程整合成为旅游文化，但是至于这是一个什么样的过程，却没有解释清楚；“交际论”采用跨文化交流的思路，在一定程度上解释了旅游文化要素转变为旅游文化的过程，但脱离跨文化竞争的文化交流与对话不能代表旅游文化形成的全部过程，只是旅游文化整合过程中的现象之一。

陈岗、黄震方（2009）在研究旅游文化现存问题时，提出了一个解释旅游文化研究存在问题的成因解释框架（见图 3-1）。他们认为，国内旅游文化研究的基础理论相对薄弱，主要体现在系统要素的泛化、形成与变迁机制不明、系统结构不清晰以及对旅游文化开发指导性不强等几个方面。他们把符号人类学中“意义”的概念引入旅游文化研究，通过“意义”以及“意义均衡”概念的引入，将抽象的旅游文化具化，同时确定旅游文化主体（旅游利益相关者），对旅游文化进行限定，确立旅游文化的二维系统结构（见图 3-2），并基于旅游文化演化的不同阶段，解释了旅游文化的形成与变迁机制[①]。

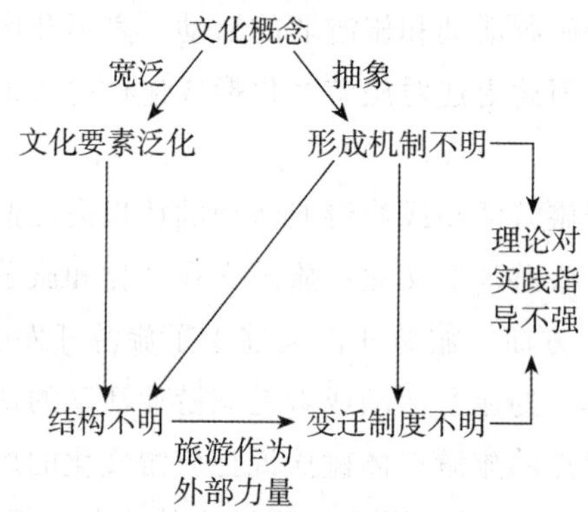

图 3-1 旅游文化研究存在问题的成因

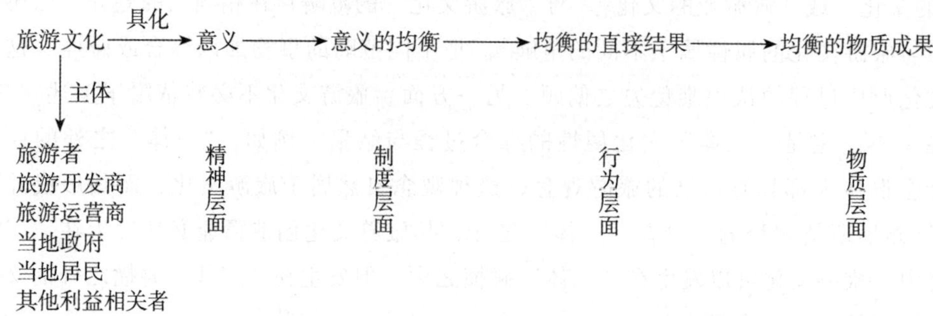

图 3-2 基于二维系统结构的旅游文化结构及其形成机制

他们认为，对于不同的旅游文化主体而言，旅游活动的意义是不同的。旅游者关注旅游活动中的审美、交往和愉悦；旅游企业往往关注旅游活动中的经济利润；政府和居民关注旅游活动所带来的综合效益。也就是说，各旅游文化主体理解的旅游活动的“意义”不

① 陈岗，黄震方.基于意义及其均衡理论的旅游文化形成与变迁机制研究[J].改革与战略，2009（6）：132-135.

是完全一致的。随着旅游活动的开展，“意义”的冲突就会产生。要确保旅游活动顺利进行，旅游文化主体之间就会进行“意义的博弈”，最终形成一种大家都能接受的“共享意义”，达到“意义的均衡”。这一过程会制造出各种隐性和显性的规则。“意义”作为具体化的“价值观念”，本身构成了旅游文化的精神层面；意义的均衡形成符合“共享意义”的“共享规则”，构成旅游文化的制度层面；各文化主体遵从“共享规则”，作出符合自身价值的行为构成了旅游文化的行为层面；这种合乎“共享规则”和自身价值的行为对物质世界进行加工，产生了旅游文化的物质层面。至此，旅游文化的形成过程就完全展现出来了，而旅游文化的形成机制就在于各旅游文化主体对于自身“意义”得到认可并融入旅游文化“共享意义”而进行的“意义的博弈”过程①。显然，这一研究成果第一次真正思考和解释了旅游文化的形成机制问题，启迪我们从意义系统来思考旅游文化的形成与演化②。

陈岗和黄震方的研究说明，探讨旅游文化的形成机制，仅以众多旅游文化现象为例是不够的，需要超越个别旅游文化现象，来把握旅游文化形成的全貌和全过程。结合上述观点，基于对旅游文化本质的理解，我们给出了一个认识旅游文化形成机制的模型框架图（见图3-3）。

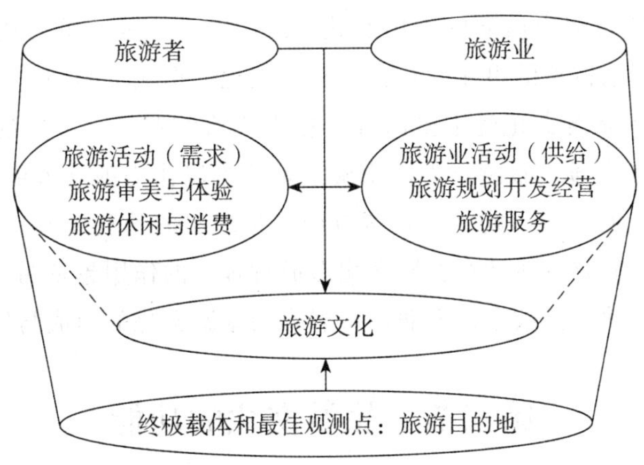

图3-3 旅游文化形成机制模型

在图3-3中，向下箭头的单向实线表示在形成旅游文化过程中旅游者和旅游业通过旅游者旅游活动和旅游业活动所起到的作用以及所扮演的角色；带双箭头的双向实线表示旅游文化的形成是旅游者活动和旅游业活动综合作用的结果；向上箭头的单向实线表示，对流动性和开放性很强的旅游文化而言，旅游目的地是旅游文化形成的最终极载体，也是旅游文化的最佳观测点；两条虚线表示看待旅游文化形成的两种不同视角，也是不同旅游文化表现形式的基本依据。虽然在旅游文化形成的基础即旅游活动的罗列方面，该模型未必是全面的，但由这些旅游活动所指向和引致的旅游文化可以认为是最基本的旅游文化内容和表现形式。

旅游者的旅游活动是旅游文化形成最基本的前提条件，没有旅游行为，就没有旅游文

① 陈岗，黄震方.基于意义及其均衡理论的旅游文化形成与变迁机制研究[J].改革与战略，2009（6）：132-135.
② 赵红梅.论旅游文化——文化人类学视野[J].旅游学刊，2014，29（1）：16-26.

化。旅游者旅游活动指向的内容自然而然成为旅游文化形成的内容。旅游是与自然的亲近、是对文化的追寻、是心灵的历险，旅游的需要来自于人类的审美需要。旅游体验是旅游者通过与外部世界取得暂时性的联系从而改变其心理水平并调整其心理结构的过程，借助于旅游观赏、旅游交往、旅游模仿和旅游消费等活动方式实现的一个序时过程。因此，旅游者旅游活动是旅游审美文化、旅游体验文化、旅游休闲文化和旅游消费文化形成的基础。

旅游业活动也是旅游文化形成的基础。在旅游业尚未出现的古代，没有近现代意义上的旅游规划与开发、旅游交通、旅游服务和旅游宣传等。当原始的旅游业雏形初现时，“宾至如归”的旅游服务理念、“虽有人作，宛自天开”的开发思想开始出现。当旅游业正式形成后，各种不同的旅游规划开发、旅游经营和旅游服务理念涌现，在旅游实践中呈现出不同的旅游文化风气。

需要特别指出的是，旅游者的旅游活动和旅游业活动在旅游文化的形成过程中的基础地位是有所差别的。旅游者的旅游活动在旅游文化形成过程中处于第一核心的地位；旅游业活动在旅游文化形成过程中处于第二核心的地位。从历史发展的角度看，近现代旅游业活动在旅游文化形成过程中所起的作用及其形式与古代有所不同。随着旅游的发展和演变，两者的地位有此消彼长的可能。在古代旅游文化的形成过程中，旅游者的旅游活动所起的作用基本构成了旅游文化的主要内容。在古代旅游业尚未形成的历史阶段，旅游饮食、旅游饭店、旅游交通、旅游行为、旅游消费等难以作为独立事项而存在，旅行（游）主体在食、住、行、游、娱、购六大要素方面所呈现出的功利性与非功利性交织在一起。随着旅游业的兴起，旅游业活动在旅游文化形成过程中的作用越发明显和突出。旅游者的旅游活动和旅游业活动紧密结合，推动丰富多彩的旅游文化的形成与发展。

第二节　旅游文化的功能

任何系统无一例外地都要产生功能。旅游文化有其相应的功能。旅游文化功能也是旅游文化学研究的基本对象和内容。功能文化学派代表人物马林洛夫斯基认为，“文化是包括一套工具及一套风俗——人体的或心灵的习惯，它们都是直接地或间接地满足人类的需要。一切文化要素，若是我们的看法是对的，一定都是在活动着，发生作用，而且是有效的。文化要素的动态性质指示了人类学的重要工作就在于研究文化的功能……这派学者深信，文化历程是有一定法则的，这法则是在文化要素的功能中”[①]。也就是说，人类之所以要超越自然与本能，创造一个文化的环境，根本原因是为了满足人的基本生存需要和发展需要。这种需要不断推动人进行更高层次的创造活动。文化实际上是人的需要和满足需要的方式相互交织、不断升华的价值创造过程。功能文化学派对文化功能的阐释对旅游文化功能的研究具有重要指导意义。

① 马林洛夫斯基.文化论[M].费孝通，等，译.北京：中国民间文艺出版社，1987.

一、旅游文化功能研究现状

学界对旅游的经济、文化、教育与情感、娱乐和社会功能已有较多的论述[①②③④⑤]，对不同类型旅游的功能研究取得了丰硕的成果，但对旅游文化功能研究则较少。旅游文化学教材对旅游文化功能论述概况见表3-1。

表3-1 旅游文化的功能

研究者	旅游文化功能
谢贵安[⑥]	①陶铸自然（对自然的精神投射；遗踪与自然结合，自然与人文合而为一；景观美化）；②推动社会循环（促进社会循环；推动国际大循环）；③陶冶情操（教化培育；创造文化艺术）
李伟[⑦]	①满足主体创造与发展需要，塑造主体文化人格；②丰富文化内容；③加速目的地文化演进；④激发传统文化复制、再造与创新，强化文化保护与族群认同；⑤规范控制旅游活动；⑥经济功能
谢元鲁[⑧]	①审美；②时空拓展；③旅游信息的增加与激励
郭胜[⑨]	①旅游目的地吸引力源泉；②指导旅游资源开发；③推动国际交流
曹诗图[⑩]	①提高旅游主体审美与发展能力；②激发传统文化复兴与创新，加速目的地文化演进；③规范、调节与制约旅游活动；④促进旅游地经济发展（信息刺激；信息冲击；旅游形象塑造）
邹本涛[⑪]	①改塑自然；②发展文化；③推动社会；④繁荣经济；⑤陶冶人格

从学术论文情况看，学界很少专门研究旅游文化的功能问题。郭胜[⑫]和邹琦[⑬]认为，旅游文化的功能主要体现在旅游文化对旅游资源开发的指导作用上：提升旅游资源品位和格调，培育地方文化特色，促进经济和社会和谐发展，塑建旅游文化品牌。李朝军、郑焱对旅游文化的功能作用机制进行了构建性研究[⑭]。

我们认为，旅游的文化本质规定性使旅游功能与旅游文化功能往往交织在一起，但旅游文化功能并不等同于旅游功能，也不是一般文化功能的简单重复。在许多旅游文化功能论著中，把两者混淆在一起的现象并不少见。例如，审美、拓展时空、发展经济等是旅游或旅游业最重要的功能。当然，从某种意义上说，旅游文化也部分具有这些功能，但这也说明我们极易把两者混淆在一起。

① 赵宇飞.工业旅游的功能[J].工业技术经济，2007，26（10）：80-82.
② 臧丽莎，师守祥.旅游功能的异化与回归[J].桂林旅游高等专科学校学报，2008，19（3）：317-320，325.
③ 洪文艺，胡希军.旅游功能的演化研究[J].商场现代化，2009（4）：257-259.
④ 蔡碧凡，等.乡村旅游功能的实证研究[J].浙江林学院学报，2008，25（1）：95-99.
⑤ 姜海涛.低碳背景下乡村旅游的功能重构[J].农业经济，2015（2）：68-69.
⑥ 谢贵安，华国梁.旅游文化学[M].北京：高等教育出版社，1999.
⑦ 李伟.旅游文化学[M].北京：科学出版社，2006.
⑧ 谢元鲁.旅游文化学[M].北京：北京大学出版社，2007.
⑨ 郭胜.旅游文化的功能及其品牌塑造[J].社会科学家，2007（6）：117-119.
⑩ 曹诗图，孙静.旅游文化学概论[M].北京：北京大学出版社，2008.
⑪ 邹本涛，谢春山.旅游文化学[M].北京：中国旅游出版社，2008.
⑫ 郭胜.旅游文化的功能及其品牌塑造[J].社会科学家，2007（11）：117-119.
⑬ 邹琦.论旅游文化的功能与品牌建设[J].企业导报，2014（1）：80-81.
⑭ 李朝军，郑焱.旅游文化的功能散论[J].云梦学刊，2014（4）：61-65.

二、本书对旅游文化功能的认识

功能是系统的对外输出，一般表现为被考察主体的目标效用。旅游文化功能是旅游文化系统所发挥的主要作用，即旅游文化系统对自然和人类发展所发挥的独特效能与作用。旅游文化的功能是由旅游文化的本质决定的。契合我们对旅游文化本质的认识，旅游文化的功能主要表现在人化自然、丰富与发展文化、推动社会发展与变迁、塑造旅游形象、调控矛盾等方面[①]。

（一）人化自然

旅游文化的重要功能之一就是用人的观念和审美眼光或强或弱地改变和塑造自然，使之成为人化自然。我们可以从旅游者和旅游业两大维度来探讨旅游文化的人化自然功能。

1.旅游者维度

旅游者是旅游文化的第一主体，人化自然的首先自然是旅游者。旅游者自然观光的过程就是自然审美的过程。旅游者发挥想象空间，把自己的主观情感投射和附会到自在的自然界，使之成为诗情画意的自然。自然本是无情之物，但自然又是一首诗。旅游者在旅游过程中，舒展精神、放松心情、亲和自然，是心灵的自在逍遥，这有利于旅游者身心的解放和精神的充盈。旅游者在游览过程中，无时无刻不在对自然景观进行着文化解读。旅游者以自己的创造性想象，将旅游客体附会上人类的故事或比附为其他形象。在旅游者的文化创造作用下，自然不再是纯粹的自然，而成为人化自然。在这种文化创造过程中，自然世界附会成人类世界，无生命物象成为有生命的形象。

当旅游者以审美的眼光观照大自然时，纯形式的视角很难获得强烈持久的美感体验，所以旅游者借助联想和想象，把感知的景物和想象的景物、实景和虚景结合，充分运用比喻、暗示、夸张、拟人等机制来追求象外之象，景外之景。登临泰山，则想到古代封禅庄严宏伟的场景；闲游太湖，就产生范蠡与西施泛舟远去的情怀；踏足雪上，脑海泛起“北国风光，千里冰封”、“山舞银蛇，原驰蜡象”的壮丽景象。旅游者眼中之景、胸中之景和口中之景是大有差异的。旅游者在旅游观赏过程中，总是在“似与不似”之间观照自然山川。几乎所有旅游者在旅游观赏的过程中，都进行着旅游文化的创造性活动，这是旅游文化人化自然的一种最为隐形的表达。

旅游者人化自然的现象比比皆是，但我们只能通过旅游者的部分文字记载和部分旅游遗踪来管窥旅游文化的形成与作用形式。神话传说、游记文学（游记、旅游诗等）、山水画和旅游摄影等是旅游者人化自然的文字图像载体。

神化自然就是赋予自然某种神灵，使之更加神秘，更具魅力和形象性。人类热爱自然又敬畏自然，而且对自然知之甚少，于是神化自然现象应运而生：山水各有神主，草木亦有神灵。“古代许多关于天地形成的神话，一个共同的模式是：把天想象成一个巨人，日月是其眼睛，崇山峻岭是其躯体，江河湖泊是其血脉，天下雨时巨人在哭泣，等等。这是从宏观角度看的。从微观角度看，初民们在狩猎、捕鱼、农耕生活中发现许多自然物酷似人形，于是赋予这些石人或其他类似人形的自然物以人的色彩，将多情的人生色彩涂抹在那无情的石人身上，从而创造出许多动人

① 李朝军，郑焱.旅游文化的功能散论[J].云梦学刊，2014（4）：61-65.

的传说。[①]” 此后，众多的神话传说被附会到自然山川之上。通过神话传说，旅游（行）者创造出了众多自然山川的独特个体形象和美学形象[②]。旅游者运用中国神话系统赋予自然山川独特的地域形象和图腾形象[③]，并不断进行新的文化解读和文化创造，赋予自然山川诗情画意。随着社会的进步，大自然的神秘色彩逐渐消退，但出于各种目的的神化现象从未停止。旅游者神化自然，把主观情感投射在自然山川之上，获得审美体验，满足旅游者文化创造追求的需要。

游记文学是又一体现旅游文化人化功能的文字载体。表3-2是中国古代（唐以前）游记文学的主要代表性著作。在这些游记文学名著中，我们可以明显看到和感受到游记文学作者在旅游审美过程中进行旅游文化创造的意境。

表3-2 **中国古代主要游记文学作品**

	作者	代表作
约成书于战国时期	不详	周王游行记
秦汉	乐府民歌	江南
	曹操	观沧海
	曹植	名都篇
	司马相如	上林赋
	班固	两都赋
	张衡	二京赋；归田赋
	王粲	登楼赋
	马第伯	封禅仪记
魏晋南北朝	慧远	游石门诗序
	孙绰	游天台山赋
	陶渊明	桃花源记
	鲍照	登大雷岸与妹书
	陶弘景	答谢中书书
	吴均	与宋元思书；与顾章书
	盛弘之	荆州记·三峡
	郦道元	水经注
	杨衒之	洛阳伽蓝记
	庾信	春赋
	法显	佛国记
唐朝	杨炯	从军行
	王勃	滕王阁序；山中；滕王阁诗
	卢照邻	曲池荷；长安古意；咏史
	骆宾王	咏鹅；于易水送人
	陈子昂	修竹篇；登幽州台歌
	张若虚	春江花月夜
	岑参	白雪歌送武判官归京
	王昌龄	出塞
	王之涣	凉州词；登鹳雀楼
	孟浩然	春晓；秋登万山寄张五；过故人庄宿建德江；晚泊浔阳望庐山
	王维	送元二使安西；青溪；桃源行；山居秋暝；鸟鸣涧；山中；终南山
	李白	早发白帝城；黄鹤楼送孟浩然之广陵；峨眉山月歌；望天门山；塞下曲；蜀道难
	杜甫	望岳；登高；旅夜书怀；咏怀古迹
	崔颢	黄鹤楼；行经华阴
	张继	枫桥夜泊
	韩愈	山石
	柳宗元	永州八记；江雪；渔翁；柳州峒氓
	刘禹锡	陋室铭；竹枝词；浪淘沙；石头城；西塞山怀古
	白居易	钱塘湖春行；忆江南；暮江吟；古原草；冷泉亭记；庐山草堂记
	杜牧	阿房宫赋；秋夕；山行；赤壁；江南春
	李商隐	夜雨寄北；登乐游原；谒山
	温庭筠	商山早行；苏武庙；过陈琳墓

① 喻学才.中国旅游文化传统[M].南京：东南大学出版社，1995.

② 黄震云，杨胜朋.20世纪神话研究综述[J].徐州师范大学学报（哲学社会科学版），2003，29（1）：23-27.

③ 对中国神话体系的介绍详见李川.试论《山海经》中的神话系统——中国神话系统研究之一[J].江汉大学学报（人文科学版），2005，24（2）：28-31.

近现代游记文学也是如此。詹姆斯·希尔顿的《消失的地平线》记叙了康韦等四位西方人士在战时从南亚次大陆乘机转移去白沙瓦时，被神秘的东方劫机者劫往香格里拉蓝月山谷的神奇经历。小说中所描写的香格里拉被主人公认为是东方神秘文化的核心，雪山、冰川、峡谷、森林、草甸、湖泊等各种自然景观丰富；各种信仰和平共处，教堂寺庙林立；宛若美丽宁静、闲逸和谐的世外桃源。《消失的地平线》为西方的文化价值观念植入了人间乐土的意境。“它的功绩在于为英语词汇创造了世外桃源一词——香格里拉。从此，这片想象的人间乐土就成了伊甸园、世外桃源和乌托邦的代名词。[①]”《消失的地平线》被好莱坞拍成电影，主题歌“香格里拉”唱遍全球。后来，香格里拉一词被马来西亚企业家郭氏家族买断，成为酒店的商号，进而风靡世界，香格里拉酒店成为世界酒店品牌的至高象征之一，这从侧面印证了《消失的地平线》在人文学上的伟大意义。《消失的地平线》引发了国内外大量旅游者寻访香格里拉的活动，也引发了国内外旅游地香格里拉之争，形成新的旅游文化现象。又如，中国著名文学大师沈从文一生游历，创作了许多著名的旅游文学作品。《湘西》、《湘行散记》等给我们描绘了一幅幅千姿百态、色彩缤纷的美丽画卷，将一个古朴神奇、诗情画意的湘西奉献在我们面前。在这些游记文学中，自然山川被游记文学作家赋予主观情感和精神内涵，是旅游文化创造“诗意地栖居”以满足人类寻求精神家园功能的生动体现。

山水画（旅游绘画作品）是旅游文化的另一表现形式，旅游（行）者的所见、所闻、所思、所想和所造都反映在画作中。山水的诗情画意是文人旅游者赋予的，而把这种诗情画意推向极致的则是旅游绘画作品。中国山水画以风景佳胜、名山大川、城市园林、村野乡居、舟桥楼宇等为题材，创造形神交融、天我合一的意境，即不但表现丰富多彩的自然景物，且往往由有限的取景来表现对整个宇宙自然的由表及里的认识，或于山水之中寄托对于国土家园的感情，因而集中体现了旅游者的自然观和社会审美意识，也可以说从侧面间接地反映了社会生活。在山水画家看来，山水形神兼具，尤以神灵为主。表3-3是中国古代旅游山水画的代表性作品。

摄影是旅游者表达自己理念和情感不可或缺的方式，也是旅游者创造旅游文化、人化自然的一种方式。旅游摄影体现“观看者”与“被观看者”的关系，是旅游文化的重要组成部分，更是现代旅游者最常见的、最重要的消费行为之一。一方面，旅游者通过摄影表达自己对景观的理解和情感；另一方面，通过对所摄照片的翻看，唤起美好的旅游记忆和心灵的愉悦。西方学者在这方面已有相当数量的研究成果。他们的研究证明，旅游者通过摄影满足自己的窥视欲，并认为随心所欲的拍摄是旅游者的固有权力。同时，照片记录一切，影像记忆与证明是游客拍摄的基本动机。更重要的是，旅游者拍摄照片更是为了完成“自我叙述”（self-narrative）与“自我认同”（self-identity）[②]。与西方学界异常活跃的研

---

① 出自《不列颠文学家大辞典》，转引自赵鑫珊.梦回香格里拉[M].广州：广东旅游出版社，2001.

② 刘丹萍，保继刚.窥视欲、影像记忆与自我认同——西方学界关于旅游者摄影行为研究之透视[J].旅游学刊，2006，21（4）：88-93.

表3-3 中国主要旅游（休闲）山水画

朝代	作者	作品	朝代	作者	作品
晋	顾恺之	庐山图	南宋	吴镇	渔父图
隋	展子虔	游春图		刘松年	雪山行旅图
五代	董源	潇湘图	元	倪瓒	渔庄秋霁图；古木幽篁图
	荆浩	匡庐图		王蒙	青卞隐居图
	关仝	关山行旅图；山溪待渡图		黄公望	富春山居图；溪山雨意图
	赵干	江行初雪图		陆广	仙山楼观图
唐	李思训	江帆楼阁图	明	戴进	风雨归舟图
北宋	范宽	山水图		董其昌	高逸图
	郭熙	早春图		仇英	吹箫引凤
	王希孟	千里江山图	清	王鉴	烟浮远岫图
	马远	梅石溪凫图；寒江独钓图		石涛	山水清音图；仿梅道人山水

究现状不同，国内旅游学界对“摄影”这一重要的旅游文化现象及其功能关注甚少[①②③]。

此外，旅游者在游览自然山川之时，通常还留下楹联、碑刻等历史遗踪类旅游文化作品，这些自然景观被更多地注入了人类的精神和观念。以杭州西湖为例，文人墨客留下了丰富深厚的遗迹：唐白居易筑白堤，留下《钱塘湖春行》名诗；北宋苏轼修苏堤，写下“欲把西湖比西子，淡妆浓抹总相宜”的名句；南宋岳飞冤死临安，葬于湖畔，更是为西湖注入灵魂。正是这些旅游文化的创造与形成才奠定了杭州西湖享誉世界的地位。旅游者客居异地，在旅游过程中除了眼看、耳听、鼻嗅、口感之外，还忍不住要占有。近现代旅游者手摸刀刻的行为，告诉他人“××曾到此一游”。这是近现代旅游者旅游遗踪的一种表现形式，本质上与历史上历史遗踪类旅游文化作品是相同的，但以现代眼光来看却呈现出正负相反的两种文化取向。

当然，我们还需要认识到，旅游文化在满足旅游者的文化创造与发展的需要，人化自然的同时，也塑造了旅游者的文化人格。旅游文化是内化与外化、创造与被创造的统一。无论是看到还是看不到的方式[④]，旅游者都是通过想象与创造，挖掘自己的想象力和创造力，使整个旅游活动充满浪漫与诗意，获得审美享受，并改变其心理水平、调整其心理结构，使旅游者的人格不断得以发展和完善。

2.旅游业维度

从旅游文化的形成机制与过程看，旅游文化的主体除了旅游者之外，还包括旅游业运行过程中参与旅游文化创造的旅游开发经营与旅游服务者。因此，旅游文化人化自然的功

① 孙永亮.关于旅游摄影及其重要功效[J].北京第二外国语学院学报，1995（6）：40-42.
② 曹小曙.城市旅游的摄影透视[J].人文地理，2000，15（2）：45-48.
③ 高玉启.陕北文化旅游摄影研究[J].陕西师范大学学报（自然科学版增刊），1998（26）：243-247.
④ 看到者如游记文学、旅游画作和旅游摄影等，看不到者如旅游者“似与不似”间的旅游审美活动等。

能还可以从旅游业维度来进行考察。

从旅游业角度考察旅游文化的人化自然的功能，首先还要对旅游客体文化进行深入的再认识。对旅游客体文化的正确认识，是我们把握旅游文化发生与演化及其功能的前提条件。众多旅游客体文化研究成果认为，旅游文化即旅游资源文化，或者旅游文化主要是旅游资源文化[①]。旅游资源按其基本性质可划分为自然旅游资源和人文旅游资源。前者文化成分少，后者文化成分多。我们认为，旅游客体文化实际上包含两种不同的文化：旅游客体原有文化和旅游客体附加文化。旅游资源在成为旅游客体之前，因为人类的社会实践活动，已经具有特定的文化内涵，人们也对其进行不同的文化解读，也是一种人化的过程。但这些文化创造并不是旅游活动和旅游业活动引致的结果，不能成为旅游文化的组成部分。这些原有文化一旦与旅游业结合，旅游从业人员为了更好满足旅游者的文化需要，不断在原有文化的基础上进行文化再创造，形成附加文化。这些附加文化是旅游者和旅游业共同创造的，一经依附于旅游客体，成为旅游吸引物，成为旅游者的旅游对象，它们就转化为旅游客体文化不可分割的组成部分。但这些附加文化或因旅游活动，或因旅游业活动形成，或是旅游活动和旅游业活动综合作用的结果，因此它们自然是旅游文化的重要组成部分。于是旅游者和旅游从业人员都能成为旅游文化的创造主体。旅游业视野下的旅游文化主体主要包括旅游规划与景观开发者、旅游活动服务者（为旅游食、住、行、游、娱、购直接服务的人）、旅游经营与管理者和旅游目的地居民等。在这些旅游文化的第二创造主体中，起到人化自然作用的主要有旅游规划与景观开发者、导游和旅游目的地居民等。

旅游规划与景观开发人员、导游和目的地居民进行旅游文化创造本质上与旅游者是相同的，只是表现出来的方式有所差异而已。旅游规划与景观开发人员通过神化、史化、名化、附会和创造等机制，在旅游资源原有文化的基础上或增删，或改编，或创造，进行文化再造，迎合旅游需求，使之符合旅游发展要求，达到提升旅游资源的旅游价值的目的。

所谓神化，是指旅游规划与景观开发人员、导游人员和目的地居民等，或利用改造已有神话传说，或创造新的神话故事，神化自然旅游资源或人文旅游资源，赋予其精神和灵气的过程。在旅游发展的历程中，中国的名山大川，都有不同程度的神化现象。

所谓史化，是指旅游规划与景观开发人员、导游人员和目的地居民等，赋予自然和人文旅游资源以历史的意义。正所谓，“自然是历史的见证人”，“读山如读史”。例如，宋苏轼游湖北黄州赤壁时写下《念奴娇·赤壁怀古》，就其本身而言，并不属于历史文化范畴，但却赋予它历史文化的内涵，还让它做了三国历史的见证者。词中的赤壁，并非三国鏖战的赤壁，苏轼将错就错，在这里演绎了一场“赤壁之战”。后经过历代人的讴歌、旅游规划和景观开发人员的精心设计，黄州赤壁成为著名的历史文化景观，不再是单纯的自然风景。

① 以旅游客体文化和旅游三体文化为理论框架构建旅游文化学体系的旅游文化（学）著作，基本持有这样的观点。学术论文中有类似界定的主要有：吴莉淳.旅游文化的类型与特征分析[J].宿州师专学报，2002，17（2）：31-32；王方，周秉根.旅游文化类型与特征及其在旅游业中的作用[J].安徽师范大学学报（自然科学版），2004（1）：87-90；邹本涛.旅游文化建设论纲[J].渤海大学学报，2004，26（2）：71-73；刘永生.论文化旅游及其开发模式[J].学术论坛，2009（3）：108-112.在这些论述中，旅游客体文化就是在中国山水、园林、建筑、宗教、饮食和艺术文化前面贴上旅游的标签。

所谓名化，是指旅游规划与景观开发人员、导游人员和目的地居民，利用名人、名诗、名词、名景、名事件等有名的一切事项，或比附，或牵引，或编造，赋予旅游资源名效应的过程。例如，在整个旅游发展过程中，一直存在着旅游地争名更名的现象，“桃园之争”、“夜郎之争”、“三顾茅庐之争”、“香格里拉之争”……这些以争夺名山、名人和名景的地理归宿为表征而更改旅游地名的现象，其主要目的就是利用名效应，提升旅游资源的旅游价值。

所谓附会，“即依附于具有一定公众基础的神话传说、民间故事、名人轶事等，结合旅游地特殊的自然及人文环境，加以夸张、拼凑、涵化、重组、集中、置换，为旅游地注入文化和历史内涵，用以提高旅游地吸引力和丰富旅游者体验。[①]”张士伦还对旅游文化附会的逻辑过程以及旅游附会文化现象在人化自然过程中所呈现的正负文化取向进行了深入的探讨[②]。

所谓创造，是指旅游规划与景观开发人员、导游人员和目的地居民等发挥想象力和创造力，提出和创造概念，激发和引导旅游者进行审美体验的行为。这种旅游文化创造现象屡见不鲜。例如，似非而是或似是而非式的景观命名，把旅游者引入“似还是不似”的思考过程中。又如，一篇优美的导游词，就会带给旅游者诗情画意般的享受。

（二）丰富和发展文化

旅游文化的功能还表现在丰富和发展文化上。一方面，旅游文化产品本身就是人类文化的宝贵财富，通过时间的检验成为历史文化遗产；另一方面，旅游文化不仅能加速旅游目的地文化的演进，而且能促进文化交流，加快文化的融合与演化进程。

1.旅游文化作品是人类文化的宝贵财富

旅游文化主体（旅游者和旅游从业人员）在创造旅游文化过程中，必然产生丰富多彩的旅游文化作品。对旅游者而言，这些旅游文化作品主要有游记文学作品（主要包括游记、旅游散文、旅游诗等）、旅游画作、旅游艺术、旅游摄影以及旅游者所创造的各种新型的旅游行为方式。这些旅游文化作品一旦与旅游开发经营结合，又成为新的旅游吸引物和旅游资源。对旅游从业人员而言，旅游文化作品主要包括景观设计开发人员对自然人文景观的人化成果、旅游景观开发创意、导游词等。

2.旅游文化加速旅游目的地文化的演进

文化是一个学习与被学习的过程，文化的习得性与文化的传承性是一个事物的两个方面。在旅游文化的世界里，这种两面性最直接的表现便是旅游目的地的文化变迁与演进。当然，旅游目的地文化的演进是多种因素综合作用的结果，旅游文化不是目的地文化演进的唯一原因和最终原因，但它却能加速目的地文化演化的进程。

一般认为，文化的演进由三种方式促成：一是社会所处的生态环境改变，改变社会的生存环境，环境的改变导致文化的演进；二是两种不同文化背景的社会接触，影响到双方文化的演进；三是社会内部的进化与改变促使文化演进以适应这种改变。旅游文化对旅游

① 庞宏伟，邢慧斌.依托民族文化深入开发旅游附会资源[J].河北大学学报，2008，33（6）：140-144.

② 张士伦.旅游附会文化现象初探[J].华中师范大学学报（自然科学版），2007，41（2）：318-321.

目的地文化的影响主要是以第二种方式进行的，即承载着客源地文化的旅游者与目的地文化进行着互动、交流与对话，在这样的文化接触中，目的地文化不断地碰撞、融合和演变，有所选择地吸收着新的文化，以此推动文化的演进。

人类学和社会学用文化涵化这一术语来描述这一进程。文化涵化是“由个别分子所组成而具有不同文化的群体，发生持续的文化接触，导致一方或双方原有文化模式的变化现象[①]”。文化涵化推动文化的演进，其最根本的原因在于涵化所遵循的优势法则。当一个强势文化和一个弱势文化发生接触时，通常是弱势文化更多地接受强势文化的影响。物质文化的利用价值比较容易判断，物质文化的采借先于精神文化的采借，伴随着物质文化的被采借，精神文化的传播不可避免。

旅游活动自身的特点，决定着两种异质文化的作用是通过负载一定文化的旅游者与旅游目的地文化发生接触完成的。在这种涵化过程中，多种因素决定着旅游文化推进旅游地文化演进的速度和进程：目的地居民接受、适应还是抗拒外来文化的态度；人际交流的能力的强弱；交流的深度与广度；文化间的生疏程度。文化涵化意味着本土文化的调和，主动接受客源地文化可能导致本土文化独特性的消失，虚意接受客源地文化也会导致本土文化的弱化[②]。于是，外来优势文化对目的地的文化系统进行蚕食般的一般性进化，在优胜劣汰中推动目的地文化的演进。

3.旅游文化促进文化的交流与传播

不同于旅游文化加速旅游目的地文化演进的功能，旅游文化的文化交流与融合功能不是通过异质文化间的接触实现的，而是通过旅游文化作品的传播实现的。旅游文化在多种文化间的媒介作用，从历代著名的游记文学和旅游画作，以及近现代的旅游摄影、旅游影视和旅游宣传的文化传播功能中看得一清二楚。

例如，中国最早的著名游记《周王游行记》，对传播西域文化做出过重要贡献。《周王游行记》主要记载周穆王率领七萃之士，驾上赤骥、盗骊、白义、逾轮、山子、渠黄、骅骝、绿耳等骏马，由造父赶车，伯夭做向导，从宗周（今洛阳）出发，越过漳水，经由河宗、阳纡之山、群玉山等地，西至于西王母之邦，和西王母宴饮酬酢的神话故事。穆王的西行路线，当是从洛邑出发，北行越太行山，经由河套，然后折而向西，穿越今甘肃、青海、新疆，到达帕米尔地区（西王母之邦）。《周王游行记》所提供的材料，除去神话传说和夸张的成分，对西域的山川地理、民俗风情、人物传说，西域各民族的分布、迁徙、交往都有详细的记载。《周王游行记》把西域文化带进中原，该书在当时广为流传。后来，汉朝张骞通西域所走的路线基本就是周王旅行的路线，世界闻名的“丝绸之路”由此开通。又如，被誉为“世界奇书”的《马可·波罗游记》，详细记叙了中国政治、经济、文化、社会生活状况以及风土人情，向世界展现了丰富生动的中国文明画卷，它在中西文化交流和传播中的地位和作用被广为称颂。

就旅游摄影来看，这个曾经一度只属于少数艺术家“把玩”的高雅活动已成为当代中

① 黄淑娉，龚佩华.文化人类学理论方法研究[M].重庆：重庆出版社，2004.
② 窦开龙.民族旅游开发中西部民族文化涵化、同化现象研究[J].消费导刊，2008（8）：203.

国居民，特别是城市居民的日常休闲娱乐活动。著名摄影家路易斯·卡斯塔内达曾经说过："摄影自诞生之初就与旅游结下了不解之缘。[①]"以现代眼光看，出门旅游休闲而不携带相机也显得有点不太合情理。在这场国民"玩摄影"的热潮中，无论是从大众传媒，还是人际交流，甚或网络传播内容来看，"外出采风"、"体验生活"、"摄影发烧友"、"中国公认最美丽的地方"、"最谋杀菲林的地方"等话语都与探险旅游、自助旅游、自驾车旅游等紧密相关。这表明"色友"（摄友）与"驴友"（旅友）在大众消费文化的浪潮中联姻，引领着新的旅游方式，创造着旅游文化的同时，还引领和促进着文化的传播与交流[②③]。

（三）推动社会发展与变迁

旅游文化在实现人化自然的同时，也塑造着人类社会，推动人类社会的循环与发展。社会完善与发展是个人完善与发展的集体形式。旅游文化通过改变旅游者的观念进而改变社会观念，推动社会流动，促进社会发展，引发社会变迁，促进社会的进步与繁荣。

1.旅游文化改变旅游者个体和社会整体的社会观念

社会观念是人们在长期社会实践中形成的思想意识。社会观念的转变，是多种合力综合推动的结果，旅游文化就是其中最重要的推动力之一。中外旅游文化改变社会观念的例子不胜枚举。世界旅游文学名著《马可·波罗游记》把一个非西方基督教高度发达的文明呈现在西方人面前，引起西方人的思索和震撼。虽然14至15世纪西方思想观念的转变并不是这一游记单独作用的结果，但它在改变西方人"欧洲中心"和"基督教文明至上"等观念上居功至伟，开阔了西方人的视野。《马可·波罗游记》的问世，唤起了欧洲中世纪人们的迷梦，如对忽必烈等人的称颂、对美与物质生活的渴望、自由研究的精神等，对文艺复兴产生了积极的影响[④]。马可·波罗跨国旅游的"历史贡献还表现在它大大扩展了欧洲人的精神视野，这对于摆脱原有的地域限制和中世纪的狭隘眼光，无疑起到了一定的启蒙作用"[⑤]。中世纪欧洲狭隘的世界观与中国封建社会的世界观完全一致。《马可·波罗游记》的问世，使欧洲人对中国心驰神往，并推动了世界新航路的开辟和地理大发现时代的到来[⑥]。意大利学者利弗莫尔曾指出，"马克·波罗的奇妙见闻被视为未来的远景，与远航东方的政策结合产生了一条通往东方的海路的想法，后来成为西方国家政策的目标"。一方面，游记为地理大发现提供理论指导，另一方面，游记对东方财富的过分渲染成为哥伦布等远航东方的主要精神动力之一。16至18世纪，欧洲曾掀起要不要旅游的跨世纪大讨论[⑦]，讨论的结果是"肯定派"战胜了"否定派"，人们的观念进一步转变，越来越多的人加入到旅游者的行列中来。

旅游文化改变中国个体和社会整体的社会观念要远远落后西方几个世纪。与马可·波罗畅游中国，完成《马可·波罗游记》相比，明代郑和下西洋则晚了一个多世纪，但产生了详细记载郑和下西洋的"三书一图"，即《瀛涯胜览》、《星槎胜览》、《西洋番国志》和

① 卡斯塔内达.旅游摄影[J].摄影世界，2002（5）：12.
② 刘丹萍.旅游者、摄影节与目的地营销——某旅游地案例定性分析[J].旅游学刊，2004，19（4）：57-63.
③ 曹扬.摄影节：旅游目的地营销的有效手段——以平遥国际摄影大展为例[J].社会科学家，2005（4）：125-127.
④ 申晓若.马可·波罗游记与文艺复兴[J].内蒙古民族大学学报（社会科学版），2002，28（1）：13-17.
⑤ 沈定平.从马可·波罗到利马窦：中西文化交流先驱——马可·波罗[M].北京：商务印书馆，1995.
⑥ 陈才俊.耶稣会士入华前欧洲人的中国观[J].西南民族大学学报（人文社科版），2005，26（7）：155-159.
⑦ 邹本涛，谢春山.旅游文化学[M].北京：中国旅游出版社，2008.

《郑和航海图》[①]。郑和下西洋的规模远远大于后来的哥伦布之辈的“地理大发现”（甚至有人认为郑和首先环球航行发现新大陆[②]），但对于世界历史进程的影响则远逊于后者。郑和下西洋形成的“三书一图”所产生的影响竟然也远远逊于《马可·波罗游记》。但是，这不能说明，旅游文化在推动个体和社会整体的社会观念的转变方面作用是很有限的，因为社会观念的转变是多种力量综合作用的结果，众多的研究已经指出了郑和下西洋以及“三书一图”没有推动中国社会观念转变的原因[③④⑤⑥]。

1840年鸦片战争以后，随着一系列不平等条约的签订，中国面临着深刻的民族危机，近代中国经历着从未有过的巨大社会变迁。人们急于寻求新的思想观念来指引中国社会的发展。此时，中国近代海外游记成为中国社会观念转变的主要推动者，旅游（游历）文化真正开始推动中国睁眼看世界。国门打开，不但进来了大批带着西方文明的陌生人，而且走出去了一批又一批旅行欧美（包括日本）各国的中国人。这些游历者有以考察西方政治和风土人情为目的的清朝使节，有游学求知的留学生，有谋富经商的商人，有为生存所迫的谋生者，以及因政治避难的逃亡者。他们把在国外所历所闻所感的一切记录下来，向国人介绍世界各地的政教风物，探寻国富民强的方法。这些作品大多为日记和游记散文[⑦]。1887年清政府通过考试选拔，拟定了《出洋游历章程》，派遣12名游历使分赴世界四大洲20多个国家进行为期两年的游历考察。游历使们撰写了几十种外国调查研究报告和海外游记[⑧]。表3-4统计了这些有着深远影响的近代海外旅行游记情况。学界围绕这些游记对中国的影响展开研究，取得了丰硕的成果。这些在特定历史条件下完成的旅行游记，更为真切地反映了近代中国旅游文化从传统到近代的更替和嬗变的艰难历程，更为真切地反映了旅游文化推动中国社会观念转变的艰难过程。例如，康有为全面考察了各国的风俗政治，权衡优劣，以期为中国之时弊开出良方，建构出“大同”世界的人类社会的远景，影响了一批海内外的华人[⑨]。

2.旅游文化促进社会流动、发展与变迁

旅游文化作为一种新型的特殊文化现象，本身又可以转化为具有吸引力的旅游资源。桓占伟把旅游文化看作旅游产品，认为旅游文化是旅游者花钱购买、满足旅游者需要的并体现于旅游过程中的文化产品，是具有较强文化传导性和经济性的文化[⑩]。姑且不论这种认识正确与否，但这种认识能启发我们把旅游文化当作一种具有吸引力的旅游资源。旅游文化一旦转化为旅游吸引物，就直接增加了旅游景观的价值和吸引力。当旅游文化成为旅游资源时，吸引旅游者前往，带动各种物质流、信息流、金钱和人流的循环与运转。

---

① 张箭.记载郑和下西洋的“三书一图”——《瀛涯胜览》《星槎胜览》《西洋番国志》《郑和航海图》[J].历史教学，2005（2）：72-74.
② 刘达材.初步解读英国学者孟席斯新论：郑和首先环球航行发现新大陆[J].回族研究，2003（1）：38-40.
③ 马志荣.从辉煌到衰落的思考——纪念郑和下西洋600周年[J].回族研究，2005（2）：79-83.
④ 庄国土.郑和下西洋对中国海外开拓事业的破坏[J].厦门大学学报（哲学社会科学版），2005（3）：70-77.
⑤ 马志荣，薛三让.后郑和时代：中国海洋文化由开放走向内敛的现代思考[J].西北师大学报（社会科学版），2007，44（5）：121-125.
⑥ 闫亚平，纪宗安.郑和下西洋未能带动中国发展的原因探究[J].内蒙古社会科学，2007，28（6）：112-115.
⑦ 刘少虎.近代中国海外游记研究综述[J].湖南商学院学报，2007，14（5）：58-61.
⑧ 王晓秋.晚清中国人走向世界的一次盛举——1887年海外游历使初探[J].北京大学学报（哲学社会科学），2001，38（3）：78-86.
⑨ 张治.康有为海外游记研究[J].南京师范大学文学院学报，2007（1）：42-53.
⑩ 桓占伟.旅游文化及其主流研究反思——基于旅游文化概念的分析[J].人文地理，2007（4）：72-76.

表3-4 **中国近代主要海外游记**

作者	游记	作者	游记	作者	游记
林鍼	西海纪游草	祁兆熙	游美洲日记	李筱圃	日本游记
罗森	日本游记	容闳	西学东渐记	傅云龙	游历日本图经
王韬	漫游随录 扶桑游记	张德彝	航海述奇；欧美环游记； 随使英俄记；随使法国记	郭嵩焘	使西纪程 伦敦与巴黎日记
斌椿	乘槎笔记	何如璋	使东述略	黄庆澄	东游日本
志刚	初使泰西记	张斯桂	使东诗录	黎庶昌	西洋杂志
曾纪泽	出使英法俄国日记	李圭	环游地球新录	徐建寅	欧游杂录
刘锡鸿	英轺私	薛福	出使英法意比四国日记	戴鸿慈	出使九国日记
载泽	考察政治日记	康有为	欧洲十一国游记	梁启超	新大陆游记
钱单士厘	癸卯旅行记；归潜记				

古代旅游文化的一大特征就是“上游下住”，通过上层社会的游动来保证下层社会的稳定和流动的统一。春秋以前，帝王巡游频繁，而士大夫的出游相对稀疏；春秋以后，帝王巡游稀疏，文官宦游则盛，最终发展为旅游的主流[①]。这种文官宦游现象一方面可以保证一个流动的文官体制来防止国家分裂，另一方面又通过宦游这种方式推动了社会的流动和循环。例如，唐元和四年（809），被贬到永州的柳宗元闲坐中遥望着西山，被风景迷住了。于是他派仆人渡江过溪，开辟一条山路，登上山顶，发现美景多处。柳宗元进行了规划设计，除野草、伐坏木、造高台、装栏槛，再把泉水引到高处，形成悬流，并以《永州八记》以记其事。从那以后，根据《永州八记》前往寻幽探胜者史不绝书。

当然古代旅游文化主要是靠口耳相传的传导方式和有口皆碑的旅游服务文化来吸引旅游者的。而近现代科学技术的发展为旅游文化推动社会流动和发展提供了技术支持。除了纸质文本外，通过电视、广播、网络、音响、展销等旅游宣传，不仅展示优美的自然人文景观，而且展示良好的旅游文化风尚，从而树立良好的旅游形象，吸引旅游者，形成旅游流。

旅游文化不仅能推动社会的流动与发展，还能引发社会的变迁。这些变迁主要包括社区参与、人际关系的性质、社会组织、社会生活节奏、移民、劳动力分工、社会分层、权力分配、异化、传统与艺术等方面。旅游规划开发过程中是否注重社区参与，是否关注利益相关者的利益诉求，旅游者与目的地居民交往过程是和谐交往与否，旅游文化带来了什么样的示范效应，旅游文化如何解构或重组目的文化结构和社会结构等，诸如此类旅游文化对社会变迁的影响问题相当复杂，需要进一步加以研究与认识。例如，有学者对中国四川九寨沟的旅游研究发现，原本是在旅游活动中出现的某种藏族民俗的模拟活动，经旅游活动的不断再现，竟然复苏成为当地藏族社会生活的组成部分[②]。对中国台湾雅安人传统

① 谢贵安，华国梁.旅游文化学[M].北京：高等教育出版社，1999.

② 卢天玲.社区居民对九寨沟民族歌舞表演的真实性认知[J].旅游学刊，2007，22（10）：89-94.

社会变迁的研究也表明旅游文化对社会结构和文化具有双重的影响[①]，旅游的有利或不利影响随着旅游业发展进程互有消长[②]，旅游文化引起的社会变迁无法脱离旅游的社会经济文化效应而存在，有时候这些变化（尤其是价值观和态度方面的变化）是整体效应所催发的。

（四）塑造旅游形象

旅游形象是旅游者对于旅游地（景区）总体的一种认识和评价。学界对旅游形象的研究主要集中在旅游地和旅游景区旅游形象的定位、设计与营销上，这种研究取得了丰硕的成果[③]。我们认为这种旅游形象研究是一种构建角度的应然研究，而不是发生学角度的实然研究。构建应然式的旅游形象研究固然是十分重要的，但忽视发生角度的实然旅游形象会让旅游形象研究缺少科学的元素。当我们从旅游者和目的地居民的角度来看待旅游形象问题时，发生学角度的旅游形象实然研究就显得十分重要了。在旅游形象的实然与应然状态之间自然存在着一个差距，我们需要认识产生这一差距的主要决定因素是什么，这样才能更好地为旅游地（旅游景区）的经营与营销服务。

我们认为旅游文化是导致实然旅游形象与应然旅游形象差距的最主要因素。旅游形象是在旅游者、（准）旅游业和目的地居民共同作用形成的旅游文化中形成和产生的。旅游地的一切对目的地居民而言是现实的生活，但展现在旅游者面前的是经过旅游业的包装和事前选择的内容。旅游者对旅游地形象的认识是对自然和人文景观特色、旅游环境文化、旅游服务文化以及旅游交往感知综合体验和认知的结果。当这种综合体验和认知在旅游者中基本形成一致时，旅游地的形象在旅游者中被确立和确定，旅游地的实然旅游形象就形成了。因此，旅游形象的塑造，既不是通过旅游开发经营过程中旅游形象的设计、定位与营销等自我叙述途径单独完成的，也不是旅游者短暂旅游体验的概括，而是源于旅游形象开发与旅游文化感知综合作用的结果，是在旅游者与旅游经营者、服务者以及目的地居民之间的交往交流与对话过程中完成的。

出游前，一个成熟的旅游者通过了解目的地及各景区的宣传信息，形成对目的地的初步印象。这一时期，来自目的地的宣传信息越丰富，游客的印象越充实，选择该目的地的可能性越大。游览中，旅游者欣赏旅游地的自然人文旅游资源，感受着旅游地的旅游文化（主要通过旅游经营、旅游服务和旅游交往表现出来的文化氛围），在旅游观赏和审美过程中初步完成了旅游地的形象感知过程。旅游后，旅游者要把旅游宣传形象感知与实际旅游形象感知进行比照，通过理性思维来认识旅游地形象宣传是真实的还是夸大或欺骗的、旅游地旅游文化是先进的还是落后的、各种利益关系主体表现出的行为是排他的还是包容的，最终完成旅游地旅游形象的认知过程[④]。旅游感知和旅游形象认知的完成过程也是旅

① 李绍明.传统社会变迁与民族文化传承——以台湾雅安人为例[J].思想战线，2003，29（6）：23-29.

② 刘赵平.再论旅游对接待地的社会影响——野三坡旅游发展跟踪调查[J].旅游学刊，1998（1）：50-54.

③ 旅游形象设计、定位与营销研究成果可参见旅游形象研究综述以及其参考文献。其中主要旅游形象综述文献包括：汪克会.国内城市旅游形象研究综述[J].宁夏大学学报，2004，26（5）：78-82；汪倩霞.国内旅游形象研究综述[J].云南地理环境研究，2008，20（4）：122-126；纪丽萍.国外旅游形象研究综述[J].四川林勘设计，2006（2）：15-19；李晓莉.事件对旅游举办地的旅游形象影响与战略提升研究综述[J].旅游学刊，2007，22（8）：74-81.

④ 卢凤萍，张骏.基于旅游者视角下的旅游景区形象模型分析[J].桂林旅游高等专科学校学报，2008，19（3）：352-354，359.

游者形成旅游后悔心理的过程。前后感知和形象反差过大，就会导致旅游者或采取相对激烈的对抗行为，或通过网络负面宣传，或向旅游管理机关投诉，或断绝该地旅游并以口耳相传的方式影响亲友的出游决策[①]。也就是说，被规划和设计出的应然旅游形象与旅游者感知的实然旅游形象差距越大，对旅游业的伤害越大。

实际上，旅游地的自然人文景观形象是相对确定的，也具有较强的可控性。然而以社会文化现象表现出来的旅游文化则是不太确定的，它在旅游者、旅游从业者、旅游地居民之间的互动中形成，是动态的，这一过程具有不确定性和不可控性。因此，塑造健康先进的旅游文化才能真正塑造良好的旅游形象。旅游形象宣传夸大或欺骗，旅行社恶性降价、实行所谓的“零团费”或“负团费”，导游“零工资”或“负工资”，旅游服务要“买路财”、漫天要价，旅游者消费从自愿到必须自愿等，这些不健康的落后的旅游文化现象不仅不能实现塑造旅游形象的目标，而且还要把已经建立起来的旅游形象毁于一旦。例如，香港“零团费”和旅游购物骗局现象把东方之珠和购物天堂的国际旅游地形象损毁殆尽。与此形成鲜明对比的是，杭州西湖取消门票，营造和谐的旅游环境；苏州推出独特的旅游文化产品。这些做法更加巩固了人们“上有天堂、下有苏杭”的旅游形象表达和认知。

第三节　旅游文化的地位

地位是什么？地位是人或事物在其所在系统中所处的位置以及由此显示的重要性程度。旅游文化的地位，是旅游文化研究和旅游文化学建设的一个基础性课题。旅游文化的地位就是旅游文化在旅游系统和文化系统中所处的位置。旅游文化的地位还与人们对旅游文化的认识和定位密切相关。对旅游文化的地位可以从以下几个角度来理解：

一、旅游文化在旅游中的地位

关于旅游文化在旅游中的地位的论述随处可见，只是这些论述大多把旅游文化与文化等同起来，并不是真正意义上的旅游文化。邹本涛在其《旅游文化学》著作中，有过比较准确的表述：旅游文化是旅游活动的核心；旅游文化是旅游矛盾的调节器[②]。

（一）旅游文化是旅游活动的核心

旅游文化在旅游中的核心地位，古人已有这种认识。虽然旅游文化在古代旅游活动中具体的体现和表现形式我们无从考证，但从旅游活动形式到旅游观以及可以引证的旅游文学等都是理解古代旅游文化在旅游活动中地位的一个较好的切入点，当然这些认识不可能反映旅游文化的全貌。

中国旅游文化随着旅游活动进程的演变如长江大河，由最初的涓涓细流，不断地汇纳百川，逐渐突兀奔腾，滚滚东逝不可止歇。沈祖祥[③]、马勇[④]、钟贤巍[⑤]和邹本涛[⑥]从文化史

---

① 白凯.旅游后悔心理的后续表现行为研究[J].旅游学刊，2009，24（2）：36-40.
② 邹本涛，谢春山.旅游文化学[M].北京：中国旅游出版社，2008.
③ 沈祖祥.旅游文化学导论[M].福州：福建人民出版社，2006.
④ 马勇.中国旅游文化史论纲[J].湖北大学学报（哲学社会科学版），2007，34（5）：90-93.
⑤ 钟贤巍.中国旅游文化发展的历史及与传统文化的关系[J].社会科学战线，2008（12）：195-199.
⑥ 邹本涛，谢春山.旅游文化学[M].北京：中国旅游出版社，2008.

的角度把中国旅游文化的历史归结为不同的历史时期，或通过对旅游活动形式的详尽总结，或通过对旅游体验形式与介入形式的详细描述，深刻反映了各个不同时期旅游文化的特征以及旅游文化在旅游活动中所处的地位。如果以旅游观为切入点，综合起来看，古代旅游（行）活动培育了诸如比德观（如“知者乐水，仁者乐山；知者动，仁者静；知者乐，仁者寿”）、逍遥观（如庄子逍遥游）、游学观（如李斯“治驰道，兴游观，以见主之得意”）、近游观（如孔子“父母在，不远游”）、远游观（如仕人漫游）、纵游观（如唐宋时期恣游流行）、节游观（如历代开国统治者斥远游，戒淫游）等诸多内涵迥异的旅游观念。此外，对“游至”和“游道”的讨论已经涉及旅游体验文化和旅游伦理文化领域。“游至”是游的最高境界；“游道”是游所遵循的基本方法和伦理。这些在旅游或旅行过程中所形成的旅游观念，无不体现了旅游文化在旅游活动中的核心地位。

例如，《列子·仲尼篇》中有一著名的关于旅游观念的对话。列子和他的老师壶丘子讨论游览时，列子说：“游之乐所玩无故。人之游也，观其所见；我之游也，观之所变。游乎游乎！未有能辨其游者。”壶丘子对此不以为然，回答说：“御寇之游固与人同欤，而曰固与人异欤？凡所见，亦恒见其变。玩彼物之无故，不知我亦无故。务外游，不知务内观。外游者，求备于物；内观者，取足于身。取足于身，游之至也；求备于物，游之不至也。”于是列子终身不出，自以为不知游。按照壶丘子的观点，观其所见和观其所变都属于较低层次的“外游”，“内观”是最高层次的旅游。所谓“外游”，就是“求备于物”，追求客体刺激；所谓“内观”，就是“取足于身”，追求主体领悟。“求备于物”和“取足于身”就类似于今天的世俗审美和愉悦审美。可以说，这种对旅游审美的认识就是旅游审美文化的原始雏形。

旅游文化发展到现代和当代，其在旅游活动中的核心地位更加明显，并逐渐得到认识和认可。

从旅游活动的内容与构成看，旅游活动是由旅游者、旅游产品（旅游资源）和旅游业等要素构成的[①]，其中旅游者是最核心的要素。旅游者是文化的观赏者、消费者和体验者，也是旅游审美文化和旅游消费文化的创造者。旅游者消费的主要是旅游服务文化，因此旅游审美和消费文化的创造过程也就是旅游服务文化的产生过程。旅游审美、旅游消费、休闲、旅游交往和旅游服务是旅游（特别是大众旅游）活动的主要内容。旅游审美文化、旅游消费文化、旅游休闲文化、旅游服务文化以及旅游交往文化，自然而然成为旅游文化的主要载体和表现形式。因此，旅游活动的构成决定了旅游文化在旅游活动中的核心地位。

从旅游活动本身的属性看，旅游不是经济现象而是社会现象；旅游不是生产过程而是消费过程；旅游不是劳动行为而是休闲行为。笼罩在旅游活动中的经济表象主要表现为旅游者购买旅游产业提供的旅游产品和服务，但这种购买活动仅仅是旅游者获得审美和愉悦目的的手段。就旅游者而言，旅游者的购买不带有任何功利性的经营目的，而是一种文化活动。因此，旅游活动本身的文化属性也决定着旅游文化在旅游活动中的核心地位。

① 谢彦君.基础旅游学[M].北京：中国旅游出版社，2004.

（二）旅游文化是旅游矛盾的调节器

旅游是一个复杂的过程，涉及食、住、行、游、娱、购等诸多方面，而且由于置身于复杂的社会环境中，内外矛盾十分突出。旅游完成与实现的过程是诸多矛盾运动以及克服诸多对矛盾的结果。从旅游活动构成要素来看，既有旅游者与旅游资源、旅游产品的矛盾，也有旅游者与旅游业的矛盾。从旅游体验的角度看，既有旅游审美、旅游消费和旅游休闲需要与旅游服务供给间的矛盾，还有旅游者与目的地居民的矛盾。这些矛盾处理得好，有关各方各得其利，旅游活动就顺利开展；这些矛盾处理不好，有关各方各得其害，旅游活动举步维艰[①]。旅游矛盾既是旅游发展的推动力，也是破坏旅游和谐的内在因素。

在利益诉求各异的情况下，如何化解旅游矛盾，推动旅游发展，需要有关各方不断协调各方的关系，改善旅游环境，还需要一个指导协调各方利益关系的基本准则。有人强调旅游者利益优先，有人为旅游目的地居民大鸣不平，也有人为旅游业大吐苦水。兼顾各方利益是最好的选择。旅游文化是旅游者、旅游服务者和旅游目的地居民在旅游者旅游活动过程中所营造的一种新型文化形态，是旅游者通过旅游服务活动在旅游过程中以旅游目的地作为最终极的载体相互作用、共创共生的过程和结果，是由旅游活动引致并迸发出来的形式多样的各种文化现象的总称，其实质是旅游引致的人化过程与结果。因此，旅游文化特别强调不同文化的交融，在旅游矛盾运动过程中，适合充当协调旅游矛盾的基准线。旅游文化不光是旅游者一方的文化，还是旅游文化主体共创共生的。包括旅游者、旅游服务者、旅游目的地居民在内的旅游文化主体既是旅游文化的创造者，也是旅游文化的共享者，旅游文化对旅游文化主体存在约束、规范和教化功能。我们需要的是建设一种先进的旅游文化，以此来调节旅游矛盾的运动。

二、旅游文化在旅游业中的地位

关于旅游文化在旅游业中的地位，学界有过诸多论述[②③④⑤⑥⑦⑧]。在这些讨论中同样普遍存在把旅游文化与文化混同，旅游与旅游业混同的情况。一般认为，文化是旅游业的灵魂和支柱。我们同时认为，旅游文化也是旅游业的灵魂。前者是基于旅游需求和旅游供给视角而得到的真理性认识，后者是基于旅游发展的视角而得出的结论，两者并行不悖，并不矛盾。

文化在旅游中的灵魂和支柱地位，是不言而喻的。文化是旅游产品或旅游景观吸引力的源泉，是旅游业的灵魂。无论是旅游资源的开发，还是旅行社、旅游饭店的经营与管理，都必须把了解旅游者的文化特征，挖掘旅游资源的文化内涵作为不懈追求和努力的目标。

旅游文化是旅游业的灵魂，是由旅游活动的文化性和旅游服务的文化性所决定的。旅

① 邹本涛，谢春山.旅游文化学[M].北京：中国旅游出版社，2008.
② 刘江.旅游文化——旅游可持续发展的源泉[J].技术与市场，2005（2）：40-41.
③ 王方，周秉根.旅游文化类型与特征及其在旅游业中的作用[J].安徽师范大学学报（自然科学版），2004（1）：87-90.
④ 于海志.旅游文化的特点及其在旅游中的作用[J].边疆经济与文化，2006（5）：24-25.
⑤ 渠铭.旅游文化在旅游业中的地位和作用[J].山西广播电视大学学报，2008（1）：94-95.
⑥ 韩小荣.旅游文化在旅游产业发展中的地位[J].河南理工大学学报，2008，9（3）：322-325，329.
⑦ 唐建军.论旅游文化在旅游业中的重要性[J].池州师专学报，2004，18（3）：51-53.
⑧ 贾祥春.旅游文化的特点及其在旅游业中的地位和作用[J].复旦学报（社会科学版），1997（3）.

游产业的主要服务对象是以追求精神文化享受为目的的文化消费者和审美消费者。无论是旅游资源开发，还是旅行社、旅游饭店的经营管理，只是挖掘或赋予资源的文化内涵，而不了解旅游消费文化、旅游审美文化、旅游体验文化和旅游休闲文化等表征旅游文化的发展动态与方向，必然迷失市场方向，必然在市场竞争中惨遭淘汰。例如，一些旅游服务部门和景区把旅游业看作一本万利的摇钱树，不顾其人文特点和自然特点，胡改乱建，这些就是落后旅游文化的典型例子。还有些甚至利用封建迷信、腐朽丑恶等开发出旅游产品来吸引游客，形成一种腐朽堕落的旅游文化风气。诸如此类落后的、腐朽堕落的旅游文化必然严重败坏旅游业的声誉，使旅游业走向歧途。

世界旅游业经过几十年的发展，已经进入空前繁荣的阶段。伴随着这种繁荣的是各种消极效应所隐藏的潜在威胁。旅游开发中对旅游资源的过度性甚至掠夺性开发，对旅游景区的粗放式管理，旅游设施的病态膨胀，旅游行为的不文明不负责任等，迅速损害旅游业赖以存在的人文环境基础，与这些经营活动和旅游活动相对应产生的则是病态的旅游文化。例如，以争夺名山、名人和名景的地理归宿为表征而更改旅游地名的现象在中国非常盛行，部分旅游地仅凭莫须有的传说，或者残简里的只言片语，或者所谓专家的“一家之言”，为了经济利益、政治利益而不顾科学和道德争名改名，滑入功利的陷阱，这种旅游开发经营行为引领的就是一种不健康的旅游文化风气。

在传统大众旅游的世界里，不正常、不道德、不文明、不负责任的旅游服务和旅游活动行为方式大行其道，导致旅游者与旅游服务者、目的地居民之间关系日益紧张。例如，20世纪90年代，随着中国旅游市场从高端市场向大众市场的转变，旅行社恶性降价，以所谓的“零团费”、“负团费”招徕顾客。于是，旅游者的消费体验从自愿到必须自愿[①]，旅行社从正常接待、正常利润到零团费接待、零利润接待[②③]，导游从正常工资到零工资甚至负工资[④⑤]，催生出了旅游与导游回扣、旅游欺诈、购物陷阱等本应毫不相关而却紧密交织在一起的“零团费”文化现象。又如，旅游“买路财”现象盛行：进了景点山门，为环保必须换乘旅游管理者提供的高价车；过了机场安检，填饱肚子不得不吃百元一碗的面条……用这样那样的条件限制消费者的选择，或利用人的生理需求大发横财。名山胜水，本是上苍对一方民众的眷顾，旅游“买路财”则有负天地厚爱。纵情山水、行色匆匆的人们或许无暇为旅游“买路财”较真，但钱花了，心里不爽，损害的就是旅游业的未来。旅游者与目的地居民关系紧张的例子也不鲜见。在土耳其发生的绑架西欧旅游者的事件，巴厘岛居民曾经有过的对旅游者的不友好行为，在印度西南岸的哥尔地区成立的JGF组织的行为，都是这种对抗的实例。旅游者、旅游服务提供者和目的地居民三者间关系紧张，其根本原因就是缺乏一种健康先进的旅游文化来指导、规范和协调各种相关的旅游活动行为。

大众旅游风靡一时之际，各种反大众旅游的诸如生态旅游、替代旅游、负责任旅游、

① 佚名.从自愿到必须自愿，游客岂能“任人鱼肉”？[J].消费，2006（10）：22-29.
② 贾跃千.零团费现象剖析及治理措施[J].社会科学家，2004（6）：111-114.
③ 贾跃千，何佳梅，崔凤军.零团费与我国出境游发展阶段的互动关系分析[J].旅游学刊，2006，21（1）：69-73.
④ 南开大学国际商学院旅游学系本科生科研创新小组.对建立合理的导游人员职业机制问题的探讨[J].旅游学刊，2003（6）：71-76.
⑤ 张岩.对我国旅游市场“零团费”接待现象的浅析[J].特区经济，2006（11）：227-229.

绿色旅游、软旅游、反旅游和虚拟旅游等旅游方式出现，这些旅游形式是与一种新的旅游文化——旅游可持续观相适应的。作为旅游文化的旅游可持续发展观[①]已经开始把旅游经营者、旅游管理者的目光转向旅游文化的建设。

三、旅游文化在文化中的地位

沈祖祥把旅游文化在文化中的地位表述为“旅游文化是文化的重要基础和核心”，这是学界对旅游文化在文化中地位比较典型的一种观点。他以中国古代的道路交通文化为例，认为道路交通文化身兼二任，既是中国文化这一大文化的物质形态，又是旅游文化这一小文化的物质形态。他还认为，文化的核心和文化的深层含义是人的生命的开放和拓展，即进一步渴望突破物理空间对自己的限制，实现从必然王国到自由王国的飞跃。旅游文化体现的正是这样一种精神。他以白寿彝在《中国交通史》中基于“两种感觉[②]”的认识来揭示人类通过旅行和旅游而到达外部世界这一人类文化永恒的主题。

我们认为，当我们说A是B的基础时，A、B两者之间暗含着时间上的先后关系、逻辑上的引起与被引起的关系。因此，旅游文化是文化的基础和核心的说法就值得商榷。

文化有总体文化和分支文化，旅游文化是社会总体文化在旅游领域的特殊表现形式，是旅游者、旅游服务者和旅游目的地居民在旅游者旅游活动过程中所营造的一种新型文化形态，是由旅游活动引致并迸发出来的形式多样的各种文化现象。因此，旅游文化是一种隶属于社会总体文化的分支文化。作为分支文化，旅游文化的形成与发展依赖于社会总体文化，受总体文化的牵引和制约；另一方面，旅游文化又会推动文化的发展。旅游文化促进文化交流，加速文化融合，推进文化转型。作为文化整合过程与结果[③]的旅游文化自然是文化发展的推动力。

文化有不同的层次，最高层次是哲学与宗教，中间层次是文学艺术，最低层次是社会心理。旅游文化对不同层次文化推动作用的表现形式不太一样。首先，哲学对文化和旅游文化的指导作用不言而喻；反过来，旅游文化对哲学的影响同样深刻。大多哲学家都是旅行家和旅游家，并在旅行和旅游实践中丰富和发展着哲学认识，形成各种与旅游文化紧密相关的哲学观。中国历史上著名的哲学大家如孔子、庄子、荀子、董仲舒、朱熹、王阳明等，他们不仅有丰富的旅游实践，而且还有卓越的旅游理论。比如，孔子的“比德说[④][⑤]”、庄子的“逍遥观”[⑥]、孟子的“游事后民、无事勿游”旅游观[⑦]、儒道“天人合一”观[⑧]，这些旅游理论和思想对相应的哲学理论和思想都产生了深刻的影响。旅游是宗教传播的载体，佛教在中国的传播是东西方僧侣航海梯山旅游的结果。“白马驮经”，“佛

---

① 刘江.旅游文化——旅游可持续发展的源泉[J].技术与市场，2005（2）：40-41.

② “两种感觉”是指“感觉世界之大，非中国所能尽”，“感觉中国各部分互相需要的密切”。基于第一种感觉，于是有大九州大四级的想象和昆仑山与三神山之传说。基于第二种感觉，于是有《禹贡》中交通系统的现象和《周礼》中交通制度的理想。在这种宏大不经和恍惚迷离中，有一种向域外发展的企图，有一种对异域景物的热望。参见白寿彝.中国交通史[M].北京：团结出版社，2007.

③ 陈岗.旅游文化：文化整合的过程与结果——文化整合的视角看旅游文化[J].桂林旅游高等专科学校学报，2004，15（6）：91-94.

④ 张小妮.孔子“比德”旅游观研究与启示[J].桂林旅游高等专科学校学报，2008，19（3）：436-438.

⑤ 章尚正.孔子旅游观及其影响[J].黄山高等专科学校学报，2001，3（1）：55-57.

⑥ 李小波.比德之旅与心游之路——孔子、庄子的旅游思想比较[J].旅游学刊，2001（1）：70-73.

⑦ 陈军.浅议孟子旅游观及其现代意义[J].桂林旅游高等专科学校学报，2006，17（2）：223-226，235.

⑧ 万幼清，邹珊刚.儒道思想中的生态旅游观[J].求索，2004（8）：160-161.

教东来”和“西行求法”都是旅游传播宗教的典型例子。“天下名山僧占多”就形象反映了旅游文化与宗教的深层关系。

其次，旅游是文学艺术创作赖以产生的基础，旅游文化丰富了作为文化中间层次的文学和艺术。旅游体验是文学艺术创作产生的基础和手段。丰富多彩的旅游文化生活激发了文学艺术创作的活力，为文学艺术创作提供了丰富的养分。通过广泛地接触外部世界，收集文学艺术素材，激发文学艺术灵感。谢灵运、谢眺、王维、孟浩然等人的旅游诗家喻户晓，刘湛秋先生曾说过“中国文学有一半是旅游文学①”。表3-2和表3-3凸显了旅游文化在文学艺术中的重要地位。

最后，作为文化最低层次的社会心理，直接反映人们对现实生活的认知，指导着人们基本的生活技能，规范人们的社会行为，引领人们的生活目标。旅游文化对人们心理的影响主要体现在对风俗习惯的态度和看法上。旅游者面对的是“十里不同风，百里不同俗”的社会文化环境，在徜徉山水之间、流连忘返之时，需要“入国先问禁，入境先问俗”。旅游文化对风俗习惯的作用与影响集中表现为诸如仪轨、相送、饯饮、祖道、赠别、民间节庆等一系列文化活动中。

本章重要观点

1. 探讨旅游文化的形成机制，仅以众多旅游文化现象为例是不够的，需要超越个别旅游文化现象，来把握旅游文化形成的全貌和全过程。

2. 旅游者的旅游活动和旅游业活动在旅游文化的形成过程中的基础地位是有所差别的。旅游者的旅游活动在旅游文化形成过程中处于第一核心的地位；旅游业活动在旅游文化形成过程中处于第二核心的地位。随着旅游（业）的发展和演变，两者的地位有此消彼长的可能。

3. 旅游的文化本质规定性使旅游功能与旅游文化功能往往交织在一起，但旅游文化功能并不等同于旅游功能，也不是一般文化功能的简单重复。

4. 旅游文化的功能主要表现在人化自然、推动社会发展与变迁、丰富与发展文化、塑造形象、调控矛盾等方面。其中，人化、神化、史化、拟化、附会和创造是旅游文化人化自然功能的主要实现形式。

5. 旅游文化的地位就是旅游文化在旅游系统和文化系统中所处的位置。旅游文化的地位与人们对旅游文化的定位和认识密切相关。

本章问题讨论

1. 如何认识旅游文化的形成过程？本章在对其进行阐述时，提出了怎样的旅游文化形成机制模型？请找一个典型案例来加以理解和说明。

2. 你是如何看待和理解“旅游者的旅游活动和旅游业活动在旅游文化的形成过程中的基础地位是有所差别的。旅游者的旅游活动在旅游文化形成过程中处于第一核心的地位；

① 刘湛秋. 繁荣文学创作，促进文学发展——旅游文学二十人谈[N]. 中国旅游报，1987-07-29.

旅游业活动在旅游文化形成过程中处于第二核心的地位。随着旅游（业）的发展和演变，两者的地位有此消彼长的可能”这一观点的？

3.回忆自己的一次旅游经历，回想旅游时的场景，特别是回忆自己是如何对景观进行文化创造和解读的。根据这一情景，回答以下问题：

（1）你在旅游观赏过程中，是否常在“似与不似”之间观照自然山川，做诸如此类的文化创造和解读活动？人化、神化、史化、拟化、名化、附会和创造，是旅游文化人化自然的常态化表达方式吗？

（2）你在旅游观赏的过程中，是否会联想到神话传说、游记文学（游记、旅游诗等）、山水画和旅游摄影作品等？它们在你完成旅游活动过程中起着什么样的作用？

（3）当这些解读以文字图像等可视可感的载体形式出现时，旅游文化功能的实现形式是否变为显性的表达方式？

（4）本次旅游之后，你得到了什么？你又给别人带去了什么？

（5）从这次旅游过程中，你能体会旅游文化的形成过程是一个实现创造与被创造、外化与内化结合的发展过程吗？

4.为什么说旅游文化塑造了旅游形象？

5.你有过“零团费”的旅游经历吗？如果有，请据此说明，旅游文化在旅游业中的地位。

本章补充阅读材料与案例分析

西方旅游文化形成的话语范式

西方旅游文化在表征和生产世界形象过程中，存在较大差异。文化分类和文化观念方面的重大变革、技术进步和工业化的持续关注、旨在谋求世界霸权的殖民政策，是形成旅游文化差异的主导因素。游历文本运用不同的概念模型和范式，记叙和分析中国与西方的关系以及西方对中国的理解①。

首先，福柯（Foucault）的知识权力关系范式是西方旅游文化的一种话语表现方式。

部分游历文本所用理论，可以运用福柯的知识权力关系模型（范式）加以解释②。福柯是萨特后法国最重要的思想家，以考古学、谱系学和伦理学为主要研究领域，并将其整合为一种对知识体系、权力行使和对自我关系的综合分析，在人文社会科学领域产生深远影响③。福柯的考古学将认识型（也译为知识型）界定为认识、理论、制度和实践间深层可能条件的知识④。

17—19世纪，西方文化的“认识型”存在两大断裂。自文艺复兴以来，存在文艺复兴时期的相似（知识形式是神秘科学，哲学基础是神学）、古典时期的表象（知识形式是

① Fritzsche S C. Narrating China: western travellers in the middle kingdom after Opium War[D].Chicago: The University of Chicago, 1995: 11.

② Foucault M.Truth and power[M]//Colin Gordon.Power and knowledge, selected interviews and other writings, Michel Foucault 1972-1977.Brighton: The Harvester Press, 1980: 133.

③ 李孔文，王嘉毅.福柯知识权力理论及其教育学意蕴[J].华东师范大学学报，2011，29（3）：1-9，32.

④ 福柯.词与物[M].莫伟民，译.上海：上海三联书店，2001.

自然科学，哲学基础是理性主义）、现代时期的主体意识（知识形式是人文科学，哲学基础是人类中心主义）、后现代时期的“人之死（人的消解）”等四大认识型发展阶段（知识形式是反人文科学，哲学形式是考古学）。福柯出版了《知识考古学》，用具有实证主义特征的话语实践取代了认识型概念，并着力探究话语后的社会背景[①]。福柯坚信，对话语历史进行非起源的个体化、具体的和实证的考古学描述，才能还历史本来的面目[②③]。

在谱系学层面，福柯认为主体的微观权力是力量关系。福柯采用谱系学方法，把权力分析引入到话语分析，关注实际发生的事物，力求还原历史本来面目。权力是如何运作的，是知识生产的关键部分。真理是权力的反映，它通过政治权力、经济利益、文化诉求等诸多形式行使职能。在伦理学层面，福柯认为知识权力的共生形成了现代社会的真理制度。在权力关系的调整中，知识与权力的运行达到理想状态。知识和权力主体隶属于因受控制而屈从于他人的主体，伦理主体隶属于因自身意识而依从于自身的主体[④]。

来华游历者为了对遥远的中国事务施加影响，就需要获得权力。在这种话语体系下，运用福柯的知识权力分析范式就能提供良好的启示。因为这种模型可清晰阐明西方的中国知识、信息和形象的生产方式。游历文本中关于中国知识和真理中国的内容，因为作者在特定的话语分析语境下，被结构化建构。因此，来华游历者的国籍等因素非常重要，因为这种影响知识权力分析的因素将对中国形象的形成产生深刻影响。于是，探究符合西方政治经济利益并依此达成中国形象的一致性认识，是十分必要的。

其次，爱德华·W.萨义德（Said）的东方主义是西方旅游文化的另一大表现方式。

大部分游历文本所用理论，还可以运用萨义德的东方主义（范式）来加以解释。萨义德在《东方学》中集中阐述了其对东方主义的理解，并把殖民地国家与欧美的关系推到学术幕前，引起国内外学术界的广泛讨论和研究[⑤]。出生于东方耶路撒冷的萨义德对殖民文化有着切肤之痛，把殖民权利和殖民知识纳入社会科学研究话语体系，认为东方观念是欧美推行西方价值观的附属品，并不是遥远真实的东方。萨义德的东方主义体系包含两层意思：东西方因地处遥远，政治经济文化差异巨大，由此形成的对立难以逾越；西方对东方的长期主宰和压迫，使西方人虚构了一幅充满偏见的想象性东方形象，以满足西方中心主义的政治经济文化利益诉求。萨义德认为，传统的东方学仅仅是一种形成东方知识的西方中心主义的学术路径；突破传递东方主义的思维方式以及背后隐含的权力话语和话语分析结构，是研究东方历史的优化选择。萨义德的东方主义话语，触及世界历史发展演进过程中，世界政治、经济、文化冲突中的各种问题，东方主义成为研究殖民时代的关键词。异域文化是如何表达的？文化、宗教和种族差异，是否比社会经济差异和政治历史差异更重要？异域的他者知识和形象，是如何获得权威真理的认识和地位的？[⑥]萨义德将福柯的知识权力范式拓展到对异域文化知识的分领域。马克思的“他们无法表征自己，他们必须被

① 福柯.知识考古学[M].谢强，马月，译.北京：三联书店，1998.
② 刘北成.福柯思想肖像[M].上海：上海人民出版社，2001.
③ 福柯.权力的眼睛[M].严锋，译.上海：上海人民出版社，1997.
④ 福柯.权力的眼睛[M].严锋，译.上海：上海人民出版社，1997.
⑤ 萨义德.东方学[M].王宇根，译.上海：三联书店，1999.
⑥ 萨义德.东方学[M].王宇根，译.上海：三联书店，1999.

别人来表征（They cannot represent themselves；they must be represented）[①]”的语句被萨义德多次引用。异域文化的书写和表征是东方主义最核心和最根本的问题。在萨义德看来，西方眼中的东方是西方文化基于“自我”和“他者”的心理经验构建出来的，后殖民体系为西方的东方形象塑造提供了诸多便利条件，人文社科研究、文学创作、影视传媒都对东方形象进行符合自身利益诉求的塑造，东方成为人为建构的非客观的“他者”。

面对遥远复杂的东方中国，西方的中国知识和形象构建具有二元特征：邪恶的东方形象和美化的东方形象并存。这种二元特征反映了不同历史语境和时代发展的特征，体现了西方世界两种精神文化的不同侧面和态度，隐含了西方的知识权力话语体系的精神内涵。

西方文化要素中肯定的东方主义具有悠久的历史传统。无论是古希腊文化中的东方传说，还是基督教中的人间乐园神话，都有遥远东方的影子。古希腊称亚洲为“日升之地”。荷马史诗和古希腊神话传说，很多都反映了古希腊人对想象中国的羡慕嫉妒恨的心态。《圣经》里描绘的东方人间乐土，正是耶稣基督诞生之地[②]。在古典时代，丝绸之路建立了西方对中国繁荣昌盛的形象认知，进一步印证了西方对异国情调的向往和神秘中国的梦幻想象。马可·波罗的游记最终建立了西方梦幻中国形象，在14—15世纪盛行，引起落后欧洲的震动。西方逐渐塑建的遥远神奇的东方大国形象，与启蒙运动时期西方思想家对中国价值体系的美化有机结合，最终完成了梦幻中国和智慧中国形象的有机结合，形成了理想化的中国形象。

萨义德的《东方学》探究了在资本主义意识形态下，西方的“邪恶中国”形象构建过程。西方对中国的长期主宰和压迫，暗含了一种极为不公的物质和文化霸权；工业化进程的加快和殖民进程的加速，推动西方文化观念的重大变革，一个堕落低劣的东方中国形象符合西方殖民和谋求霸权的政策，为西方观察家和游历者找到了西方干涉和主宰中国的“合理”的技术性理由。

在描述游历新发现和新感知时、在对中国文学和历史文本进行批判性分析时、在对中国文化物象进行解读时，西方作者（包括来华游历者）逐渐演化发展形成一种对中国进行负面主导和重构的东方主义风格[③]。

运用框架理论对游历文本进行分析是西方旅游文化传播研究的一大传统[④]。框架是“在存在着什么、发生了什么和有哪些意义等基本问题上进行选择、强调和表现时所使用的准则”[⑤]。框架是作者有意识筛选和阐述而形成的，各种社会后果是框架形成的认识基础。框架的形成是作者个体和社会集体认知综合作用形成的。框架是一个选择和凸显的过程，是取舍和架构的统一。人们一般基于冲突模式、兴趣模式、经济后果模式、道德模式和责任模式指导自己对框架的选择[⑥]。

从东方主义视角看，中国有其自身独特的价值和信仰体系，形成自己的历史和绘制其

① 参见马克思的《路易·波拿巴的雾月十八日》。

② 周宁.另一种东方主义：超越后殖民主义文化批判[J].厦门大学学报，2004，7（1）：5-12，91.

③ Said E.Oreintalism[M].New York：Vintage Books，1979：5.

④ Goffman E.Frame analysis[M]. Philadelphia：University of Pennsylvania Press，1974.

⑤ Entman R M. Framing：toward clarification of a fractured paradigm[J] .Journal of Communication，1993，43（4）：51-58.

⑥ 臧国仁.新闻媒体与消息来源——媒介框架与真实建构之论述[M].台北：三民书局，1999.

未来前景，形成社会秩序并按照一套连贯的结构和关系系统运行下去。但是，用本原主义方式描述中国和中国人的术语，如“满洲人”（mandarin）、“苦力”（coolie）、“平房”（bungalow）、“清国人”（Chink）、“支那”（China），形成于西方殖民统治语境，暗含着独特就是卑劣之义（uniqueness means inferior），即他者是卑微的[①]。西方的第二种中国形象框架不是以中国的独特性，而是以西方近代以前的形象版本为基础的，是再版的中世纪西方形象。这源生于文化单一发展理论，理所当然地把西方19世纪加速发展和取得的科学技术成就，当作所有社会期望获得的和必需的目标。西方对中国形象的话语分析体系中，通过科学技术以及机器来征服人类未知自然和世界的意识越来越突出。“机器是人类的衡量器（machine as the measure of men）”，成为19世纪中叶西方表述和表征中国形象的内在基本准则[②]。在某种程度上，这一时期的游历文本都把机器消费作为衡量文化和进步的标尺。科技不仅仅是衡量和评判异域文化（他者文化）的标准，而且也为西方主宰中国提供了技术力量上的可能性。

因此，当不同国别的来华游历者做出完全不同的中国形象评价时，没有什么值得大惊小怪的，这只不过是反映了来华游历者所在国家的科技发展水平以及对中国主宰能力的不同。东方主义中国形象学派把中国的半殖民化进程、中国低劣国家形象的“真理性”，以及对中国的干涉和入侵合法化。正如Leed（1991）所指出的：时间性差异，使得西方把掠夺和占有世界资源，合理化为对未发育成熟国家的指导和教育[③]。

作为简单扼要化的他者中国和作为再版中世纪的中国，这两种对中国形象的差异化认知，形成了19世纪西方来华游历者的主要认知源流。这两种观念框架了游历者的观察认知和结果。我们有必要追踪19世纪游历文本对中国形象的东方主义和现代化迟滞解读后的基本差异，建构两种不同中国形象的游历文本，关注中国和中国人生活的不同方面：美学关注中国景观和建筑的“柳园（willow pattern）”质量[④]；在农业或制造技术方面，重视对中国本土机械设备和技术及其功能的描述和分析；在社会治理方面，记叙令人恐惧的司法行为；在社会管制方面，关注官僚主义对个人自由的压制；在商业方面，关注传统运河贸易的广大空间以及对西方商品无法进入中国市场的懊恼和批评[⑤]。

资料来源　本书作者湖南省社科基金阶段性研究成果（未发表）。

【阅读提示】

1.根据本章内容，结合阅读材料，说明旅游文化的形成与哪些要素有关。

2.文章具体谈到了旅游文化的何种功能？举例说明。

3.以来华游历文化在中国形象生产中所起的作用为例，试说明旅游文化在实现拓展旅游时空功能的过程中是如何发挥作用的？

---

① Hayford C W. China by the book：missionary best sellers in the American China discourse. From S. W.Williams to Pearls S. Buck，Unpublished Manuscripts，1989.

② Adas M.Machine as the measure of men[M]. Ithaca：Cornell University Press，1989.

③ Leed E J.The mind of the traveller：from Gilgamesh to global tourism[M].New York：Basic Books，1991：172.

④ 柳园图源自荷兰名士高罗佩的《狄仁杰故事集》。高罗佩把中国国粹发展为公案小说。其英文系列小说《狄公案》（Judge Dee Mysteries）发行100多万册，译成10多种文字，成为西方普通大众了解中国的钥匙。

⑤ Fritzsche S C.Narrating China：western travellers in the middle kingdom after Opium War[D].Chicago：The University of Chicago，1995：15.

4.简单扼要化的中国和再版中世纪的中国，是一种旅游文化现象吗？

5.以来华游历文化现象为例，谈谈你对旅游文化传播的认识。

6.结合阅读材料，你是否认为旅游叙事机制和旅游文化传播机制是旅游文化研究的重要方面？

7.结合你自己的旅游体验经历，从旅游文化生产的视角看，是否存在一个旅游生活、旅游体验和旅游叙事循环往复的过程？

8.阅读《阳朔有个“地球村”》（http：//51ding.com/News_Show.asp？NewsID=3872），结合19世纪西方来华游历情况，回答：

（1）阳朔西街所形成的外语角现象，是一种旅游文化现象吗？这与19世纪西方人简单扼要化版的中国或中世纪再版的中国形象的形成过程，具有某种关联吗？

（2）试说明旅游文化在扩展旅游时空功能的过程中是如何发挥作用的。

（3）不同历史时期，西方人形成不同的来华旅游文化现象，结合本书对旅游文化功能的归纳，试阐述两个不同历史时期，旅游文化发挥着怎样的不同功能。

第四章 旅游审美文化

学习目标

学过本章之后，你应该能够：

1.了解中西两种美学话语模式关于美的基本观点，并回答美是什么、什么是美。

2.准确理解旅游审美主体与审美客体的审美关系。

3.了解旅游审美的方式、内容和特点，理解旅游审美行为过程中文化创造的产生过程与机制。

4.把握旅游审美的心理过程，体会旅游审美过程中三种美的形态特征。

5.了解不同类型的旅游审美文化，理解不同旅游审美感受的文化层次。

第一节　美的本质与形态

一、什么是美与美是什么

美是什么？什么是美？美的根源是什么？正如歌德所说，“美是费解的，它是一种犹豫的、游离的、闪耀的影子，它总是躲避着被定义所掌握”。学术界的解答历来流派众多，众说纷纭，或从客观，或从主观，或从主客观关系方面寻求答案；或作“自上而下”的哲学探讨，或作“自下而上”的实证分析。

美从何处寻？我们从希腊美学中选取一大传说和三大对话[①]，看一下古代哲人是怎样寻找美的奥秘的。传说毕达哥拉斯路过一家铁匠铺，听到五个铁锤击打铁砧的声音很有节奏，仿佛是一支悦耳的乐曲。他经称量发现铁锤重量符合一定的比例。回家后又通过试验，他发现弦长成一定比例时，也能发出和谐的声音。于是，他得出结论：数字的和谐就是美。苏格拉底和其弟子亚里斯提普斯关于金盾怎样才美的对话，得出美是一种自为之美，美即效用。苏格拉底和希腊美男子克里拖布卢比比美的对话，把“美是效用”观点推演到极致（苏格拉底相貌丑陋，脸面扁平，大狮鼻，唇肥厚）。这些对话堪称西方美学史上追寻美的最经典片段。

柏拉图的《大希庇阿斯篇》是西方美学史上第一篇系统地探讨美学问题的论著。在《大希庇阿斯》中，柏拉图让苏格拉底和诡辩派学者希庇阿斯进行了一场别开生面的对

① 上述经典片段对话的具体内容可参见色诺芬的《回忆录》第三卷，转引自北京大学哲学系美学教研室.西方美学家论美和美感[M].北京：商务印书馆，1980.

话，提出了“美是什么”和“什么东西是美的”命题①，苏格拉底从这次讨论清楚地认识到“美是难的”。柏拉图“美是什么”的严肃提问和“美是难的”的庄严回答，开启了西方美学对美的本体的探索和美的本质的追问与言说的艰难历程。

美的本质问题是西方美学大厦的基础和最后旨归。在本体论阶段，毕达哥拉斯学派认为“美就是和谐”。柏拉图说：“感性事物的美就是由灵魂隐约回忆到未依附肉体以前在天上所见到的真美。”亚里士多德说：“美就在于体积大小和秩序。”到了认识论阶段，休谟说：“美就是某种形状在人心上产生的效果。”鲍姆嘉通说：“美就是感性认识的完善。”康德说：“美是无目的的合目的性，是不凭概念而普遍使人产生快感的对象。”②而到了语言学阶段，维特根斯坦说，“伦理和美学”是“不可言说的”“神秘的东西”③。“美”这个词的意义在150年间经过成千学者的讨论，竟仍然是一个谜④。表4-1整理了国外著名美（哲）学家关于美的一些说法。

表4-1 国外著名美（哲）学家眼中的美

作者	观点	作者	观点	作者	观点
毕达哥拉斯	美是和谐	休谟	美在观赏者心	克罗齐	美是成功的表现
苏格拉底	美即有用	博克	美是物体的属性	里普斯	美是移情
亚里士多德	美在秩序、匀称、明确	狄德罗	美是关系	布洛	美在距离
中世纪	美在“上帝之光”	康德	美在于自由鉴赏	桑塔耶纳	美是客观化了的快感
布瓦洛	美与真、善相统一	黑格尔	理念的感性显现	贝尔	美是有意味的形式
鲍姆嘉通	美在于完善	柏格森	意志的充分客观化		

中国美学则注重对美的丰富性的感悟，并将不同的美的形态浓缩为范畴，也就是把美的这些表现形态指示出来。中国古典美学史上最重要的美学范畴有“道”、“气”、“象”、“妙”、“味”、“大”、“兴”、“观”、“群”、“怨”、“意象”、“隐秀”、“形神”、“风骨”、“气韵”、“神思”、“情景”、“虚实”、“兴趣”、“妙悟”、“气象”、“意境”、“韵味”、“性格”、“情理”、“理”、“事”、“情”、“才”、“胆”、“识”、“力”等。这些范畴不在于揭示美的本质，而在于解释如何通过体悟获得美感以及如何通过想象创造美。最重要的美学命题有“涤除玄鉴”、“心斋”、“坐忘”、“厉与西施，道通为一”、“象罔可以得道”、“观物取象”、“立象以尽意”、“化性起伪而成美”、“得意忘象”、“声无哀乐”、“传神写照”、“迁想妙得”、“澄怀味象”、“同自然之妙有”、“度物象而取其真”、“外师造化，中得心源”、“删拨大要，凝想形物”、“凝神遐想，妙悟自然”、“物我两忘，离形去智”、“身即山川而取

① 翟洪涛.《大希庇阿斯篇》解读[J].玉林师范学院学报（哲学社会科学版），2001，22（1）：87-89.

② 上述对西方美的认识不同阶段的划分以及美的本质的认识表述参见朱光潜.西方美学史[M].北京：人民文学出版社，2002：32，50，89，220，289，361.

③ 维特根斯坦.逻辑哲学论[M].贺绍甲，译.北京：商务印书馆，1996：104-105.

④ 托尔斯泰.艺术论[M].丰陈宝，译.北京：人民文学出版社，1958：13.

之”、“成竹在胸”、“身与竹化”、“实者虚之，虚者实之”、“无者造之而使有，有者化之而使无”等[①]。表4-2是中国著名美（哲）学家美的认识的主要表述情况。

表4-2 中国著名美（哲）学家眼中的美

作者	观点	作者	观点	作者	观点
孔子	里仁为美	蔡仪	美是典型	吴炫	美即否定
庄子	天地有大美而不言	朱光潜	美是主客观的统一	赵汀阳	美只是一种手法
刘勰	人文之元，肇自太极	高尔泰	美是人的观念	陈望衡	美是境界
钟嵘	美在滋味	李泽厚	美是自然的人化	周来祥	美是和谐
司空图	美在象外	杨春时	美是生命	张立文	美是和合
叶燮	美本乎天，集在于人	颜翔林	美是虚无		

20世纪50至60年代，中国美学界也曾围绕美的本质展开大讨论，主要形成三种观点：以蔡仪为代表的典型说、以李泽厚为代表的客观性和社会性统一说以及以朱光潜为代表的主客观统一说[②]。蔡先生以《登徒子好色赋》为例，认为“美人的形态颜色，一切都是最标准的，也就是概括了天下女人最普遍的东西。她的美在于她是典型的。[③]”李泽厚先生主张美是客观存在的，但它不是事物的自然属性，而在于事物的社会属性。朱光潜先生常以“花是红的”和“花是美的”为例，说明“花是红的”是科学的认识，“花是美的”是审美认识。

在这些对柏拉图“美是什么”的现代回答中，分析美学对这个问题的各种答案表示质疑，而且还对这个问题本身的合理性表示质疑，即“美是什么”是伪命题[④]。综合起来看，从美的言说方式上，苏格拉底“美是什么”的本质追问成为典型的西方式美学话语模式，希庇阿斯“什么是美的”的指示性阐释则成为典型的中国式美学话语模式[⑤⑥]。两种美学话语模式关于美的基本观点有：美是人自身本质的对象化；美是主观情感的表现；美是客观事物属性的展现；美是人类主观意识的产物；美是主客观相互作用的产物。

中外对美的本质、形态与创造等问题的探索，有助于我们加深对美的理解。我们认为，结合西方美学话语模式和中国美学话语模式，可以从不同的层面来认识美：在存在层面，美是价值，即美的客观基础或所对应的客观存在是价值；在意识层面，美是情感，是主观情性的价值意识；在符号层面，美是对象化了的情感语言符号。美就在我们身边，美的无限丰富的内容有待于我们去发现，对美的寻求是一个永无终结的过程。我们寻求美、欣赏美不必从概念出发，而要从现实生活，特别是旅游生活中具体的鲜活的事例出发。从美的本质出发来寻求美，那是“尽日寻春不见春”；从现实生活、旅游休闲生活出发来发

① 叶朗.中国美学史大纲[M].上海：上海人民出版社，1985：4-8.
② 凌继尧.美学十五讲[M].北京：北京大学出版社，2003：23.
③ 蔡仪.美学论著初编[M].上海：上海文艺出版社，1982：238.
④ 从分析美学角度提出“美是什么”是伪命题的研究成果很多，主要观点和论述可参见：李志宏.“美是什么”命题辨伪——认知美学初论[J].吉林大学社会科学学报，1999（2）；李志宏.美的本质研究将怎样终结——再论“美是什么”是伪命题[J].吉林大学社会科学学报，2005，45（1）：61-66.
⑤ 肖双荣.“美是什么”与“什么是美的”[J].武汉理工大学学报（社会科学版），2007，20（1）：115-119.
⑥ 蔡朝辉.论中西美的言说方式的先在预设[J].太原理工大学学报，2006，24（3）：7-11.

现美，那是“春在枝头已十分”。

二、美的存在形态与表现形态

（一）美的存在形态

美存在的领域十分广泛，美的形态多种多样。产生于自然事物之上的美为自然美，存在于社会事物之中的美是社会美，由人类对自然美和社会美进行加工并使之成为真、善、美的统一表现出来的美是艺术美。旅游者在旅游审美观赏过程中，对这三种美的形态都会表现出浓厚的兴趣。

1. 自然美

对于自然物与美的关系，有人认为，自然物本身存在着与人类无关的美的形式要素（如美的线条、色彩、形状、质地等）；有人认为，自然的美是人类主观意识投射的结果。从美的发展历程来看，早在人类社会出现以前，自然界和自然事物早已存在，那时的自然界无所谓美与不美。可见，自然美是相对于人类社会而存在的。在人类社会的幼年时期，人类看到的美的世界狭小粗糙，是因为人类社会的实践还远未将人类自身解放出来，人类的生存还笼罩在自然力量之下。人类在以自身力量改造自然的过程中不管是对力量和效果的评价，还是由这个过程所培育的整体意识，都不具备整体地或人类地赋予自然美的意味的条件，这时，自然美就不存在[①]。当人类从“神秘恐惧的神话阶段”向“寄托幸福生活和长生幻想的世界”转变时，人类开始对自身力量有了部分自信。等到人类足迹无所不至，自然不再是神话的摇篮时，自然就成为人类审美的对象。自然本身的色彩、线条、形体、姿态这些美的元素就独立地成为审美对象了。朱光潜先生曾指出，“在起源阶段，美与效用总是统一的”。狩猎时代的原始人尽管周围长满花卉，然而他们对此视而不见，他们在洞穴中描绘的只是野牛、野猪、古象等。也就是说，只有当人类通过漫长历史劳动实践，逐步认识、利用和改造后，使自然人化和社会化而成为人类审美对象时，自然界才展现出它的美。

人类社会赋予自然美的意味是人类社会整体发展的结果，而且这种自然美的意味代代相因，渐有所积，并最终成为多数人所能接受的类型的美。自然美的类型，数不胜数。自然类型的美主要有环境美、科学美、形式美、造型美、朦胧美、人体美。

旅游者，特别是现代旅游者，主要是以这种由人类所发展而反过来外化于人类而存在的自然美为审美对象的。无论是对古代旅游者还是对现代旅游者来说，自然美是社会近（现）代化进程和城市化进程中难得保留下来的一片净土，因此备受青睐。自然界所呈现出的生命力之美、丰富之美、造化之美、变幻之美都吸引着旅游者亲近自然。

2. 社会美

从美的发展历程看，社会美是自然美形成和发展的基础和前奏。在社会美的形成过程中，自然得以直接或间接地人化，从而产生自然美。同自然美一样，社会美也不直接是人类有目的的“美的作品”。自然美与真相连，而社会美与善相关。社会美是人类在其社会

① 李泽厚. 美学四讲[M]. 北京：生活·读书·新知三联书店，1989：92.

生活中所表现的美。如积极肯定的人类社会生活形象、符合时代发展方向和要求的人类社会生活形象所展现的美。社会美包括人的心灵美、行为美、语言美，并特别体现为人的内在和外在的美。心灵美是人的思想精神世界所展现的美；语言美是人们在说话、用词、造句、语调中所展现的形态和形式的美；行为美是人们通过举止行为、姿态风度、生活作风所展现的美。语言美和行为美是心灵美的外在表现。

对旅游者而言，自然美以其真的形式令人愉悦，而社会美以其善的形式令人愉悦。由于社会美的相对客观性和外在性，一定历史时期的丰富多彩的社会生活，就是人们欣赏社会美的最好画廊。虽然不同文化背景的旅游者在欣赏不同社会状态下的社会美的形态时，会得到不同的审美体验，但异质、异形、异地的社会形态美确实是催动旅游者走出家门的基本动力。

3. 艺术美

艺术美是人们根据形式美的规律、造型艺术的要求，对制作的艺术作品或对自然素材进行加工而形成的艺术作品所展现的美。自然美和社会美都是现实的美，是客观存在的美的形态。它们虽然生动、丰富、广博，但它们不是依据人们意愿而达到集中、精粹、理想和典型的程度。艺术美弥补了自然美和社会美的缺陷，是人类对现实美的全部感受、体验、理解的加工和提炼的结晶，是艺术家依照审美理想对客观现实的主观能动反映。

艺术美的形式多种多样。绘画、雕刻、音乐、舞蹈、戏曲、诗歌是最典型的艺术形式。园林、建筑、工程、服饰、器物等也是艺术美常见的载体。这些艺术形式体现在世界各地的标志性旅游景观中。艺术美或承载着人类理想的、典型的美的意味，或跨越时空表现美的艺术形象，也是旅游者旅游审美所追寻的。

（二）美的表现形态

1. 优美

优美，又称秀美，是美最为常见的表现形式，是审美对象与审美主体的审美实践达到和谐、统一的状态，以柔和、典雅、舒张、妩媚的形式，使审美主体获得哀怜、愉悦、宁静、亲切、美的感受。例如，当旅游者置身于春风款款、鸟语花香的季节，满目名山秀水、杨柳依依，或是细雨池塘、渔歌唱晚，这些境界是优美的，在这样优美的旅游环境里，旅游者沉醉忘我，飘飘欲仙，获得出神入化的怡然境界的美感。

2. 壮美

壮美，又称刚性美、崇高，是与优美相对应的一种特殊的表现形态，是审美主体和审美客体在对立冲突中，趋向于统一的一种动态美。它更多体现实践主体的巨大力量，更多展示主体和客体在审美阶段相冲突与对立的状态。壮美在形式上表现为一种粗犷、激荡、刚健和雄伟的特征，给人以惊心动魄的审美感受。例如，仰泰山叹其雄，临华山惊其险，游峨眉感其幽，给人的就是一种震撼。这种震撼从心理不适开始，以激情释放、心理满足而终，从而成为与优美相对应的另一种审美体验。

以壮美形式表现出来的自然美，是自然界审美对象的外在表现形式，如狂涛巨浪、崇山峻岭、茫茫沙漠、火山爆发等，显示出自然界的量的无限和力量的无穷。以壮美形式表现出的社会美，是社会审美对象的内在和外在表现形式。如中国共产党长征的胜利、抗震救灾的胜利等都是崇高的英雄业绩，是社会美的崇高表现。以壮美形式表现的艺术美，是艺术审美对象外在形态和内在意蕴的表现形式。

3.悲美

悲美，又称悲剧，是与喜美相对应的一个审美范畴。正面人物在各种矛盾冲突中，遇到不应有的但是又是必然的失败、痛苦和死亡，使人们悲伤、同情、抗争，净化人们的精神境界，使人们由痛感的悲剧转化为审美的愉悦，产生悲剧的美感。反面的不合理的东西，毁灭了正面的有价值的东西，这种结果反映在艺术审美中，就是悲剧的美。悲美又与壮美紧密相关。在现实生活中，悲美的领域比壮美的领域要窄得多，悲美只是涉及行为世界，壮美既包括行为世界，又包括对象世界。

一谈到悲美，自然而然要想到古希腊灿烂辉煌的悲剧艺术。例如，人们对世界闻名的俄狄浦斯系列故事进行着悲美的解读。俄狄浦斯是忒拜国王拉伊奥斯和王后伊奥卡斯忒的王子，拉伊奥斯从神处得知，儿子命中注定要杀父娶母。俄狄浦斯一出生就被抛弃。长大后的俄狄浦斯从神处得知自己的命运后，为反抗命运，逃亡忒拜。在途中，一时动怒，杀了一位老人，这个人正是他父亲。后来因为忒拜人解除了灾难，俄狄浦斯被拥戴为王，娶了前王寡后。发现杀父娶母的真相后，俄狄浦斯在极度悲痛中刺瞎双眼，请求放逐，其母也悬梁自尽。古希腊人习惯于用命运来解释悲剧的根源；亚里士多德以过失来说明悲剧的根源；黑格尔以对立的理想的冲突与调节来阐释悲剧的根源；恩格斯以必然要求和这个要求的实际上不可能实现之间的冲突来理解悲美的根源；鲁迅认为，“悲剧将人生的有价值的东西毁灭给人看”。

悲美的表现形态，有新生力量的悲美、旧事物的悲美和小人物的悲美。如普罗米修斯、巴黎公社中的英雄、当代革命志士等都是新生力量悲美的典型例子。旧事物灭亡的悲美性有一个前提，就是它的存在在一定程度上还有一定的历史合理性。例如，光绪皇帝就是这样的人物。鲁迅笔下的祥林嫂、阿Q则是小人物悲美的典型例子。

现实生活和旅游休闲生活中获得悲美快感的例子也不少见。抗日战争期间，北大、清华、南开三校南迁，新建西南联大。西南联大校歌①记叙了中华民族存亡绝续危急关头发生的这一悲剧事件，无论是战争时代吟唱校歌的事件亲历者，还是生活在和平年代的普通人，在诵读、吟唱这一首校歌时，体验到的都是“悲愤而坚决的心情②”这一悲美的快感。

4.喜美

喜美，又称喜剧，是以正面的、常规的、压倒反面或以伪装正派、不合适的、非常规的表现形式，或显现幽默、风趣、可笑，或显现荒唐、愚蠢、滑稽等引人发笑的审美事项所展现出来的美。人们通过这些形式与现实内容的反差比较，做出审美评价，产生相应的喜剧效果。在旅游休闲过程中，旅游（休闲）地舞台化的一些艺术表演项目，往往会引发

① 西南联大校歌歌词：万里长征，辞却了五朝宫阙。暂驻足，衡山湘水，又成离别。绝徼移栽桢干质，九州遍洒黎元血。尽笳吹，弦诵在山城，情弥切！千秋耻，终当雪；中兴业，须人杰。便一成三户，壮怀难折。多难殷忧新国运，动心忍性希前哲。待驱除仇寇，复神京，还燕碣。

② “悲愤而坚决的心情”是杨振宁先生说他在吟唱西南联大校歌时所产生的情感，这是对悲剧快感体验式、感悟式的一种说明，准确完整地表述了悲美快感的基本特征。

旅游者或发笑，或感事项的丑陋，或感事项的可爱，从而获得喜剧性的审美快感。

第二节 旅游审美文化行为

一、审美概述

在中国美学研究的惯常用语中，审美和审美活动是同义的。审是什么？审是人们对一切事物的美丑做出一个评判的过程。美是什么？美是使人们感到愉悦的一切主客观存在的事象。在现代文明中，美的观念不只是囿于书斋、画室和各种艺术店堂中，已经扩展到人们生活的各个触角，扩展到了每一精神产品和物质产品身上。由此可见，审美是一种主观的心理活动的过程，使人们根据自身对某事物的要求所作出的一种对事物的看法。作为一种公共经验，"美在主观上表现为情感"与"审美是以情感体验的方式进行的评价活动"，应是以科学的方法从事美学研究的两块坚固的基石①。审美就是以情感的对象化方式进行的评价活动，简而言之：审美是情性评价活动。

人之所以需要审美，是因为世界上存在着许多的东西，需要我们去取舍，找到适合我们需要的美的事物。人类的智慧从客观上决定了我们对美好事物的追求。人类通过发现美和审美，丰富自己的精神家园，达到愉悦的目的，达到完善自己的目的。

审美具有直觉性、情感性和愉悦性等特征。审美直觉就是对美的形态的直接的而非间接的感知，是对审美对象的整体把握。审美不是借助于理智的思考和逻辑的判断，而是直接产生的。在美的欣赏中无须借助抽象的思考，便可不假思索地判断对象的美或不美。美感产生的过程就是审美意象再造的过程。审美情感是指人对客观存在的美的体验和态度，包括人的生理、理性因素与人类发展所积淀的普遍因素。比如我们欣赏阿炳的《二泉映月》，二胡一拉出那缓慢、低沉而悠扬的旋律，我们立刻被激发出一种凄婉哀怨的情绪，仿佛一人孤身坐于夜阑人流、月冷泉清之地，回首往事，苦痛不堪。随着主题的展开，旋律慷慨激昂起来，那悲愤的控诉、不屈的抗争和孤傲的人格，立刻在我们心里激起共鸣，愤怒、同情、钦佩、昂奋等诸种情感在我们胸中交织着、洋溢着、沸腾着，直至曲终，我们的心绪仍然久久不得平静。这就是一种审美情感的体验和态度。审美愉悦来源于对人的本质力量的肯定，表现于对狭隘功利性的超越和对生命力的追求。无论什么样的审美对象，它总是能给人们带来审美的喜悦。听莫扎特的音乐，读张若虚的诗，登万里长城，都可以获得激动的或平静的喜悦、愉快的美感享受。这种愉悦感来自身心与能力的和谐运动，令人感到一种怡然恬然，左右逢源，轻柔流畅，游刃有余的自由。

人的一生中，不但要有艰苦奋斗，更要有泛舟湖上、徜徉山水、茶余饭后寻趣、花前月下等旅游休闲活动，这是人类特有的一种有审美内涵和文化意蕴的活动。中国传统文化主张，我们既要入世，也要有非功利性的活动，正所谓"志于道，据于德，依于仁，游于艺"。宋朱熹把游解释为："游者，玩物适情之谓。"中国传统文化讲究游乐适情、无拘无

---

① 春水.美与审美的评价论与语用学阐释[J].浙江大学学报（人文社会科学版），2002，32（1）：129-136.

束、自由自在。宋程颢欣赏优游的生活态度，强调闲情雅致，曾写下“云淡风轻近午天，傍花随柳过前川。时人不识余心乐，将谓偷闲学少年”的诗句。清张潮在《幽梦影》中把休闲审美的功能概括为：读书、游山、玩水、饮酒、著述。“天下之乐，孰大于是？”范仲淹在《岳阳楼记》中写道：

至若春和景明，波澜不惊，上下天光，一碧万顷；沙鸥翔集，锦鳞游泳；岸芷汀兰，郁郁青青。而或长烟一空，皓月千里，浮光跃金，静影沉璧，渔歌互答，此乐何极！登斯楼也，则有心旷神怡，宠辱偕忘，把酒临风，其喜洋洋者矣。

这一段话，表明旅游者丰富强烈的审美内涵和文化意蕴。旅游休闲活动中最基本的活动无疑是审美活动。树立良好的审美态度，培养良好的审美能力和修养，特别是要培养非世俗功利性的态度[①]。所以金圣叹认为：“天下最惜是，迢迢长夜，未饮先醉；见绝世佳人，疾促其解衣上床。夹取江瑶柱，满口大嚼。轻将古人妙文，成片诵过。此皆上犯天条，下遭鬼戮之事，必宜有则改之，无则加勉者也。[②]”苏轼在《前赤壁赋》中写道：“且夫天地之间，物各有主，苟非吾之所有，虽一毫而莫取。惟江上之清风，与山间之明月，耳得之而为声，目遇之而成色，取之无禁，用之不竭，是造物者之无尽藏也，而吾与子之所共适。”这旷达超脱的审美胸襟，是旅游审美活动中应有的态度。

二、旅游审美文化行为

（一）旅游审美要素

1.旅游审美主体

旅游审美主体是旅游审美行为的实践者，是指具有内在的审美需要和审美结构，并与审美客体形成一定审美关系的旅游者。

马克思在《1844年经济学哲学手稿》中指出，最初的人类是不具有主体性的，当人在不断的社会劳动实践中逐步认识并掌握了客观对象的规律的同时，也创造了人类自身，产生了与动物根本不同的人类认识世界和改造世界的主体性。在人的本质力量对象化的进程中，主体在对对象的直观中意识到自己的本质力量，从而获得情感的愉悦，这时审美主体才真正形成。

同样，旅游者通过旅游审美实践，人化审美客体的同时，也提高了自身的审美情趣与能力。旅游者需要具备一定的审美能力。只有当旅游者具有敏感的感知能力，能对审美对象的审美特质作出特殊的反映，具有一定的意象生成和形象创造能力，才能真正成为旅游审美主体。旅游者审美能力的高低，决定着旅游客体能否和在何种程度上进入旅游者的审美视野，成为旅游审美客体。也就是说，旅游者要通过精神活动（追求精神享受而不是物质享受）、情感活动（旅游审美状态是一种情感需求状态）和自由生命活动（旅游审美状态是摆脱了物质需要的自由状态），进入审美境界，实现从旅游者到旅游审美主体的转化。

审美结构是使主体成为审美主体的内在结构，是主体观赏、认识、体验物的“使人愉

① 王世德.简论旅游审美文化[J].文史杂志，2002（1）：32-34.
② 金圣叹批《西厢记》“拷艳”一折。

快的属性”的心理层次，是生理和心理的混合物，是自然性和社会性的结合。完善的审美结构是获得审美愉悦的重要基础。一般认为，旅游审美主体的审美结构由三个层次构成。第一层次是生理层次，是旅游景观对旅游者所具有的刺激—传导—反应的本能而产生的情绪式的快感。第二层次是心理层次，是旅游者在审美感知的基础上，对旅游审美对象的体验、联想、情感和理解。第三层次是社会文化结构层次，是旅游者在旅游审美实践过程中，受传统、习俗、信仰、趣味、价值观、审美观、社会心理等内在意识形态的约束与影响，达到联结、融合、物我同一的审美意蕴[①]。

2.旅游审美客体

旅游审美客体是旅游审美行为所指向的对象，是具有审美价值属性，与旅游审美主体结成一定审美关系的旅游资源、旅游产品（包括旅游服务）等。

美感要以客观对象的存在为前提。对旅游审美主体来说，如果没有可感的客观事物作为欣赏对象，旅游审美主体的感受、体验就会失去依据。旅游资源、旅游产品和旅游服务之所以能成为旅游审美客体，是因为它们本身具有某种审美的特性。景观的审美属性，首先体现在景观本身结构符合“美的法则”，即合规律性，如色彩、线条、形状、声音等整齐一律、均衡对称、调和对比、多样统一等。当以合规律性形式表现出来的旅游景观与旅游审美主体即旅游者的审美需要一致时，旅游景观才成为真正的旅游审美客体。

旅游审美客体一般是包括一个大面积区域的风光和景观，如旅游景区。旅游者以景随步移和步移景换的方式对审美客体进行综合性审美评价，并在多数情况下，要把自然、社会、艺术和生活等方方面面的内容纳入旅游审美对象的范畴。

3.旅游审美关系

审美关系是客体的形象或形式刺激主体的生理和心理机制，满足主体潜能或本能需要而建立起来的。主体能否与客体建立审美关系，完全取决于主体生理心理机制是否健全、客体形象形式能否吸引或激起主体好感。

旅游审美关系指在旅游审美活动中，旅游者的审美需要、审美能力与旅游审美对象的审美属性之间形成的一种同构关系。当旅游审美对象与旅游者的生理和心理结构相遇，一旦能激起旅游者的某种反应，甚至审美对象与旅游者的心灵合拍一致，旅游者就会产生感知、想象、情感和理解的审美冲动。旅游审美关系，是具有审美需要的旅游者通过旅游审美实践活动，在对景观的“合规律性”与“合目的性”把握过程中建立起来的。旅游者审美能力的发挥与旅游景观审美属性的认识统一的过程，推动旅游审美关系的形成与运动。

（二）旅游审美的心理要素与过程

旅游审美是指在旅游过程中所发生的美的欣赏和美的创造过程。“旅游审美作为一种意识活动，是一种对美的认识过程，是一个形象思维的过程。随着美的认识过程，是情绪和情感的心理活动，这样形成美的感受和感动，突出的是美感的愉悦。[②]”构成旅游审美体验的最主要基石是感知、情感、联想和想象、理解等心理活动，这些心理要素相互联

① 田连波.旅游审美学[M].郑州：河南大学出版社，1997：304.
② 谢彦君.基础旅游学[M].北京：中国旅游出版社，2004：221.

系、相互依赖、相互作用，在自由和谐的彼此推移过程中产生审美感受，是形成美的体验和美的创造的源泉。

1.旅游审美感知

旅游审美感知，是旅游者对旅游客体的直观把握，是对旅游客体产生的感觉和知觉，并形成记忆表象的过程。感觉是人脑对客观事物的个别属性的主观反映。知觉是巴甫洛夫所谓的分析器对外界事物和现象的整体所进行的直接反映，是大脑形成整体性映像的认识过程，其反映过程叫知觉映像。知觉以感觉为基础，刺激物一旦从感官所涉及的范围消失，感觉和知觉都停止了。知觉是对感觉材料的加工和解释，知觉过程中还有思维、记忆等的参与，因而知觉对事物的反映比感觉要深入、完整。

我们需要在日常感觉的基础上来认识旅游审美感觉。人的眼、耳、口、鼻、舌、身和大脑神经系统组成了视、听、味、嗅、触的感官分析器官，接受和传达外界的各种信息。感觉是认识过程的开端。日常感觉与旅游审美感觉是不同的。日常感觉大多是非审美的。人们在日常生活中，常有混乱、无聊甚至焦虑的感觉。人们一般认为日常生活现象是混乱的，很多事项交织在一起呈现无序状态，“脑子很乱”、“心绪很乱”，道不明说不清的感觉，剪不断、理还乱。日常生活中的人与人、事与事、人与事之间的关系重复、断裂、交叉、环绕，形成了一个无头无尾且无法解开的结。人还有无聊、焦虑的感觉。人们在无聊中升起虚无的感觉，人既没有寻找也没有赋予事物自身以特定的意义，而使事物充实起来。身在焦虑之中的人们，感觉相关的事物始终是以烦心的形态出现的，不可捉摸、无法左右。混杂、无聊和焦虑等构成了人们的日常生活感觉的基本情态，它们以不同的方式遮蔽了审美感觉的本性。

旅游审美感觉与非审美的日常生活感觉不同，旅游者从日常感觉到审美感觉的转变，是旅游者对审美对象超功利性的认识的过程。当旅游者在旅游或休闲过程中，受到某种色彩、声音、线条、质地的刺激时，就会产生愉悦感。比如，面对一座雄险的山峰，旅游者的审美感觉来自对山峰的险峻的直接感受以及旅游者的全部情感和理智对它进行的无意识的瞬间分析、判断与评价。日常生活感觉往往带有功利的或因果关系式的意识，而旅游审美感觉则是超功利的、非因果式的无意识过程。旅游者在旅游审美过程中，视听感官使旅游者在一定的时空距离上感受了外物的形、声、色和时空关系，其他感官为旅游者实现切身的体会创造条件。在旅游过程中，美和美感显示出了一种物我一体和水乳交融的关系。美不是一个僵死的、空白的对象物，让人随意地涂抹。旅游者的审美也不是一种被动的接受和过于主动的强暴。美和美感同构同成，美在何种程度上显现为美，美感就在何种程度上显现为美感。例如，旅游者看到立于河边或卧于湖心的景亭，倒影于碧波之上，随着微波涟漪，时曲时直，不停地变化，其虚幻迷离的景象，是颇有魅力的。再如那被林木枝叶掩映的景亭，或半遮半露，或时隐时现，那是一幅幅自然美与人工美相融合的画面，情趣更为佳妙，同时也包含了多种眼花缭乱美的色彩模式，从而产生了美感，得到了更大的美的情趣。

马克思在《1844年经济学哲学手稿》中对审美感觉作了全面的考察、论述和规定，他把人的作为自然机能致用的五官感觉与人的生活实践历史加以直接联系，揭示出五官感觉的形成是以往全部世界历史的产物，只有在超越了粗陋的实际需要感觉的有限意义，把作为生理器官的感觉上升为人的社会器官的感觉时，人的自然存在才成为他的人的存在，人才能成为具有丰富感觉的人，实现以全部感觉在对象世界中肯定自己，创造出同人的本质和自然界的本质全部丰富性相适应的人的审美感觉①。

旅游审美知觉是旅游者把对旅游审美对象各个不同类的感觉加以联系和综合，并运用以往的审美经验和知识加以选择与补充，从而对审美对象得出比较复杂和完整的美感认识过程。旅游审美知觉与感觉虽然同属于旅游审美感性认识的过程，但审美知觉比审美感觉更具整体性、选择性、相对性和恒常性等特点。审美知觉的整体性，是指旅游者对审美对象的各个特征如形状、色彩、光线、空间、张力等要素组成的完整形象的整体性把握，甚至还包含着对这一完整性形象所具有的某种含义和情感性的把握。没有对审美对象的知觉，就不可能把握审美对象的美的形象。泰戈尔所说的“采着花瓣时，得不到花的美丽”，就是这个道理。旅游审美知觉的选择性，就是旅游者受到感觉器官的各种刺激时，只是有选择性地对少数对象进行加工，形成审美知觉性认识。

我们还需要认识到，旅游审美感知所涉及的直觉因素不是本能意义上的直觉，而是社会意义和审美意义上的直觉，它“积淀和凝冻着”一定的社会历史内容和“集体无意识”，以感性和直观的形式影响着旅游者的审美知觉能力。这种直觉作用在通过“原始积淀”、“艺术积淀”和“生活积淀”而形成的审美心理结构中占据重要的地位。

旅游审美的感知过程，是旅游者对审美对象的感性认识过程。在旅游审美感知过程中，旅游者所获得的美感和审美愉悦，还不是很深刻、很丰富、很强烈。旅游者还需要借助于审美想象、审美情感、审美理解等心理活动，才能获得更为深刻、丰富和强烈的美感享受和愉悦。

2.旅游审美想象

想象是审美感受中的一种常见的心理现象，是由当前所感知的事物而回忆起有关的另一事物，或由想起的一事物连带地想起另一事物的心理活动。想象能由此物联及彼物、由彼物及此物，或者随意改造事物的表象、性质、数量，可以无限自由地伸缩展开。审美的联想与想象，除了要由此物联及彼物、改造事物外，还必须伴随着形象的联翩而到情感的活跃、美感的享受。例如，中国古代审美家倾向于认为，想象不是感觉，而是一种思维②。《楚辞·远游》“思故旧以想象兮，长太息以掩泣”，曹植《洛神赋》“足往神留，遗情想象”，谢灵运《登江山孤屿》“想象昆山姿，缅邈区中缘”，从旅游审美实践中揭示了想象在审美活动中的作用。

旅游审美想象是旅游者在直接观照审美对象的基础上，调动过去的表象积累，丰富、

---

① 转引自王向峰.社会器官与美感的生成——马克思《1844年经济学哲学手稿》的一个命题[J].社会科学辑刊，2003（1）：149-154.

② 李倩.试论审美想象及其特点[J].湘潮，2008（3）：66-69.

完善对象和创造新对象的心理过程。在审美活动过程中，旅游者依照审美理想的要求，遵循接近、类似、对比等规律展开联想和想象，或遐想，或联想，或构想，或把理解和情感再现于表象之中，或对表象进行加工制作进而丰富美的形象，或创造新的审美意象①。

审美联想是审美想象的基本形式。旅游审美联想是旅游者以记忆为基础，在审美活动中将旧的知觉与新的知觉表象相重叠、组合，从而使既有的审美对象变成含蕴丰富、生生不已的审美意象。通过联想，审美主体构建的是审美意象，即将审美对象扩大为一个审美世界，从中领悟到深沉的宇宙感、历史感和人生感。根据表象和意象之间的联系，我们可以将联想分为对比联想和类比联想。对比联想是基于某一事物对于另一种性质、状貌截然相反或相对的事物的联想，它不强调两者的对立，而是强化对两种事物对立关系的理解。类比联想是将时空上接近或性质、状貌上相似的两类事物联系起来，并引起相应的情感反应。我们常说的"通感"、"比喻"、"象征"等都属于此类。联想在有些时候可以直接形成审美意象，但大部分时候，它只是起了一个奠基作用，目的是引导再现性想象和创造性想象的顺利行进。

再现性想象是意象与表象保持着"同型"关系的想象，与联想由此及彼的发挥不同，它是旅游者借助语言和非语言描绘（图样、图解、符号等）再现记忆表象、在头脑中形成审美表象的审美心理过程。旅游者最大限度地恢复、复现表象，以求最终接近于复制对象形式。再现性想象完成的形象与原始材料是"同型"的关系，它对原始材料有较强的依赖性，同时它也不能脱离主体的审美经验。如旅游者借助导游对梁山泊、祝英台的描述，在《梁祝》哀怨的音乐声中，旅游者在头脑中再现出已有的梁山泊、祝英台记忆表象并为之再掀情感波澜：两小无猜、依依惜别的十八相送、惊天动地的坟头哭诉、引人深思的化蝶双飞等审美意象再现在旅游者的头脑中。

创造性想象是审美主体在审美情感的驱使下，为实现审美理想而自由发挥的一种想象，它一般不受现成描述或现有形式的约束，而是根据主体的审美需要、审美理想，将记忆中的表象改造、加工、粉碎、整合，创造出与主体审美理想一致的崭新的形象②。创造性想象具有极大的自由性，能跨越时空，突破物质与精神的界限，将表象自由地组合或拆散，以想象构造的事实来取代客观存在的事实。审美的自由想象，主要表现为以黏合、分割、夸张、变形、浓缩、组合、抽象等手法对原有表象进行改造，以形成一个崭新的意象世界。例如，黏合就是把现实中没有或者是缺乏因果关系的表象根据主体的审美需要拼合在一起，创造出一个全新的审美意象，来象征某种意义，实现审美理想。夸张也是创造性想象中常用的一种方法，它以原有表象为原型加以夸大或缩小，在合情合理的基础上创造一个新的表象，如白居易依据记忆中的江南形象，运用夸张手法，创造出新的江南形象——"日出江花红胜火，春来江水绿如蓝"。

① 叶朗先生把想象分为联想和构想，联想是指"由一事物想到另一事物的心理过程"，并细分为相似联想、接近联想、对比联想、因果联想。而构想是"把各种知觉心象和记忆心象重新化合，孕育成一个全新的心象，即审美意象，并激发起更深一层的情感反应"。王晓旭将主体的审美心理过程分为两个阶段：审美态度形成和审美感受获得倾向于"知觉完形"阶段，审美体验展开和审美超越是"审美意象"获得阶段，并认为，联想是审美想象的低级形式，而高级形式是再现性想象和创造性想象。分别参见叶朗.现代美学体系[M].北京：北京大学出版社，2004：178；王晓旭.美学原理[M].上海：上海人民出版社，2005：263.

② 李倩.试论审美想象及其特点[J].湘潮，2008（3）：66-69.

可见，“在一切心理要素中，唯有想象才是推动审美过程中的美感沿着不断深入的航线迸发的实在力量[①]”。旅游审美的过程是一个想象力不断迸发的过程，无穷的想象力会给旅游者营造一个广阔的审美空间。老子的“有、无、虚、实”，王弼的“得意忘象，得象忘言”，宗炳的“澄怀味象”，陆机的“精婺八极，心游万仞”，刘勰的“神思”，顾恺之的“迁想妙得”等中国古代审美大家对想象在审美活动中的作用有着独到的体验和深刻的认识。如果说审美感知的作用是帮助旅游者进入审美世界的大门，那么，想象就为进入审美世界的旅游者插上了审美的翅膀。

3.旅游审美情感

审美情感理论是现代美学由以确立自身的基点，也是其中的一条主线[②]。旅游者的审美体验的又一显著特点就是它带有浓厚的情感意味。情感是指人们对客观事物是否符合自己的需要而产生的体验。“情感常常表现为主体在社会实践（特别是在审美活动）中对客观事物的一种主观情绪反应，是伴随着知觉活动直接产生的。[③]”强烈的情感体验是美感的重要特点。在旅游审美认识活动之外，旅游者在面对审美对象时还会将这些事物与自己的需要建立某种关系，并以相应的心理做出反应。当事物与旅游者的需要有密切关系，旅游者就会对其产生一定的情感。

刘勰在《文心雕龙·物色》中写道：“物色相召，人谁获安？是以献岁发春，悦豫之情畅；滔滔孟夏，郁陶之心凝；天高气清，阴沈之志远；霰雪无垠，矜肃之虑深。岁有其物，物有其容；情以物迁，辞以情发。一叶且或迎意，虫声有足引心。况清风与明月同夜，白日与春林共朝哉！”可见，旅游审美对象的形式中包含某种情感的因素，它们构成旅游审美情感产生的基础。当旅游者为眼前的景象所打动时，旅游者会随着景物的变化而心旌荡漾，并赋予景物以情感的外衣，正所谓“春花为我而含怨，秋夜缘我而藏愁”。

旅游审美情感的产生源于旅游者在旅游审美过程中积极地把自己的人格和感情投射到审美对象中并与之融为一体、物我同一的心理移情过程。例如，在庄子与惠子“游鱼之乐”的辩论中，庄子不是鱼，但他根据自己出游从容的经验，推己及物，设身处地地认为鱼很快乐。这种心理活动就是典型的审美移情现象。移情现象普遍存在于自然美的欣赏中。“大地山河以及风云星斗原来都是死板的东西，我们往往觉得它们有情感，有生命，有动作，这都是审美移情作用的结果。比如云何尝能飞？泉何尝能跃？我们却常说云飞泉跃。山何尝能鸣？谷何尝能应？我们却常说山鸣谷应。[④]”“自己在欢喜时，大地山河都在扬眉带笑；自己悲伤时，风云花鸟都在叹气凝愁。惜别时蜡烛可以垂泪，兴到时青山亦觉点头。柳絮有时轻狂，晚峰有时清苦。陶渊明何以爱菊呢？因为他在傲霜残枝中见出孤臣的劲节；林和靖何以爱梅呢？因为他在暗香疏影中见出隐者的高标。[⑤]”于是，旅游者“乐而观之，其景可乐；悲而观之，其景堪悲”。

此外，旅游审美情感还能产生于审美对象的可感受形式与旅游者的内心世界之间存在

① 庄志明.审美心理的奥秘[M].上海：上海人民出版社，1983：148.
② 董志刚.审美情感理论的发源[J].西北师大学报（社会科学版），2008，45（5）：28-31.
③ 王珂平.旅游审美活动论[M].北京：旅游教育出版社，1990：57.
④ 朱光潜.朱光潜全集：第1卷[M].合肥：安徽教育出版社，1987：236-237.
⑤ 朱光潜.朱光潜全集：第2卷[M].合肥：安徽教育出版社，1987：22.

着某种形式上的契合。“自然有昼夜交替季节变换，人体有心脏节奏生老病死，心灵有喜怒哀乐七情六欲，难道它们之间就没有某种对相呼应的形式、结构、秩序、规律、活力、生命吗？欢乐愉快的心情与宽厚柔和的兰叶，激愤强劲的意绪与直硬折角的竹子节；树木葱茏一片生意的春山与你欣快的情绪，木叶飘零的秋山与你萧瑟的心境；你站在一泻千丈的瀑布前的那种痛快感，你站在潺潺小溪旁的闲适温情；你观赏暴风雨时的气势，你在柳条迎风中感到的轻盈……这里面不都有对象与情感对应的形式感吗？[①]”正是这种对象与情感在自然素质和形式感上的映对与呼应，形成了美的和谐，从而产生美感体验。

旅游审美中的情感因素还体现在优美与壮美，悲美与喜美等美感形态之中。例如，在马致远的《天净沙·秋思》中，枯藤、老树、昏鸦、古道、西风、瘦马、小桥、流水、人家、夕阳、断肠人、天涯，所有这些表象，通过审美情感中介的作用，形成了一幅“悲喜并至，苦乐相错[②]”的蒙太奇式的审美意象。

4.旅游审美理解

审美理解是审美主体把握审美对象内部联系或本质的思维过程。实践美学充分肯定了理解在审美活动中的作用。“感觉到了的东西，我们不能立刻理解它，只有理解了的东西，我们才能更深刻地感觉它。”理解在不同层次的审美体验中所发挥的作用，概括起来有三种[③]。

最基本层次是对于不同于“实用”状态的“虚幻”状态的理解。在审美体验过程中，审美主体把真实生活中的事件、情节和感情与审美对象中包含的事件、情节和感情区别开来，使自我对对象的认识达到似是而非的境界，为步入审美境界做好铺垫。在旅游审美过程中，不要完全以幻为真，才能把握对眼前的虚幻情势的理解，以一种寂然凝视的审美观照态度，从容自由地进行审美欣赏和体验。例如，旅游者在观赏为旅游者专门举办的某种仪式表演活动（如模拟朝觐、拜谒、民间祭祀、旅游仪轨等）时，不能做出简单层次的理解和把握，否则，这种审美理解活动就是不完整的、不全面的、不准确的。

第二层次是对审美对象的内容诸如象征意义、题材、典故、技法、技巧和程式等项目的理解。例如，到黄山旅游的旅游者，当看到“仙人指路”这一空间意象时，自然而然地要体味一下对象的意味：既然是“仙人”，所指之路不是通往清幽之处的曲径，便是导向险峰之巅的通途，一种审美的遐想油然而生[④]。

第三层次是深层内在的理解，是对融合在形式中的意味的直观性把握。意味之于形式，正如盐溶解于水，虽已不露痕迹，但味道还在（出自钱钟书“水中有盐，有味无痕，性存体匿”）。旅游审美理解远远超越了审美感知，把理性融合于感性之中，把理性融合于想象和情感之中，使美感得到深化和升华。旅游者登上泰山，在经历了旅游审美心理活动的诸多过程后，其外在形式，其人文内涵，在审美理解的作用下，水到渠成地让旅游者

① 李泽厚.走我自己的路[M].合肥：安徽文艺出版社，1994：93-94.
② 梁一儒.悲喜并至，苦乐相错——中国人审美情感发微（连载）[J].阴山学刊，2002（1-2）。
③ 腾守尧.审美心理描述[M].北京：中国社会科学出版社，1985：73.
④ 邹本涛，谢春山.旅游文化学[M].北京：中国旅游出版社，2008：167.

体味到“会当凌绝顶，一览众山小”的高级审美体验。

（三）旅游审美感受的文化层次分析

审美是旅游者在旅途中普遍的文化行为。旅游者审美个性千差万别，旅游时的社会历史文化环境复杂多变，因此旅游者的审美感受在很大程度上不尽相同，呈现出多层次性。李泽厚先生认为：“审美具有不同层次，最普遍的是悦耳悦目，其上是悦心悦意，最上是悦志悦神。悦耳悦目不等于快感，悦志悦神也不同于宗教体验。[①]”

1.悦耳悦目的感觉

旅游景观都要以一定的感性形式表现出来，风声雨声、鸟语花香、蓝天白云、美味佳肴、精致的旅游购物品、恢宏的建筑景观等作用于旅游者的审美感觉器官。符合旅游者的审美需要的形式刺激其感觉器官，使旅游者和旅游景观如同在直接交流之中，不假思索便于顷刻间感受到旅游景观的外在形态美。“悦耳悦目的审美体验犹如在‘物境’之中，主体全然深受，‘了然境象，故得形似’，美感顿生，悦耳悦目。[②]”悦耳悦目的审美感受通常以直觉为特征，旅游者不假思索便在瞬间感受到对象的美。眼睛一看形状，耳朵一听声音，就立刻认识到美、秀雅与和谐。“峨眉天下秀、青城天下幽、剑门天下雄、三峡天下险”就是不同美的外在形式刺激审美器官，使旅游者得到的不同的悦耳悦目的审美感受。

悦耳悦目的旅游审美感受，一般以下列三种类型的旅游者为多见：缺乏旅游经验的旅游者对于旅游的审美规律和特征知之甚少，感受到的多是具体、直接、形式的美感形态；初来乍到的旅游者，虽有旅游经验，但对新的审美对象缺乏了解，容易获得直观的初级的审美享受；缺乏审美特质的旅游者，由于审美能力的限制，审美形态始终停留在直观阶段[③]。

2.悦心悦意的领悟

悦心悦意是指通过眼前或耳边具有审美价值的感性形象，领悟到审美对象的深刻意蕴。“悦心悦意的审美体验犹如在‘情境’之中，主体驰思兴会，‘深得其情’，由外及内，心满意足。[④]”在这种旅游审美体验中，审美感知、审美想象、审美情感和审美理解等心理要素交互引动，逐渐展开，使旅游者从有限的、具象的、感性的、直觉的形象中领悟到无限的、抽象的、知性的、理解式的美的意蕴。例如，登临云雾缥缈的黄山，旅游者产生飘然若仙之感、超然出世之情。这种悦心悦意的审美体悟，只可意会，不可言传。

3.悦志悦神的升华

审美的最高层次是主客体的交融，审美主体沉醉于客体。这种悦志悦神的陶醉是旅游者在观照或秀美或壮美，或悲美或喜美，或静态或动态的审美对象时，经由审美感知、审美想象、审美情感和审美理解等心理功能的交互作用，从而唤起奋昂向上的意志与精神，激起道德追求与完善的动力。“悦志悦神的审美体验犹如在‘意境’之中，主体以心照

---

① 李泽厚.中国美学及其他[M]//刘纲纪，吴樾.美学述林.武汉：武汉大学出版社，1983：27.

② 王珂平.旅游审美纲要[M].北京：旅游教育出版社，1997：137.转引自谢彦君.基础旅游学[M].北京：中国旅游出版社，2004：231.

③ 沈祖祥.旅游心理学[M].福州：福建人民出版社，1998：215.

④ 王珂平.旅游审美纲要[M].北京：旅游教育出版社，1997：137.转引自谢彦君.基础旅游学[M].北京：中国旅游出版社，2004：231.

物，妙悟天开，得其真旨，超以物外，‘感发志意’，升华精神。[①]”例如，“天地与我并生，万物与我为一”、“独与天地精神往来而不敖倪于万物”就表现出庄子驾驭和游历整个自然界、企图控扼宇宙万物的信心和决心。这是中国古代较早追求悦志悦神的审美感受的具体体现。又如，游览黄河、长江、长城，旅游者在惊叹其壮丽的自然人文景观时，也唤起旅游者的思古怀旧之情，给旅游者深沉崇高的历史感，激起旅游者热爱祖国的自豪感。

旅游者对美的感受分为三个层次，不同层次意义上的审美感受都是感知、想象、情感和理解等审美心理活动交互作用的结果。但不同旅游者的主观条件如民族文化、文化修养、个性气质等不同，旅游欣赏方位、欣赏时机、对美的敏感度、审美情趣也都会有所不同；自然而然，旅游者对景观的美就有不同的感受和领略。综合起来看，悦耳悦目突出感性功能、直觉判断和生理快适；悦心悦意突出认识功能与愉悦心境；悦志悦神则突出意气风发、无限神驰的心境。

第三节　旅游审美文化

一、旅游审美文化概说

旅游审美文化，是旅游审美主体（旅游者）开展旅游审美活动所展现出来的行为文化现象和精神文化现象，是旅游审美主体（旅游者）通过生理和心理机制进行审美创造所形成的一种旅游文化形态。

从旅游审美主体角度看，旅游审美的过程就是旅游者进行个体式审美创造的过程。无论是直觉性的审美感知、自由性的审美想象、投射性的审美情感，还是高尚性的审美理解，都是旅游者美的发现、美的创造和文化创造的一部分。只是这一创造过程，是以心理活动的形式展开的，人们无从把握。只有旅游者把这种美的发现、欣赏和创造过程和文化创造过程记录和描绘下来时，人们才能去理解和审视这种隐形的旅游审美文化。

从旅游审美客体角度看，旅游审美领域可分为自然和社会人文两大生活领域。旅游审美文化也自然而然表现为自然审美文化、社会人文审美文化两大类型。而在社会人文审美对象中，又包含文化艺术品，因艺术审美具有典型性和特殊性，因此，美学界多把艺术审美文化分离出来单独探讨。

旅游审美，使三种美的形态相互交融、有机结合，从整体上去把握美的神韵。旅游者到青州旅游，可以领略云门仙境的峻拔，驼岭千寻的绵延，仰天秋月的清幽，亿年溶洞的奇特，青山连翠，障城如画，茂林幽壑，野趣横生，这是自然之美；可以观赏小桥流水、曲径通幽的园林，古色古香、错落有致的建筑，丰富多彩的古文物，天下独一的状元卷，形态各异的佛造像，享受艺术之美；同时，整洁的市容，靓丽的夜景，黄楼的花卉，谭坊的大棚，各族人民美满的生活，灿烂的笑容等，带给人们社会美的感悟。外地游客来青州，在融为一体的自然景观、文化景观、社会生活景观的氛围中，去享受多方位的美的

① 王珂平.旅游审美纲要[M].北京：旅游教育出版社，1997：137.转引自谢彦君.基础旅游学[M].北京：中国旅游出版社，2004：231.

风采。

二、旅游审美文化类型

（一）自然审美文化

自然审美文化是指审美主体以大自然为审美对象开展审美活动，所展现出来的一种审美文化形态，是自然人化美的过程，亦称物态审美文化。大自然本身是一种物态客体，是近现代旅游审美活动中最重要的审美对象。

人类审美在自然领域的展开相对较晚，远古时代的人类与自然存在着疏远、敌对、恐惧的关系。人类社会生产实践推动人类心智的开化，自然逐渐由实用对象转化为审美对象。战国时期提出“天地有大美而不言”的庄子，被誉为中国美学史上把大自然作为审美客体的第一人。而西方对自然客体的审美是很晚的。例如，他们对山的秀美缺少认识，直到19世纪才开始有肯定的态度，他们对大海的向往，也是19世纪的事。二战后，自然审美文化才有了快速的发展，但总体上，对自然审美文化的研究是比较肤浅的①。

有人曾这样描述泰山观日的审美体验：“拂晓，你站在观日石上，脚下飞渡过奶乳色的飘雾，东方茫茫的海面上浮动着鱼肚白的云团，你屏住呼吸，凝神眺望，渐渐地，那云团染上了淡红色，愈来愈深，成为朵朵翻飞的丹霞，随着似乎含羞带笑的红日慢慢地浮了上来，霎然间，红日像一只飞轮似的一下子跃出地平线，光芒四射，万物生辉。此时，你心情振奋，只觉得自己的生命在扩张，体积在增大，仿佛感到这云霞、红日中有你，你胸中亦有这云霞红日。或者，你只觉得两耳生风，从山腰中飘过的云霞似乎在托着你，使你在遐想之中张开双臂去拥抱那轮火红鲜艳的太阳。”如果你尚没有这样的体验，你能否判断作者所描述的惊心动魄的美感，是来自云霞红日，还是来自观赏者自身？抑或是来自观赏者与观赏对象在长期实践中构成的客体和心灵情感同构的特定审美关系？

那么，自然审美文化到底是如何形成的，又是如何反映在旅游者的审美活动过程中的？

大自然是一种天然的美，空旷的沙漠、浩瀚的大海、秋夜星辰、雨后彩虹、长空雄鹰、花间彩蝶，无不存在于人类文化圈中，当人类发展到有审美需要的阶段时，自然就会成为人类的审美对象。自然是有其审美属性的，表现在自然的形式韵律之中，当这种形式韵律之美符合和满足旅游者的审美需要时，自然的美就形成了。自然物态是以某种“合规律性”的方式存在的，审美主体的审美需要是以某种“合目的性”的方式出现的，只有两者形成统一时，审美主体才完成了对自然物态的人化美的创造过程。因此，可以说自然美是人类对自然人化的附会文化的内涵展现。简言之，人从自然中走出来，认识和改造自然，从而在更高层次上回归自然，自然美由此而产生，自然审美文化也就应运而生了。

自然被人化美的情况有三：一是对自然界的直接改造，如沙漠变良田，荒山披绿装，“红雨随心翻作浪，青山着意化为桥”；二是对自然界的认识和征服，漂流江河，扬帆远洋，穿行戈壁，攀登雪山，“会当凌绝顶，一览众山小”；三是对自然界的“移情别恋”，

① 刘敦荣.旅游文化学[M].天津：南开大学出版社，2007：181.

美的劳动成果，美的生活，必然具有美的外在形式和形象，当自然景物也具有这种相似的形式和形象，或者成为生活的象征时，它也就成为审美对象了。自然的美主要表现在形式美、形象美、文化美或象征美之中。与形式美相比，大自然的形象美、文化美和象征美包含的社会生活内容更加完整和丰富。自然美的形象，因与生活中的美好事物相似、相关或相生，从而获得美的价值。“我见青山多妩媚，料青山见我应如是”，辛弃疾把青山拟人化，并引为知己。“美不自美，因人而彰”，柳宗元把美的人化过程表现得淋漓尽致。又如，云南石林的“阿诗玛”，桂林山水“江作青罗带，山如碧玉簪”，都是从人、物与自然风景的“相似”中产生出美。南岳衡山，以寿为美，激发人们对健康、长寿、幸福生活的向往和祈求，因而大大丰富了这座山的审美内涵。

自然审美文化是如何反映和体现在旅游审美活动过程中的？我们可以从旅游审美观的视角来探讨这一问题。自然美的欣赏的历史发展大致经历了致用、比德和畅神三个阶段[①]。随着人类社会实践的发展，人类的审美领域和视野逐渐扩大，自然审美观也得到发展。致用就是人类从实用功利的角度来看待自然。从旅游发展的角度看，这种自然审美致用的观点是与早期旅游（行）功利性和非功利性交织在一起的阶段相适应的。

比德就是以自然景物的某些特征来比附、象征人的道德情操。比德说将儒家思想中的“仁政”、“礼教”内容渗透到自然审美文化中。孔子说：“知者乐水，仁者乐山；知者动，仁者静；知者乐，仁者寿。”宋朱熹解释说：“知者达于事理而周流无滞，有似于水，故乐水；仁者安于义理而厚重不迁，有似山，故乐山。”孔子对山水的欣赏，就是道德角度的审美欣赏。春秋时期，俞伯牙把巍巍泰山和汤汤流水所唤起的情操，诉诸琴弦，钟子期心领神会，感受到高山流水的韵味。钟子期死后，俞伯牙痛失知音，“破琴绝弦，终身不复鼓琴”。

畅神是魏晋南北朝时期形成的自然审美观。畅神就是指自然本身的美可以使审美者心旷神怡，精神为之一畅。所谓“望秋云，神飞扬，临春风，思浩荡”，就是这个意思。畅神这一术语最早出现于晋宋画家和美学家宗炳的《画山水序》中，宗炳提出“澄怀观道”、“澄怀味象”和“畅神”观点。“澄怀观道”就是澄清心中一切已有之见，在心无旁骛的情况下，以澄清、空明的胸怀，在自然山水中观照自然的生命。“澄怀味象”和“澄怀观道”意义大概一致，就是既要欣赏山水的形象，还要体味山水的趣味。

王羲之在《兰亭集序》中写道：

群贤毕至，少长咸集。此地有崇山峻岭，茂林修竹；又有清流激湍，映带左右，引以为流觞曲水，列坐其次。虽无丝竹管弦之盛，一觞一咏，亦足以畅叙幽情。是日也，天朗气清，惠风和畅，仰观宇宙之大，俯察品类之盛，所以游目骋怀，足以极视听之娱，信可乐也。

盛酒的杯子放在流水的上游，任其漂流而下，酒杯停在谁的面前，谁就取而饮之。这就是“引以为流觞曲水，列坐其次”。举目四顾，胸怀舒畅，参与者极尽视听之乐，感到

① 凌继尧.美学十五讲[M].北京：北京大学出版社，2003：29.

极大的审美享受，这就是畅神的极致，是自然美欣赏中的胜景。

古人还说，“雪后寻梅，霜前访菊”；“与竹同清，与燕同语，与桃李同笑”，这些自然物态的特殊情景唤起了人的一种情调，这种自然物态和人的情调存在某种契合之处，审美活动得以完成，审美文化得以形成。“夫美不自美，因人而彰”，柳宗元把自然美的人化过程表现得淋漓尽致。

在近现代旅游业的大背景下，人类的审美领域和审美视野逐渐扩大，审美方法和途径更加科学和多元。工业化和城市化进程的加快，使人更多地发出了“久在樊笼里，复得返自然”的呼声，自然审美文化的内容和形式也必将更加多姿多彩。

（二）社会审美文化

社会审美文化是审美主体以人类历史上的物质文化和精神文化及其相关事象为审美对象，开展审美活动所形成的一种审美文化形态。人类的社会交往、社会活动过程也是美的创造过程。这些美普遍存在于人类的道德伦理、习俗礼仪、婚姻家庭、社会制度、宗教信仰、生活方式以及社会产品中，并以人类自身的存在和活动方式显现出来。旅游者所到之处，必然会以审美的态度观察和体验这些美，由此形成社会审美文化形态。

社会审美的对象既有能展现人类社会实践活动外在物质文化的实体，如建筑、园林、宗教寺庙、艺术景观等，又有能展现人类精神生活的社会文化事象，如书法、绘画、音乐、舞蹈、文学、诗歌、民俗等。当社会审美主体与外在物化的实体文化和内在的文化意蕴不一致时，审美主体产生了不同的审美感受，有愉悦、有惊奇、有感叹、有优美、有崇高。

人是社会美的首要内容，我们可以从旅游过程中对人的审美角度来看看社会审美文化。

人的美包括人体美和精神美。人体美属于自然美的领域，精神美属于社会美的领域。人体美是由线条、形态、色彩等形式美的法则决定的，是自然美的最高形态。许多形式美的法则的最初源泉就来自于人体自身。例如，风景中的优美和壮美，从某种意义上讲，就是女性美和男性美的延伸。人们在描述女性时，常常说：美目盼兮、巧笑倩兮，体态轻盈、婀娜多姿，这是美学上“优美”的范畴；描述男性常常是：浓眉大眼、鼻直口方、身材魁梧、体魄强健、气宇轩昂。现在使用频率挺高的一个词叫“酷”，英文“Cool”的音译，原意是“冷峻”，如施瓦辛格、高仓健之形象，这是“壮美”。人们对男性或女性不同体态的审美，可以更充分领略美的风采。

人美不止在形象，更在形象中体现出本质内容，如品质、性格、理想等等。美不等于漂亮，美的内容要深刻得多、丰富得多。外形漂亮是易逝的，精神之美是持久的。外出旅游，不管是听取介绍解说、接受餐饮服务，还是参与游艺活动、观赏歌舞表演，同人的接触都是匆忙的、短暂的，但善于审美的游客仍然可以从人的形态、服饰、举止、言谈中体察风俗民情，感受不同地方精神风貌的差异。例如，同是女性美，大连是开放城市，那里的女孩自信、大方，明亮的眼神、爽朗的言谈，透出大海般的蔚蓝与清澈；苏州姑娘，吴侬软语，清丽娇柔，浸润着江南水乡的纤巧与甜美；广州、深圳的女士，热情又不失风度，精明又显示诚信，是市场经济成熟发育的象征；四川妹子不怕“辣”，展示着天府之国人民的激情与朝气；黄土高坡，打工的乡下女孩，有一种羞涩的美，清水出芙蓉，天然去雕饰，使人感受到当地的淳朴民风；而去山东的游客，都说山东姑娘举止文雅、丰秀端庄，有着礼仪之邦大家闺秀的风范。这些人之美实际上就是社会审美文化的最好注解。

“你站在桥上看风景，看风景的人在楼上看你”，作者卞之琳把世俗情境和生活本质中存在的诗意结合，用诗意的目光去观察，从而在风尘世界的画面中发现诗意。因此，欣赏人之美，特别是异性之美，要用自然审美的眼光，更要用社会审美的眼光。人在旅途，摆脱了日常的复杂关系，情思是自由的；审美又离不开情感活动，稍有不慎，会产生某些爱慕、某些情愫，这是危险的。有人曾有这样的感悟：“一个游客，不必去爱，因为爱意味着停留，而旅游的乐趣全在流动之中；爱，意味着亲近，而审美的真谛全在保持距离。”远离亲友羁旅他乡的游客，就应该具有这种审美情操。

（三）艺术审美文化

艺术审美文化是指审美主体以人类创造的艺术作品作为审美对象，在审美活动中所形成的一种审美文化形态。对艺术作品的审美，本应属于社会审美的范畴，因艺术审美的典型性和特殊性，因此美学界习惯上把艺术审美从社会审美文化中单独分列出来进行研究。

艺术作品具有鲜明的主体性特点，它决定了旅游活动中艺术审美文化的特点：一是这种审美文化具有主导性和强制性，从而使导游人员介入旅游者审美过程具有重要意义。二是艺术品的审美价值主要在于它的内在意蕴：社会文化的历史积淀。艺术审美对旅游者的反馈影响独特而深刻[①]。

园林，是浓缩的天地，是旅游艺术审美文化的最主要载体。园林建设，自古有之。3 700年前的埃及墓园，是最早的人工园林。公元前6世纪巴比伦的空中花园，构建之奇思异想，令人惊叹。中国的园林建设极为发达，秦汉时期的“上林苑”，气势恢宏，开中国皇家园林之先河。唐宋之际，文人士大夫追求天然的情趣和超脱的境界，广建以自然山水为主体的私家园林，并形成了中国古典园林独特的审美风格。明清以来，园林文化进入鼎盛时期，出现了许多蜚声中外的名园，皇家园林、私家园林、寺观园林都发展到十分完美的境地，成为今天旅游开发的丰富资源，成为旅游艺术审美文化的重要组成部分。

叠山、理水、植木、建室是中国园林风景的四大要素。其中，山是骨架，水是血脉，草木是肌肤毛发，阁轩亭榭是经络穴位，共同赋予园林以美的生命，并体现出中国园林的审美特征。叠山讲究“片山有致，寸石生情”。园林无山，景观一览无余，必然单调无味，而有了山景，便可形成高低上下各不相同的立体画面，横看成岭，侧看成峰，步移景随，如在画中。理水，是对大自然河湖溪涧的艺术概括。或泱泱湖泊，或涓涓溪流，或落瀑深潭，或一汪清泉，呈现出形、色、光、影、声等多种多样的美。山石点缀，斗折蛇行，犬牙交错，山水相依，相映成趣。所谓“山以水为血脉，故山得水而活，水以山为

① 曹诗图，孙静.旅游文化学概论[M].北京：北京大学出版社，2008：26-27.

面，故水得山而媚"，正是叠山理水的好处[①②]。花木栽培，不仅意在绿化，尤重姿态、画意，不仅增添园林的自然风光，也大大拓展了园林的审美天地。花木的功能有四：一是有形可观，苍松挺拔刚健，新柳柔枝轻拂，"风吹花影动，疑是玉人来"；二是有色可赏，鲜花姹紫嫣红，五彩缤纷，大面积的绿色，给园林带来勃勃生机；三是有香可嗅，牡丹"国色天香"，梅花"疏影暗香"，菊花"霜月冷香"，荷花"水波清香"，给人绵绵不尽的情思；四是有声可闻，雨打芭蕉，风吹残荷，落叶萧索，松涛呜咽，天籁之声，韵味无穷。园林以山水景观为主，但阁、轩、亭、榭必不可少。阁，建在高处、周边开窗的层楼；轩，有窗栏的房室，多在景象开阔、环境优雅处；亭，有顶无墙、小巧空灵的建筑，或立于翠峰，或倚于清溪；榭，临水而建的平台或敞屋。

由于中西文化背景的差异，中西园林呈现出迥然不同的审美文化特征。中国古典园林崇尚自然，寄情山水，体现人对自然的适应和协调，体现"天人合一"的哲学观念。园内景物，以妙造山水为主，树无行序，石无定位，山有峰回路转之势，水呈迂回萦绕之态，尽量淡化人工雕琢的痕迹，整体呈现一种和谐优美的风格，迎合人们闲适散淡的心境。西方古典园林强调人对自然的主宰与征服，柱廊式建筑高大宏伟，主要景观都设置在笔直的中轴线上，树木被修剪成规则的形状，花草植种成严谨的图案，水面也限制在方方整整的池子中，整体风格呈现一种沉稳凝重。近年来，我国现代园林建设也学习引进这种风格，特别是一些大城市的中心广场、公园草坪等，这丰富了中国园林的审美内涵。表4-3总结了中西园林艺术审美文化之间的差异[③④⑤⑥⑦]。

表4-3 **中西园林艺术审美文化特征**

	中国园林艺术		西方园林艺术	
形式	自然美	虽由人作，宛自天开	人工美	布局规整，几何图案
对自然的态度	自然拟人化	天人合一，畅神	人化自然化	自然美存在缺陷
艺术追求	意境美	合目的性	形式美	合规律性
审美观念	含混	实中有虚，虚中有实	明晰	秩序感
理念	出世	消极出世，与世无争	入世	从幻想到现实
美学思想	重情	诗情画意	唯理	理性至上

作为人体艺术的舞蹈，也是旅游艺术审美文化的又一重要载体。古人云"言之不足，故嗟叹之；嗟叹之不足，故咏歌之；咏歌之不足，不知手之舞之，足之蹈之"。在大理洱海，云淡风轻，湖光潋滟，游船上白族姑娘翩翩起舞，跳着优美典雅的孔雀舞；在丽江古城，满天星斗，旷野篝火，纳西族小伙子身披羊皮，手执牦牛尾，跳起粗犷的猎人舞；在

① 马云霞，张春茂.从叠山理水看中国古典园林的审美特征[J].河北建筑工程学院学报，2004，22（1）：113-116.
② 杨文会.中国古典园林中山石与水体的审美意境[J].河北科技大学学报，2008，8（1）：67-70.
③ 陈志华.外国造园艺术[M].郑州：河南科学技术出版社，2001.
④ 彭一刚.中国古典园林分析[M].北京：中国建筑工业出版社，1999.
⑤ 高峰.中西古典园林之差异[J].山西建筑，2008，30（8）：7-8.
⑥ 罗一娴，叶玲弟.中西园林建筑风格比较[J].信阳农业高等专科学校学报，2008，18（3）：127-129.
⑦ 金学智.中国园林美学[M].北京：中国建筑工业出版社，2005.

玉龙雪山，山舞银蛇，林壑苍茫，云杉坪上，藏族姑娘的弦子舞，婀娜身影，轻舒长袖，嘹亮的歌声响彻云霄；在西双版纳，迎宾晚会，好客的傣族姑娘邀请来客学跳“打竹竿”，欢歌笑语，情意浓浓；很多地方的民族风情园，众多的民族歌舞更是琳琅满目，目不暇接，如苗族的跳花舞、彝族的跑花舞、瑶族的铜鼓舞、哈尼族的大鼓舞、景颇族的长刀舞、土家族的摆手舞。

旅游的本质，是旅游者追求精神文化的享受，而精神文化集中于一点就是追求美的享受。追求美自始至终充满在整个旅游活动中。旅游艺术的审美，不只是对艺术品的审美鉴赏，更多的是旅游有形实体商品的鉴赏。自然人文景观、旅游饭店建筑和装饰、旅游服务人员的服饰艺术、烹饪艺术，这些都可以纳入旅游艺术审美文化的范畴。在旅游开发、经营和管理过程中，就需要从旅游者艺术审美的角度去考虑，怎样才能使旅游产品具有一定的文化艺术品味，满足旅游者的旅游艺术审美需求。

三、旅游审美文化的嬗变

（一）传统旅游审美观的嬗变

“旅游是审美的散步，审美是旅游的精魂。”旅游活动本质上是一种综合性的审美活动，中国传统旅游审美文化深受中国传统文化的影响，审美视域走过一条自然山水向人文山水演化的路径。透过中国著名山水的成名之路，旅游者俨然可以探寻到从自然山水、文化山水到精神山水的旅游审美文化形成之路。在很大程度上，中国传统的山水审美观就是中国传统的旅游审美观[①]。从历史视角看，中国旅游活动萌芽于春秋时期，成熟于魏晋南北朝时期[②]。伴随着人类对自然山水的认识的深化，中国传统旅游审美观念也发生着变化。总体来看，中国传统旅游审美观念经历了“比德观”、“逍遥观”、“畅神观”和“愉悦观”四大发展阶段。

“比德观”是由管子创立、经由孔子发扬光大的[③]。春秋时期，中国先贤开始了对自然之美的理性思索。“山水比德”以孔子《论语》中的“仁者乐山，知者乐水。知者动，仁者静。知者乐，仁者寿”为形成标志。显然，中国传统审美文化从一开始就与伦理文化和道德说教紧密联系，人们在观赏山水过程中，应该发现山水之德，以求在物我交融中培育人的高尚情操。“山水比德”开启了自然山水景观人格化的历史。“山水比德”是先秦时期“比兴思维”的传承和扬弃。而且，儒家之外的老庄等也有自己的“比德说”，他们讲究“上善如水”、“上德若谷”。“山水比德”经儒家大师们的发展和创新，自然山水最终成为形象图解道德观念的最好载体。自春秋以来，“山水比德”成为中国审美文化的一大传统，深刻影响着中国审美观念和审美文化的发展和演化进程。

“逍遥观”是以老庄为代表的道家审美思想的集中体现。如果说儒家把“自然人性化（人格化）”的话，那么道家就是把“人性自然化”。儒家“山水比德”学说，依托农耕文化和乡土文化发育而成，讲究“父母在，不远游”，发展演化成“近游观”；但幸运的是，

---

① 李向明，杨桂华.中国旅游审美观的变迁与发展——基于山水文化的视角[J].广西民族大学学报（哲学社会科学版），2011，33（1）：150-155.

② 谢彦君.基础旅游学[M].北京：中国旅游出版社，2004.

③ 蒋婉求.旅游景观与游客的审美心理[J].旅游科学，1995（4）.

中国旅游审美文化演进的脉络中，还幸存着“行万里路”实践和“逍遥游”精神，这为中国自然山水审美观的发育奠定了坚实的哲学基础[①]。道家人性自然化的逍遥游精神，是中国“天人合一”旅游审美观的基础，要求旅游者“静观默察”、“自觉体悟”、“物我相亲”、“物我同化”、“物我两忘”、“物我合一”，要求旅游者用全部身心去体验感悟自然，悟解天地人生之道[②]。逍遥旅游审美观强调“心游天下，超越时空”，强调精神逍遥，以心灵观照生命的真谛，于物我交融之中感悟自然山水的律动，“逍遥无欲、自喻适志”。世界万物无须经过人化，因为“天地有大美而不言，四时有明法而不议，万物有成理而不说”。

“畅神观”是魏晋南北朝以来发展起来的另一大自然山水旅游审美观。“畅神”脱胎自南朝画家宗炳的山水画功能观，后经历代人的继承和开新，逐渐发展成为中国旅游审美的重要传统和思想源头。畅神是一种纯粹的旅游审美，是一种完全摆脱世俗功利目的后的自由精神境界，进入到“悦行”和“逸情”的审美高点[③]，“畅神观”强调人与自然之间的情感联系[④]，更接近真正美学意义上的自然旅游审美。魏晋南北朝时期，随着社会环境的变化，文人士人大多寄情山水，自然山水与生命情趣结合，在以谢灵运和陶渊明等为代表的文人士人的努力下，推动山水真正进入旅游审美的视野。谢灵运是“山水诗鼻祖”，陶渊明“少无适俗韵，性本爱丘山。误落尘网中，一去三十年。羁鸟恋旧林，池鱼思故渊。久在樊笼里，复得返自然”。余冬林认为，“畅神观”标志着中国古代自然山水旅游审美活动发生了重要的历史性变化[⑤]。确实，畅神审美，可以进入到山水审美的自由王国，涵盖了李泽厚先生所说的“悦耳悦目”、“悦心悦意”、“悦志悦神”三大审美层次[⑥]。

“愉悦观”是唐朝以来发展起来的又一大旅游审美观。唐朝是中国封建社会的鼎盛时期，中国先贤审美意识也进入到一个比较成熟的时期，开始达到“物我相亲”、“物我同化”、“物我合一”的审美体验的理想境界[⑦]。薛富兴认为，唐朝继承了魏晋开拓的自然审美三大形态，即：以柳宗元为代表的纵览山水的自然审美直接形态，以白居易为代表的“中隐”式间接审美形态，以艺术自然化为代表的自然审美拓展形态[⑧]。唐朝山水审美具有“畅神之山水”、“感怀之山水”、“人化之山水”三种形式，凭借山水或感怀身世，或畅神适性，或陶冶性情，或避世隐居，或鞭挞黑暗……

李金坤认为，自唐朝以来，自然山水成为人们旅游休闲的遍在对象，上列品行相继淡化，但原先的观念则积淀和凝冻在人们的山水意识和文化心理结构中，人们的审美意识中依然保留着“哲思玄悟”、“玄对山水”、“纵意丘壑”等习惯性思维[⑨]。

---

① 李朝军.19世纪西方来华游历者视域中的中国形象[D].长沙：湖南师范大学，2015.
② 孔令宏.论道家与道教文化旅游[J].浙江大学学报（人文社科版），2005（6）.
③ 谢凝高.山水审美层次初探[J].中国园林，1993（3）.
④ 余冬林."畅神说"旅游审美观之意蕴[J].湖北大学学报（哲学社科版），2007（5）.
⑤ 余冬林."畅神说"旅游审美观之意蕴[J].湖北大学学报（哲学社科版），2007（5）.
⑥ 李泽厚.中国美学及其他[M]//刘纲纪，吴樾.美学述林.武汉：武汉大学出版社，1983：27.
⑦ 范能船.谈柳宗元的本体论山水审美观[J].学术论坛，1989（6）.
⑧ 薛富兴.唐代自然审美略论[J].江西师范大学学报（哲学社会科学版），2005（5）.
⑨ 李金坤.唐诗山水自然生态审美[J].苏州教育学院学报，2008（3）.

（二）当代旅游审美文化的演进特征

自历史跨入近现代门槛以来，愉悦审美占据旅游审美文化的主导位置。随着市场经济效应深入社会肌体，随着旅游休闲主义和消费主义时代的到来，旅游审美文化发生着快速的变化，展现了当代经济社会发展的两面性和辩证性[①]。随着消费观念的变化和实用美学观念的流行，旅游审美文化这一较为传统稳定的旅游文化领域也受到显著影响，出现了明显的嬗变现象。具体而言，主要存在以下三个明显的特征：

1.高雅静观式审美向世俗参与式审美转向

传统美学认为，美来自审美主体对审美客体的“心理距离”，强调主体对客体的非功利性静观。在审美活动中，审美主体与审美客体之间不存在经济、政治和伦理等方面的利益纠葛，两者之间只存在审美关系，这也是传统旅游审美把“游山玩水”推崇至高雅并化成神圣，使审美成为旅游活动的灵魂[②]的基础。

随着消费主义不断渗透到社会各个领域，休闲主义、快乐消费、实用享乐开始流行，旅游审美也开始远离静观和无功利性，走向世俗化、体验化和参与化。旅游审美从距离的美开始向生活的美转化[③]。旅游审美文化也更多注入了消费文化的特征。当代旅游审美大大超越了古代文人士子寄情山水的范畴，旅游审美者越来越具备了闲钱、闲时和闲趣，很多白领阶层“不在办公室，就在旅游；不在旅游，就在去旅游的路上”；很多人“来一段想走就走的旅行”，在休闲和消费时代的旅游审美视域里，旅游者首先关注的是闲适性、刺激性，其次才考虑其陶冶性和人文性，最后才有可能考虑旅游审美理想问题。旅游审美文化从高雅彻底走向世俗，从精英彻底走向大众，是旅游审美文化的一次飞跃和解放。旅游审美越来越不再纯粹是精神空间的开拓、心灵空间的洗礼、理想空间的构建过程，更多的是寻求精神性的快感和欲望的释放[④]。于是，旅游者从高雅的静观者彻底转化为世俗的体验者和快乐的追求者。

2.经典标准式审美向模糊多元式审美转向

在传统社会条件下，旅游审美集中体现在自然美、社会美和艺术美意象领域，主要是精英文化的一种典型展示。一方面，传统美学也企图建立永恒的审美准则[⑤]；另一方面，在一定的历史条件下，旅游审美文化存在客观的社会标准。具体而言，“比德观”、“逍遥观”、“畅神观”和“愉悦观”是中国传统社会旅游审美遵循的主导标准。传统旅游审美者力图通过审美感知、审美联想、审美现象、审美理解等机制，形成美的体验和美的创造源泉，达到“悦耳悦目”、“悦心悦意”和“悦志悦神”的审美境界。

随着旅游消费文化与大众消费文化紧密结合，随着快乐哲学和休闲体验渗透到旅游领域，客观的社会标准逐渐被“丰富的社会差异”所取代，传统的审美标准变得难以客观，旅游审美主体主要追求丰富的个性化、差异化的审美体验。旅游审美标准泛化、旅游审美

① 王晓倩，杨万娟，曹诗图.旅游审美文化嬗变中的演进与异化[J].旅游论坛，2013，6（5）：13-17.

② 苏北春.快乐哲学与休闲消费：消费时代的旅游审美文化[J].东北师范大学学报（哲学社会科学版），2008（4）：136-141.

③ 赵学勇.消费时代的“文学经典”[J].文学评论，2006（5）.

④ 苏北春.快乐哲学与休闲消费：消费时代的旅游审美文化[J].东北师范大学学报（哲学社会科学版），2008（4）：136-141.

⑤ 王晓倩，杨万娟，曹诗图.旅游审美文化嬗变中的演进与异化[J].旅游论坛，2013，6（5）：13-17.

视域拓宽、旅游审美情趣多元、旅游审美志趣异化是当前旅游审美文化的主要特征。

旅游审美标准泛化主要体现在旅游者对审美对象感知和体验的个性化和独特性上[①]。例如，旅游者对大自然的美的标准开始变得捉摸不定，最为明显的例子就是旅游者在旅游活动中逐渐偏好原生态的旅游资源和旅游景观。生态性、纯真性和独特性是当前旅游者所关注的审美要素和审美维度，荒野景观取代传统的名山大川，成为很多深度旅游者的首选。这说明，纯粹的审美维度和传统的审美标准逐渐开始消解，这是“美学的荒野转向[②]”在旅游审美实践中的生动体现。

旅游审美视域拓宽与旅游者的审美价值、审美伦理、审美经验等多种维度紧密相关[③]。以驴友、色友（摄友）、软旅游、反旅游和虚拟旅游等为代表的新兴旅游方式的出现，代表着一种全新的旅游审美文化和审美视野：有的在旅游审美过程中追求野性、刺激、信念等元素；有的追求旅游审美中的荒野、沉寂或可怕；有的追求旅游审美中的身心自由；有的追求旅途审美中的世俗享受和商业享乐……

旅游审美情趣多元主要表现在旅游者的审美情趣大多是观光与游憩、游览与体验、高雅与世俗、审美与生活的多元综合。消费和体验经济时代，旅游者需要参与多种多样的体验性审美消费活动。在旅游审美消费中，旅游者的参与意识越来越强，旅游者越来越希望自己在旅游活动中扮演更多的角色，成为旅游审美活动的参与者、主导者和创造者。观光向游憩转向、游览向体验转向、高雅向世俗转向、审美向生活化转向……旅游审美情趣越来越多元化。旅游业界为了迎合体验性的旅游消费文化趋势，建立了各式各样的仿真世界，各种主题公园、主题乐园、农家乐园如雨后春笋般兴起。从旅游审美视角看，这种旅游审美消费是审美化了的“主题式日常生活”，也是仿真式“日常生活的审美化”[④]。

旅游审美志趣异化主要体现在，过度市场化的旅游开发导致旅游审美活动浅尝辄止，过度市场化的旅游经营导致旅游审美异化。从旅游视角看，许多不健康、不正常的旅游消费文化现象在不断滋生蔓延，奢侈性（炫耀性）、欺骗性、愚昧性、恶习性、非文明性和非理性旅游消费活动屡见不鲜；从休闲视角看，休闲偏离文化，休闲文化被“异化”，休闲淡化文化，休闲文化被“俗化”，休闲摒弃文化，休闲文化被“虚化”，民族文化缺位，休闲文化被“西化”等现象大量存在。感官欢愉是很多旅游者的审美追求，大众旅游，大众狂欢，旅游审美已经异化为一种追求快乐刺激和休闲享受的消费过程。旅游者比较少地去真正关注审美对象的本真性、伦理性和和谐性，去探求背后的本真美、伦理美和和谐美，求新、求奇、求异等旅游审美动机沦落为怪异、荒诞、丑陋、浅薄等。“上车睡觉，下车拍照”是旅游常态，闲游、雅游和神游越来越少，旅游审美所追求的“诗意对话”、“诗意栖居”和“诗意理想”渐行渐远，背离了旅游审美的非功利性本质。

---

① 苏北春.快乐哲学与休闲消费：消费时代的旅游审美文化[J].东北师范大学学报（哲学社会科学版），2008（4）：136-141.

② 陈望衡.自然至美论[J].河北学刊，2005（1）：43-48.

③ 王晓倩，杨万娟，曹诗图.旅游审美文化嬗变中的演进与异化[J].旅游论坛，2013，6（5）：13-17.

④ 阎嘉.农家乐：一个当代审美文化的文本[J].文艺争鸣，2007（7）：71.

3.大众单向维度式审美向生态式审美转向

在消费经济时代，一切传统的旅游审美客体都成为旅游者的消费品，最终导致自然和人文两种生态危机的出现①。自然生态危机主要由过度开发和过度消费所致，人文生态危机主要是文化和审美的危机，主要由旅游庸俗审美所致。传统的大众旅游审美活动，将真、善、美割裂开来，是一种旅游者单维度式的审美活动。大众旅游不再是传统社会中旅游者独善其身式的寄情山水，也不是贵族式的陶冶性情的自省活动，而是一种日常生活化的快乐体验、享受性休闲、放纵性享乐。一方面，大众旅游审美的生活化，突破了古代传统社会的旅游审美神圣化的桎梏，旅游者的主体性被放到更高的位置，旅游者成为唯一的主体，旅游审美异化为旅游者从自我出发的一种自我关照；另一方面，旅游审美生活化趋势，带来了程式化、低俗化、人工化旅游开发和旅游消费现象，旅游审美越来越背离审美的真谛，生活化、娱乐化和实用化的审美文化成为旅游审美文化的主流②。

20世纪70年代以来，人们开始反思人类欲望无限膨胀导致的人与自然矛盾尖锐的现状，一种将真、善、美有机统一的生态审美观开始出现。生态审美观主张以“人地和谐”为归旨，生态审美不再局限在单纯意义上的自然山水之美与人文景观之美，而是要求审美者回归大自然，形成爱美、知美到创造美的审美实践③。

生态旅游审美文化是对旅游者单向主体维度的一种批判和反思。李向明把生态旅游审美文化的内涵概括为：趋向于“真”导向于“美”的审美实践；对故乡情结的追求，对精神家园的寻觅；导向于主客体之间对立的统一，对天人合一之和谐的追求。生态旅游审美可以形成“悦耳悦目的形象美型”、“悦心悦意的意蕴真型”和“悦志悦神的理念善型”三个层次④。生态旅游审美文化的出现和形成，是旅游审美观念从嬗变、异化到回归的过程，体现了旅游者追求“诗意对话”、“诗意栖居”和“诗意理想”的审美意境。

本章重要观点

1.结合西方美学话语模式和中国美学话语模式，可以从不同的层面来认识美：在存在层面，美是价值，即美的客观基础或所对应的客观存在是价值；在意识层面，美是情感，是主观情性的价值意识；在符号层面，美是对象化了的情感语言符号。

2.审美具有直觉性、情感性和愉悦性等特征。

3.构成旅游审美体验的最主要基石是感知、情感、联想和想象、理解等心理活动，这些心理要素相互联系、相互依赖和相互作用，在自由和谐的彼此推移过程中产生审美感受，是形成美的体验和美的创造的源泉。

4.悦耳悦目、悦心悦意、悦志悦神是旅游审美感受的三大文化层次。悦耳悦目突出感性功能、直觉判断和生理快适；悦心悦意突出认识功能与愉悦心境；悦志悦神则突出意气

① 鲁枢元.生态文艺学[M].西安：陕西人民教育出版社，2000：11.

② 陶东风，王瑾，和磊，等.日常生活审美化：一个讨论——兼及当前文艺学的变革与出路[J].文艺争鸣，2003(6)：28-33.

③ 李淑艳，高岚，魏庆华，等.对生态旅游的本质探讨[J].北京林业大学学报（社科版），2005（3）.

④ 李向明，杨桂华.中国旅游审美观的变迁与发展——基于山水文化的视角[J].广西民族大学学报（哲学社会科学版），2011，33（1）：150-155.

风发、无限神驰的心境。

5. 中国传统旅游审美观念经历了“比德观”、“逍遥观”、“畅神观”和“愉悦观”四大发展阶段。

6. 高雅静观式审美向世俗参与式审美转向，经典标准式审美向模糊多元式审美转向，大众单向维度式审美向生态式审美转向，是当前旅游审美文化的三大基本特征。

本章问题讨论

1. 很多旅游景点都挖空心思给景观或景点起一些动听的名字，这与旅游审美过程中的文化创造相关吗？这种现象对旅游者的旅游审美感知、情感、联想、想象和理解是一种激励还是一种束缚？

2. 举例说明对于同一景物观赏位置或观赏时机不同时旅游审美感受的差异。

3. 你是如何理解“你站在桥上看风景，看风景的人在楼上看你”这一诗句的？

4. 自然被人化美的情况有哪些？为什么说大自然物态的美，是人类对大自然人化认同附会文化的美？

5. 假设你今天以旅游者的身份，登上一辆旅游车，途中经过你天天上班的时候都会路过的一处旅游景观，回味一下，此时的旅游审美心理和平时的心理会有所不同吗？比较一下不同的心理过程。

6. 科学技术非常发达，利用因特网、电影电视、书籍报刊等，都可以用来为你描绘你所要去的地方，能够满足你的审美需要，你还有必要走出去吗？试从旅游审美文化的角度回答这个问题。

7. 你读过陆游沈园邂逅唐婉的故事吗？你能理解他们的情感吗？这样的故事会对你在沈园旅游审美带来什么样的影响？

8. 辑录一些古代的旅游诗画，试对其中的旅游审美关系加以分析。

本章补充阅读材料与案例分析

材料 1

兰亭集序

永和九年，岁在癸丑，暮春之初，会于会稽山阴之兰亭，修禊事也。群贤毕至，少长咸集。此地有崇山峻岭，茂林修竹；又有清流激湍，映带左右，引以为流觞曲水，列坐其次。虽无丝竹管弦之盛，一觞一咏，亦足以畅叙幽情。是日也，天朗气清，惠风和畅，仰观宇宙之大，俯察品类之盛，所以游目骋怀，足以极视听之娱，信可乐也。

夫人之相与，俯仰一世，或取诸怀抱，悟言一室之内；或因寄所托，放浪形骸之外。虽趣舍万殊，静躁不同，当其欣于所遇，暂得于己，快然自足，曾不知老之将至。及其所之既倦，情随事迁，感慨系之矣。向之所欣，俯仰之间，已为陈迹，犹不能不以之兴怀。况修短随化，终期于尽。古人云：“死生亦大矣。”岂不痛哉！

每览昔人兴感之由，若合一契，未尝不临文嗟悼，不能喻之于怀。固知一死生为虚诞，齐彭殇为妄作。后之视今，亦犹今之视昔。悲夫！故列叙时人，录其所述，虽世殊事异，所以兴怀，其致一也。后之览者，亦将有感于斯文。

材料2

滕王阁序

豫章故郡，洪都新府，星分翼轸，地接衡庐，襟三江而带五湖，控蛮荆而引瓯越。物华天宝，龙光射斗牛之墟；人杰地灵，徐孺下陈蕃之榻。雄州雾列，俊彩星驰，台隍枕夷夏之交，宾主尽东南之美。都督阎公之雅望，棨戟遥临；宇文新州之懿范，襜帷暂住。十旬休暇，胜友如云；千里逢迎，高朋满座。腾蛟起凤，孟学士之词宗；紫电清霜，王将军之武库。家君作宰，路出名区；童子何知，躬逢胜饯。

时惟九月，序属三秋。潦水尽而寒潭清，烟光凝而暮山紫。俨骖騑于上路，访风景于崇阿；临帝子之长洲，得天人之旧馆。层峦耸翠，上出重霄；飞阁流丹，下临无地。鹤汀凫渚，穷岛屿之萦回；桂殿兰宫，列冈峦之体势。

被绣闼，俯雕甍，山原旷其盈视，川泽盱其骇瞩。闾阎扑地，钟鸣鼎食之家；舸舰迷津，青雀黄龙之轴。云销雨霁，彩彻区明。落霞与孤鹜齐飞，秋水共长天一色。渔舟唱晚，响穷彭蠡之滨；雁阵惊寒，声断衡阳之浦。

遥吟俯畅，逸兴遄飞。爽籁发而清风生，纤歌凝而白云遏。睢园绿竹，气凌彭泽之樽；邺水朱华，光照临川之笔。四美具，二难并；穷睇眄于中天，极娱游于暇日。天高地迥，觉宇宙之无穷；兴尽悲来，识盈虚之有数。望长安于日下，指吴会于云间。地势极而南溟深，天柱高而北辰远。关山难越，谁悲失路之人？萍水相逢，尽是他乡之客。怀帝阍而不见，奉宣室以何年？

嗟乎！时运不齐，命途多舛；冯唐易老，李广难封。屈贾谊于长沙，非无圣主；窜梁鸿于海曲，岂乏明时？所赖君子见机，达人知命。老当益壮，宁移白首之心？穷且益坚，不坠青云之志。酌贪泉而觉爽，处涸辙以犹欢。北海虽赊，扶摇可接；东隅已逝，桑榆非晚。孟尝高洁，空怀报国之心；阮籍猖狂，岂效穷途之哭！

勃，三尺微命，一介书生。无路请缨，等终军之弱冠；有怀投笔，慕宗悫之长风。舍簪笏于百龄，奉晨昏于万里；非谢家之宝树，接孟氏之芳邻。他日趋庭，叨陪鲤对；今晨奉袂，喜托龙门。杨意不逢，抚凌云而自惜；钟期既遇，奏流水以何惭？

呜呼！胜地不常，盛筵难再；兰亭已矣，梓泽丘墟。临别赠言，幸承恩于伟饯；登高作赋，是所望于群公。敢竭鄙诚，恭疏短引；一言均赋，四韵俱成。请洒潘江，各倾陆海云尔。

【阅读提示】

1.发挥你的想象，重现兰亭集会和滕王阁集会的盛况，分别体会一下集会者和两作者的审美心境。

2.两作者都是用灵活多变的笔法描写山容水态，从而把读者带入身临其境的审美境地。请据此理解感知、情感、联想和想象、理解等审美心理活动是旅游审美体验的最主要基石这一观点。

3.在兰亭集会和滕王阁集会中，自然被人化美的情况有哪些？请从《兰亭集序》和《滕王阁序》两篇序文中，找到作者对大自然人化认同附会文化的美的句子。

4.悦耳悦目、悦心悦意、悦志悦神是旅游审美感受的三大文化层次。从两篇序文中，你能感受到哪些旅游审美感受的文化层次？

5.王国维曾说过：“一切景语皆情语”，“以我观物，故物皆着我之色彩”。请结合两篇序文，谈谈你对旅游审美关系的认识。

第五章

旅游消费文化

学习目标

学过本章之后，你应该能够：

1.在了解传统的旅游消费行为理论和模式基础上，解构旅游消费的文化动因。

2.在比较不同消费文化概念的基础上，正确理解旅游消费文化的概念与特征。

3.对旅游消费进行文化分析，理解不同文化因素对旅游消费行为的不同影响。

4.了解中西传统文化与旅游消费文化之间的关系，并比较中西旅游消费文化间的差异。

5.研判旅游消费文化的现状与趋势，正确认识建设旅游消费文化的紧迫性和必要性，把握旅游消费文化建设的基本路径。

第一节　旅游消费文化概述

一、文化与旅游消费

（一）文化：影响旅游消费的根本因素

任何旅游者都处于特定的社会之中，而社会是由一定的地理位置、人群以及特定的文化等因素所组成的，旅游者的消费行为必然深受其文化特征的影响。文化支配和影响着人的生活方式、消费结构、消费方式，并主导着人的需求。对旅游者而言，文化对旅游者旅游消费行为的影响主要表现在以下几个方面：

1.文化因素决定着旅游者的旅游消费观念和行为标准

不同地区的旅游者由于受自身文化因素的影响，旅游消费观念和行为方式差别明显。大量研究集中于个人、家庭、社会群体、社会阶层以及文化与旅游消费行为之间的关系，从不同的侧面证明了文化因素与旅游消费行为之间具有密切的关系。不同的个人文化特征，呈现不同的旅游消费行为及其规律。例如，不同类型家庭的旅游消费文化特征各不相同：核心家庭往往具有年轻人的消费特征，注重时尚和风格；主干家庭旅游消费观念则相对保守；家庭生命周期不同，旅游消费特征也各异。此外，社会群体对旅游消费行为的影响主要表现在调节消费行为、形成生活方式和预测消费倾向等方面。正是通过社会、阶层、参照群体等机制使个体受到各种文化因素的影响，并对旅游者的旅游消费起着导向、整合的作用。

2.文化因素制约着旅游者的某些心理欲求，禁止和限制那些本群体不允许或赞同的旅游消费行为

不同文化背景的旅游者都有本族群的文化信仰和文化禁忌，并由此引导、制约或限制旅游消费中的行为。“出国问禁”、“入乡随俗”就反映了旅游者个体为了避免旅途中的麻烦从而规定自己的行为。例如，穆斯林旅游者在旅游目的地选择上，往往把伊斯兰教圣地作为首选，并在饮食上严格遵循伊斯兰教的饮食习惯及有关规定。

3.文化因素通过社会风气、参照群体影响旅游消费文化的发展方向

文化因素对一定时代和地域的社会风气起着关键性作用，任何一个相关群体的旅游消费趋势和潮流都与当时的文化背景和文化风气密切相关。例如，大众旅游与现代工业文明密切相关；生态旅游与可持续发展观念紧密相连。

（二）旅游（消费）动机的文化属性

1.旅游动机是旅游形成乃至旅游文化形成的根本动因

旅游动机是形成旅游需要的主观因素，是直接推动着旅游活动的内部动因。学界对旅游动机的研究得出很多不同的结论，但无论这些研究结论如何迥异，我们要承认：不论出于何种动机，旅游都是为了满足一种心理的需要，是为了逃逸日常生活而在旅游消费过程中寻求新的生活体验的精神活动。在众多研究成果中，艾泽欧-阿荷拉的“旅游驱动力社会心理学理论[①]”较有影响力。在这一理论化的模式中，“逃逸因子”补充或综合“逐求因子”，旅游的驱动力来自个人摆脱所处环境的欲望和环境改变获得的心理回报，是“避免+得到”的综合体。旅游带来的个人回报主要有自主决策、能力意识、挑战、学习、探险和放松，而人际关系的回报则源于社会交往。因此，联合国教科文组织在关于“21世纪的关键问题”的国际专家圆桌会议上着重指出：文化是旅游者动机的核心和灵魂。

2.旅游需要主要是精神享受和发展的需要，是一定文化背景下的产物，是文化驱使的结果

一方面，人类先天本能脆弱，人要生存就不得不借助于超自然的手段与工具来满足自己的生活质量，从而创造一个人为的文化生存环境[②]；另一方面，人类认识和改造自然的能力不断提高，对自然控制力越来越强，逐渐对自然和生态造成破坏，在超越自然的同时也束缚了人，给人们带来苦闷、焦虑和紧张。也就是说，现代化过程中人对其体验关系的特征表现为“虚无主义的降临[③]”，不确定性增加并伴随着各种分裂与冲突。人们只好借助于计算思维来对抗不确定性。于是，人们又需要通过另外一种生活方式，一种对于自然的回归来使人性获得舒张和调适。旅游承担了这一角色，旅游者通过异质、异地、异形文化和景观的接触、领略、体验和感受，愉悦和放松了身心，调节了生活和工作节律，暂时摆脱了工作和生活环境的单调、枯燥和紧张，满足了人的发展需要。鉴于旅游动机的文化属性，旅游消费就不仅仅像日常消费那样表现为对物的占有和消耗，而是表现为象征性的消

① Iso-Ahola.Toward a social psychological theory of tourism motivation：a rejoinder[J].Annals of Tourism Research，1982，9（2）.

② 马林诺夫斯基.文化论[M].费孝通，等，译.北京：中国民间文艺出版社，1987.

③ 尼采把虚无主义的面相与实质表述为“杀死上帝”与“上帝死了”。

费、创造性的消费等特征。日常对物的消费注重物的功能性；旅游消费注重物蕴含的文化意义以及文化价值的认定，旅游消费中的物品的符号性超过了其本身的功能性。

（三）旅游消费的文化特征

1.旅游消费是为满足旅游者精神需求的文化性消费

美国著名心理学家马斯洛的人的需求层次学说表明，旅游需要是人在满足基本的生理和安全需要的基础上追求的更高层次的需要，表现为追求精神享受和发展需要的文化需求。这种文化需求是文化性旅游消费动机和行为产生的终极因素。在旅游消费中，旅游者花费时间、金钱和精力，所获得的不是具有实际使用价值的物质产品，而是一种心理与精神的满足和知识的收获。无论是补偿型、平衡型还是超越型旅游者[①]，其旅游消费心理和行为都无不例外地蕴含着文化的取向，所不同的只是程度的差异而已。

2.旅游产品具有文化性

旅游消费的过程，包括吃、住、行、游、娱、购等环节，每一环节的消费都具有文化属性，都有一定的文化载体和反映，具有深厚的文化内涵。如"吃"的酒文化、茶文化、烹饪文化等；"住"的建筑文化、装潢文化等；"行"的路上文化、交通文化等；"游"的旅游资源所承载折射的文化；"娱"的娱乐文化；"购"的商品文化；以及贯穿旅游消费过程始终的旅游服务文化。在旅游消费过程中，旅游者不断挖掘、解读和破译消费对象中的文化基因和文化密码。

3.旅游消费的过程就是文化传播、交流、发展，甚至是创造的过程

旅游的特征之一，就是旅游者的空间移动。旅游者带着在自身文化氛围中形成的审美习惯、思维方式和旅游消费行为模式，进入另一个文化空间，必然发生文化的接触和交流，将自身的文化属性造就的消费模式带入旅游目的地。在旅游者和目的地居民的交流碰撞过程中，双方都会以自身的文化特性对对方产生潜移默化的影响。与此同时，旅游者的旅游审美消费过程是旅游者认知和接纳异质文化，乃至创造文化的过程。对目的地居民而言，来自发达地区的旅游者的消费观念、消费意识和消费方式，往往会形成"示范效应"。这种由于两个社会的强弱关系而产生的文化采借和文化涵化过程，一方面促使目的地居民改变传统观念，增强现代意识；另一方面，又给目的地居民带来诸如盲目攀比、从众消费等不良的影响。正是在这种正负力量的此消彼长过程中，促进文化的创造和发展。

二、旅游消费文化

传统上，对旅游消费文化的研究大多是从消费行为理论和消费模式的两个角度来展开的[②]。我们首先简单归纳了这些研究成果，然后再深入探讨了旅游消费文化的概念与特征。

（一）旅游消费文化的传统认知

学界对旅游消费文化的认知始于人们对旅游消费行为的理解。广义的旅游消费行为包括旅游消费的产生、消费计划的制订到实际消费以及消费感受的全过程，这些环节大都与

① 一般认为，补偿型、平衡型和超越型是三类典型的旅游消费心理和行为。

② 这些研究成果可分别参见以下著作：马波.现代旅游文化学[M].青岛：青岛出版社，2001；尹华光.旅游文化学[M].长沙：湖南大学出版社，2005：26-29；方志远.旅游文化概论[M].广州：华南理工大学出版社，2006：131-135.

文化紧密相关。狭义的旅游消费行为强调，行为是一种外在表现，是旅游者的购买行为以及对旅游产品的实际消费。不同领域学者提出了许多旨在解释消费行为的理论。一般认为，旅游消费行为是众多消费行为中的一类，旅游消费行为理论和模式也遵循传统的消费行为理论和模式①。

1.消费行为理论

（1）习惯行为理论。

消费行为实际上是一种习惯建立的过程。消费偏好是在重复使用中建立起来的，不一定经过认知过程。消费者的购买行为与刺激-反应的强度有关，取决于消费者在多次刺激-反应中形成的习惯。也就是说，对旅游者而言，旅游消费者旅游购买动机的诱发可能并不是建立在对旅游产品的喜好上，而是建立在多次刺激-反应所形成的消费习惯上的。

（2）减少风险理论。

消费者购买时会想方设法减少购买后可能遭受的诸如身体、时间、经济和社会等损失。为减少风险，消费者一般会选择名牌产品、从众决策等方法。对旅游消费者而言，旅游者一般选择品牌旅行社、风景名胜区、品牌酒店、品牌娱乐休闲企业提供的旅游休闲产品。

（3）解决问题行为理论。

消费行为是解决问题的行为。人们生理和心理上的需求一旦得不到满足，他们就会处于一种生理或心理匮乏的状态。诱发旅游者发生购买行为的最根本因素，是旅游者个人生理和心理状态与其所处的自然及社会环境之间存在的差异，是旅游者矛盾需求心理的突出产物。进行旅游决策、做出购买决定，是解决这些问题的一个基本办法。

（4）选择决定行为理论。

购买行为是一个在目的、步骤、策略中反复进行选择，做出决定的行为。消费者选择的过程一般包括：选择候选产品→选择评估标准→确定一种选择策略→最后决定。对旅游消费者而言，旅游决策过程实际上是旅游者对自己所面临的众多旅游机会进行抉择的过程。旅游者在机会决策的过程中，一般运用“机会的价值”和“机会实现的可能”两个基本评判准则。旅游者意识到旅游需要时，他所积淀的知识和信息使之感受到各种旅游机会，旅游者对这些旅游机会的价值和实现的可能进行分析，形成各种机会组合，经过早期感知、后期备选和决策选择，最终完成旅游者的消费过程。

（5）象征性社会行为理论。

产品是一种社会语言，购买行为就是用产品来表达人的社会地位、人与人关系的行为。当产品能见度高、变化程度大、个性化突出时，产品成为社会象征物。旅游者消费某种旅游产品，就是要显示其社会地位，显示其在各种关系圈中的地位。

（6）学习过程理论。

消费行为是行为主体不断学习的过程，通过消费经验（直接和间接）的积累，消费知

① 马波.现代旅游文化学[M].青岛：青岛出版社，2001.

识和技能的不断储备，使购买行为合理化、科学化。

上述各种理论都具有一定的合理性，但大多只适宜于解释某一类旅游消费活动或旅游消费活动的某一阶段。例如，习惯行为理论可以解释旅游者的习惯性和重复性消费行为；减少风险理论对旅游者的实际消费行为有较高的解释力；解决问题理论从旅游者的旅游需要和动机出发来认识旅游消费行为；选择决定行为理论解释了一个理性旅游者旅游消费的决策过程；象征性社会行为理论对炫耀性旅游消费具有较好的解释力；学习过程理论给出了一个常规的旅游消费知识的积累与学习的路径。

2.消费行为模式

（1）马歇尔模式。

英国经济学家马歇尔是最早研究消费行为模式的学者。他认为，消费者的消费决策基于理论判断和清醒的经济计算，即每个消费者都根据本人的需求偏好、产品的效用和相对价格来决定其购买行为。马歇尔模式揭示了消费行为主要的决策方式，但只强调了经济因素，而忽视了其他因素。马歇尔模式提供了消费者进行理智性购买的标准，但无法单独解释消费行为的产生和变化，也不能解释消费偏好的形成原因、消费动机的差异等。

（2）刺激-反应模式。

巴甫洛夫将人的需求行为视为一种条件反射的过程，是刺激-反应的结果。消费过程可分为驱策、诱动、反应和强化四个步骤。刺激-反应模式强调了决定消费行为的心理机制和心理过程，为人们把握消费行为规律提供了良好的基础。

（3）EBK模式。

EBK是美国俄亥俄州立大学三位学者Engel、Blackwell和Kollat名字的缩略形式。他们认为，典型的购买决策过程一般可分为五个步骤：确认问题、收集信息、判断选择、购买决策和购后评价。

（4）社会心理模式。

社会心理模式认为，人类是一种社会性动物，其需求和购买一般受社会文化和亚文化的影响，并遵从所处的相关群体、社会阶层和家庭等特定的行为规范。这些因素直接形成和改变人们的价值观、道德观、审美观和生活方式，进而决定消费者的购买行为。

（5）塔尔德模式。

心理学家塔尔德从心理学的角度提出，消费行为是消费者希望和信仰这两个心理原因共同起作用而产生的结果，希望和信仰是消费行为的函数：C=f（D，Cr）。其中，C是消费行为，D是希望，Cr是信仰。

（6）消费行为函数。

行为学认为，消费行为是消费者个人特点、社会因素和环境因素的函数：C=f（P，S，E）。其中，C是消费行为，P是消费者个人特点，S是社会因素，E是环境因素。

（7）基本模式。

依据人类行为的一般模式，多数消费研究者认为消费行为一般遵循如图5-1所示的基本模式。

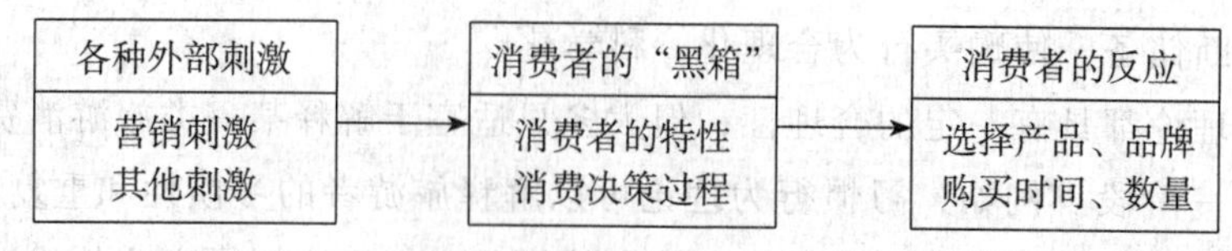

图5-1　消费行为的基本模式

这一基本模式认为，消费行为的动机是一种内在的心理活动过程，像一只“黑箱”，难以捉摸。消费者特性受到多种因素的影响，不同特性的消费者对同一刺激会有不同的理解和反应。消费决策过程直接影响最后的消费结果。对各种外部刺激以及刺激所引起的反应的研究，是把握旅游消费机制和旅游消费文化产生机制的重要途径。

（二）旅游消费文化的概念与特征

当前关于旅游消费文化的研究还处于初级阶段，旅游消费文化还没有一个公认的概念，它的内涵和外延还不是很清晰[①]。我们力图从已有的关于消费文化和旅游消费文化的理论研究中，总结旅游消费文化的概念并提出它的特点和发展趋势，为旅游消费文化勾勒一个基本的轮廓。

1.旅游消费文化的概念

（1）消费文化。

旅游消费文化从属于消费文化，那么它的内涵无疑将是消费文化内涵在某一领域的体现。1994年，《消费经济》杂志曾组织专门的消费文化讨论，引起广泛社会反响。在分析以往文献的基础上，消费文化的概念界定可以归为三类：

①以文化精神层面为出发点的消费文化。

消费对于消费文化来说，始终是第一性的存在，而消费文化不过是作为消费反映的思想、观念、知识和理论[②]。消费文化是引导和约束消费者消费行为与偏好的文化规范。因此，消费文化是指在一定的历史阶段中人类物质与文化生产、消费活动中所表现出来的消费理念、消费方式和消费行为的总和。不同历史阶段有着不同内涵的消费文化，大致可分为三个阶段，即前现代、现代与后现代消费文化[③]。

②物质与精神相结合的消费文化。

消费经济学创始人尹世杰将消费文化界定为“是消费领域中人们创造的物质财富和精神财富的总和，是人们消费方面创造性的表现，是人们各种合理消费实践活动的升华和结晶。消费文化包括优美的自然环境、人文环境、人们精心创造的实物生活资料和精神文化产品，以及富有创造性的有利于人的身心健康的消费行为”[④]。鲁锐进一步指出，消费文化是消费者的消费价值判断、指导思想与行为准则以及反映在物质产品上的文化层次和文化趋向[⑤]。也就是说，文化中那些影响人类消费行为的部分，或文化一般在消费领域的具体存在形式，可称之为消费文化[⑥]。

① 肖亚波.旅游消费文化略论[J].时代经贸，2007，5（3）：173-174.
② 熊汉富，袁丹洁.消费文化是消费的知识化和理论化形态[J].湖南教育学院学报，2000（1）：15-19.
③ 管宁，魏然.后现代消费文化及其对文学的影响[J].文艺理论研究，2005（7）：109-116.
④ 转引自王乐忠.中国消费文化探析[J].东岳论丛，1999（1）：54-58.
⑤ 鲁锐.消费文化问题探讨[J].黑龙江社会科学，2000（6）：33-34.
⑥ 李伍荣，杨海水.积极引导下消费文化的发展方向[J].湘潭大学社会科学学报，2001（2）：8-11.

③消费文化等同于消费主义文化。

社会学者对消费文化的研究则采取了批判立场，并把消费文化等同于消费主义文化。黄平认为，“大众性消费文化，是一种以推销商品为背后动力、无形中使现代社会的普通大众都卷了进去的消费至上的文化-意识形态”，“对消费文化保持一种冷静的批判态度，是必要的。如果说，商品、广告、媒体是消费文化得以滋生并蔓延的三大支柱的话，那么，经济发展、环境条件、历史传统就是对消费文化保留必要批判的三大角度[①]”。尹世杰在其专著《消费文化学》中明确指出，消费文化是社会文化一个极为重要的组成部分，它是人类在消费领域所创造的优秀成果的结晶，是消费文明的内在本质，是社会文明的重要内容[②]。

此外，西方社会学家、哲学家主导的消费文化研究，主要是一种着眼于社会批判的理论性研究，重点在于分析与阐述“商品世界及其结构化原则对理解当代社会来说具有核心地位”（迈克·费瑟斯通：《消费文化与后现代主义》）的文化现实，如鲍德里亚的《物体系》、《消费社会》和《符号政治经济学批判》就是从符号学视角研究消费社会中消费文化的代表作。作为近年西方消费文化史研究的力作，马克迅·贝格和亨利·克利弗德主编的《消费与奢侈：1650至1850年的欧洲消费文化》，集中讨论了英国、法国、荷兰等国家在食品、饮料、奢侈品、时髦商品和艺术收藏品等消费过程中所展现出来的文化意义。从奢侈与必需，新奇与模仿，公共与私人消费空间，过剩、品味和时髦，身份认同与自我展示等方面，展现了1650年至1850年欧洲消费文化的发展历程，让人对消费文化、对资本主义的历史发展具有真切的体认。

综合以上观点，我们认为，消费文化是指在特定的历史环境中，受经济发展水平和民族传统文化的影响，在现代意识支配下，人们在消费活动过程中逐渐形成的一种消费观念形态，以及与之相适应的制度和组织机构和反映在物质产品上的文化层次和文化趋向。

（2）旅游消费文化。

消费文化是旅游消费文化的逻辑起点。基于消费文化的不同认知，旅游消费文化概念没有达成一致性的认识。部分旅游文化学论著没有把旅游消费文化纳入旅游文化系统[③]；部分旅游文化学论著虽然把旅游消费文化纳入旅游文化系统，但只在章节题目中出现旅游消费文化的字眼，却回避了旅游消费文化的界定问题[④]；部分旅游文化学著作把旅游消费文化等同旅游消费行为文化[⑤]；还有些旅游文化学著作把旅游消费等同于旅游消费文化，以旅游消费的特征代替旅游消费文化的特征。在众多界定中，沈祖祥“旅游消费文化是指有关旅游消费的价值观念、信仰、判断、知识和思维方式，以及物化在旅游消费活动中的消费时尚、习惯和倾向[⑥]”这一界定基本体现了旅游消费文化的内涵与特征。

① 黄平.二十一世纪的中国人——生活方式·消费文化[J].中国软科学，1994（10）.

② 尹世杰.消费文化学[M].武汉：湖北人民出版社，2002.

③ 如：谢贵安，华国梁.旅游文化学[M].北京：高等教育出版社，1997；刘敦荣.旅游文化学[M].天津：南开大学出版社，2007；邹本涛，谢春山.旅游文化学[M].北京：中国旅游出版社，2008.

④ 如：尹华光.旅游文化学[M].长沙：湖南大学出版社，2005：27-34；姚昆遗，贡小妹.旅游文化学[M].北京：高等教育出版社，2006：25-39；曹诗图，孙静.旅游文化学概论[M].北京：北京大学出版社，2008：29-38；刘晓航.旅游文化学[M].天津：南开大学出版社，2009：19-41.

⑤ 如：方志远.旅游文化概论[M].广州：华南理工大学出版社，2006.

⑥ 沈祖祥.旅游文化学导论[M].福州：福建人民出版社，2006：157-158.

旅游消费文化的概念应该体现旅游消费文化的内涵。基于我们对消费文化的基本认识，在与旅游文化概念契合一致的情况下（参见第二章旅游文化概念界定相关内容），我们认为，旅游消费文化是指在特定的历史环境中，受经济发展水平和民族传统文化的影响，在现代意识支配下，渗透到旅游消费活动过程中的、逐渐形成的一种整体性的消费观念形态以及与之相适应的制度和组织机构和反映在旅游产品上的文化层次和文化趋向。

旅游消费文化表现在旅游活动的食、住、行、游、娱、购等环节，是游客从离开常住地开始到回到常住地这一过程中在异地旅游消费中表现出来的消费观念。旅游消费观念主要包括旅游消费价值观、旅游消费信仰禁忌、旅游消费审美观、旅游消费道德等。旅游消费习俗等传统也是旅游消费文化的组成部分。具体而言，旅游消费文化可以归为旅游消费行为文化、旅游消费心理文化和旅游消费审美文化等。

2.旅游消费文化的特征

旅游消费文化的特征是指旅游消费文化独有的，不同于其他消费文化的基本特征。

（1）旅游消费文化的精神需求特征。

日常的消费文化主要是一种惯常性的物质生活文化，以满足物质生活需求为主；旅游消费文化主要是一种打破日常生活常规的精神生活文化，以满足精神生活需求为主。

（2）旅游消费文化的动态地域特征。

一般性的消费文化主要是在熟悉和习惯性的环境内发生的，主要是一种相对静态稳定的文化现象；旅游消费文化摆脱日常生活区域的限制，进入一个动态游览的生活圈，主要是一种动态地域性的文化。

（3）旅游消费文化的变异性。

一般性的、日常的消费主要是一种重复式的消费现象；旅游消费主要是一种求新求奇求异的消费现象，并不断随着政治、经济、文化、社会条件的变迁而不断变化。旅游消费文化的变异速度远远快于一般性的消费文化。

（4）旅游消费文化的扩散性。

旅游消费文化是一种动态文化。旅游消费文化与接待地文化在不停地碰撞、整合，具有扩散性。根据旅游客源流向的特点，旅游人类学将“文化势能”概念引入到旅游文化扩散的研究中，高势能文化对低势能文化形成强大的冲击，引发旅游目的地的文化变迁。旅游消费文化的扩散性主要以示范效应、模仿等机制对旅游目的地消费文化产生潜移默化的影响，甚至引致目的地消费文化的消解与重构。

第二节　旅游消费的文化分析

一、旅游消费中的文化心理

（一）旅游消费需求

旅游消费文化产生的根本原因是旅游消费需求的产生。旅游消费审美和旅游消费行为取决于旅游者的需求和动机。从消费文化学的角度看，旅游消费文化是在众多影响因素的作用下形成的。学界对这些影响因素有过大量的研究，或从收入水平、文化观念、时尚流行和商品价格角度，或从个人与家庭因素、社会与环境因素、企业营销因素等角度来对这些影响因素进行归类。这些影响因素分属于不同的层次，对旅游消费文化有不同程度的影响。旅游消费行为中的文化表现是旅游消费文化研究的重要切入点。

（二）旅游消费行为中的文化影响

旅游消费首先受旅游者个体心理因素的制约，不同旅游者的旅游消费活动呈现出不同的特点。与此同时，旅游消费还是一种社会行为，旅游者的旅游消费行为是社会整体消费的一个有机组成部分，受所处社会历史条件特别是社会文化因素的制约。旅游者个体之间的旅游消费活动往往具有很大的相似性（这也是旅游消费文化是一种整体性消费观念形态的主要原因）。旅游消费本质上是一种精神文化活动，因此文化对旅游消费行为的制约与影响就表现得更为明显。学界基本认为，单纯从旅游者个体因素角度来分析旅游消费行为是不够的，旅游营销学和旅游文化学特别强调家庭、阶层、群体等社会文化因素对旅游消费文化的影响。

1.家庭文化与旅游消费行为

一般认为，家庭文化对旅游消费行为起着重大作用，家庭文化对旅游消费行为文化的影响主要表现在以下几个方面：首先，不同家庭对节俭与奢侈、消费与储蓄、物质需要与精神需要、生理需要与社会需要、个人需要与家庭需要等范畴的看法，影响着旅游消费文化的形成。其次，家庭类型不同，旅游消费文化特征不同。一般认为，家庭可分为三种类型：或以家庭为中心，或以事业为中心，或以消费为中心，其旅游消费行为呈现不同的特征。以消费为中心的家庭对旅游消费的需求远远高于其他类型的家庭。又如，核心家庭由于年纪较轻，往往具有年轻人的消费特征，注重时尚和风格。主干家庭具有成年人和老年人的消费特征，消费观念和消费行为相对保守。再次，家庭行为准则影响着旅游消费行为文化。每个家庭都有独特的行为准则，并指导着日常的消费活动和旅游消费活动。家庭行为准则内容十分丰富，包括家庭主人在消费活动中如何对待老人、孩子和自己，是追求质量还是物美价廉等。最后，家庭生命周期不同，旅游消费行为与方式不同。单身阶段，旅游消费主要表现为个人消费，追求独特；新婚阶段，家庭旅游消费增大；空巢阶段，旅游消费需求明显减弱。

2.阶层文化与旅游消费行为

一般认为，文化和亚文化主要影响旅游者的消费水平；社会阶层则会反映旅游者在垂直方面的差异。社会阶层造就个人生活方式的不同，旅游者的消费行为往往反映出旅游者的生活方式，并关照出旅游者的社会阶层。社会学家凯尔认为，社会阶层（而不是个人收入）决定了个体的消费形态。

同一阶层的旅游者拥有基本相同的旅游价值观、旅游消费观、旅游道德观和旅游生活方式，拥有基本相同的旅游需求和消费行为，并形成相似的消费习惯。不同阶层的旅游者旅游需求不同。在旅游业发展演变的过程中，不同风潮的旅游消费方式，无不体现了文化、特别是阶层文化对旅游消费文化的影响。

3.社会群体与旅游消费行为

社会群体对旅游消费的影响主要表现在：调节消费行为，形成生活方式，预测消费倾向。旅游消费者一旦选择了参照群体，社会就会不断调节其旅游消费行为以保持与参照群体的一致性。当然，市场规模、自信心和崇拜程度则对一致性程度有所影响。

二、中西旅游消费的文化差异

（一）中西文化传统与中西旅游消费文化

对中西传统文化的差异，学界的论述和最终看法不尽相同，但有一些基本得到认同的观点。陈独秀认为："西方文化是以意欲向前为根本精神的，中国文化是以意欲自我调和持中为根本精神；西洋民族以战争为本位，东洋民族以安息为本位。西洋民族以个人为本位，东洋民族以家庭为本位。西洋民族以法制为本位，以实力为本位；东洋民族以感情为本位，以虚文为本位。"①李大钊认为："东洋文明主静，西洋文明主动；东方文化是一种高关联文化，西方文化是一种低关联文化；中国文化是一种'耻感文化'，西方文化是一种'罪感文化'。"②这些对中西文化最具有代表性认识的观点，对我们认识中西旅游消费文化传统提供了很好的借鉴作用。

中华民族经过几千年的文明发展演变过程，在哲学观、价值观、思维方式、处世方式、生活态度、风俗民情等方面都不同于西方人，中国人有自己的行为逻辑，因此旅游消费行为也呈现出不同的特征。美国学者克鲁柯亨提出认识分析文化差异的五个问题，反映在中西文化差异上表现在对人性的善与恶，人与自然的协调或支配关系，人与人的伦理或个人本位关系，时间上的现世、尚古与着眼未来取向，生活目的上的合礼乐生与自致取向等五大范畴与关系的认识上。这些差异导致旅游者文化观、旅游消费环境、旅游消费观等方面的差异。

文化价值观是造成旅游消费行为差异的深层原因。例如，根文化、中庸文化、关系文化、面子文化等深深影响着中国旅游消费者。而且，中西方对人与人之间的关系认识不同，中西旅游者在诸如旅游目的地、旅游消费项目、旅游消费方式等方面必然有所差别。受个人主义的影响，西方旅游消费者在旅游消费选择上较少受他人的影响；中国旅游者重视传统观念，易受他人支配，从众现象普遍，相对而言在旅游消费诸方面更易受他人的影响。

中西旅游消费环境的差异导致旅游消费文化的不同。从基础消费环境看，中国消费政策、消费基础设施、消费者权益和消费能力等方面发生了深刻的变革，改变了旅游消费行为的主要内容和方式，深刻地改变了吃、住、行、游、娱、购等诸多旅游消费环节的特征。从消费环境政策看，中国消费环境政策不断调整，对比西方消费行为的影响因素，消费政策因素对中国旅游消费行为的影响非常突出。如独生子女政策、富民政策、医疗改革和住房改革都对包含旅游消费行为在内的中国消费行为产生了重大的影响。

---

① 陈独秀.东西方民族根本思想之差异[J].新青年：第1卷第4号，1915（12）.
② 李大钊.东西文明之根本异点[J].言治：第3册，1918（7）.

由于传统文化的影响，中国人传统的消费观念与西方人相比具有节制现实消费，重视实物产品消费，重视饮食消费的特点。中国人的消费观在旅游消费上的表现主要有：在交通和住宿选择上注重经济实惠；重有形物品的消费，轻劳务性消费；重纯娱乐性消费，轻发展性消费。例如，国内博物馆、艺术馆、文化馆之类的旅游部门生存举步维艰。

（二）中西旅游消费文化差异

中西旅游消费者在旅游消费过程中，受到众多因素的影响，表现出不同的旅游文化现象。在旅游目的地和旅游产品或项目与旅游方式的选择，旅游消费支出，旅游消费习俗和旅游审美方面存在明显的差异性。中西旅游消费文化差异简要情况见表5-1。

表5-1 **中西传统旅游消费文化差异性简表**

	中国旅游消费文化	西方旅游消费文化
旅游目的地（或产品项目）选择	偏重社会知名的风景文化景观以及成熟景区；大多喜好优美和谐的景物；热衷于寻根旅游等	偏好独特新奇的旅游目的地；喜好展示智力和体力能力的项目；自然景观上倾向原始古朴；历史景观上注重原始风貌
旅游方式选择	远程旅游倾向组团；近程旅游偏好亲朋好友同游，少单独出游	自行选择；组合旅游；自助游
旅游消费支出	交通和住宿注重经济实惠；重有形消费轻劳务等无形消费；重娱乐轻发展性消费	交通食宿开支较多；旅游过程重求知、考察、探险和健身支出多；重视劳务等无形消费
旅游消费习俗	数字消费注重谐音的意义，如喜8厌4；宗教旅游者喜欢参观寺院，注重宗教旅游产品的消费以求财求平安等	忌讳13（源于“最后晚餐”中出卖基督的是其第13个徒弟）
旅游审美	崇尚静态美，强调审美与心灵体验结合	着眼动态美，追求形式美和现实美

三、旅游消费的文化走向

现代社会，文化随着社会的发展而发生持续的变化，各种交流传播方式的推陈出新使文化之间的交流更加频繁，新的文化趋势更易形成。新的文化趋势必然对旅游消费行为产生影响，文化的发展必然带来旅游消费行为的多样化，国际交往的增多和面子文化根深蒂固综合作用，促成旅游消费的奢侈文化走向。

（一）旅游消费需求多样化

旅游消费需求的多样化决定了旅游消费行为的多样化走向。随着社会经济的整体发展和旅游业的兴盛，旅游消费者的可自由支配收入和闲暇时间不断增加，旅游需求越来越多。文化的交流与互动促使旅游消费需求呈现多样化特征。

首先，旅游消费需求主体的范围不断扩大。

一方面，社会经济的发展培育了大量新的或新型的旅游者，旅游消费不再是一种奢侈性消费的象征。拥有各种不同经济文化背景的潜在旅游者变为现实的旅游消费者，不同的旅游消费需求迅速增长。另一方面，现代旅游业发生着深刻的变革，旅游管理、旅游服务意识和服务手段得到很好发展，旅游消费的舒适性和便利性增强，旅游消费欲望强烈。社会经济发展培育的外出旅游力和旅游业发展培育的旅游吸引力推动旅游消费需求主体范围不断扩大。从年龄看，旅游消费不再是身强体壮者的专好，老年人和儿童的旅游需求也在不断增长。从旅游产品功能角度看，旅游消费产品具有了更多的保健、医疗、疗养等功能，顺应了旅游消费主体范围不断扩大的要求。从社会阶层角度看，旅游不再是富有阶层的奢侈享受，更多社会阶层产生了旅游需求。从旅游流角度看，世界范围内的旅游消费群体发生着变化，传统旅游大国的出境游迅速增长。更为重要的是，文化的交流与传播让旅游者对旅游消费有了较科学全面的认识。旅游者对传统的旅游方式和消费方式不断进行反思，这些反思推动新的旅游需求和旅游消费的产生。

其次，旅游功能需求多样化。

旅游消费含义更加广泛，旅游产品的功能不再单一。旅游者的旅游消费需求不仅仅表现在对旅游景点、景区、景观的观赏，还追求对旅游产品的文化内涵的欣赏和感知，对健康、生态、交际空间和服务文化的追求。

（二）旅游消费内容多样化

随着旅游业的发展，旅游消费行为发生着巨大的变化，旅游消费内容呈现出多样化的趋势，主要表现为传统旅游消费方式的进一步发展与复兴，新型旅游消费方式的不断出现与更迭。

传统的旅游活动方式主要是观赏自然风光和人文景观，主要是欣赏与自己日常生活不同的事物。但是，旅游业的发展使传统的观光旅游和文化旅游的内容和内涵发生了很大的变化。旅游者对异质异地异形景观与文化的态度由观赏变为体验，旅游者从观赏者变为体验者和经历者。旅游消费者的态度发生了根本的变化，从看看拍照发展到希望并乐于参与其中，并努力使之成为人生历程中难忘的成长经历。旅游者开始从从众者发展成为理性旅游者，在出发旅游前，旅游者一般都会对旅游目的地的地理和文化背景进行深入的了解，以便在旅游消费过程中理解旅游地文化，并将旅游地文化与自身的文化形成交流。此外，传统的旅游观光活动经过新的包装，贴上流行文化的标签，引领阵阵旅游消费热潮。例如，一些著名影片的拍摄地、大牌明星的住所或各界明星有关的地点，经过媒介的宣传往往成为时尚文化的一部分。

伴随着传统旅游消费方式的发展与复兴，新型的旅游消费方式也不断更迭和出现。我们可以从市场细分的视角来具体分析这一问题。比如，家庭旅游（包括丁克家庭和新婚家庭旅游）、健身旅游、生态旅游等新型的旅游消费方式方兴未艾。

家庭旅游是现在很受欢迎的新的旅游形式，主要有夫妻度假、婚礼旅游、儿童旅游和丁克家庭旅游等。例如，现在儿童旅游需求越来越明显，更多的家庭希望孩子通过旅游获得快乐和知识，儿童开始影响家庭旅游目的地和旅游吸引物的选择，甚至儿童可以参加不需要家长陪同的团体旅游项目。又如，在现代文化影响下成长的很多夫妻不要孩子成为丁克家庭，这些丁克家庭拥有更多的闲暇时间和可自由支配的收入，在旅游消费方面呈现独有的特征。新婚旅游也是颇受欢迎的旅游形式，在世界范围内形成了一批婚礼旅游胜地。

保持身体健康一直都是旅游的重要目的之一，在现代社会竞争日益加剧的背景下，健身旅游是又一新型的旅游形式。现代社会竞争激烈，人们面临的压力大增。与此同时，自然环境日趋恶化，健康成为社会日益关注的焦点。健身旅游更注重旅游消费活动内容对人的身心健康的影响。度假是为了放松身心，舒解压力，调养身体，因而各种具有保健和治疗功能的旅游项目大受欢迎。比如，温泉旅游和疗养旅游市场潜力越来越大。大量旅游企业和旅行社把攀岩、漂流、冲浪和饮食等旅游方式结合起来，在扩大旅游者范围的同时，也使旅游消费体验具有强烈的新奇感。

生态旅游被认为是一种可持续的旅游形式。生态旅游活动给旅游者提供了一个接近原生态大自然的机会，无论是从中获取知识还是开展冒险等其他活动，都能给旅游者带来更大的满足感和独特的享受感。

（三）旅游消费方式多样化

除了传统的旅游消费方式外，旅游消费方式向自助式、自选式和组合式方向发展。随着旅游业的发展，自助游兴起，散客潮涌动。虽然在远程旅游市场上，包价团仍然是一种主要的方式，但在近中程旅游市场上，自助游和散客所占比重逐渐提高。自助游主要是根据自己的兴趣制定日程和路线，甚至自行预订机票和客房。自助游符合人的自发消费倾向，具有较强的生命力和发展前景。例如，汽车自驾游因为其活动自主性强、自由度高，可以不受团体旅游的时间和旅游项目的约束，可以随着自己的意愿决定旅游线路、旅游项目、时间和速度，更好地享受旅游体验的惬意和轻松，深受私家车拥有者喜爱。

自选式旅游方式也逐渐发展起来。随着旅游经验的积累和对过去旅游方式的认知与反思，选择随团出游的比例呈现逐渐减少的趋势。旅游者不再简单是被动适应的旅游者，而是根据自己的需求和意愿提出目的地和旅行线路的具体要求，然后由旅行社代理商组织落实。在价格构成上，开始放弃传统的全包价形式，代之以灵活多样的包价方法。

组合旅游是一种介于团体旅游和散客旅游之间的更加灵活、更加尊重客人意志的旅游方式，客人通过旅行商预定后，从不同的地方出发前往同一目的地，抵达后就地成团，由当地旅行社接待。组合旅游自由选择性更强，随机性强，深受青年人和家庭旅游者的欢迎。例如，中国香港组合旅游线路有80条之多。20世纪90年代，组合旅游在中国市场兴起，逐渐受到旅游界和旅游者的关注。

（四）中国旅游消费行为中的奢侈化走向

前文提及中西传统文化差异对旅游消费行为和旅游消费文化的影响，与西方旅游者相比，中国旅游者旅游消费行为的一个显著特点是容易受到群体的影响。中国旅游消费者更加关注个人消费的社会群体效应。在从一个熟人圈层社会向非熟人圈层社会转变的过程中，中国传统的面子文化、礼乐文化在消费方面的体现就是面子消费的培育和形成[①]。随着社会经济的发展和收入水平的提高，面子消费成为驱动奢侈性消费的主要驱动力，中国庞大的奢侈消费市场逐渐形成，近年来尤其表现在境外旅游消费行为过程中。综合起来

① 吴建华，陶丹艳．论“面子”文化与旅游消费的关系[J].经济研究导刊，2010（22）：167-169.

看，旅游面子消费和旅游奢侈性消费主要包括旅游礼品消费、攀比消费、炫耀性消费、关系消费、公共与特殊消费。

国内外文化研究者都注意到了面子对中国人消费行为和消费文化的影响。林语堂认为，“面子是统治中国人的三位女神（面、命、恩）中最有力量的一个，它是中国人社会交往中最细腻的标准”。美国学者艾克逊、希特生和中国台湾学者许焕光等也论述了面子文化对中国人消费行为和心理的深刻影响①。面子文化是中国传统文化、传统价值观、人格特征、社会文化的耻感取向综合作用的结果。攀比消费、炫耀性消费和象征性消费，都是出于面子的目的从而强化面子消费在消费行为和消费文化中的地位。近年来，中国旅游消费，特别是中国旅游者在境外旅游消费行为中的奢侈化倾向有加大的趋势。当旅游满载而归，向周围的亲朋好友派发旅游礼品，中国旅游者乐于享受这种奢侈性旅游消费所带来的满足感。

第三节　旅游消费文化现状与发展趋势

随着旅游业的发展，旅游消费在中国空前发展。旅游不再是少数人的奢侈性消费方式，而是一种大众化的常态性的生活方式。伴随着改革开发的深化，人们的旅游消费观念不断发生变化。伴随着中西旅游消费文化的交流与融合，以及经济和社会的急剧变革，旅游消费文化呈现出了健康和非健康、理性和非理性、科学和非科学的旅游消费文化并存的局面。因此，旅游消费文化的研究还需要把握旅游消费文化的现状，研判旅游消费文化的发展趋势。

一、旅游消费文化现状

旅游消费文化是在特定的历史环境中，受经济发展水平和民族传统文化的影响，在现代意识支配下，渗透到旅游消费活动过程中的、逐渐形成的一种整体性的消费观念形态以及与之相适应的制度和组织机构反映在物质产品上的文化层次和文化趋向。因此，要研究旅游消费文化的发展演变情况，需要回顾旅游消费文化发展的背景，从而探索旅游消费文化产生与发展的原因及趋势。

（一）旅游消费文化发展的背景

经过30多年的发展，中国已基本走出匮乏状态，经济结构从生产转向消费，进入以消费为中心的时代。中国社会发展也必将经历从前现代到现代再到后现代的转变，与之相适应的消费文化也不断从崇尚节俭向注重享乐再向审美和个性化的方向过渡②。具体说来，中国旅游消费文化在现阶段更反映出时尚和快捷的时代背景③。现代社会的消费，经历了从纯粹物的消费即使用价值的消费（主要与第一产业相关的主类消费），到交换价值的消费即商品的含金量（购买力证明和炫耀，主要与第二产业相关的技术类消费），再到符号价值的消费（主要与第三产业相关的信息类消费）的发展变化过程。现代社会从生产

① 林语堂.吾国与吾民[M].西安：陕西师范大学出版社，2006；史密斯.中国人的性格[M].乐爱国，张华玉，译.北京：学苑出版社，1998.

② 杨魁，董雅丽.消费文化——从现代到后现代[M].北京：中国社会科学出版社，2003.

③ 沈祖祥.旅游文化学引论[M].福州：福建人民出版社，2006.

转向消费后，形成以消费为中心，从工作转为休闲、从劳动转为生活，从而指导消费和生活的文化在现代社会中扮演重要的角色。特别是受大众传媒的鼓动与助威，消费文化深受大众传媒的支配，具有强烈的媒体诱导和导向特征。消费文化已经成为一个欲望满足的对象系统，成为获得身份的商品符号体系和符号信仰的过程[①]。与此同时，旅游消费文化伴随着理性化、市场化、工业化、城市化、民主化和法制化的社会发展进程，呈现出复杂多变、快捷时尚的新景象，呈现出健康与非健康，持续性与非持续性并存的特征。

（二）旅游消费文化现状

1.旅游消费文化发展现状

（1）旅游消费文化的多样化和个性化色彩逐渐增强。

托夫勒在《第三次浪潮》中指出，当今社会不再强调一致性，标准的、类型众多的、小规模的专门市场，如商务客人、度假者、老年人、女青年、蜜月旅行者、双薪无子女家庭、特殊兴趣爱好者，在分割取代原来的大众市场。每一个细分市场都有其一定的特点和与众不同的要求，构成需求的多样化和市场的特殊化[②]。旅游消费文化的多样化主要通过旅游消费主体和旅游消费需求的多样化、旅游消费产品项目和功能的多样化来体现；旅游消费文化的个性化主要体现在旅游项目的设计与开发上，独具特色的旅游产品涉及各种旅游类型。

例如，旅游观光者和休闲度假者的旅游需求差别大，形成的旅游消费文化特征就很不相同。观光者的旅游需求和旅游动机重觅奇览胜，以饱眼福和阔视野为主要诉求；休闲度假者则以休闲、疗养和娱乐为旨趣。旅游观光者重视旅游项目、旅游景观的多样组合，力求扩大涉足范围与空间，获取足够多的感性认识；休闲度假者追求空间集约式的旅游休闲，追求特别的、耐人寻味的旅游休闲活动形式。旅游观光者往往走马观花，是浮光掠影式的观赏者；休闲度假者从容不迫，是闲情雅致的追求者。旅游观光者更加注重服务的便利性；休闲度假者更加注重服务的情调性和温馨度。此外，旅游消费者的年龄、家庭背景以及生命周期不同，文化背景越发多元化，旅游消费文化也就呈现多元化的特征。这就要求旅游产品和旅游服务既要强调标准化，又要讲究个性化、特色化和情调化。旅游消费文化的个性化色彩主要体现在旅游项目、旅游产品的个性化和内涵化上。

（2）旅游消费文化层次不断提高。

随着旅游业和旅游消费的迅猛发展，旅游消费的内容和旅游消费功能丰富多彩。从旅游消费的内容看，一般性的观光旅游虽然占据着主体地位，但高层次的文化旅游以及其他特色旅游方兴未艾。旅游者对旅游消费的要求不再停留在观光游览娱乐上，而是追求旅游地文化和旅游文化的理解，追求旅游审美能力和个体的发展。

（3）假日型旅游消费文化特征鲜明。

由于中国独具特色的黄金周制度，中国现阶段旅游消费者集中在黄金周出游的特征明显，形成了相对趋同的假日型旅游消费文化特征。

---

① 鲍德里亚.消费社会[M].刘成富，译.南京：南京大学出版社，2000.
② 托夫勒.第三次浪潮[M].黄明坚，译.北京：中信出版社，2006.

（4）跨代型旅游消费成为旅游消费文化的主流。[①]

跨代型旅游消费成为旅游消费文化特征主要表现为两点：一是就中国家庭整体而言，消费结构趋同，都不得不压缩正常的、即期的生活消费，节衣缩食进行远期的消费；二是就单个家庭而言，消费支出主要集中在子女的教育型消费品、子女成家立业所需的消费品等方面。

沈祖祥先生分析了跨代型旅游消费文化形成的原因。跨代型旅游消费文化主要是受中国传统文化的影响。中国传统文化崇尚家庭而轻视个人，个人欲望被家庭的需要所压抑。家长往往为了家庭与子女的利益而放弃自己的需要。因此，在进行消费选择时，不是从个人的角度，而是从整个家庭的角度出发[②]。

（5）旅游消费文化的阶层化趋势越来越鲜明。

旅游者拥有的物质资本、人力资本、社会资本和时间资本不同，在进行旅游消费时，旅游消费者会归属于不同的旅游消费阶层，由此各个旅游消费阶层所表现的旅游消费文化呈现出分层化现象。通过文献梳理发现，有少量硕士论文对旅游消费文化的阶层化特征进行了实证研究，旨在根据其研究结论，有针对性地细分旅游市场，设计旅游消费产品，增强旅游企业的市场适应能力和市场竞争力。例如，柴斐娜研究了西安市城市居民的旅游消费文化的社会分层化现象，发现城市居民中主要存在着享乐阶层、积极阶层、保守阶层和无为阶层等四大消费阶层，其中享乐阶层旅游强势化趋势明显，积极阶层旅游稳定化趋势鲜明，保守阶层旅游低迷化趋势和无为阶层旅游无为化趋势特征同样突出[③]。唐秀丽对上海市民旅游消费文化的研究也得出了类似结论[④]。

2.旅游消费文化现象中存在的问题

张鹏把我国消费文化现存问题总结为五个不当：严重的公款消费的消费文化；危险的两极分化的消费文化；可恶的炫耀性和奢侈性消费文化；丑恶的黄赌毒和迷信的畸形消费文化；可怕的强人类中心主义的消费文化[⑤]。我国消费文化中现存的问题自然而然会传导到旅游消费文化中去。伴随着旅游消费的迅速升温，许多不健康、不正常的旅游消费文化现象在不断滋生蔓延，主要表现在奢侈性（炫耀性）、欺骗性、愚昧性、恶习性、非文明性和非理性等方面。

（1）奢侈性（炫耀性）旅游消费文化现象。

旅游者在旅游消费过程中，追求奢侈、豪华，消费目的不是要满足自身正常的物质和精神生活需要，而是把旅游消费当作一种标志与象征，炫耀自己的身份、地位与财富，形成炫耀性和奢侈性旅游消费文化现象。奢侈消费带给旅游者物质上的享受，还具有特殊的符号意义，即奢侈性旅游消费给旅游者带来的社会身份地位的构建功能。中国传统思想文化中的“好面子”、“讲排场”也可以纳入奢侈性和炫耀性旅游消费符号意义分析的视野。

① 沈祖祥.旅游文化学引论[M].福州：福建人民出版社，2006：167.
② 沈祖祥.旅游文化学引论[M].福州：福建人民出版社，2006：167.
③ 柴斐娜.西安城市居民旅游消费文化的社会分层化研究[D].西安：陕西师范大学，2009.
④ 唐秀丽.上海市民旅游消费文化研究[D].上海：华东师范大学，2006.
⑤ 张鹏.当前我国消费文化建设研究[D].成都：西南财经大学，2007.

我们要认识到，当人面对自己突然增加的财富时，毫不犹豫地选择“富贵的标志”——奢侈消费来表明其新的经济和社会地位，这是一种非常自然的心理需求。在这种背景下，炫耀性和奢侈性旅游粉墨登场。随着从单一观光型旅游向休闲度假型转变，越来越多来自世界各地的高消费阶层人士要求在旅行时也能彰显自己在吃、住、行、游、购、娱方面的“身价”。例如，胡润百富针对中国富豪的生活方式所做的一项调查结果显示：旅游是中国富豪们最喜欢的休闲方式[①]。事实上，高档酒店，豪华邮轮、游艇、游船，高档别墅，高尔夫，保健疗养地，名贵豪华消费品，豪华婚礼等，早就在全国各地登堂入室，日益兴盛。同时，我们还要认识到国际上炫耀性奢侈性旅游文化是贵族文化的一个部分。例如，邮轮生活其实是有一点贵族意味的，登陆邮轮必须着正装或者礼服，风度优雅。在奢华绮丽的邮轮里，时间概念被弱化，置身于蓝色海洋中，感受到的是那种难以言说的惬意。

我们不能对奢侈性炫耀性旅游消费一味地责难，而是要引导奢侈性炫耀性旅游消费文化现象向新奢侈性主义旅游消费文化转化。新奢侈主义旅游概念的提出，主要是基于两个前提：国内趋优消费现象的出现；中国奢侈品市场形成。新奢侈主义旅游者提出了新奢侈主义旅游宣言[②]。与以往传统意义上的“奢侈”不同，新奢侈主义旅游不提倡盲目追求高价、张扬和炫耀，而是更加注重品质和个性。在力所能及的范围内，对自己好一点，过自己所能过的最好生活，是新奢侈主义的真谛。

（2）欺骗性旅游消费文化现象。

从旅游消费的主客关系角度看，旅游消费文化既包括旅游消费主体即旅游者所持有的旅游消费文化观念，也包括旅游消费客体的提供者主动或被动所持有的旅游消费文化，还包括两者的互动所形成的整个社会的旅游消费文化。欺骗性旅游消费文化现象主要发生在旅游业服务部门在为旅游者提供旅游消费的过程中。

例如，20世纪90年代，随着中国旅游市场从高端向大众市场的转变，旅行社恶性降价，以所谓的“零团费”、“负团费”招徕顾客。于是，旅游者的消费体验从自愿到必须自愿[③]，旅行社从正常接待、正常利润到零团费接待、零利润接待[④⑤]，导游从正常工资到零工资甚至负工资[⑥⑦]，催生出了旅游与导游回扣、旅游欺诈、购物陷阱等本应毫不相关而却紧密交织在一起的“零团费”文化现象。又如，旅游“买路财”现象盛行，旅游消费提供者用这样那样的条件限制消费者的选择，或利用人的生理需求大发横财。名山胜水，本是上苍对一方民众的眷顾，旅游“买路财”则有负天地厚爱。纵情山水、行色匆匆的人们或许无暇为旅游“买路财”较真，但钱花了，心里不爽，引起一系列的负面效应。最终，这

---

① 佚名.国内“奢华旅游”将成一种新的度假方式[EB/OL].[2006-06-23].http：//travel.sohu.com/20060623/n243897710.shtml.

② 秦俭，魏京那，李黎.新奢侈主义旅游宣言[J].东方养生，2008（2）：18-30.

③ 佚名.从自愿到必须自愿，游客岂能“任人鱼肉”？[J].消费，2006（10）：22-29.

④ 贾跃千.零团费现象剖析及治理措施[J].社会科学家，2004（6）：111-114.

⑤ 贾跃千，何佳梅，崔凤军.零团费与我国出境游发展阶段的互动关系分析[J].旅游学刊，2006，21（1）：69-73.

⑥ 南开大学国际商学院旅游学系本科生科研创新小组.对建立合理的导游人员职业机制问题的探讨[J].旅游学刊，2003（6）：71-76.

⑦ 张岩.对我国旅游市场“零团费”接待现象的浅析[J].特区经济，2006（11）：227-229.

些欺骗性的旅游消费文化现象损害着旅游业的未来。

（3）愚昧性旅游消费文化现象。

在旅游消费过程中，很多旅游者把大量钱财和精力花费在某种虚幻的精神寄托上。这些旅游者遇庙就拜，烧香问佛，许愿还愿，寻仙问药。愚昧与迷信也是一种常态的旅游消费文化，旅游消费者的文化层次越低，愚昧性旅游消费就越可能发生，旅游消费文化的愚昧程度就越强。愚昧性旅游消费文化现象不仅引领了不良的消费文化风气，而且造成旅游资源和社会资源的极大浪费。

（4）不文明旅游消费文化现象。

不文明旅游消费文化现象主要是通过不文明旅游行为体现出来的。不文明旅游行为主要有：不卫生行为，无序行为，噪音行为，不雅行为，不尊重风俗行为，违法违规行为。特别是中国公民出境旅游者的失德行为、离轨行为和触禁行为，损害了礼仪之邦的形象、败坏社会文明的风气、伤害他国民族感情[①]。尽管社会舆论不断地谴责这些不文明旅游行为，但在旅游消费过程中，不文明旅游消费行为普遍存在。

（5）恶习性旅游消费文化现象。

旅游者在旅游消费过程中，把大量钱财和精力花费在无益于身心健康的、直接产生社会危害的活动中，从而产生恶习性旅游消费文化现象。最典型的就是性旅游以及赌博旅游。虽然旅游不是性交易和赌博的最终根源，但旅游消费的暂时性和异地性，诱发旅游消费者的道德感弱化，责任约束松弛，强化了这些恶习性消费与旅游消费的结合，旅游消费成为这些恶习生存与发展的最好载体。

（6）非理性旅游消费文化现象。

从目前我国国内旅游市场的表现来看，整体上日趋成熟，但在消费过程中仍存在以下误区或非理性表现[②]：第一，盲目跟风旅游现象比较普遍。我国旅游市场正从发育初期向发展期转向，部分旅游者旅游知识和经验积累不足。旅游者在选择旅游目的地和出游时间、出游方式时缺乏相关消费经验，多是根据亲友的推荐和社会媒体的宣传选择具体的旅游消费方式。这就导致人们在旺季特别是黄金周赶往旅游热点地区旅游，客观上导致了旅游体验质量的降低。这在旅游消费活动中表现为旅游供需矛盾，旅游者成为各种负面效应的承担者和施加者。第二，过分关注价格现象。传统的消费观念让人们养成了价比三家的习惯，而缺乏对旅行社及其产品鉴别的能力和消费习惯。一些游客因为价格便宜就和旅行社签订协议，没有明确行程中的景点和费用及团费包含哪些旅游项目；甚至出游不签订合同、不了解合同内容、旅途中任由旅行社或导游擅改行程及降低服务标准等。在一些附加旅游购物点，游客往往随大流，被部分导游“过了这村没这店”的推荐所引诱，贪便宜随意购物。第三，旅游消费结构不合理现象。从我国旅游市场中的表现来看，长期停留在低层次的观光游，呈现为走马观花式旅游。其中行、游、住、食、购、娱各项消费的结构显得很不合理，从而导致了旅游质量的不稳定。对于基本消费的内容要求过于苛刻，而在非

① 郭鲁芳，张素.中国公民出境旅游文明与软实力提升研究[J].旅游学刊，2008，23（12）：18-22.
② 侯志强，郑向敏.科学旅游消费观念的培育模式研究[J].旅游学刊，2006，21（2）：26-29.

基本消费方面过于随便，如购物、增加项目方面随意性较强[①]。此外，旅游消费中的过度维权现象也大量存在。长期以来我国公民在旅游消费当中带有很大的盲目性。因此需要全社会形成科学的旅游消费观念，建立理性消费的社会基础，推动健康科学的旅游消费文化的发展。

二、旅游消费文化的发展趋势

在经济全球化背景下，随着信息技术迅猛发展，社会文化以及其交流传播呈现出复杂多变的特征，并深刻影响着人们的基本信仰、价值观念和生活标准。旅游消费文化的发展变化过程也与之相适应，呈现复杂多变的动态的变化过程，呈现出一定的发展变化趋势。

（一）传统—现代—后现代消费文化变迁路径

与消费文化的传统—现代—后现代的发展变迁路径相适应，旅游消费文化也遵循着类似的发展变迁过程。

从西方消费文化的视角看，西方传统的消费文化（主要指现代前期）深受人文主义思潮、世俗化倾向、宗教改革，以及启蒙运动、新教伦理与禁欲主义诸多因素的影响，新教伦理、清教徒精神和对世俗享乐主义的批判都顺应了资本主义资本积累的需求，休闲、见异思迁和超出基本生活所需的消费都与传统的消费文化相冲突。从19世纪中后期至20世纪50年代，第二次工业革命后形成的福特主义认为大批量生产意味着大众化的消费，要将传统社区公民培养成现代意义上的消费者，一个旅游休闲社会应运而生。传统上对社区和家庭的重视，对聚敛财富的认真和对财富的珍惜，对勤俭的推崇以求灵魂救赎的虔诚和对诚实守信的看重变得越来越不重要了。取而代之的是以分期付款、信用消费为表现的享乐主义和消费主义的盛行。在这一过程中，现代媒体如广播、电视和电影遵循资本主义商品生产的逻辑，通过创造模拟环境和形成主流舆论环境，诱导消费者接受所宣扬的消费文化。从20世纪60年代开始，后现代主义在西方发展成为一股强大的潮流。后现代主义小心避开绝对价值，是一种怀疑的、开放的、相对主义的和多元论的，赞美分裂而非协调、破碎而非整体、异质而非单一的文化思潮。后现代主义在消费主义文化方面表现为：为消费而生的有闲阶级大量出现；代表性的个人消费品和休闲方式大量涌现；新消费者团体形成新的消费主体；消费文化消解了精英文化与大众文化的界限[②]。在后现代消费主义者眼中，产品文化成为后现代商品评估的核心，商品消费与文化消费融为一体，消费象征化、符号化、快感化。作为消费文化内容之一的旅游消费文化自然而然也要遵循这一发展变迁的轨迹。

从中国消费文化的视角看，我国先秦时期的消费文化构成了我国消费文化发展史上的第一座高峰，特别是诸子的消费思想，他们的消费思想是中国消费文化发展的原点。老子的简朴自持、知足常乐的消费思想，孔子的节俭消费思想，墨子的打破等级界限、节用的消费思想，管子的适度消费思想，在我国消费文化史上烨烨闪光[③]。中国改革开放后，经

① 王宁.消费社会学——一个分析的视角[M].北京：社会科学文献出版社，2001：83-85.
② 杨魁，董雅丽.消费文化——从现代到后现代[M].北京：中国社会科学出版社，2003.
③ 张鹏.当前我国消费文化建设研究[D].成都：西南财经大学，2007.

济体制由计划向市场转变，过去的经济短缺发展到现在的过剩经济，物质生活条件得到极大改善。与此相适应，文化环境呈现出传统文化向现代文化变迁的趋势，在同一传统文化范围内，不同教育水平、不同职业、不同年龄的人，其消费习惯、观念和消费模式随着现代社会的快速发展而变化，主要呈现出以下特征：从注重物质消费到注重精神消费的转变，休闲、娱乐、享受等精神消费受到更多关注；从传统消费观念向现代消费观念、另类消费观念转变。现阶段，中国旅游消费文化也开始呈现后现代主义的某些特征。可以预见的是，中国旅游消费文化也会部分遵循传统—现代—后现代的发展变迁路径。

（二）地方特色消费文化向区域消费文化融合

伴随着工业化、城市化、经济社会的发展和人口流动的加速，表现为农村人口向城市流动，落后地区向发达地区流动。人口流动带来的是消费观念、消费方式等方面的变化与渗透。地区特色文化异地传播，地方文化丰富多彩，人们的消费习惯、消费方式、风土人情和审美情趣等各不相同，人口的流动，带来消费文化的流动与传播。人口流动的直接原因是追求更高层次的消费，这又为地方特色文化的异地渗透和传播创造了条件。

（三）大众化旅游消费文化向个性化旅游消费文化发展

随着旅游消费主体背景多元化的发展趋势，个性化的旅游需求更加突出。消费成为自我实现的需要，具体表现在：一是寻找乐趣。随着人们物质生活条件的改善和消费知识与经验的积累，个性化的生活方式更趋突出，寻求旅游休闲快乐的生活，寻求消费带来的快感。二是自我实现。如“购买梦想中的汽车”、“梦想中的假期”，丁克一族等现象足以说明个性化的消费观念的兴起。旅游者个人乐趣点的不同以及自我实现内容与目标的不同，客观上决定了个性化旅游消费文化发展演化的发展趋势。现阶段，驴友、色友（摄友）、软旅游、反旅游和虚拟旅游等旅游消费方式的流行，集中体现了旅游消费文化的个性化趋势。

（四）旅游消费文化的国际化

随着经济全球化一体化进程的加快，跨区域、跨国界的经济文化交流活动日益频繁，并深刻影响着各国的旅游消费方式和旅游消费文化的形成与发展。旅游文化的流动性和开放性特征[①]决定了旅游消费文化的国际化发展趋势。国际旅游者的大量涌现意味着国际旅游者独特的旅游消费需求以及国际化的旅游规划开发服务管理理念；大量国际旅游企业的涌入，带来国际化、标准化的、独特的管理模式和新颖的企业文化。这些因素无不通过旅游消费文化的交流与传播渗透并影响着中国旅游消费者。中国旅游消费文化的国际化步伐加快，主要表现在：异域旅游消费文化在中国快速传播，并被一些旅游者所追捧；中西旅游消费文化相互融合，旅游服务的标准化和特色化理念在中国进一步强化，中国旅游消费文化的传统—现代—后现代发展演变路径体现了中国旅游消费文化的国际化发展趋势。

---

① 参见第二章旅游文化的基本特征相关内容。

第四节 旅游消费文化建设

旅游文化具有人化自然、丰富和发展文化、推动社会发展与变迁、塑造旅游形象和调节矛盾等功能特征[①]。作为旅游文化内容之一的旅游消费文化更直接、更强烈、更深刻地影响着社会文化的发展轨迹，旅游成为现代社会人与人、人与自然交流互动的基本方式。加强旅游消费文化建设十分重要，在引领科学旅游消费、健康旅游消费和和谐旅游消费方面具有重要意义。

一、旅游消费文化建设的紧迫性与必要性

如前文所述，旅游消费文化既包括旅游消费主体即旅游者所持有的旅游消费文化观念，也包括旅游消费客体的提供者主动或被动所持有的旅游消费文化，还包括两者的互动所形成的整个社会的旅游消费文化。在社会变革与转型期的中国，社会、经济、文化以及国际因素深刻影响着中国社会发展的方方面面，各种文化与价值观念正进行着消解与重构。具体对旅游消费文化领域而言，呈现出科学与非科学、健康与非健康、持续性与非持续性旅游消费文化现象并存的局面。不同旅游消费文化带来的影响与问题不同，因此必须加强旅游消费文化建设。

（1）旅游消费文化具有很强的约束力和经济文化功能，要在旅游消费过程的整个链条上创造价值，实现旅游文化的诸多功能，就必须加强旅游消费文化建设。奢侈性（炫耀性）、欺骗性、愚昧性、恶习性、非文明性和非理性旅游消费文化现象滋生蔓延，普遍存在。我们要正视和正确认识这些旅游消费文化现象，只有把这些非健康的旅游消费文化导向健康科学化的发展道路，才能促进旅游消费者个体和社会整体的进步与和谐发展。

（2）旅游消费需求是经济文化发达地区“消费者文化和旅游生产系统操纵的结果”[②]，加强旅游对旅游目的地居民消费文化影响的认识引导，才能促进旅游目的地包括消费文化在内的文化生态健康发展，朝着科学良性的方向发展。旅游消费的过程导致不发达的旅游目的地文化逐渐被发达国家和地区的文化同化。来自发达国家和地区旅游者的消费示范效应，导致不发达目的地居民在生活方式上对前者的不切实际的认同和模仿，造成传统文化功能和意义的丧失。

（3）加强旅游消费文化建设有利于减轻或矫正旅游消费的异化、旅游消费文化的肤浅化和浮夸化以及旅游文化产品的标准化和虚假化等问题。从旅游本质的角度看，旅游活动是赋予人生以意义的神圣活动，在现代化导致信仰的衰落和世俗化的时代，作为现代人存在和生活方式的旅游就成为人们寻求“本真”和“意义”的新渠道[③]。不健康不科学的旅游消费文化违背了旅游文化本质的要求。

旅游消费的流动性和异地性等特征使其对经济、社会和文化产生种种影响。旅游消费

① 参见第三章旅游文化功能相关内容。

② Waston，Liewellyn G，Kopachevsky J P.Interpretations of tourism as commodity[J].Annals of Tourism Research，1994，(21)：643-660.

③ 王宁.旅游、现代性与“好恶交织”——旅游社会学的理论探索[J].社会学研究，1999（6）：93-102.

的影响是双重的，既有利也有弊。如果不注重对旅游消费文化的引导，任凭其自生自灭，整个社会的旅游消费文化就可能出现“失范”的状态，这势必会对社会的健康发展产生不利影响。

在中国这样一个实施供给主导型制度变迁的国家，利用权力中心的政治权威稳定有序地推进制度变迁，利于旅游消费文化的建设和发展[①]。文化发展具有很强的路径依赖性，虽然人们在文化形成和发展演变的机制与路径上还没有达成共识，但通过有意识地主导文化变迁，使其朝人们设想的方向演变是可能的。

二、旅游消费文化建设途径

总体来看，发展型旅游消费文化是当前我国旅游消费文化建设的基本目标。立足于旅游消费文化的结构特征，来建设我国的旅游消费文化，是一个理性科学的选择，即从物质层面、制度层面和观念层面来发展和建设我国的旅游消费文化，在全社会形成发展型的旅游消费氛围，最终促成健康科学和谐的发展型旅游消费文化。

（一）加强宣传教育，培育全民族的健康旅游消费文化观念与意识

尹世杰在《消费文化学》一书中强调，提高全民族的文化意识，是发展社会主义文化的出发点和落脚点，这就必须始终用先进的文化来引导人[②]。在建设旅游消费文化过程中，要旗帜鲜明地反对带有封建思想的、狭隘的、不科学的、不可持续的旅游消费文化；反对照搬发达国家的旅游消费文化和模式，建立具有中国特色的旅游消费文化。

科学旅游消费观念内涵独特，涉及面广泛，需要全社会的共同努力来实现。旅游者、旅游企业和政府主管部门作为旅游活动的三个主体层面可以发挥各自的作用：旅游者自身的消费意识改变是内因，旅游企业和政府的作用是外部促进因素。侯志强，郑向敏[③]构建的旅游消费文化形成与培育的三维模式（见图5-2），对科学健康旅游消费文化的建设与培育具有较好的借鉴意义。

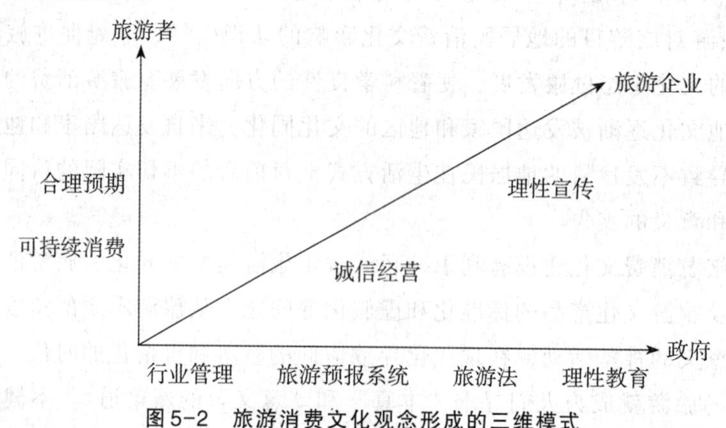

图5-2 旅游消费文化观念形成的三维模式

1.旅游者科学健康旅游消费文化观念的培育

从目前我国国内旅游市场的表现来看，急需培育科学的旅游消费文化观念，建立理性

① 张慧，曹虹剑.论和谐社会的旅游消费文化[J].消费经济，2005，21（5）：41-43.
② 尹世杰.消费文化学[M].武汉：湖北人民出版社，2002：256-278.
③ 侯志强，郑向敏.科学旅游消费观念的培育模式研究[J].旅游学刊，2006，21（2）：26-29.

旅游的社会基础，从而推动科学健康旅游消费文化的建设。旅游者自身观念的改变是最根本的因素。要引导旅游者根据实际情况来选择合适的旅游消费方式。在旅游宣传和教育过程中，引导旅游者在做出旅游消费决策时，把旅游动机、可自由支配收入、闲暇时间以及可供选择的旅游项目或旅游目的地组合情况结合起来，然后做出决策，不能跟风盲从；要引导和教育旅游者建立科学合理的旅游期望，减少过度维权现象的频频发生；要在旅游过程中推广、普及健康的旅游消费观念和消费方式，引导和教育旅游者转变消费观念，建立科学健康的可持续旅游消费文化观念。

2.政府与社会视野下的旅游消费文化建设

从政府与社会的角度看，旅游消费文化的建设在客观上需要政府引导全社会形成科学健康的旅游消费文化；需要建立社会引导机制，引导旅游者理性旅游、有序活动；需要完善相关法规，引导和规范旅游消费的健康运转。首先，旅游者在旅游过程中经常处于劣势地位，客观上需要形成全社会关注旅游者权益的氛围。加强政府旅游管理部门的信息监督职能，由管理部门收集各种旅游信息，在媒体上公布或免费供公众查询。同时强化旅游服务提供方的信息披露义务，通过媒体把旅游行业的一些常规做法、惯例，比如购物、加点等现象曝光，引导旅游者熟悉和预防一些欺骗性的旅游消费现象。其次，针对目前旅游流无序的状况，需要旅游管理行政部门制定相关的引导机制，引导理性旅游、有序开展旅游活动。例如，旅游预报系统的运行和理性旅游教育活动的开展都能较好起到建设科学健康的旅游消费文化的作用。再次，要加强旅游法规的建设，科学合理地平衡旅游企业和旅游者的权利和义务，引导旅游消费健康有序地进行。要真正发挥2013年通过的《中华人民共和国旅游法》在建设科学健康的旅游消费文化过程中的作用，引导游客签订旅游合同，指导游客适当消费，指导游客正当维权，最终推动我国旅游业的健康有序发展。

3.旅游企业视角下的旅游消费文化建设

从旅游企业的视角看，旅游消费文化的建设，最根本的是要建立旅游企业的诚信经营机制。旅游消费的一次性、信息的不对称性和信息传播的外部性，客观上助长了旅游消费欺骗现象的发生，而奖惩机制的不健全又激励了欺诈行为的发生。市场上出现劣币驱逐良币的现象。欺诈成本比较小，而诚信成本较高，欺诈者会将诚信的经营者驱逐出市场，市场留下来的更多的是欺诈者[①]。具体来说，旅游企业诚信经营机制的建立，必须通过行业监管加大欺诈的成本，提高信息传播的效率；通过发布诚信广告，提高广告信息的准确度和透明度，抑制旅游企业不合理的经营现象。

（二）运用激励约束机制形成科学健康的旅游消费文化

关于“自律”与“他律”原则，道义论强调要靠人们内心的德性和良知，而近代功利主义伦理学则突出地强调外在制裁的作用，而现代学者更多强调“内在的约束力”和“外在的强制力”的有机统一。内在约束力主要就是靠道德良心来支配人们的行为；而外在强制力主要强调用法律的、经济的、舆论的手段，使人们从其不好的行为的后果当中感受到

① 李增福.旅游消费市场中的信息不对称问题与政府管制[J].改革，2004（3）：114-119.

制裁带来的痛苦，而且要使惩罚和谴责所带来的痛苦要大于其所获得的利益和快乐。人不仅是社会人、道德人，同时也是经济人，仅凭内、外在约束力是不够的，必须有足够的激励，人的行为才可能与社会期望一致。旅游消费文化所起的激励约束机制如图5-3所示①。

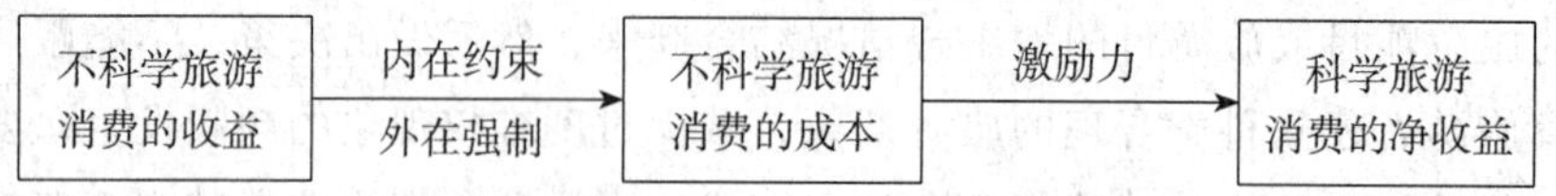

图5-3　旅游消费文化的激励约束机制

旅游消费文化的外在表现形式是消费行为方式，科学健康的旅游消费行为方式的建立要靠教育和法制。当前旅游消费过程中存在的奢侈性（炫耀性）、欺骗性、愚昧性、恶习性、非文明性和非理性等旅游消费文化现象，都需要在教育与法制的作用下，形成内在约束和外在强制相互作用的体制。

我们相信，在旅游发展的过程中，综合运用宣传教育和激励约束机制，奢侈性（炫耀性）、欺骗性、愚昧性、恶习性、非文明性和非理性旅游消费文化现象会得到遏制，健康科学和谐的旅游消费文化最终形成，发展型旅游消费文化建设目标就能实现，旅游业的健康有序发展就能实现。

本章重要观点

1.文化是影响旅游消费的根本因素，旅游动机是旅游形成乃至旅游文化形成的根本动因。

2.旅游消费文化是指在特定的历史环境中，受经济发展水平和民族传统文化的影响，在现代意识支配下，渗透到旅游消费活动过程中的、逐渐形成的一种整体性的消费观念形态以及与之相适应的制度和组织机构和反映在旅游产品上的文化层次和文化趋向。

3.文化价值观是造成中西旅游消费行为差异的深层原因，中西旅游消费环境的差异也导致旅游消费文化的不同。

4.旅游消费文化现象中存在的问题主要表现在奢侈性（炫耀性）、欺骗性、愚昧性、恶习性、非文明性和非理性等方面。

5.旅游消费文化呈现复杂多变的动态变化过程，遵循传统—现代—后现代的发展变迁路径，呈现出地方特色消费文化向区域消费文化融合、大众化旅游消费文化向个性化旅游消费文化发展、旅游消费文化的国际化的发展趋势。

6.旅游消费文化更直接、更强烈、更深刻地影响着社会文化的发展变迁轨迹。加强旅游消费文化建设，在引领科学旅游消费、健康旅游消费和和谐旅游消费方面具有重要意义。

本章问题讨论

1.为什么说文化是影响旅游消费行为的根本因素？

2.在旅游消费实践中，旅游消费行为的文化取向有何具体表现？

① 张慧，曹虹剑.论和谐社会的旅游消费文化[J].消费经济，2005，21（5）：41-43.

3.结合自己的旅游消费经历，说明在旅游消费过程中常存在哪些矛盾？谁（旅游者、旅游服务提供者等）是矛盾的主要方面？旅游消费文化能否调节这些矛盾？

4.在旅游消费过程中，你会经常发现其他旅游消费者可能花高出你几倍的价钱消费了某种旅游产品或旅游商品，他们自己不知道上当了，但玩得非常开心。你在旁边看到诸如此类的情况时，做何感想？它会让你在旅游消费过程中处处提心吊胆、小心翼翼吗？

5.你如何认识和理解奢侈性（炫耀性）、欺骗性、愚昧性、恶习性、非文明性和非理性旅游消费文化现象？请逐一举例试分析之。

6.回忆一次旅游消费经历，根据这一经历，回答以下几个问题：

（1）在本次旅游过程中，旅游消费涉及旅游要素（食、住、行、游、娱、购）的哪些方面？

（2）在旅游消费过程中，你是否有过通过消费（如购买旅游商品）来标识自己经济和社会地位的想法？

（3）在旅游消费过程中，发生过什么样的矛盾？这些矛盾都是因旅游服务提供者的不当服务造成的吗？引起这些矛盾的因素都有哪些？

（4）如果你作为旅游企业的经营管理者，你如何协调处理这些问题？

（5）如果你是旅游行政管理部门的官员，你将如何从管理制度上来解决这些问题？

本章补充阅读材料与案例分析

环球嘉年华登陆上海（摘选）

——向东方人成功销售西方文化

环球嘉年华在2003年6月底和上海市民见面了，就像夏日的一股强旋风，环球嘉年华让因SARS而蛰伏已久的上海人拥有了一次拥抱欢乐、体验激情的机会。

2003年6月27日晚7时环球嘉年华在上海举行了盛大的开幕仪式。刺激、尖叫、时尚、欢笑……号称世界上最大、最刺激、最经典的机动游艺机登场了。以巡回性、多元性、自主性、互动性为特色的全球著名娱乐品牌环球嘉年华是与迪士尼环球影城齐名的世界三大游乐项目之一；在浦东新区政府的大力支持下，它成了第一个登陆中国的世界顶级游乐品牌。记者从组委会获悉为期一个月的嘉年华在开幕之前已预售门票7万张，7月7日之前的团体票已售空。

入夜，东方明珠旁4万平方米的空地灯光璀璨，来自英国、瑞典、德国、意大利等国家的42种外形超炫的大型游艺机和近60种新鲜有趣的竞技游戏一齐登场，给人们带来一次感受超凡的梦幻之旅，让人犹如进入童话仙境。时而能听到极速型游艺机上乘客惊呼狂叫的声音，时而又会传来获得宠物玩具的游客兴奋的欢叫声。缥缈的雨丝经过灯光的渲染呈现出别样风情，而五彩缤纷的雨衣、雨伞更是构筑起一道亮丽的风景线。喜欢冒险和挑战的年轻人是不会错过这次证明自己胆量的好机会的!

环球嘉年华荟萃了当今大型游乐机的精华：惊呼狂叫（G-Force）、超级跳楼机（Meja Drop）、极速大风车（Top Buzz）、老鼠也疯狂（Wild Mouse）、安乐椅（Swing Ride）、旋转木马（Horse&Carriage Ride）、幸福摩天轮（Europa Wheel）等。

如果来嘉年华玩，没有尖叫，那一定是种遗憾，因为其最大卖点无疑是汇集世界上最大型、最刺激和最经典的机动游艺机。有一位游客竟连续乘坐了7个极速型游艺机，都“安然无恙”，实在令人啧啧称奇，当他从“老鼠也疯狂”上下来的时候，记者问他有什么感觉，他说：“刺激，我来这就想体验一下人到极限是什么感觉。”有个长发女孩坐上极速大风车之后，一刻不停地说道被带上云霄，然后就只会尖叫到喉咙沙哑。等到公转、自转都统统结束后，她腿脚发软地回到地面，表情显得昏眩，自己也说不清是痛苦，还是幸福。

把极速当作幸福的主动投入者，或者把极速当作痛苦的被动旁观者，他们唯一的共同点，就是事先都会观察每种机器的特征。相比之下，惊呼狂叫、超级跳楼机、极速大风车等一些速度快、旋转角度多且幅度大的机器最能吸引观众。有趣的是那些旁观者，他们看看也怕，尖叫的分贝比玩的人还高。眼见着超级跳楼机在2秒钟内跌落35米，看的人频频拍心口。从大风车下来的人，很多都发现自己的双手不由自主地颤抖，竟连一个硬币也拿不稳……即便如此，还是有些人在飞转的时候哈哈大笑，仿佛享受了飞的感觉。

据开业几日来的游客的统计，59%的游客选了刺激性游戏，27%的游客选择赢奖品的游戏项目。只有8%的游客选择家庭游艺机，5%的游客选择儿童游艺机。玩刺激游戏的66%是“美眉”。“我就要玩这个！”嘉年华现场经常可以听见“美眉”这样向男友撒娇。“平时晚上出去都是喝咖啡、跳舞，大多数时间是为了配合他的商务活动，做决定的基本都是他。今天上嘉年华，是我们两个人的时间，当然是我做主！”“我想让他知道，除了表面的温柔外，我还有狂野的一面，在遇到紧急情况时，我能帮助他渡过难关。”一位“美眉”这样说。而男士们也乐于在这个时候给女生一个展示的机会。

据悉，超过60%的游客一人花了150元左右，而44%的游客来之前计划要花100~200元。也就是说，平均每位游客打算用于买刺激的钱70元左右，还有70元用于博奖品和买浪漫。

“嘉年华”音译“CARNIVAL”，堪称世界上最古老的狂欢活动，它起源于欧洲民间，最早可追溯到1294年的威尼斯。“环球嘉年华”从历史中寻求灵感，逐步形成包括大型游乐场设施在内的各种文化艺术活动的娱乐品牌。迄今，“环球嘉年华”已游历了巴黎、伦敦、吉隆坡、迪拜、香港等名城。去年底、今年初，在中国香港举办的香港冬季环球嘉年华，两个月就吸引了187万游客，总收入达1.2亿港元。这次上海嘉年华总投入7 000万元，也就是说，如果达到香港站的收入数字，利润将达到5 000万元。而本次嘉年华上海之旅，预计将大大超过这个数字。

6月27日嘉年华开幕前，浦东银城东路尽头的一扇铁门外，挤满了等着面试的大学生。这里是2003年上海浦东环球嘉年华的临时指挥部。“这儿打工每月能挣1 500元左右，”排在队尾的同学说。门卫表示，活动期间提供约500个岗位。粗略算来，这笔“打工费”就将近百万元，但这比起7 000万元的投入，这部分开支确实太少了。

嘉年华的到来还带动了与其相关的行业。从独家负责嘉年华金融支持的农行上海市分行获悉，从嘉年华开幕后的11天里，该行每天配备8名工作人员提供现场收款服务，每天从傍晚6：00一直工作到次日凌晨3：00，平均每人每天要处理40万元。该行已清点日营业款3 600余万元，日均结算量接近330万元，这一数字几乎两倍于嘉年华在香港时的纪录。不仅仅是结算一项，匹配嘉年华的一揽子金融服务，也像摩天轮一样全都转了过来。嘉年华营业场所安装了5台POS机设备，方便前来游玩的市民随时刷卡；8台点钞机也不断替钞票验明正身；开园第一周，共有近2万元假币被截。浦东环球嘉年华开幕11天已接待游客超过31万人次，平均每天进场3万人，其中周六更创下了单日4.3万人进场的最高纪录。沪上中高星级酒店，客房出租率有一个规律：周一到周五走高，周末走低。然而上个周末，浦东地区的酒店客房出现了异常的上涨。毗邻嘉年华的香格里拉酒店周末客房同比上升了5个百分点，而国内客人入住的比例则上浮了10个百分点，世纪公园附近的经济型连锁酒店如家快捷酒店更是出现“一房难求”的火暴场面。分析表明：慕名而来的外地游客是嘉年华旺盛人气的重要组成部分，嘉年华虽然只有短短1个月时间，但其中似乎蕴含着耐人寻味的巨大潜能。

资料来源 章海荣.旅游文化学[M].上海：复旦大学出版社，2007.

【阅读提示】

1.嘉年华登陆上海，旅游消费文化行为有何具体表现？

2.嘉年华在上海的成功对旅游产品开发和旅游消费文化建设有何启发意义？

第六章

旅游休闲文化

学习目标

学过本章之后，你应该能够：

1.理解旅游与休闲的关系，认识研究休闲文化的重要性。

2.了解休闲文化的基本类型，理解休闲文化的基本特征和功能。

3.了解中国古代旅游休闲文化的典型表现形式，深刻理解中国古代休闲文化“天人合一”的人本特征。

4.了解中西休闲文化发展演变的历史过程，把握中西休闲文化发展的历史阶段以及其主要表征。

5.认识和理解休闲文化发展在观念、文化、产业等诸多方面所面临的困境以及其主要表现形式。

6.从理论建设和文化建设两个角度理解休闲文化建设是一个系统工程。

旅游与休闲都在快速发展，而且在发展过程中渐行渐近，大有融合的发展趋势。旅游与休闲本不应该分开，“下车拍照，上车睡觉”式的旅游模式是人们收入水平不高、自由支配时间不多的情况下，采取的一种应急模式；人们变得有钱又有闲的时候，旅游的面貌自然会变成休闲。旅游变休闲，这是旅游发展的必由之路，或者说，这是还原旅游本来面目的必然途径。因此，旅游文化的研究有必要拓展到休闲领域。

每个时代的进步与发展都有着自己独特的精神标记。随着后工业时代的来临，“休闲”这一古老而又现代的命题再次成为引导未来社会前行的一面旗帜。在新世纪的今天，人类正迎来一个多样化的休闲时代。旅游休闲文化，作为一个精神文明建设中庞大的社会空间，如何充分认识它对于旅游者个体和旅游业总体的意义，具有重大的理论和实践意义。在全面建设和谐社会的大背景下，人们的闲暇活动蕴藏着巨大的文化潜力，只要正确引导，以健康、文明的内容，人民喜闻乐见的形式加以充实，休闲文化完全能够成为先进文化的重要载体、形式和组成部分。因此，不能把休闲文化当作低级庸俗的贵族文化来对待，而要把旅游休闲文化的现状、趋势和价值导向等作为先进文化建设的重要方面来研究。学术界也愈益认识到，旅游休闲文化与人的全面发展存在着本质联系，旅游休闲文化对小康社会和和谐社会建设也具有重大意义。

第一节 旅游休闲文化概述

一、休闲文化的概念

（一）休闲

英语休闲（leisure）一词的起源与表示休闲的古希腊语（scole）、拉丁语（licere）和罗马语（otium）有关。休闲定义像其词源一样广泛、多样，并且变化多端。休闲是一复合概念，其属性可以进行多种解释，主观性较强，人们背景不同，解读各异，并形成时间、活动、状态、制度和综合视角等代表性的观点。时间视角下的休闲是指从一天24小时的绝对限制中扣除生活必需时间和工作时间之后剩余的自由时间；活动视角下的休闲是在自由时间内的活动或体验；状态视角下的休闲是指为了达到自己的目的而进行的，从中得到幸福与满足，并与个人内心世界密切相关的体验与心态；制度视角下的休闲旨在揭示休闲的本质与工作、婚姻、教育等社会活动和价值观之间的关系；综合视角下的休闲是“以欣然之态做心爱之事（马惠娣语）”[①]。

综合上述观点，我们认为，休闲是人们在可自由支配时间内，在摆脱外在压力束缚后，以自己的方式自由选择个人偏好的一种生活方式和生活状态。休闲包括三个方面的要素：可自由支配时间；自由选择休闲方式；创造性实现和发展自我。首先，可自由支配时间是休闲产生的先决条件。没有可自由支配的时间，休闲就无法开展。马克思指出：“人们只有享受休闲时间，才能有时间休息，有时间进修，有时间像个人，像个有家的人，像一个公民那样有自己的权利。[②]”其次，休闲是一种相对自由的身心状态。北美休闲研究著名学者伦德伯格指出：“休闲应该体现出个人自身的原动力和自我完善的特征而不带有社会和经济秩序的强迫性。”最后，从马斯洛需求层次理论角度看，休闲是创造性实现自我、发展自我的客观需要。个体在休闲中因为身心的自由状态，在内驱力的驱动下行动，创造自我，并发展和完善了自我。

早在2001年，马惠娣就展望了21世纪与休闲经济、休闲产业、休闲文化之间的相互性[③]。2015年前后，发达国家将进入“休闲时代”，休闲将成为人类生活的重要组成部分，专门提供休闲的产业在2015年将会主导劳务市场[④]。休闲演变为人类生活的中心内容，人类对“进步”的定义也将发生根本的变化。休闲的价值不在于实用，而在于文化。

随着中国经济社会的发展，人们三分之一的时间、三分之一的金钱和三分之一的土地用于休闲。休闲是三分之一的生活方式，是三分之一的消费方式，消耗着三分之一的社会资源。中国的休闲文化正逐步由过去长期的边缘化偶态向一般化常态过渡。在全面建设和谐社会的大背景下，人们的闲暇活动蕴藏着巨大的文化潜力，只要正确引导，以健康、文

---

① 李仲广，卢昌崇.基础休闲学[M].北京：社会科学文献出版社，2004.

② 马克思，恩格斯.马克思恩格斯选集：第3卷[M].中共中央马克思恩格斯列宁斯大林著作编译局，编.北京：人民出版社，1974：392.

③ 马惠娣.21世纪与休闲经济、休闲产业、休闲文化[J].自然辩证法研究，2001，17（1）：48-52.

④ 参见美国《时代》杂志1999年第12期封面评论文章。

明的内容，人民喜闻乐见的形式加以充实，休闲文化完全能够成为先进文化的重要载体、形式和组成部分。

（二）休闲文化

在界定休闲文化概念时，有必要对休闲文化作简短的历史纵向性的分析。学界研究休闲文化的一个基本路径是从跨学科的视角考察休闲文化在不同社会形态中的表现形式与主要特征，并通过对这些形式与特征的比较，映射与揭示休闲社会和休闲文化的运行机制。没有一个社会的存在只依赖于生产，总会留有多余的能量与没有利用的资源。休闲的问题就是如何运用这些剩余量的问题。对这些剩余量的处理方式的差异也就构成了不同社会形态中的休闲文化的主体。每一个社会都会发明其独特的原理来组织时间与空间，否则，作为使经济与社会幸存下来的生产活动将会无法进行。从这个意义上，可以把休闲文化的历史演进大致划为三个阶段：其一，前工业社会以祭祀文化或宗教文化为主的休闲文化；其二，工业社会或劳动社会以劳动文化和消费文化为主的休闲文化；其三，后工业社会或后劳动社会以以人为本的多元文化为主的休闲文化[①]。

什么是休闲文化呢？如何正确认识休闲文化，如何科学地构建一种持续、高效、优质的休闲文化生态系统？

休闲作为一种现实存在，必然表现为人的外在行为，决定因素取决于休闲主体的个人条件、生活方式和价值取向，在界定休闲概念的基础上，并契合我们对文化的认识（参见第二章旅游文化的本质与特征），我们认为，休闲文化是指人们在从事休闲活动的过程中，将那些使自己感觉愉悦的活动与自己的审美活动、创造活动等联系在一起，经过充分自由选择和纯粹兴趣所致，用于自我享受、调整和发展的价值观念和生活方式；是为满足人的精神需要由（旅游）休闲活动引致并迸发出来的形式多样的各种文化创造、文化欣赏、文化建构等文化现象。人们在休闲时间内，用于缓解疲劳、恢复精力、舒缓情绪、消除郁闷、释放能量、减轻思想压力和增长见识、开阔思想境界的部分，都可以纳入休闲文化的范围[②]。休闲文化的历史演进过程向我们表明，人们对休闲的追求不能简单地约化为是对自由时间的追求，而是对自由精神的追求；不是追求获得更多的业余爱好或娱乐活动，而是追求超越繁忙的日程安排所获得的一种雅致与宁静的感觉。

二、旅游休闲文化的基本类型

旅游休闲活动种类繁多，旅游休闲文化类型必然也多。旅游休闲活动包括休闲娱乐（如唱歌跳舞、网络聊天、琴棋书画等）、休闲旅游（如造访名山大川等）、休闲养殖（如种花养草、戏鸟玩鱼等）、休闲阅读（如读书看报等）、休闲竞技（如打球赛车、爬山游泳）等。德国哲学家叔本华把休闲文化分为三类：第一是对生存的享受，如饮食、消化、休息、睡眠等生理需要；第二是寻求体能刺激的享受，如散步、远足、跳跃、角力、舞蹈、击剑、骑马、狩猎、运动竞技等；第三是认识过程中的享乐，如思考、鉴赏、作诗、

---

① 成素梅.休闲文化的历史演变[N].中华读书报，2006-12-20.
② 黄先明.休闲文化促进社会和谐——与四川省级党校谢洪恩教授谈休闲文化[N].四川日报，2005-04-18.

绘画、奏乐、读书等[①]。

站在现代人的角度，罗歇·苏把休闲实践活动分为四类：身体娱乐、实用娱乐、文化娱乐和社会娱乐[②]。身体娱乐是为了放松身体、恢复体力，从人人可为的散步到技巧性的体育休闲，都属于这个范畴。实用娱乐是一种以实用为目的而又明显地带有娱乐休闲色彩的体力劳动。文化娱乐是为个性的发展和解放所从事的基本的文化实践。阅读和观赏是最重要的两种文化娱乐方式。社会娱乐是以关系性活动占主导地位的娱乐。

休闲文化的分类方法很多，根据休闲文化的功能，可以将休闲文化分为以下六种类型：

（一）张弛（消遣）型休闲文化

张弛（消遣）型休闲文化是最主要最常见的休闲文化类型。人们在日常休闲时间里从事轻松愉快的活动，以恢复身心，追求轻松惬意、自由享受的休闲生活空间，追求随意、随性、安逸、潇洒的休闲生活。日常型的消遣主要包括亲朋好友间的无固定主题的聊天漫谈、玩笑逗乐，其最常见的就是喝茶聊天或喝酒聊天。非日常的张弛型休闲文化则与旅游结合起来，指向大众旅游休闲审美文化层面，包括动态的旅行观赏（自然景观、人文景观和各类专题知识展馆）、静态的影视、网页等观赏以及现场的歌舞、戏剧、体育表演等观赏。张弛型休闲文化在互联网时代主要表现为通过因特网、手机、互动电视等现代信息传输手段所进行的各种具有互动特征的休闲娱乐活动，其中网上互动的形式最为常见。

（二）陶冶型休闲文化

陶冶型休闲文化是张弛型休闲文化的延伸形式。主要是利用闲暇时间发展个人爱好，陶冶性情。个体的业余爱好大多属于此类，这些休闲活动既能松弛身心，恢复体力和精力，又能陶冶性情。

（三）求知探索型休闲文化

求知探索型休闲文化主要包括主体在业余或课余时间对人类已知的各种知识、技能的学习，对未知世界奥秘的思考、探寻、求索，通常表现为因兴趣所致的各类读书、交流、研讨活动。

（四）竞技博弈型休闲文化

竞技博弈型休闲文化主要包括各类公开的大众化的体育比赛、各种趣味性的技艺比赛、某些挑战人类身体极限的非专业的探奇冒险活动以及各种门类的棋牌博弈活动。

（五）反馈型休闲文化

反馈型休闲文化是在工作之余的休闲时间里发展与工作有关的业余爱好，使这些业余爱好与工作联系起来，促进工作。例如侦探在业余时间里观看破案电影，就是反馈型休闲文化的表现。

---

① 尹华光.旅游文化学[M].长沙：湖南大学出版社，2005：120-121.
② 苏.休闲[M].姜依群，译.北京：商务印书馆，1996：73.

（六）潜能型休闲文化

潜能型休闲文化是在休闲时间里继续工作以挖掘专业潜能，具有将工作与生命合一的信念和气质，以工作为乐。

三、休闲文化的特征

旅游休闲活动兼具旅游休闲的属性和文化的属性，使得旅游休闲文化具有自身的特征。

（一）世俗性

自从亚里士多德赋予休闲“是一切事物环绕的中心”、“是科学和哲学诞生的基本条件之一”等诗性的礼赞以来，休闲文化的世俗性特征被忽视了。也就是说，休闲文化不只是一种诗性的观念文化，更是一种世俗的实践文化，融合在人们的日常世俗生活中。休闲文化的世俗性强调了在日常生活的层面上，满足那些普普通通的人所表现出的基本要求、欲望和享受，人不再努力追求自身生活的价值深度，而是主动寻求直接体现当下满足的内容和形式，由之形成的世俗价值观成为整个休闲文化建构的基本目标之一。

休闲名著《人类思想史中的休闲》在论及古希腊休闲文化思想时，曾写道：“对于大多数人而言，如果去询问他们的生活哲学，他们会因为没有思考这个问题而惊慌。尽管存在着不同的衡量标准，但是，我们所有的人都部分地是犬儒主义、怀疑主义、斯多噶主义、伊壁鸠鲁学派或享乐主义者。[①]”文艺复兴逐步树立了以人为本的理念，将人从天国拉回人间，体现为对世俗人生幸福的肯定；之后的宗教改革和新教伦理更是促进了世俗文化的全面崛起。休闲文化的世俗性首先表现为有闲阶级这种上流社会的炫耀式消费，而后发展成为大众性的消费。当消费成为休闲文化世俗价值观的集中体现和生活方式时，休闲文化的世俗性终于大获全胜，并呈现出一统天下的征兆。人们在休闲中消费，人们在消费中休闲，人们无须为自己沉湎于世俗享乐而感到惭愧。“人们不是在时间的连续性上追问历史存在的深度和厚度，而是在时间的空间化过程中体验现实存在的欢乐与激情”；“休闲文化的世俗性显现为物质功利性、直觉体验性和快乐性等特征[②]”。

“在可以预见的将来，休闲和对物质商品的追求无疑会共存于我们的社会之中。[③]”也就是说，物质功利性是促进休闲文化快速发展的持续动力。“休闲之父”亚里士多德用劳动与休闲、奴隶与公民的对立解决了休闲的世俗存在问题。在休闲的世俗性特征背后，我们可以看到一种大众物欲冲动和满足的热情。适应休闲需求物质化、社会化、商业化的发展，社会上出现了专业提供休闲服务的机构，并迅速发展成为今天的休闲文化产业。

休闲文化的直觉体验性是指休闲直接与人内心的、自然的、本能的、不可压抑的、不可解释的和非理性的爱结合在一起。直觉体验性确立了感性价值在世俗生活中的地位和作用。“休闲”作为一件审美的外衣，同物质享受的功利性紧密联系在一起。当走向极端，便是消费主义成为休闲生活的风向标。随着社会经济的快速发展和人民生活水平的不断提

---

① 古德尔，戈比.人类思想史中的休闲[M].成素梅，马惠娣，等，译.昆明：云南人民出版社，2000：33.

② 韩丽峰.论休闲文化的世俗性及其超越[J].杭州师范学院学报，2007，29（2）.

③ 古德尔，戈比.人类思想史中的休闲[M].成素梅，马惠娣，等，译.昆明：云南人民出版社，2000：267.

高，物质功利的现实诱惑将不断推动人们对休闲生活的感性认同，而对休闲生活的感性消费又反过来不断地刺激着人们物质功利性的高涨。

休闲文化世俗性表现的另一个重要特征，便是快乐性原则。人类行为在很大程度上都是趋乐避苦所致。弗洛伊德认为人的心理结构分为意识与无意识两部分，无意识与生俱来，受快乐原则支配，意识后天形成，受现实原则支配，所以无意识比意识更能体现人的本质。人们参与并投入到许多休闲文化活动中，是因为这些活动能给人们带来快乐。

（二）个体（主体）性

旅游休闲文化具有个体（主体）性特征。旅游休闲者的年龄、文化、民族、职业、个性、经历等差异，使旅游休闲文化的内容、方式千差万别。有的人喜欢文娱体育休闲，有的人喜欢绘画，有的人喜欢收藏，有的人喜欢动，有的人喜欢静，有的人喜欢个人休闲，有的人喜欢群体活动。这种个性化的特征，使旅游休闲文化多种多样，不拘一格，丰富多彩。

旅游休闲文化的个体（主体）性还反映在旅游休闲个体在旅游休闲活动过程中的文化创造与文化构建方面。无论是哪种类型的旅游休闲文化，旅游休闲者都会根据个体的背景，将那些使自已感觉愉悦的活动与自己的审美活动、创造活动联系在一起，经过充分自由选择，用于自我享受、自我调整和自我发展。

旅游休闲的个体（主体）性还表现在旅游休闲文化的大众性上。在现代社会，旅游休闲文化是服务于广大人民的群众性的文化，而不是特权文化。旅游休闲文化丧失了大众性，就失去了其生存的土壤。与此同时，个体和大众是旅游休闲文化的创造主体，也是旅游休闲文化的消费主体，是创造主体和消费主体的统一。

（三）开放性

旅游休闲文化的开放性特征根植于旅游休闲与文化的基本特征之中。对旅游休闲者而言，旅游休闲的过程，就是旅游休闲者放开对内在欲望的理性约束，主动体验新奇美异的事项，持有开放性的心态，更是开放性的实践过程。休闲文化具有一定的包容性，它不是一个封闭的系统，而是有选择地吸收外来文化的精华，使之更具有理性，并保持永久的魅力。

从文化风格的角度看，旅游休闲文化是一种个性张扬、向外开放、充满活力的文化。虽然不同的文化群、文化类和文化圈文化是以整体面对世界、面对全人类的，并相互作用与交流，但是，非旅游休闲文化的这种交流明显具有内向保守的性格。例如，中国古代的农耕文化作为定居文化的一种，对非农耕文化是具有排斥倾向的，“我为中心，四方荒野”。长城墙外的游牧民族游动在茫茫草地，突显其自由自在、游动不拘的特征；墙内的乡土民众画地为牢，“在家千日好，出门一日难”。从这个意义上看，古代旅游休闲文化是对内向保守的农耕定居文化的一个有益补充。近现代的旅游休闲文化开放性则是对经济发展、社会开放和社会流动性增强的一种反映。当代旅游休闲文化的交融性与多样性更是旅游休闲文化开放性的一种自然的延伸。

（四）时代性

人类旅游休闲活动的内容、方式、手段和工具具有明显的时代性特征，旅游休闲文化随着时代的进步而不断演进。休闲文化的历史演进过程以及旅游休闲文化活动的内容与方式变迁都说明，休闲文化具有明显的时代特征。从历史角度看，前工业社会，休闲文化主要与祭祀或宗教有关；工业社会或劳动社会则是以劳动文化和消费文化为主的休闲文化；后工业社会或后劳动社会则是以人为本的多元文化为主的休闲文化。从旅游休闲活动的内容、方式、手段或工具来看，有些休闲文化方式没有改变，但内容发生了变化，例如书法和绘画的内容；有些休闲文化活动的手段、工具与科学技术紧密相关，如非物质文化的展现方式的变迁，太空旅游等。在科学技术日益发展的时代，人们把科学技术的伟大成果用于休闲活动，使休闲文化的内容、方式、载体、工具或手段不断推陈出新，与时俱进，具有明显的时代性。

（五）民族性

休闲带有民族性，一个民族的休闲文化离不开这一民族的历史和特点。一个民族的休闲文化要在世界之林中立足，也必须具有自己的民族特色。学界对中西休闲文化的差异有过大量研究，并取得丰硕的成果。例如，尹华光把中国休闲文化的民族性就归结为“家本位的休闲之道、宁静致远的休闲追求、崇俭抑奢的休闲之道和喜爱节庆的休闲情结[①]”等四个方面。

四、休闲文化的功能

基于旅游和休闲的重叠关系、旅游与休闲的结合发展趋势，旅游发展为休闲或还原为休闲的发展之路，休闲文化功能研究也是旅游文化学研究的基本对象和内容。功能文化学派代表人物马林洛夫斯基认为，“文化要素的动态性质指示了人类学的重要工作就在研究文化的功能……这派学者深信，文化历程是有一定法则的，这法则是在文化要素的功能中[②]”。也就是说，人类之所以要超越自然与本能，创造一个文化的环境，根本原因是为了满足人的基本生存需要和发展需要。这种需要不断推动人追求更高层次的创造活动。文化实际上是人的需要和满足需要的方式相互交织、不断升华的价值创造过程。功能文化学派对文化功能的阐释对旅游休闲文化功能的研究具有重要指导意义。

休闲文化功能是旅游休闲文化系统所发挥的主要作用，即旅游休闲文化系统对自然和人类发展所发挥的独特效能与作用。旅游休闲文化的功能是由旅游休闲文化的本质规定性决定的。契合我们对旅游文化本质的认识，休闲文化的功能除兼具旅游文化的人化自然、推动社会发展与变迁、丰富与发展文化、塑造形象、调控矛盾等方面的功能外（参见第三章旅游文化的形成、功能与地位），还有其独特的功能。

（一）愉悦功能

休闲文化最典型的功能就是休闲愉悦，这是最根本的传统功能。现代社会日趋紧张，工作节奏加快，竞争加剧，客观需要丰富多彩的休闲文化活动来消除紧张，调剂精神生

① 尹华光.旅游文化学[M].长沙：湖南大学出版社，2005：122-123.

② 马林洛夫斯基.文化论[M].费孝通，等，译.北京：中国民间文艺出版社，1987：14.

活。我们认为，旅游的愉悦功能和休闲的愉悦功能并无本质的差异，只是在外部性特征上呈现出异地性和本土性之间的差异。在旅游休闲文化活动中，无论是旅游文化还是休闲文化，愉悦功能是主要的形式，在旅游休闲文化的发展与建设过程中，应该保持其愉悦功能并发扬光大，使其具有新的特色。

（二）和谐功能

休闲文化的和谐功能，依附于休闲文化的其他功能之中，通过其他功能的发挥作用于社会。通过传播科学的休闲文化理念和健康的休闲方式，使得旅游、收藏、健身、竞技、选秀、垂钓、品茗等丰富多彩的休闲文化活动深入人心；通过引导人们树立科学、合理、健康的休闲观，把消遣与提高、娱乐与学习、休闲与健身、游玩与创造有机结合起来，使休闲提高人们的生活质量，促进人的全面发展，为构建和谐和小康社会服务；通过发挥休闲文化开放性特点，引导不同职业、不同年龄、不同地域、不同心理特点的各阶层人员，在不同休闲文化活动氛围的感召下，加强彼此之间的联系，为优化人际关系提供条件，进而凝聚雅闲阶层，用高雅的休闲方式凝聚一切进步的社会力量，教化那些低层次休闲的追求者，促使人的休闲需求由低层次向高层次转化；通过塑造健康向上的休闲文化环境，用高雅的休闲文化活动来丰富人们的精神生活，有助于形成良好的社会道德风尚。

（三）发展功能

休闲文化具有知识和信息的综合性，休闲文化活动成为知识和信息传播的最好途径。在学习型社会的大背景下，休闲文化的知识信息功能会得到最大的挖掘与开发。知识和信息的传播，在休闲的环境下，增强了人的开创性。休闲文化是文化繁荣的动力源和竞技社会发展的助推器。一个人在休闲环境中，能更为深入、细密、持久地对自然、社会和人生实践中的各种感受、经验进行反思，对世间的奥秘进行探索，许多科学上的发现、发明正是在这种条件下获得或促成获得的。很难想象，没有休闲文化中的沉思、探索、冒险和开创精神，人类社会的发展会像今天这样丰富多彩。可以说，休闲文化对实现人的全面发展和社会发展具有重大作用。

第二节 中西休闲文化

虽然休闲、休闲文化从20世纪以来才纳入我们研究的理论视野，但是作为一种文化的休闲，早已存在于各个民族文化发展的历史过程中。无论是从文化人类学、历史学还是社会学的视角来考察休闲，休闲和休闲文化都带有明显的种族和民族特征。在各种不同的文化传统下，人们的休闲方式和价值取向各不相同①。

研究休闲文化一条较为现实的路径是从跨学科的视角考察休闲文化在不同社会形态、不同民族中的表现形式与主要特征，通过这些形式与特征的比较，有助于帮助我们认识和揭示休闲文化在不同社会和不同民族中的运行机制。一个社会和民族的生存与发展既依赖

① 庞桂美.东西方休闲文化的比较研究[J].青岛科技大学学报，2004（3）：50.

于生产，也依赖于那些过剩的、多余的、没有用于生产的各种资源的使用情况。不同的社会和不同的民族对这些剩余资源的处理方式就形成了不同社会和不同民族休闲文化的基本特征。

一、中国休闲文化

中国休闲理念源于先秦；与西方不同的是，我国的休闲思想大部分存在于文学作品之中，并且休闲研究开始于20世纪90年代，相比于西方来说起步是比较晚的。早在20世纪90年代初期，于光远先生就曾经十分具有预见性地指出，我们应该重视对休闲文化的研究。1994年他指出："玩是人类基本需要之一，要玩得有文化，要有玩的文化，要研究玩的学术，要掌握玩的技术，要发展玩的艺术。"其后在他的带领之下，一批批的学者开始了有关休闲的研究，进入到这个领域中来，并且还发表了很多文章，这些文章的理论性都是比较强的；翻译出版了一大批有关西方的休闲研究论文和著作；休闲的研究机构也相继成立。马惠娣①、吴文新②等人对休闲基础理论的研究，刘海春③等人对休闲与其他学科的理论交叉研究，刘耳④等人对休闲哲学和休闲意义的研究，取得了一系列代表性的研究成果。在我国休闲教育学科的建设方面，浙江大学是首个在这方面有学科点的大学，于2007年获得国内第一个休闲学博士学位授予点。

为了更好地了解和把握中国休闲文化，有必要从历史视角对中国休闲文化的演进和特征进行系统性梳理。

（一）中国古代休闲文化

经济社会发展水平决定了中国古代休闲文化活动的范畴和休闲方式相对有限，表现出很强的时代特征。中国古代休闲文化主体是达官贵人、文人墨客以及其他上层社会群体。中国古代休闲文化存在于生活的很多领域，古人的旅游休闲活动多是多层次多角度的体验和感受，与自然更贴近，与真实更接近，个性化的选择较为常见。

1.中国古代休闲文化的典型形式

（1）旅游休闲。

与现代旅游相比，古代旅游在某种意义上更具有休闲的意味。我们只能通过古代旅游休闲者的部分文字记载和部分旅游休闲遗踪来管窥旅游休闲文化的形成、特征与作用形式。神话传说、游记文学（游记、旅游诗等）、山水画都是旅游休闲者在恬然闲适状态下所进行的休闲创造（具体论述参见第三章：旅游文化的形成、功能与地位）。

（2）琴棋书画。

"先翁指下悠清音，乐友几上战论兴，反复观览详古今，青山白云远近明。"这是一首

---

① 代表性成果可参见：马惠娣.休闲：人类美丽的精神家园[M].北京：中国经济出版社，2004；于光远，马惠娣.休闲游戏麻将[M].北京：文化艺术出版社，2006；马惠娣.休闲——文化哲学层面的透视[J].自然辩证法研究，2000（1）；马惠娣.21世纪与休闲经济、休闲产业、休闲文化[J].自然辩证法研究，2001（1）；马惠娣.人类文化思想史中的休闲[J].自然辩证法研究，2003（1）.

② 代表性成果可参见：吴文新.试论休闲的人本特质[M]//陈金钊.黄海学术论坛：第十辑.上海：上海三联书店，2008；吴文新.中国休闲文化发展规律的历史考察及现实启示[M]//陈金钊.黄海学术论坛：第十二辑.上海：上海三联书店，2009.其更多研究成果可参见《黄海学术论坛》系列论文。

③ 刘海春.生命与休闲教育[M].北京：人民出版社，2008.

④ 代表性成果可参见：刘耳.休闲、信仰与对生命意义的追寻[J].自然辩证法研究，2005（10）；刘耳.休闲：一种文化价值观的转变[J].自然辩证法研究，2003（5）.

诗谜，谜底就是琴棋书画，反映了中国古人追求雅闲的基本取向。琴棋书画，寓生命意义于乐趣之中，寓生命乐趣于智慧之中，寓生命智慧于感悟之中，寓生命感悟于操习之中。从古至今，无论是上流社会还是下层社会，琴棋书画成为其共同的休闲养生的首选方式。

①琴。

弹琴在古代是一件雅事，要求正襟危坐，不能像现代人那样纵情。古人弹琴，要择地择时择景。《红楼梦》第八十六回《受私贿老官翻案牍，寄闲情淑女解琴书》宝玉和黛玉的一段学琴的对话对此有过精辟论述：

"琴者，禁也。古人制下，原以治身，涵养性情，抑其淫荡，去其奢侈。若要抚琴，必择静室高斋，或在层楼的上头，在林石的里面，或是山巅上，或是水涯上。再遇着那天地清和的时候，风清月朗，焚香静坐，心不外想，气血和平，才能与神合灵，与道合妙。所以古人说知音难遇。若无知音，宁可独对着那清风明月，苍松怪石，野猿老鹤，抚弄一番，以寄兴趣，方为不负了这琴。还有一层，又要指法好，取音好。若必要抚琴，先须衣冠整齐，或鹤氅，或深衣，要如古人的像表，那才能称圣人之器，然后盥了手，焚上香，方才将身就在榻边，把琴放在案上，坐在第五徽的地方儿，对着自己的当心，两手方从容抬起，这才心身俱正。还要知道轻重疾徐，卷舒自若，体态尊重方好。"

用今天的话说，弹琴之时，要身处优美怡人的自然，或在香烟缭绕的雅室；要择天高气爽之时，或月明风清之夜；要地清景绝；要心思集中，神与道合；要身心安详，处于空灵境界。古人择时择地择景弹琴，既是一种生活趣味，又是安置精神和灵魂的一种独特的生命和审美休闲方式。"琴与山水自然共为精神的载体，其本身又都是精神审美的对象，是精神本身。月下抚琴，临流动操，在漫长的岁月中，中国古代的文人士大夫便是以这样的方式吸纳着山水品格入琴，并借琴将他们的精神挥入丘壑林泽。[①]"

俞伯牙善琴，钟子期能解，留下"高山流水，弹与知音听"的千古佳话；林黛玉弹琴作歌抒发自己的感伤之情；陈妙常与潘比正互用琴声表达爱慕之情；琴声既可以使江州司马泪湿青衫，也可传达金戈铁马《十面埋伏》霸王覆灭的战场紧张的情景。

从文化演变的视角看，古人弹琴逐渐有一个从追求境界向追求趣味转变的发展历程。通过弹琴追求精神境界，六朝人达到了最高境界。而后，尽管琴与读书人的关系依然密切，但由琴而生发、探讨的哲学高度、精神深度却逐渐衰减，与其他中国古代的艺术一样，走出了由格调境界而意境而趣味的线路，弹琴的地方也渐渐移至雅室之内，由精神追求变而追求生命趣味。清代李渔在《闲情偶寄》中有过精辟的论述：

"弈棋尽可消闲，似难借以行乐；弹琴实堪养性，未易执此求欢。以琴必正襟危坐而弹，棋必整槊横戈以待。百骸尽放之时，何必再期整肃？万念俱忘之际，岂宜复较输赢？常有贵禄荣名付之一掷，而与人围棋赌胜不肯以一着相饶者，是与让千乘之国而争箪食豆羹者何异哉？故喜弹不若喜听，善弈不如善观。人胜而我为之喜，人败而我不必为之忧，则是常居胜地也，人弹和缓之音而我为之吉，人弹噍杀之音而我不必为之凶，则是长为吉

① 郭平.古琴丛谈[M].济南：山东画报出版社，2006.

人也。或观听之余，不无技痒，何妨偶一为之，但不寝食其中而莫之或出，则为善弹善弈者耳。”

这段文字，讲的就是如何在四季行乐、如何随时即景行乐、如何坐睡行立饮谈沐浴、如何看花听鸟蓄养禽鱼浇灌竹木。简言之，便是如何休闲，如何快活享受。这表明，随着社会的发展，弹琴所追求的休闲趣味已开始超越于对精神境界或格调的追求。

②棋。

棋主要有两大类：棋盘上的棋子越摆越多的是围棋，以争空间的多少为输赢；棋盘上的棋子越下越少的是象棋，以将帅的最后存亡论胜负。琴棋书画中的“棋”就是围棋。围棋的棋子没有个性与分工，但古代文人喜欢围棋这种高智力的休闲活动方式。自古以来，多少帝王将相、文人雅士、市井布衣乐此不疲，演绎出了无数传奇佳话、美文诗赋、兵书演算、治国方略，成为中华文明史上一朵绚丽的奇葩。

“尧造围棋，以教丹朱”、“舜以子商均愚，故作围棋以教之”等记载表明，中国古代围棋起源很早。“举棋不定”的典故，说明春秋战国时期，下棋已经成为较常见的事物。经过历朝历代的发展，到明清时期，形成诸多风格迥异的围棋流派，而且长期为上层社会垄断的围棋，开始在市民阶层中发展起来，并涌现出了一批“里巷小人”的棋手。他们通过频繁的民间比赛活动，使得围棋游艺更进一步得到了普及。

下棋是古人娱乐交友的重要休闲方式。在山高林深之处，竹韵鸟鸣之中，把酒执棋，以棋会友，指点江山，抒发情怀，实乃人生休闲之快事。直到今天，围棋爱好者无不对惊心动魄的“当湖十局”心驰神往。

③书。

书即书法，是中国汉字独有的一种艺术形式。对比世界其他书写文字，中国汉字是世界上唯一迄今仍然沿用的世界古代四大文明体系所直接传承的文字系统。从时间属性上看，中国书法文化历史悠久、文化传承性强。它是一门古老且日新月异的艺术，从甲骨文、金文演变为大篆、小篆、隶书，至定型于东汉、魏、晋的草书、楷书、行书诸体，书法散发着古老艺术的魅力。只要会写字的人就能体会书法中的美，只要练字的人就会思索文字中蕴含的意义。在书法演进的过程中，书法逐渐成为历代文人的主要休闲方式，在人类休闲史上成为一种独一无二的文化现象，并且至今仍为现代人的一种高雅和健康的休闲理念和方式。

古人把字写在或刻在甲壳、兽骨、钟鼎、竹（木）板、石碑、绸绢或纸之上，形成诸多形态迥异风格独特的书法艺术。我们可借用现代书法艺术休闲的诸多古代赋存、文化遗产以及书法中所承载的文化信息来了解中国古代书法休闲的表现形式。从赋存形式看，中国书法艺术的形制或赋存载体有书法艺术品、书法工艺品和书法景观等。书法艺术品中有碑铭法帖、长卷立轴、条屏中堂、镜片小品、册页扇面、竹木瓷雕等多种样式；书法景观则有书法碑刻、摩崖石刻、名胜题铭、庭院编排楹联以及各地碑林。从文化遗产的角度看，中国古代书法遗产类型丰富、内容广泛，书法艺术常常成为其他文化的传承载体。

在中国传统闲暇娱乐活动中，书法一直是一种代表雅文化的传统休闲文化类型[①]。书法往往成为古人抒发自己心怀的一种途径和手段。作为雅闲文化的集中代表，书法有着自己独特的社会、民族、历史和文化的背景以及独特的生理和心理基础。书法的过程反映了书写者的在闲适状态下特殊的心理活动过程，体现了中国书法的“黑白之道”、“中和之美”以及“刚柔相济”等特征。

④画。

画指中国画，主要是用毛笔、软笔或手指，用国画颜色和墨在帛或宣纸上作画，以描绘山水、器物、花鸟、人物为主的一种中国传统的绘画形式。工笔画和写意画是中国传统绘画的两种形式。前者以再现为主，用笔工整细致，敷色层层渲染，细节明彻入微，力求逼真；后者以表现为主，不求形似，笔墨简练豪放，力求表达审美意境或审美心境。彩色画或黑白素描也是中国画的传统绘画方式。彩色画侧重表达情感；黑白素描重形轻色，侧重理性的欣赏。无论是工笔画、写意画，还是彩色画、黑白画，它们都讲究“诗中有画，画中有诗”，追求诗意的效果。

绘画是历代画客文人的主要休闲方式之一。休闲者的所见、所闻、所思、所想和所造都反映在画作中。山水的诗情画意是文人旅游休闲者赋予的，而把这种诗情画意推向极致的则是旅游休闲绘画作品。中国山水画以风景佳胜、名山大川、城市园林、村野乡居、舟桥楼宇等为题材，创造形神交融、天我合一的意境，即不但表现丰富多彩的自然景物，且往往由有限的取景来表现对整个宇宙自然的由表及里的认识，或于山水之中寄托对于国土家园的感情，因而集中体现了旅游者的自然观和社会审美意识，也可以说从侧面间接地反映了社会生活（中国旅游休闲山水画作情况参见第三章表3-3中国主要旅游休闲山水画）。

（3）诗词歌赋。

中国土地捆绑文明形成了一个“上游下住[②]”的旅游休闲文化特征。自春秋战国以来，文官宦游发展成为古代旅游休闲的主流。中国古代文人游走于名山之中，纵情于秀水之间，通过诗词歌赋和琴棋书画来抒发情感。中国古代文人或因为政治的际遇，或耽于哲学的思索，或因为自身赋予的历史使命感，使得中国古代的休闲文化活动呈现出不同的表现形态，其忧国忧民的思想和报效国家的宏图大志往往得不到统治阶级的认可，或在打击之中贬谪流放，或孑然独行，创作出许多千古传唱的诗词歌赋，其中部分具有悲凉或压抑的意蕴。

①诗。

中国诗文化可以上溯到《诗经》和《楚辞》，具有高度的思想性和完美的艺术性。以四言为主、重章叠句的《诗经》显示了抒情为主的民族文学特色；以忠君爱国、香草美人为特征的《楚辞》显示了浓郁的浪漫主义色彩。此后的汉乐府、山水诗、格律诗和近体诗等，无不体现了诗歌的冶情性特征。王维画中有诗，诗中有画；杜牧的诗中静让人流连忘

---

① 张捷.试论城市闲暇业及其持续发展[J].南京大学学报（哲学社会科学版），1998（2）.

② “上游下住”是指通过上层社会的游动来保证下层社会的稳定和流动的统一。春秋前，帝王巡游频繁，士大夫出游稀疏；春秋后，文官宦游发展为主流，保证一个流动的文官体制来防止国家分裂，同时又通过宦游方式推动社会的流动与循环。文官宦游与文人闲游大力推动了中国古代休闲文化的发展，留下众多诗词歌赋，千古传唱。

返；陶渊明的田园诗构筑了文人墨客休闲的精神家园；边塞诗意境深沉，意蕴无穷。以中国诗歌的标志唐诗为例，唐初王勃、卢照邻、骆宾王等为唐诗繁荣开创先河，盛唐诗仙李白、诗圣杜甫，中唐韩愈、柳宗元、李贺、白居易以及众多田园派和边塞派诗人等，诗作或气势磅礴，雄厚奔放，如行云流水，充满浪漫主义精神；或委婉细腻，深邃隽永，或生动美妙，清新自然，包含现实主义的情怀。

②词。

词是“诗之余”，是诗的变种。词源于南北朝，始于唐，盛于宋。相对诗而言，词较为自由活泼，为历代文人墨客所青睐。古代的词是专门为弹唱而创作的诗体。

中国古代的词大多源自青楼，这是中国特有的过去所造成的。中国古代特别是唐宋以后，文人大多与青楼女子有过交往，“狎妓”流行，歌妓不以色相获宠，而以情趣的高雅和艺术的修养吸引客人。可以说，词是典型的休闲文学。唐宋词中，多是吟唱男女风情，极尽风花雪月，还有不少是文人雅士喝花酒时吟唱而来。从《念奴娇》、《蝶恋花》、《虞美人》、《风流子》、《临江仙》、《满庭芳》、《调笑令》等诸多今天脍炙人口的词牌可以看出，词充满了打情骂俏之声。后来传入宫中，更显香艳特色。直到北宋，苏轼开雄健奔放一代词风，词带有浓郁的爱国主义色彩和忧国忧民的情怀。

③歌。

歌是指民歌，主要是劳动人民智慧的结晶，通过口头传送，世代相承，体现了民族的风土人情以及精神、性格和审美情趣等。歌是民族音乐的基础，是民族文化的精英，更是现今音乐的渊源。《诗经》是中国古代商周时期的民歌总汇。继秦朝“乐府”之后，汉朝“采诗夜颂，有赵代秦楚之讴”。从汉乐府民歌到六朝相和歌，从“街陌讴谣”到“徒歌（清唱）”到“但歌（清唱加帮腔）”，形成“丝竹更相和，执节者歌”的演唱形式。民歌发展到唐代，形成新的形式即曲子。曲子长短句的形式，直接影响宋词、元曲的发展。宋词没落之后，散曲的出现以及明清时期文人的民间采风，使歌在歌词、曲调、曲体结构都取得长足的发展。总之，中国古代民歌源于人们生活，最能反映大众的真实情感，充满了浓厚的生活休闲气息。

④赋。

赋是古代文学一种特殊的文学样式，产生于战国而兴盛于汉代，是汉代主要的文学现象。汉赋是直接受楚辞影响的文体，汉赋作品体现了总揽山川、包容万物的气象，辞藻华丽。赋中有叙事、有描写。随着赋的发展，赋由半书面、半口头文学演化为书面文学，不歌而颂的特点渐渐消失。

总体来看，相对旅游休闲而言，琴棋书画、诗词歌赋等艺术休闲形式更多体现了清净淡雅的特征，精神与美感价值更紧密地结合。更多时候，琴棋书画、诗词歌赋是古人旅游休闲中最重要的休闲文化方式，反映了古人的气骨风流：繁荣时期的文人纵情讴歌，热爱山河，关怀人民，希冀未来；黑暗衰败时期的文人，一面抨击时弊，忧国忧民，一面坚守精神追求，孑然独行，远离凡俗，以琴棋书画、诗词歌赋等形式守护着自己独立高洁的人格。

2.儒道禅中的休闲文化特征

中国古代休闲文化既体现在琴棋书画、诗词歌赋之中，更深刻渗透到中国传统文化的各个部分，特别是儒释道的文化理念和日常生活之中。中国休闲文化博大精深，源远流长。原始社会，休闲观念开始出现；奴隶社会，休闲思想萌芽；先秦两汉时期是休闲思想的孕育期；魏晋南北朝是休闲思想的形成期；唐宋休闲文化璀璨；明清休闲文化生活精致；现在休闲文化繁荣。儒家、道家和佛家休闲思想对中国休闲文化的历史演进产生了深刻影响，这些独成体系的休闲思想，对各个历史时期的休闲文化发展起到了重要作用，使得中国的休闲文化散发出独有的文化意蕴①。

（1）儒家休闲文化特征。

儒家的休闲理论和其哲学思想是一致的，是一种积极入世的休闲思想。儒家的休闲哲学不是对哲理的空谈，而是要去社会中实践的，是要与人们的日常生活挂钩的，要在具体的生活中、行为中去展现其对生命的态度，去体验及感悟人生的价值和意义。

“仁”是儒家休闲哲学和休闲文化的起点。从许慎的《说文解字》中可以看到，“仁”字被解释为“亲，从人二”，就是说人与人之间相亲相爱的表现就是仁。南怀瑾也如此解释仁：“中国古代‘仁’字就是这样写：人两足走路旁加个二，为什么不就旁加个‘一’？‘二人’是两个人，就是人与人之间，有我就有你，有你我就有他。有你、我、他，就有社会。一个人没有问题，有两个人就发生了怎样相处、怎样相爱、怎样互助的问题，就是仁。仁就是人与人之间的事，这是文字上的解释。②”从哲学层面来讲，“仁”是宇宙存在的最高原理，人就与天地同其心，天人和谐，是儒家休闲所要达到的至高境界。也就是说，“仁”蕴含了休养生息、和谐快乐之意。

礼乐文化是儒家休闲文化的外在条件。仁是道德的内在属性，礼是道德的外在标准，仁是礼的具体内涵，而礼则是仁的表现形式。《礼记·乐记》记载：“乐者为同，礼者为异，同则相亲，异则相教。乐胜则流，礼胜则离，合情饰貌者，礼乐之事也。礼仪立，则贵贱矣，乐文同，则上下和矣。”儒家讲究“兴于诗，立于礼，成于乐”，“志于道，据于德，依于仁，游于艺”。儒家也追求“智者乐水，仁者乐山”。这说明，儒家将修身养性融入琴棋书画、饮酒品茗、吟诗作对之中，中国古代的文人雅士们通过这些不同的休闲方式将自己的闲情雅致表现得淋漓尽致，构成了绚丽多彩的儒家休闲文化。

中和是儒家休闲追求的境界。儒家休闲所追求的中和，包含着人心灵上的和谐、人与人之间的和谐以及人与自然万物之和谐。《中庸》中记载：“喜怒哀乐之未发，谓之中；发而皆中节，谓之和。中也者，天下之大本也，和也者，天下之达道也。致中和，天地位焉，万物育焉。”“致中和”作为儒家思想的一个核心内容，是其休闲理想的至美追求。儒家休闲的悠游之道是以中和为贵，以中和为美的。

履道是儒家通向休闲的途径。宋明理学家周敦颐提出“无欲”而主静的“履道”功夫，“无欲”能够让人“静虚动直”。程颢提出，要“先识仁”而后“以诚敬存之”。可

① 程云鹏.生命哲学视域下的中国休闲文化研究[D].南昌：江西师范大学，2013.
② 南怀瑾.论语别裁：上册[M].上海：复旦大学出版社，1990：171.

见，儒家休闲思想主要探求休闲中和之乐的基本途径，重视道德上的践行。

（2）道家休闲文化特征。

道家提倡回归自然、任性逍遥。道家认为休闲是个人的事情，是一种个体的自适行为，强调休闲的个体性和独特性，强调个体对社会、人生、自然的一种生命自适的态度，使个体生命在“顺乎自然”和“无为而治”当中，实现生命的自由和价值①。

“道”是道家休闲文化的哲学基础。《老子》这样描述：“道生之，德蓄之，物形之，势成之。是以万物莫不尊道而贵德。道之尊，德之贵，夫莫之命而常自然。”也就是说，道家追求天道无为，顺其自然。老子又说：“人法地，地法天，天法道，道法自然。”在社会越向前发展、人类的文明进步得越快、人的真实本性离人本身越来越远的历史时代，道家的无为休闲哲学，具有重要的现实指导意义。

返朴归真是道家休闲哲学的宗旨。老子常说，“常德不离，复归于婴儿”，“常德乃足，复归于朴”。道家休闲思想，批评儒家的礼乐休闲文化理念，追求人们从功利化的思想中解脱出来，弃功利之心，回归淳朴，弃欲望之心，去奢去泰。

畅游逍遥是道家休闲文化的极致状态。庄子强调自由飘逸，任性逍遥，追求人格自由和精神超越。庄子《逍遥游》中的鲲鹏之态，就是向我们展示了什么是一种真正的超然洒脱之境，什么是怡然自得、极度悠然之境，什么是飘然无为的休闲之境。

体道是道家通往休闲的途径。老子提出“至虚极，守静笃”，“穷致虚无根极之理，而守静谧笃固之道”；庄子提出“心斋”与“坐忘”，只有减少自我内心的欲望，摒除那些扰乱身心的杂念，用心灵去体验和感悟惬意和宁静，才能使心灵达到一种纯净之状态，一种空明的心境。在静的过程中，慢慢提升自我心灵之境界，渐渐进入一种物我两忘、神游自得的精神状态。

（3）禅宗休闲文化特征。

禅宗是我国影响最大的佛教宗派。自六祖慧能以来，禅宗主张“即心即佛”、“顿悟见性”、“自性自度”，强调人人皆有佛性，强调充满禅意的随缘、自然的休闲状态。禅宗通过禅悦体验使人的身心得到调整和休息，从而达到精神的解放和自由的境界②。

禅之境是禅宗休闲文化的最高境界。禅宗通过“禅”来让人们回复到内心的直觉和体验，禅宗和儒家道家一样，都追求休闲的极致境界，儒家是致中和，道家是逍遥游，而禅宗则是“成佛”。

禅宗所追求的这种理想境界是通过“悟道”获得的，经由“悟道”使得人们从生活中的各种紧张和焦虑里解脱出来，获得自由闲适、悠然自得的精神境界——“禅之境”。禅宗大师青原惟信在《五灯会元》中这样描述：“老僧三十年前未参禅时，见山是山，见水是水。及至后来，亲见知识，有个入处，见山不是山，见水不是水。而今得个休歇处，依前见山只是山，见水只是水。”显然，高僧观山水，依次经历纯感官、超感官、彻悟境界三大阶段，从普通认识层次，到中间感知层次，最终上升到本真层次。

① 潘立勇，傅建祥.人文旅游[M].杭州：浙江大学出版社，2006：102.
② 邓绍秋.禅宗休闲与禅宗生活审美化——兼谈禅宗休闲的现代价值[J].美与时代，2008（10）.

平常心是禅宗休闲应持有的态度。禅宗认为人人都有佛性，成佛在于一瞬间的领悟，用出世的精神对待现世的一切事情，修道也不用非要到寺庙去做和尚，只要不被日常生活中的种种俗事所牵绊，悟出本心本性，那么人人皆可以达到佛可以达到的那种超越的境界。平常心就是无造作、无是非、无取舍、无断常、无凡无圣。禅宗反对把“道”看成高深莫测、神秘玄妙的东西。只要怀着一颗平常心，不执着于当下，不计较得失，就能使心变得空灵而博大，如此便能享受恬淡安宁的休闲生活，拥有宁静质朴的休闲心态了。

随顺自然是禅宗休闲的应有之义。禅并非遥不可及，而是在我们生活的每一个当下，在我们轻松随意的生活之中。禅宗要求我们应以观照自然的方式来领悟佛法的无边。观照自然是希望人们通过对自然的观照获得美感，怀着一种随缘任运、自然洒脱的心态去享受自己的生活，进而体验到一种愉悦的心境。禅悟的三境界论中说：第一重是“落叶满空山，何处寻行迹”；第二重是“空山无人，水流花开”；第三重是“万古长空，一朝风月”。借助自然之景观的出现层层递进，将这些自然之景象心化，直观地表现其心灵。也就是说，禅宗并不要求人们去顺应自然，而是让人们反观自然本心，排除一切世俗间的欲望干扰，从自己的本心本性之中去了悟生命的底蕴。

悟道是禅宗通往休闲的途径。《涅槃经》上说：“一切众生皆有佛性，有佛性者，皆得成佛。”禅宗的悟是一种偶然的获得，禅宗让人们通过“顿悟”反观自己的内心世界，进而达到无我、无烦恼、胸怀万物、心如虚空的境界，也就是禅宗休闲所追求的圣境。

3. 中国古代“天人合一”的人本休闲方式与特征

从发展角度看，中国长达五千年的文明史与发展缓慢的自然经济相伴，以人的依赖性为基本特征，形成了费孝通先生所言之“土地捆绑”文明，人们的日常生活半径和总体的移动空间都较小，休闲始终没有形成独立的文化体系。中国传统讳言休闲，抵制休闲，鞭笞休闲；各种具有特色的休闲方式，大多散落于世俗社会，没有形成独立的休闲文化系统。

值得庆幸的是，在中国文化的脉络中，还有庄子“逍遥游”以及徐霞客式的“行万里路”的旅游休闲实践，并形成中国传统休闲文化追求身心内在性和天人合一的和谐性等特征。正如刘新平所说：“中国人一向都是深得‘闲’字精髓的。那位羽扇纶巾、闲庭信步间就将百万曹兵烧得灰飞烟灭的诸葛孔明（一说周瑜）千百年来让多少人心驰神往，一回回梦游赤壁！而那位‘采菊东篱下，悠然见南山’的陶县令，更令后世无数文人心仪不已，恨不得时空倒转，让自己可以置身南山之麓，与陶公比邻。至于修出一部千古《水经注》的郦道元，谁敢说他在踏遍神山秀水之际，没有一种休闲的意味自在心中？写出那篇《醉翁亭记》的欧阳老先生，若非以一种超脱凡尘外的闲适情怀将‘环滁之山’尽收脑海心谷，又怎能写下那秀外慧中、传诵至今的飘逸文字？”[①]

中国传统休闲的各种典型形式，诸如琴棋书画、诗词歌赋、静坐修道、武术太极、养生修身以及繁荣于民间的各种手工艺术、神技奇能和散落于世俗社会的各种民俗等，大多

① 刘新平．百年时尚 休闲中国[M]北京：中国工人出版社，2002：23.

是典型的内向型文化，追求“反求诸己”、“致虚极，守静笃”，并由内而外达成各种休闲的内在或外在效果。休闲者心灵与外部世界沟通融合，在悠然闲适之中欣赏和创造，沉入天人合一、和谐欢畅的休闲境界。这无不体现了“以欣然之态做心爱之事”，体现了内外和谐，超越欲望的休闲本质。中国传统典型的休闲方式“恰好展现了休闲最为核心和关键的人本特质——休闲的身心内在性和体验超越性以及主客体统一性及和谐性[①]”。

休闲就是人身和谐的一种内在状态，通过休闲文化活动，体验身心和谐的状态。中国古代传统的休闲文化自觉或不自觉地实现主客体的内在统一以及不同主体之间的和睦融洽。各种表现于外的与休闲相关的器物产品，无不是古圣先贤人本休闲的外化结晶。甚至可以说，流传于世的主要思想、科学、艺术和宗教经典以及各种融自然与人文为一体的寺观古刹、名胜古迹等，都是这种天人合一的内向型人本休闲的结果和证明，并体现着这种休闲的意蕴精髓，中华民族的悠长历史、文化精神都能够在这些古人休闲的遗迹和遗产中散发出迷人的芳香和智慧的光芒。中国古人休闲的内容和形式的丰富性、和谐性、文化性、人文性等，无不体现着古人休闲对身心和谐和“天人合一”的不懈追求，体现着中华民族的休闲智慧[②]。

（二）中国现代休闲文化

休闲具有强烈的时代特征，是整个社会经济文化发展的缩影。中国古代休闲文化与现代的休闲文化无论是内容还是方式都有很大不同。30年来的改革开放和现代化建设，直接推动了休闲文化的发展。由于我国现代化建设历经曲折，因此休闲文化建设和发展仍然处于起步阶段，具有发展的不成熟性和不平衡性。“中国现代休闲文化发展起步迟，但发展势头迅猛。这是经济发展的必然结果和效应，同时又兼具特殊历史文化背景的使命，这使得我国休闲文化带有一定启蒙意义的世俗性特点。[③]”

近年来，随着经济和社会的发展，改革开放步伐的加快，科学技术的迅猛发展，中国现代休闲得到较快发展。中国传统的琴棋书画、诗词歌赋、静坐修道、武术太极、养生修身以及民间工艺、神技奇能和民俗等休闲方式也被赋予了新的形势和内容。1999年，中国实行五天工作制；同年下半年国家颁布“全民健身计划”，倡导科学、文明、健康的生活方式，“表明中国融入世界休闲文化的进程”[④]。2008年，中国提出“国民休闲计划”，力图最大限度地调动全社会参与旅游休闲活动的积极性，满足人民群众日益增长的旅游休闲需要，使旅游休闲真正成为广大群众日常的生活方式和健康消费行为，进一步提升国民的生活质量。最终，经过多年的发展，基本形成了休闲内容雅俗各异、休闲方式多种多样的休闲格局。休闲形成一种文化潮流，影响着人们生活的各个方面，归结起来，主要有康体型、娱乐型和综合型休闲三种。

1.康体休闲

康体休闲是指人们在工作之余的闲暇时间，为满足自身内部活动的需要，以健康、快

---

① 吴文新.试论休闲的人本特质[M]//陈金钊.黄海学术论坛：第十辑.上海：上海三联书店，2008.
② 吴文新.试论休闲文化发展的一般过程和规律——兼论中国休闲文化发展的特殊性[M]//陈金钊.黄海学术论坛：第六辑.上海：上海三联书店，2005.
③ 尹华光.旅游文化学[M].长沙：湖南大学出版社，2005：133.
④ 尹华光.旅游文化学[M].长沙：湖南大学出版社，2005：133.

乐和幸福的生活为目的，而自主选择、自我进行的各种活动的总称。在工业社会工业文明病、城市文明病的背景下，康体休闲得到迅猛发展。国际康体休闲从早期依托豪华商业酒店内部的配套康体设施中分离出来，并开始由中高阶层的度假、康乐和贵族运动逐步扩散并普及到全民健身和体育运动中，成为一个新兴的休闲产业。

跳舞、洗浴桑拿、健身休闲、气功、体育休闲、美容美体美身、养生术等众多的新兴休闲方式蓬勃发展。例如，就舞蹈休闲而言，经过多年发展，逐渐形成了适合不同年龄（老中青）、不同环境（俱乐部、营业性舞厅和家庭舞会）舞蹈休闲文化格局。又如，就康体设施而言，逐渐形成传统养生技术和设施的现代化（如现代牵引术）、现代康体服务设施（如高尔夫、保龄球、非竞技体育活动等）多样化、现代康体服务功能多样化（康复养生、观光娱乐和度假于一体）的格局。简言之，传统休闲和现代康体休闲融合发展，康体休闲、观光娱乐和度假休闲结合发展，现代“生命、健康、运动、享受”的休闲文化理念逐渐深入民心。

2.娱乐休闲

娱乐休闲是指人们在闲暇时间进行的以放松、愉悦身心为主要目的的活动方式。休闲购物、影视休闲（家庭影院）、选秀类休闲、游戏休闲、宠物饲养、快乐家务是娱乐休闲文化活动的主要方式。

在购物活动中增添休闲快乐的元素，把购物当作休闲，把休闲融入购物活动中，这是目前大多数人喜闻乐见的休闲方式。在综合型购物中心，购物休闲、饮食休闲、游戏电玩、电影院、溜冰场结合，较好满足了人民群众的各种娱乐休闲需要。影视休闲，特别是看电视是全体中国人的又一主要娱乐休闲方式。随着超女快男的流行，选秀类休闲成为发展最为迅猛的一种娱乐休闲形式，“想唱就唱，想跳就跳”的娱乐休闲观念深入民心。在一些人的眼中，小狗、小猫等宠物能够给人带来妙不可言的乐趣。甚至，在部分人的眼中，快乐家务具有多种有益身心的休闲功能，家务也能成为一种艺术、一种享受。

3.综合型休闲

现代休闲活动多种多样，很难严格地分门别类，康体休闲和娱乐休闲往往结合在一起，具有融合发展的趋势。一般认为，极限性运动、观光采摘是综合型休闲的主要方式。极限性运动主要有蹦极、冲浪、滑板、攀岩、滑翔、水上摩托、轮滑、花式自行车等。例如，蹦极是近年来国内外比较流行的一种惊险休闲运动，是喜欢刺激性休闲娱乐游戏人的首选。无论是桥梁蹦极、塔式蹦极还是火箭蹦极，蹦极者都能充分体验到一泻千里的美妙眩晕的感觉与刺激。观光采摘是农业旅游休闲的发展演化形式，主要是利用农业生产来观光休闲的一种休闲形式。观光采摘适应了个性化、参与性休闲需求发展的需要，与旅游、度假、游览、体育、健身、文化活动结合，并能充分亲近自然，充分参与生活的创造。

（三）中国休闲文化的历史演变

正如上所述，中华民族历史悠久，传统文化博大精深，休闲文化在这数千年的历史演变中呈现出自己的特征。

中国古代农业时代的休闲文化形成于先秦，以儒家和道家思想为主形成儒道互补的结构模式，对传统休闲文化产生重大影响，后来许多关于休闲的观点皆从此来[①]。魏晋时期战乱频繁，知识分子只好遁迹山林，饮酒清谈，偏爱玄学与隐逸文化。唐宋经济社会持续发展，儒释道三教的思想不断发展，中外文化交流频繁，旅游休闲诗词、旅游休闲文学、旅游休闲画作更是大量出现。到明清时期，大量休闲论著涌现，如《小窗幽记》、《菜根谭》、《闲情偶寄》等。纵观中国农业时代的休闲文化，休闲文化与自然哲学、人格修养、审美情趣、文学艺术、养生延年等发生着极为密切的关系。与现代休闲文化活动不同的是，农业时代休闲主体主要是文人士大夫等上层人士，所进行的休闲活动如琴棋书画、花鸟虫鱼、游山玩水，需要消耗大量的时间与成本，需要长期的文化熏陶和休闲技巧。

鸦片战争后，中国从农业社会开始向工业社会转型，特别是在新中国成立及改革开放之后，中国休闲方式和休闲文化得到很大发展。中国人的休闲方式从单调乏味开始走向丰富多彩，各种常规性的休闲设施开始普及，旅游大众化，休闲生活化。但在工业化的压力之下，休闲与工作更为分化，休闲是普通人工作之余的剩余物，休闲的主要目的是为了更好地工作。表6-1归纳了20世纪中国休闲文化活动的基本状况。

表6-1　**20世纪中国休闲文化活动的变迁**[②]

时期	主要休闲文化活动
10—20年代	赌博、泡茶馆、体育、旅游、逛公园
30—40年代	戏曲、曲艺、逛游艺场、游商业街、看电影、集邮、茶馆聚赌
50—60年代前期	体育运动、跳交谊舞、集邮、电影、戏剧、逛公园
60年代后期—70年代	看样板戏、唱语录歌、跳“忠字舞”
80—90年代	卡拉OK、迪斯科、蹦迪、健身、泡吧、看电视、收藏、旅游、探险

今天的西方已经进入后工业化时代，休闲地位已经了超越工作，工作是为了更好地休闲。“休闲而不是劳动使得工业资本走向成熟。[③]”今天中国的休闲文化虽然没有迈进后工业化时代，各地休闲发展很不平衡，形成了一种多元化的混合体系，各种时代的休闲方式和休闲文化模式都能找到其代表，但工业时代的大众休闲所表现出来的文化特征仍占主导地位。

二、西方旅游休闲文化

西方休闲思想的源头可以溯源至古希腊时期，当时的社会非常重视休闲，许多优秀的哲学家都对休闲做过阐述，其中最为深刻的是亚里士多德的《尼各马科伦理学》与《政治学》两部著作，他认为休闲就是一种深思的状态，一种不需要考虑生存问题的心无羁绊的状态。在亚里士多德眼中，闲暇是哲学思考的必备条件。1899年凡勃伦发表《有闲阶级论》，标志休闲学的诞生。凡勃伦首次试着将休闲这样一种社会经济现象放进经济学的分

① 张培峰.休闲是一种修养——中国传统休闲文化的现代启示[J].道德与文明，1997（2）：30.
② 刘新平.百年时尚 休闲中国[M].北京：中国工人出版社，2002.
③ 古德尔.人类思想史中的休闲[M].成素梅，等，译.昆明：云南人民出版社，2000：118.

析框架中来，指出休闲已经成为一种社会建制，人的一种生活方式和行为方式。皮普尔的《休闲：文化的基础》是一部经典的休闲文化著作，他的休闲精神态度论、生命感悟论、休闲特长论，是重要的休闲文化研究的思想和理论源头。赫伊津哈的《游戏的人》、托马斯·古德尔和杰弗瑞·戈比的《人类思想史中的休闲》以及杰弗瑞·戈比的《21世纪的休闲——当前问题》是重要的西方休闲文化研究的经典性著作。

为了更好地了解和把握西方休闲文化，有必要从历史视角对西方休闲文化的演进和特征进行系统性梳理。

（一）西方古代旅游休闲文化

西方旅游休闲文化的发轫地是古希腊和古罗马。自公元前7世纪，希腊开始成为地中海商旅活动中心。人类最初的旅游活动主要是以商务旅行的形式表现出来的。剩余产品的出现和商品交换的发展使商旅活动成为必须，地理学和天文知识的激发，使商旅活动常态化成为可能。提洛岛、特尔斐与奥林匹斯山是希腊人的宗教圣地，也是旅游者的旅游胜地。古希腊宗教“神人同形同性”的特点使古希腊神的形象和神话故事变得美丽动人。以公元前8世纪为界，古希腊分为荷马和城邦两个时期。城邦时代的古希腊创造了比古埃及更丰富的旅游文化，更重要的是开创了影响深远的以奥林匹亚节为表征的节事等新的旅游文化体现形式。尤其需要指出的是，古希腊以奥林匹亚为中心的体育旅游和节事旅游初创于公元前776年，终止于公元394年，每次节事活动有四五万游览者的规模，如此盛大的旅游休闲文化现象延绵不绝长达千年之久令人叹为观止。古希腊旅游者形成了“入乡随俗”、“它（风俗）君临万物，一手遮天”、“风俗，天地之王，既主宰着众生，也引导着神灵”等表现旅游休闲文化特征的文字表征（theoritical representations）①。这种求学游历使希腊文化通过游客带来的文化吸收获得活力，也使希腊文化通过旅游文化形式传播到各地，迎来泛希腊化时代。

罗马帝国将古希腊、埃及和西亚文化汇为一体。古罗马建立地跨亚、非、欧的大帝国，地中海成为帝国的内湖，“条条大道通罗马”的网状交通格局和海上丝绸之路的兴起，使商旅活动更加发达。罗马铸币作为唯一流通的货币使跨区域商旅活动方便开展，罗马时期被认为是古代旅游休闲的全盛时期。此外，罗马帝国征战的胜利，推动了消遣娱乐旅游休闲的发展，形成了丰富多彩的旅游休闲文化表现形式。以消遣为目的的狩猎旅行，以娱乐为目的的竞技旅行（角斗赛），以狂欢为目的的节庆旅行和以休闲为目的的洗澡旅行构成了独特的旅游文化景象。古罗马神庙、克洛西奥竞技场、古罗马广场、凯旋门、记功柱和奥斯蒂亚古城遗址等旅游景观见证了古罗马旅游休闲文化的辉煌。这一时期的旅游休闲文化兼具地中海地区旅游休闲文化的特点：追求享乐和刺激、张扬个性、追求科学、偏爱冒险。

历经“英法百年战争”、“红白玫瑰战争”和“圈地运动”的欧洲，劳动者的人身依附关系得以松弛和削弱，到16世纪，西方建立强大的王权、开辟了海上新航路，发端于14

① 王永忠.西方旅游史[M].南京：东南大学出版社，2004.

世纪意大利的文艺复兴运动扩展到全欧洲并形成高峰。西方开始向资本主义过渡，进入西方旅行、旅游和休闲发展的重大转折时期，促成众多旅游休闲人文景观和旅游休闲文化现象的产生和发展。表6-2、表6-3和表6-4归纳了西方旅游休闲文化发展与勃兴的简要情况。

表6-2 西方旅游休闲文化发展与勃兴表征简表①②③④⑤⑥⑦⑧⑨⑩

旅游文化活动类型	表征或特征	典型案例
宗教旅行	神父修士传教之旅；东方朝圣；罗马朝圣；欧洲宗教圣地朝拜	十字远征军；《朝圣指南》的编写
商务旅行	商旅频繁；跨区域商务旅行发达	巴黎圣·但尼集市；《十日谈》中大量的商旅记载
国王巡游	国王外出巡游惯例（体察民情；联络感情；游山玩水）	
求学旅行	海外大旅游（the grand tour）；教育世俗化；求学旅游成风	文艺复兴开启的旅游求知之旅和青年学生的教育之旅
休闲旅游	狩猎度假；洗澡（温泉）旅游大众化	英国威廉·特纳的温泉疗养著作引发的温泉热；“海滨浴场”形成
外交旅行	应对错综复杂的国际关系，各国使节交往成为旅游景观	马基雅夫弗利著作《君主论》、《佛罗伦萨史》和《驻外公使通信集》中的外交旅游记载；薄伽丘《十日谈》中的外交旅游描写和记录
节庆旅游	西欧骑士文化；民间节日；经常性的圣徒庆祝节	佛罗伦萨庆祝活动：圣物游行；骑马环游；化妆狩猎赛会等。法国诗人克雷蒂安·D.特洛亚《朗斯洛或小车骑士》中骑士典型旅游活动
考察探险	北欧地区的航海活动；西欧远洋航海探险	1487年迪亚士到达几内亚海岸；1497年达·迦马到达印度；1492年哥伦布抵达美洲；1519年麦哲伦环球旅行；1577年德雷克环球旅行
自然观光	回归自然；旅游求知	“黑死病”后的自然观光潮

① 皮朗.中世纪欧洲经济社会史[M].乐文，译.上海：上海人民教育出版社，1987.
② 布罗代尔.15至18世纪的物质文明、经济和资本主义[M].施康强，译.北京：生活·读书·新知三联书店，1993.
③ 薄伽丘.十日谈[M].方平，等，译.上海：上海译文出版社，1988.
④ 利克里什，詹金斯.旅游学通论[M].程尽能，等，译.北京：中国旅游出版社，2000.
⑤ 韦尔东.中世纪的旅行[M].赵克非，等，译.北京：中国人民大学出版社，2007.
⑥ 彭顺生.世界旅游发展史[M].北京：中国旅游出版社，2006.
⑦ 汤普逊.中世纪经济社会史[M].耿淡如，等，译.北京：商务印书馆，1984.
⑧ 斯塔夫里阿诺斯.全球通史（1500年以前的世界）[M].吴象婴，梁赤民，译.上海：上海社会科学院出版社，1999.
⑨ 胡幸福.从《十日谈》管窥中世纪西欧旅游[J].湖南师范大学社会科学学报，2003（5）.
⑩ 胡幸福.从《十日谈》看中世纪西欧旅游的条件与环境[J].西南师范大学学报（人文社会科学版），2004（7）.

表6-3 作为西方旅游休闲文化发展与勃兴表征的旅游景观①②③④

		描述与主要特征
城堡与宫殿	圣米歇尔山	公元8—10世纪成为朝圣中心，15世纪建造大教堂，历时8个世纪建成的建筑群，被誉为“花岗石珠宝”和梦幻城堡，是除耶路撒冷和梵蒂冈之外的第三大圣地
	罗马天使圣堡	原罗马皇帝陵墓；教皇的居所；现为博物馆
	温莎古堡	自12世纪亨利一世起，温莎古堡成为英国皇室御所；众多英国君王的墓地
	罗浮宫	始建于13世纪，为法国王室城堡，后经历代王室扩建，到拿破仑三世时整体完成。渐次性形成雕塑艺术博物馆
	凡尔赛宫	皇家狩猎行苑和皇室宫殿；东西为轴，南北对称几何图形式的古典主义建筑代表
	香波堡	法国文艺复兴之父“法兰西一世”狩猎行宫：外部设计华丽无比，440个房间，84部楼梯
教皇行宫与教堂	梵蒂冈	公元5世纪形成雏形后成为罗马教廷所在地，西斯小教堂和拉斐尔画室中的壁画和宗教故事画堪称世界一绝，拥有独特的教堂建筑风格与理念（可与故宫媲美）
	巴黎圣母院	始建于1163年，历时180余年建成；欧洲建筑史上“哥特式”划时代的标志，为石头建筑交响乐
	圣彼得大教堂	耶稣第一门徒圣彼得墓地所在地，是建筑家与艺术家米开朗琪罗、拉斐尔、波拉芒特和小萨迦洛等大师们的杰作（《小帆》、《圣水钵》和《母爱》是画像代表作）
	科隆大教堂	在加洛林王朝希尔德大教堂遗址上兴建，历经600年完成，德国“哥特式”宗教建筑艺术典范（北方的“耶路撒冷”）
	比萨斜塔	一组古罗马建筑群中的钟楼，1174年兴建，建成后塔顶中心偏离塔体中心垂直线2米左右，自建成以来仍缓慢向南倾斜，游人不断

我们可以看到，西方旅游休闲文化是商务旅行、宗教旅行、消遣娱乐、帝王巡游和求知求学等文化传播路径和方式综合作用而形成的。这些旅游休闲文化的形成与物质利益的刺激和追求紧密联系在一起，并以游记和旅游休闲散文的形式沿着旅游路径传播开来。这种以异域经商探险为主要途径传播扩散文化的方式在18世纪到19世纪间发展到登峰造极的程度。

① 王佐良，祝珏，李品伟，等.欧洲文化入门（European Culture：An Introduction）[M].北京：外语教学与研究出版社，2004.
② 彭顺生.世界旅游发展史[M].北京：中国旅游出版社，2006.
③ 阎宗临.欧洲文化史论[M].桂林：广西师范大学出版社，2007.
④ 韦尔东.中世纪的旅行[M].赵克非，等，译.北京：中国人民大学出版社，2007.

表6-4　　作为西方旅游休闲文化发展与勃兴表征的旅游文献简表①②③④⑤

旅行家	国别	旅游休闲文献	背景、主要内容和作用
柏朗嘉宾	意	蒙古行记	13世纪，蒙古向欧洲进军。柏朗嘉宾作为“军事间谍”出使蒙古，将东行见闻记录下来
卢布鲁克	法	东游记	13世纪，奉路易九世之名出使蒙古。从地中海出发，抵达君士坦丁堡，渡黑海，过伏尔加河，经草原到蒙哥汉的斡耳朵。返回是经陆路回地中海。全文38章，对“鞑靼人”有全面深刻的描述。培根在《著作全篇》中披露了卢布鲁克东游的许多知识和见闻
马克·波罗	意	马可·波罗游记	马可·波罗出生于旅行世家，旅居中国17年，曾任地方官吏，足迹遍布中国内外。详细记述了中国政治、经济、社会生活及风土人情。游记为西方国家制定远航东方的政策起了刺激作用，对东方财富的渲染成为旅行家远航东方的精神动力，直接推动国际远距旅行和地理发现
鄂多立克	意	鄂多立克东游记	1316年自威利斯东游，途经西亚、印度，最终到达中国，游历泉州、南京、扬州、宁波、北京、甘肃和内蒙古等地。首次真切描述西藏天葬习俗和妇女裹足习俗，详述南北方不同的饮食习惯
哥伦布	意	哥伦布日记	痴迷《马可·波罗游记》，移居多国寻求远航支持。四次出海远航，发现美洲大陆。航海日记记载航海路线，所到之处的气候、物产、风土人情以及新发现的事物
利玛窦	意	利玛窦中国札记	在华传播西学、求取汉学的宗教旅行生涯达27年。1581年在广东肇庆获一块永久居留地，建“仙花寺”，后游历南京、南昌，担任中国传教会会长。传播天主教的同时输入西方科技，如《舆地全图》打开了中国人的眼界，地圆说、五大洲、经纬度和欧洲地学新发现传入中国。其中国札记向欧洲报道了与西方截然不同的中国文明
薄伽丘	意	十日谈	生动反映了当时的社会生活，众多故事中传递了包括旅游形式、旅游环境与条件、旅游交通与服务等在内的丰富的信息

随着经济社会的发展，科学技术的进步，托马斯·库克带领西方人逐渐进入大众化的旅游休闲文化发展的阶段。

（二）西方现代休闲文化

中西文化传统和思维方式的不同，休闲文化的类型与特征也不同。西方现代休闲文化表现出与中国现代休闲文化不同的类型与特征。

① 斯塔夫里阿诺斯.全球通史（1500年以前的世界）[M].吴象婴，梁赤民，译.上海：上海社会科学院出版社，1999.

② 张星烺.中西交通史料汇编[M].北京：中华书局，1983.

③ 丁笃本.世界之发现[M].长沙：湖南师范大学出版社，1997.

④ 彭顺生.世界旅游发展史[M].北京：中国旅游出版社，2006.

⑤ 胡幸福.从《十日谈》管窥中世纪西欧旅游[J].湖南师范大学社会科学学报，2003（5）.

1.西方现代休闲文化类型

（1）怀旧型休闲。

怀旧就是缅怀过去。旧物、故人、老家和逝去的岁月都是怀旧最通用的题材。现代工业社会竞争激烈，生活节奏加快，“人们只能通过肤浅的商业文化抓住一些历史碎片，因而总处于一种无根基的虚空状态之中[①]”。伴随着“虚无主义时代降临（尼采语）”的，是各种不确定性、是各种分裂与冲突，人们用计算思维来对抗不确定性，用怀旧来对抗虚无。于是，怀旧成为一种休闲时尚。借助各种休闲方式，通过某种感性形式，通过回首寻觅人类一步一步前行的足迹，能够使人获得一种深沉的历史感。因此，怀旧型休闲文化始终是西方现代休闲文化的主题之一。

一般意义上，怀旧的时间距离很远，如崇尚自然便是象征性地重返人类共有的最早的自然家园。怀旧就如同一支镇痛剂，抚慰虚无主义以及喜新厌旧的本性带给人类的煎熬。旧对于后一时代人而言，就是另一种意义上的新。例如，没有经历过战争的游客，面临古战场遗址，自然而然要想象一下古人浴血拼杀、尸横遍野的场面；当游客面对纪念馆、纪念碑，或身处一些能够召唤回忆的旅游休闲承载物象之中，无不怀恋与珍视那些无法用名利换来的情感丝缕以及沧海桑田、物是人非后留下的点滴痕迹。

（2）探险型休闲。

强烈的刺激可以迅速缓解人的紧张和麻木的精神状态，恢复体力和精力。探险型休闲者把自己置身于一个极端的环境，激发出人的生存本能，向人的体能极限挑战，考验人的勇气、毅力、智慧。探险旅游者或驾车穿越沙漠戈壁，或背负行囊登山蹚河，或绝壁攀岩，或高空俯跳，挑战身体极限和个人意志，在猎奇、历险、求知中寻求乐趣。这种刺激的冒险方式成为西方人自我价值求证的最新途径，成为西方人的主流休闲文化方式。

（3）猎奇型休闲。

猎奇是旅游休闲的最基本动机之一。游客来一次亲山亲水游，逍遥一路风景，品味一路美味，边走边听边看，看那山那景那人，总是力图探索未知的领域。现代化的发展进程为西方人提供了到全世界各地猎奇的机会和能力。例如，闻名世界的美国底特律的“凶杀之旅”、英国的“鬼文化之旅”，以及太空之旅、恐怖监狱之旅，无不是西方猎奇型休闲文化的典型例子。

（4）文化型休闲。

世界各地和各民族文化差异巨大，特别是历史悠久、文化灿烂辉煌的一些文明古国（地），包括历史名镇名村等，是西方人文化旅游休闲的首选之地。例如，澳洲土著文化、中国儒家文化、印度佛教文化等吸引着西方各国的游客。

（5）生态型休闲。

经历了大众旅游洗礼的游客，逐渐深入思考旅游资源掠夺性开发、旅游景区和休闲设施的粗放型管理、旅游设施的病态扩张等旅游的社会文化经济环境影响等问题，特别是面

① 尹华光.旅游文化学[M].长沙：湖南大学出版社，2005：140.

对一系列的环境问题时，人们下意识地开始思考人与自然的关系问题。通过参加旅游休闲活动，了解环境，保护环境，这就是生态旅游的主旨。“除了脚印，什么也不留；除了摄影，什么也不取。”在生态旅游休闲文化活动中，游客把自然当作有个性的独立的生命，虚心倾听环境的呼唤与细语，培育一种对历史和自然的敬畏感。

2. 西方现代休闲文化特征

（1）个性化。

西方休闲文化活动的一个主要特征就是充分展示旅游休闲的个性。旅游休闲者只从自己的旅游休闲兴趣出发，寻求属于自己的旅游休闲方式，而不是热衷于大众化的旅游休闲文化活动。

（2）主题化。

西方旅游休闲者在追求个性化休闲文化的同时，乐于寻找一些志同道合的朋友，围绕某个共同感兴趣的物象，进行主题旅游或休闲活动。从主题酒店到主题公园、主题餐厅、主题社区、主题休闲屋，乃至深度主题物象的提出，从不同休闲生活形态和休闲族群的日益细分化，无不反映休闲文化的主题性以及向纵深发展的趋势特征。

当然，西方现代休闲文化还具有地域性、民族性、综合性、多样性等西方旅游文化所具有的一些特征，休闲文化的不断发展必将为未来的休闲文化增添无穷魅力。

第三节　休闲文化建设

休闲文化是为满足人的精神需要由（旅游）休闲活动引致并迸发出来的形式多样的各种文化创造、文化欣赏、文化建构等精神文化现象。休闲在人的生存与发展和社会的运行与发展过程中，扮演着重要的角色，兼具旅游文化的人化自然、推动社会发展与变迁、丰富与发展文化、塑造形象、调控矛盾等方面的功能，更能促进社会的和谐和发展。当休闲从边缘化发展为常态化的生活方式时，迫切需要我们正确认识休闲文化发展的现状与前景，建设科学健康的休闲文化，为人的发展、和谐社会的建设服务。

一、休闲文化发展现状与困境

（一）休闲文化发展现状

很多年来，我们对休闲文化缺乏应有的正确判断，缺乏一个合理的社会观念。首先，在中国传统的词典里，闲就是一个贬义词，即使在今天评价一个人不好时，总会说这个人游手好闲。其次，从古至今，宣传英雄模范，第一件事情是加班加点，第二件是牺牲假日，第三件是牺牲家庭生活，这是我们塑造的英雄模范形象。

从产业的角度看，中国休闲产业的理论，无论是学界还是实业界都尚待建立。从生活方式角度看，中国目前基本形成了以旅游为主体，以休闲为延伸，多种方式并存的生活方式，旅游文化产业的地位已经确立，但休闲文化产业的地位尚待建立和加强。旅游与休闲结合发展，大众观光旅游向体验旅游进而向休闲度假转化、旅游逐步向休闲演化的发展趋势，都应该促使我们关注休闲文化的现状与未来以及未来的休闲文化。

从休闲行为文化特征角度看，休闲文化总体上呈现出如下的特征：发展中的休闲活动更加丰富，休闲的内容更加丰富；新型的休闲活动备受欢迎；休闲消费水平呈现多元化趋势；休闲活动的文化内涵日益广泛和深入；休闲场所的选择日益多样化；社区开始成为居民休闲的重要空间。

从规模的角度看，休闲是三分之一的生活状况，是三分之一的生活方式，占据三分之一的社会资源，（将）形成三分之一的产业倾斜。树立休闲概念，明确休闲经济，培育休闲产业，建设休闲文化是近年来中国旅游休闲发展和人民生活中的一件大事。休闲文化建设就是要通过传播先进的休闲理念，倡导健康的休闲方式，推动和繁荣休闲产业，提高休闲服务水平，丰富人们的休闲体验，引导人们享受更加美好的休闲生活。

（二）休闲文化困境

休闲本身是一种文化，一种人类文明程度的标尺[①]。从随处可见的休闲场所，到男女老少的着装变化，从各种媒体的宣传广告，到大众休闲意识的普遍提高，这些无不标志着我国社会正从工作导向向休闲导向发生转化。当休闲成为人们广泛追求与普遍关注的对象时，休闲文化也就随之产生。如今，“休闲文化”已经成了当下人们使用频率最高的词汇之一，健康、高雅的休闲文化能愉悦身心，陶冶情操，缓解压力，提升人们的生活质量；低俗的、落后的休闲文化则导致不健康不科学的休闲风尚，阻碍人们生活质量的真正提高。当下，休闲文化呈现出鱼龙混杂的局面，面临着一些发展中的困境。

1.观念困境

从人类发展的历史进程看，人类的整个进化史已经使我们养成了为生存而斗争的本能和习惯，这种本能和习惯被定位于解决经济问题的传统目标上。拥有财富和权力成为拥有成功的主要象征。当经济问题不再成为主要的奋斗目标，甚至有朝一日有希望得到解决时，人类自古以来的传统目标将会被逐渐地淡化甚至会消失，人们将必须解决如何休闲，以使自己更明智、更舒适、更充实和更幸福地生活的问题，或者说，人们必须通过对自我人性的彻底感悟，确立崭新的价值观、生存观和发展观。经济越发达，这些问题会变得越突出。因此，如果说，人类拥有生存的能力是对人类文明的首次考验，那么，利用休闲的能力则可能是对人类文明更严峻和更深层的一种考验。

中国传统文化里，休闲从来就没有地位，一提起休闲，就是好逸恶劳，好吃懒做的代名词，形成一种主流价值观。这种影响到现在还普遍存在。比如，国家实施的带薪休假制度始终落实不好。每个人都非常盼望休假，但很少有人主动提出休假。要发展休闲文化和休闲文化产业，就先要解决休闲观念问题。休闲文化所蕴含的深刻意义，也许再过若干年后我们才能深刻地体会到。很多人为休闲文化和休闲文化产业鼓与呼，是基于发展旅游经济的客观需要，而不是基于休闲不仅是经济现象，更重要的是一种人文要求，是一种人权要求的认识。

① 马惠娣.休闲：人类美丽的精神家园[M].北京：中国经济出版社，2004.

现实的休闲实践也凸显了休闲观念所面临的发展瓶颈。面对各种新潮的休闲方式，人们的休闲心理也是各不相同。喜欢者是大多数，首推那些先富者和各类上班族中的年轻人以及利用公款休闲者。这类人“玩的就是心跳”，“玩的就是刺激”。心忧者也许经济拮据，也许思想传统，想玩钱不多，或担心玩物丧志，尤其担心自家儿女夜半不归，学坏了样，或者损害健康，扰乱家庭。无论是喜欢者还是心忧者，普遍的把休闲看成是“玩”，是寻找快乐。在各种名目繁多而又良莠不齐的休闲文化中，你很难分辨得失利弊，优劣好坏。诸如此类的休闲观念是西来休闲文化、市场经济条件下的大众传媒轰炸以及消费享乐主义综合作用所造成的。

因此，当我们（尤其在政府层面）关注科技文化、学术文化、艺术文化、道德文化等方面的建设，或者关注精英文化、大众文化、企业文化的分野的同时，必须更新观念，突破观念瓶颈，从休闲的视野中来发展和建设休闲文化产业，研判和引导建立科学的、健康的、先进的（旅游）休闲文化观念。

2.文化困境

休闲文化发展的困境更直接地、更突出地表现为当前的一些休闲文化“闲”味十足，纯粹以商业利益为目的；而浸泡在毒化性休闲文化中的人们失去了精神，迷失了自我；毒化性的休闲文化将会潜移默化地培育出一批志趣不高的休闲者和公民。

（1）休闲偏离文化，休闲文化被“异化”。

异化是指“劳动所生产的对象，即劳动的产品，作为一种异己的存在物，作为不依赖于生产者的力量，同劳动相对立[①]”。休闲文化的异化是指在现实休闲生活中人沦为休闲的奴隶这一种文化现象。休闲的异化却导致了人们不是将休闲内化为一种休闲观念或生活方式，而是将休闲当成是一种外在于自身的，如商品一般可以通过“购买”来获得的东西[②]。人们为了休闲而拼命地工作，为了令人羡慕或成为大众眼中休闲一族而拼命地花掉自己的收入。于是，我们从工作的奴隶中摆脱出来，又重新沦为休闲的奴隶。正如林语堂先生所说：“消闲生活并不是富有者和成功者独享的权利，而是一种宽怀心理的产物……这种心情是由一种达观的意识产生。享受悠闲的生活是不需要金钱的，有钱的人也不一定能真正领略悠闲生活的乐趣，只有那些轻视钱财的人才真正懂得此中的乐趣，他必须有丰富的心灵，爱好简朴的生活，对于生财之道不放在心头。[③]”当休闲偏离了人的自由全面发展的目标时，休闲文化就被彻底地异化了。

（2）休闲淡化文化，休闲文化被“俗化”。

休闲文化的世俗性特征是休闲文化俗化的根本原因。在人们广为引证的古希腊休闲思想中，既有对休闲诗性的赞美，也涉及了休闲的世俗性问题。例如，犬儒主义相信趋乐避苦；伊壁鸠鲁学派认为只有今世而无来世；享乐主义关注肉体和感官的愉悦，并追求荣誉、权力、财富以及其他能带来快乐的东西。文艺复兴促发人文主义，“我是一个凡人，

① 马克思.1844年经济学哲学手稿[M].中共中央马克思恩格斯列宁斯大林著作编译局，编.北京：人民出版社，1979：160.

② 游敏惠.当前我国休闲文化发展的几个误区[J].山东社会科学，2006（2）：133-135.

③ 林语堂.中国人[M].北京：学林出版社，2004.

我只要凡人的幸福”。凡勃伦指出，生产的过剩造成了一个自私自利的新组织，出现了一些“以损害他人利益为前提来寻欢作乐的人”，他们所有的商品消费和休闲行为都是企图寻求对物质财富的无聊炫耀，并使自己与普通人区分开来。“在任何高度组织起来的工业社会，荣誉最后依据的基础总是金钱力量；而表现金钱力量从而获得或保持荣誉的手段是有闲和对财物的明显消费。[①]”随之而后发展起来的消费主义将休闲文化的世俗性发挥到极致，人们不再追问休闲的诗性价值，而是在追求直接体验的世俗情调。消费成为休闲文化世俗的集中体现和生活方式时，休闲的世俗存在终于大获全胜，俗化的休闲文化呈现出一统天下的迹象。

俗化的休闲文化是物化和符号化的休闲文化。以最具代表性的休闲方式——旅游为例，旅游消费的迅速升温伴随着奢侈性、炫耀性、欺骗性、愚昧性、恶习性、非文明性和非理性的旅游文化现象（具体论述参见第五章旅游消费文化）。上述这些旅游文化现象都可以归结为旅游休闲文化的物化、符号化和俗化。一放长假，或单位组织，或参加旅游团，匆匆忙忙走马观花浮光掠影式地旅游，多为有旅无游，紧张和疲劳感反倒增加了。在闲暇时间普遍增多的今天，古人那种与好友相邀，寄情山水，妙悟山水的雅兴不再了，走马观花、浮光掠影的旅游休闲方式怎能带来休闲的感觉？旅游者乐于从符号化的消费中获得身份认同，求得心理平等，凭借消费来达到拯救“幸福”的目的。这种符号化的消费方式逐渐渗透到了休闲文化领域。

许多提供所谓休闲阅读的娱乐报刊，通俗小说，以及电视广播中的“休闲一刻”、“休闲时光”之类的娱乐休闲节目，在现代技术的不断复制下，雷同化、平面化、感官化日益严重。除了“刺激”、“火爆”、“搞笑”之外，容不得你思想，也无需你思想。人们热衷于泡吧、蹦迪、洗脚、按摩、唱卡拉OK、抢花边新闻、看肥皂剧、参加选美比赛、看明星的演唱会、参加歌舞会、看时装表演。这种无个性、强调即时性感官消遣的东西，实在有悖休闲的本义。

（3）休闲摒弃文化，休闲文化被“虚化”。

在现实日常生活中，我们很多人的休闲生活往往是消极被动的，闲暇生活无目标，所谓的三闲（闲呆、闲聊、闲逛）成了休闲生活的主题。休息、聊天、吃吃喝喝式的休闲摒弃了休闲的文化追求，这样的休闲生活是闲得无聊的结果。没有文化追求的休闲培育出一种精神空虚的虚化的休闲文化。

休闲摒弃文化，休闲文化虚化的另一种表现形式就是休闲方式的单调化和被动化。随着经济社会的发展，可供选择的休闲方式越来越多，但实际情况是很大一部分人休闲活动显得浅薄和单一。在休闲的意识、形式和内容上，仍然沿袭着多少年来已习以为常的休闲方式和模式，把休闲视为简单的休息活动或一般消遣类活动。不少人依旧习惯于在双休日或节假日整天看电视、睡懒觉、闲聊、闲逛，或者通宵搓麻将、打牌、泡网吧等。这种情况在农村和城市都表现得相当突出，反映出人们仍然不自觉地迷恋于习以为常的单调的被

① 凡勃伦.有闲阶级论[M].蔡受百，译.北京：商务印书馆，2004：67.

动的休息方式。

（4）民族文化缺位，休闲文化被“西化”。

休闲文化中民族文化的缺位以及休闲文化的西化，始自于中华民族被动的近现代转型。中国古代天人合一的人本休闲方式在西方列强的坚船利炮下开始让位于鸦片休闲[①]。与此同时，西式休闲方式涌入国门，引领休闲风尚的上流社会纷纷仿效西方休闲方式，我国的休闲方式开始所谓的现代化进程。正如吴文新所说，“到20世纪，中国传统的休闲方式愈益隐退，西式休闲则愈益彰显甚至达疯狂境地[②]”，上流社会迷醉于西餐馆、照相、听戏、西洋电影，无不反映了西式休闲对国人休闲生活的震撼性冲击。下层社会“唯一可做的、廉价的休闲，就是街头麻将赌博和吸食西洋的纸卷烟，以及大城市居民到具有交易和娱乐功能的商业街上逛街欣赏杂耍等”，一些大城市比如北京和上海还出现了一些比较廉价的集中西休闲于一体的游艺园，也吸引了不少下层市民。于是，中华民族的文化自尊心和自信心受到了极大的打击，与之相伴随的是中国的传统休闲文化在主流文化、上层社会几乎完全消失。于是，这种文化环境被历史性地造就了。

在经济社会科技一体化国际化的休闲时代，休闲文化也成为人类交往与沟通的重要领域。休闲文化在世界范围的交流与碰撞中获得发展与创新，然而，全球性的文化交流也使我们的民族休闲文化面临着继续被同化西化的危险，面对外来的情人节、圣诞节、愚人节等休闲文化的冲击，中国传统的戏曲、品茗以及琴棋书画等休闲文化正逐渐失去吸引力。更重要的是，西方国家在引领和操纵着世界休闲潮流的同时，大肆地宣扬、推销其休闲伦理观、休闲价值观，对中国休闲文化的建设提出了严峻考验。在这种背景下，如何避免休闲文化的西化、俗化、虚化、过度商业化或贵族化，如何通过休闲文化的讨论来引导和丰富大众的精神生活，树立科学健康有益的休闲观念，建设科学先进的休闲文化，是我们在新的世纪所要面对的一个十分重要的课题。

二、休闲文化建设

如前文所述，休闲文化兼具旅游文化的人化自然、丰富和发展文化、推动社会发展与变迁、塑造旅游形象和调节矛盾等功能，还有其自身的独特功能。与其他文化相比，休闲文化更直接、更深刻地影响着社会文化的发展演化进程和个人的发展进程。在人类社会迈进休闲时代的大背景下，加强休闲文化建设具有重大的理论和现实意义。

（一）休闲文化建设的重要性和紧迫性

休闲文化建设的重要性和紧迫性是由休闲发展的现状和休闲文化的强大独特的社会经济功能所决定的。无论是从广义还是狭义的视角来审视休闲文化，休闲文化本质上就是自由时间里人在寻求自由全面发展的条件、价值性质和内容，以及人自由全面发展之程度的标志。因此，客观上要求休闲文化必须是健康、先进、科学的。

① 吴文新.中国休闲文化发展规律的历史考察及现实启示[M]//陈金钊.黄海学术论坛：第十二辑.上海：上海三联书店，2009.

② 吴文新.中国休闲文化发展规律的历史考察及现实启示[M]//陈金钊.黄海学术论坛：第十二辑.上海：上海三联书店，2009.

1.休闲文化对社会文化的目的导向性要求休闲文化必须是健康文化①

健康文化陶冶人的情操，净化人的心灵，会引导大众过一种积极、健康、阳光的生活；不健康的文化导向使人思想堕落，弃善投恶，会导引大众过一种消极、阴暗、不健康的生活。在文化内容中，除了直接激励人们劳动和工作的价值观、知识技能经验等，大多数文化不仅是休闲活动的产物，而且是直接为休闲而生，这些文化是文化中的最重要组成部分，而且是带有目的性的部分。休闲文化的健康状况对社会文化发展的健康导向至关重要。

2.休闲文化对社会文化系统的直接渗透性要求休闲文化必须是先进文化

休闲文化在社会经济文化系统中拥有明确的活动领域，是一种直接性的、日常性的渗透性因素，对经济社会文化的影响是通过辐射、蔓延等潜移默化式的手段来侵蚀和改变已经存在的社会文化系统，具有变革思维和价值观的作用。用先进文化来主导休闲文化，即用先进的价值观主导人们的休闲活动，其文化效应和社会效益才会是积极的和向上的。

3.休闲文化影响的全方位性和广泛性要求休闲文化必须是科学文化

从古至今、从东方到西方，休闲始终作为一种特殊的亚文化形态传承一个国家或民族的文化血脉，并且以直接、亲切、富于情趣、人文关怀的力量渗透在人的生活方式和行为方式中。休闲文化的影响的全方位性和广泛性体现在休闲文化对个体、社会、政府以及生产力发展的影响诸方面。正如2008北京《休闲宣言》②所说的，“对个体而言，休闲与个体生命的存在质量和生活品质密切相连，是产生幸福感的来源之一。对社会而言，休闲是社会公共政策、经济政策、文化政策、社会保障的重要议题，是构建和谐社会的基础要素。对各级政府而言，休闲是管理和服务于国计民生的手段和思维方式，是从经济、行政、科技、法制等手段，转向以人文关怀的方式构建服务型政府的新起点。对社会生产力而言，休闲可以直接或间接地提升人的教养，可以从多方面培养人的能力和兴趣，从而增加个体生命价值和创造价值”。

“毋庸置疑，中国正全面迈向小康社会，休闲必将对社会、经济、文化产生重要的影响——影响着人的存在方式、生产方式和行为方式，影响着整个社会的精神文明和思想道德建设，影响着以人为本的科学发展观，影响着社会的生产关系和产业结构，影响着文化政策、经济政策和社会保障政策的制定，影响着领导决策层的战略选择与调整。”因此，用科学文化来主导休闲文化的建设，休闲文化的个体、社会、政府以及生产力效应才能真正培育和发挥。

4.休闲文化鱼龙混杂、良莠不齐的局面要求我们加快休闲文化建设的步伐

如前文所述，休闲文化产业在中国正迅猛发展，但也面临着观念、产业和文化诸多方面的困境，特别是休闲文化鱼龙混杂、良莠不齐，主要表现在休闲文化的毒化、俗化、虚化、西化、贵族化和过度商业化等方面。目前，各类有用、无用文化，精华、糟粕文化充

① 刘爱静.关于休闲企业对于休闲文化责任的探讨[M]//陈金钊.黄海学术论坛：第十辑.上海：上海三联书店，2008.

② 《休闲宣言》是2008年中国休闲与社会进步学术年会暨中国休闲哲学专业委员会于2008年11月8日讨论通过的。

斥整个休闲文化领域。主流文化、先进文化正在受到这些非健康、非先进、非科学的休闲文化的挤压和玷污。如何开发健康、科学、先进的休闲文化产品，并占领休闲市场和阵地，如何不断推进传统休闲和典雅文化的大众化，倡导推广“雅闲”，净化提升“庸闲”，反对抵制“劣闲”，不断提升大众休闲文化品位，是我们面临的紧迫任务。

（二）休闲文化建设

1.理论建设

休闲存在于中国人的生活之中由来已久，然而作为一种社会文化概念出现在中国人的面前，我们对它刚刚从生疏、怀疑走向理解、认同，并从容地接受它。而作为一种健康、科学和先进的社会文化观念和文化理论，确立于中国人的精神世界则需要一个较长的时间过程。

休闲文化观念和理论建设，首先需要我们反思传统文化中休闲文化的缺失问题。这种反思是伴随着中国经济的高速增长和社会转型而发生的。休闲文化观念和理论建设是一个消化吸收外来休闲理念，继承和修正中国传统文化固有休闲观念，创新休闲理论，推进休闲观念和理论本土化的过程。

（1）中国传统人本休闲观念的继承。

在长达两千年的封建社会，休闲始终没有形成独立的文化体系，更没有形成具有现代意义的休闲概念。无论是儒家还是道家文化，都缺乏对休闲的关照。儒家讳言休闲，抵制休闲，鞭笞休闲，成为社会文化的主流思想。于是休闲失去了话语权，失去了它在社会结构中应有的地位。从中国传统文化整体角度看，也没有形成休闲的概念。教育视休闲为异类，生活视休闲为奢侈，旅游成了特权人的专利，休闲理论成为异端邪说。休闲被推向边缘，嫖娼当作娱乐，赌博形成行业。虽然民间游戏蕴含丰富，民族娱乐特点鲜明，民俗休闲历久不衰，但始终未能形成独立的休闲文化体系，散落于世俗社会。

值得庆幸的是，虽然休闲文化没有形成独立的系统，但“中国古代传统天人合一的内向型的人本休闲方式，对于当今……在资本-利润逻辑强势支配下的人们，缓解各种危机特别是人与自然关系的危机，人的心理的紧张、灵性的飘逝、悟性的干涸和生命感受的枯竭等，都具有深刻的启迪价值[①]”。休闲文化作为一种亚文化形态在中国文化发展史中具有重要的历史地位，中国先贤们对“休”和“闲”二字的创造和使用，可谓别具匠心，至今耐人寻味。特别是对休闲的独特理解方式和行为方式，成为人类文化宝库中一颗璀璨的明珠。从文化渊源上来说，受老庄哲学和禅宗思维方式的影响，中国人的休闲价值观很推崇：“致虚极，守静笃”、“清净为天下正”；“君子之行，静以修身，俭以养德，非淡泊无以明志，非宁静无以致远”。诸如“采菊东篱下，悠然见南山”类的诗句非常有代表性地表达了休闲之境界——自我心境与天地自然的交流与融合——体悟到了精神世界与客观世界的和谐统一[②]。

---

① 吴文新.中国休闲文化发展规律的历史考察及现实启示[M]//陈金钊.黄海学术论坛：第十二辑.上海：上海三联书店，2009.

② 王文章.加强休闲文化建设 促进社会全面发展[J].自然辩证法研究，2003（2）：75.

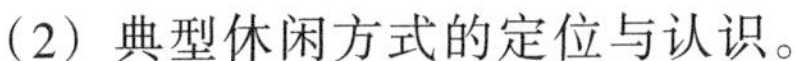

（2）典型休闲方式的定位与认识。

我们认为，在目前休闲发展的阶段，建设科学健康的休闲文化还需要深刻地认识和评估对我们影响深刻的几种典型休闲方式：旅游、麻将游戏、体育休闲和博彩休闲。

从古至今，旅游就是中国休闲的典型方式，而旅游业的兴旺发达是休闲时代来临的前奏曲。旅游休闲已经成为我国民众常态化的生活方式，因此，要正确定位和认识旅游业。例如，如果我们不能正确认识开发的各种效应问题，那么旅游开发的各种效应日积月累就可能造成悲剧性的后果。虽然，中国旅游业是最早形成产业链的第三产业，并日益形成了适度超前的规划理念、超前的旅游休闲理念、日益成熟的管理和规范化的经营，占据了休闲产业的半壁江山，但却存在着一些认识和定位上的误区：从理论界、政府界到实业界，“旅游业是无烟工业，不像其他产业那样能对环境造成污染”的观念盛行，实际上还主导着大部分地区的旅游开发经营与管理；“旅游业是低投入、高产出的劳动密集型产业”观念流行，没有认识到旅游资源的消耗，低估旅游产品的成本问题，虚增了旅游产品中新增的价值部分；“旅游资源主要是由可再生性资源组成的，旅游消费基本上是感觉消费的过程”等认识大行其道；“旅游业是单一性产业”是多数旅游宏观决策的基本依据，而一方面某些旅游供给过度膨胀，另一方面某些旅游供给严重匮乏，说明旅游业是一种复合型产业。诸如此类的问题将深刻影响旅游休闲文化的认识与建设。

麻将，生于宋，长于明，成于清，被数学家誉为是世上最聪明人的发明，可以说是一统天下的中国式的休闲方式。围棋、象棋和麻将是三种中国流传至今的游戏，但麻将最接近民众世俗生活。无论是在日常生活还是过年过节，中国人最热衷的娱乐休闲游戏就是麻将：家家户户都隐隐约约传来稀里哗啦的麻将声，还伴随着赢家兴奋的大笑和输家垂头顿足的埋怨，以及麻友们对麻将排列组合的惊呼。但是我们对这种休闲游戏的文化品位的认识尚不统一：一方面，麻将类游戏满足了人们心理多变的休闲要求，甚至在一些国家成为培养管理者应变能力的教具，从麻将游戏中训练科学的思维方法，注重欣赏麻将推演过程中产生的美，体验游戏中的智力角逐。麻将游戏的精密性和偶然性排布适合任何人群，在无限循环的休闲状态之中既消磨了时间也可能达到教育的目的；另一方面，当将它视为娱乐时，可能酿成犯罪，例如，胡适先生就曾痛骂麻将消磨人的时间，助长赌徒贪婪的心理，可事隔近一个世纪之后，麻将这一娱乐休闲活动蔓延至全国上下的各个角落，老少皆宜，妇孺皆通。因此，麻将成为中国最有争议的一种休闲游戏。中国人对麻将情有独钟，延续历史之长，影响范围之广，参加人数之众，令人瞠目结舌，成为一道永远推不倒的“长城”。当今中国每天有数百万桌麻将开局，有两三亿麻民乐此不疲。因此，如何科学认识和定位麻将休闲，是中国休闲文化建设始终绕不开的重大课题。

体育休闲是中国休闲发展中较为遗忘的部分。“中国的体育界始终不想与休闲搭界，既不想将休闲的因素纳入体育，成为休闲体育，更不想把体育项目纳入休闲，成为体育休闲。①”学术界、政府界乃至实业界部分拥有“体育淡化休闲”的观念，这些认识极不利

① 卢元镇.当代中国休闲的特点及其休闲理论的本土化[J].广州体育学院学报，2008（2）.

于科学休闲文化的建设目标的实现。

（3）西方休闲理论的本土化。

西方的休闲文化研究已经有100多年的历史，在国际经济文化一体化的背景下，主动地学习、吸收国外的休闲文化理论，推动我国休闲文化的建设是至关重要的。文化传播的规律是高势能的文化流向低势位的文化，处于弱势的中国休闲文化与强势的西方休闲文化之间形成了弱肉强食的文化关系，因此要大力促进中国休闲文化的创新与发展，并平衡西方休闲文化占主导地位的单一性格局。

中西方休闲方式和休闲理论存在着很大的差异，这为中西休闲文化的互补和融合提供了很好的条件，也为中国休闲文化理论的本土化提供了一个对话的可能性和创生新理论的巨大的空间。中国古代思想文化源远流长、博大精深，在我国传统思想宝库中，形成了独具特色的休闲观。中国人的休闲哲学其实就是中国人的一种生存智慧，或者说是中国古代哲人教给人们在有限的条件下追求精神的自由，尽情享受生活乐趣的一种快乐的哲学，无疑这是中国休闲文化理论本土化的一个重要理论源泉。

休闲文化理论的本土化的最终目的就是创生出中国特色的休闲文化理论体系，可以分为三步走："第一步，是要形成适用于认识和解释中国休闲文化的概念体系；第二步，要对丰富当前人民群众的社会文化生活，建设社会主义精神文明做出积极的应答，在实践中进行检验，并逐步修正自身；第三步，实现其最高目标——为世界休闲理论做出自己的贡献[①]。"

休闲理论本土化的最高目标就是要创生出既具中国特色又包容了当代先进休闲理念的理论。本土化的中国休闲理论注定是多元的，是古今中外对话的结果，更是现代文明创新的集大成者，它将成为保障中国国民休闲的武器，成为休闲立法的依据，这一理论建设必将是一个长期的过程，它必须宽容、审慎，允许迂回和曲折。

2.文化建设

（1）加强宣传与教育，培育全民族健康科学先进的休闲文化理念。

健康科学先进的休闲文化理念内涵独特，涉及面广，需要全社会的共同努力来实现。休闲者、休闲企业和政府主管部门作为休闲活动的三个主体层面可以发挥各自的作用：休闲者自身的休闲观念改变是内因，休闲企业和政府的作用是外部促进因素。

首先，从我国休闲市场的表现看，培育健康科学先进的休闲文化理念，建立理性休闲的经济社会基础，改变休闲者自身的休闲观念是最根本的因素。要真正引导休闲者认识休闲文化"毒化"、"俗化"、"西化"、"虚化"现象的各种危害以及各种表现形式；要引导休闲者根据实际情况来选择合适的休闲方式；要引导和教育休闲者建立科学合理的休闲期望；要在休闲过程中推广、普及健康的休闲文化观念，建立科学健康先进的休闲文化观念；要引导休闲大众选择健康高尚注重品质的休闲方式，提升休闲的文化品位。

其次，从政府的角度看，加强休闲教育和休闲文化制度建设，使休闲实现文化本位的

---

① 卢元镇.当代中国休闲的特点及其休闲理论的本土化[J].广州体育学院学报，2008（2）.

回归。就休闲教育的现状来看，休闲教育在我国目前尚属一个全新的领域，休闲价值、休闲品德、休闲审美和休闲技能等诸多方面都是休闲教育亟待深入的领域。只有形成一个依托国民教育体系，以中小学教育为基础，以高校教育为拓展，以社会终身教育为中心的休闲教育体系，并且建立家庭、学校和社会的有机协调机制时，休闲文化建设目标才可能达到。休闲就是“以欣然之态做心爱之事”，只有那些具有崇高休闲道德修养的人才可能享受到休闲所引起的无与伦比的高层次精神快乐；只有提升人们的休闲审美品位，才能使人们超脱“物化文化”的奴役；只有提升人们的休闲技能，激发劳动之外的生命潜能，才能使人们摆脱“闲得无聊”的状态进入更高阶段的休闲境界。休闲文化教育的目的是提倡“雅闲”，规范“俗闲”，排斥“毒闲”，除去休闲文化商业尘垢和恶俗泛滥的心理，引导休闲回归自身、回归生活，以实现人的自由全面发展。

再次，从休闲文化建设主体责任角度看，休闲文化发展与创新的主体应该主要是政府[①]。政府通过履行其公共文化职能和各种宏观调控措施确保休闲普遍而健康地实现。更为重要的是，休闲文化建设还需要建立一整套完备的政策法规，净化休闲文化市场，清洁社会休闲文化环境。要以推广国家公民旅游休闲计划为契机，建立社会引导机制，引导和规范休闲消费的健康运转，既要从宏观上形成完善的休闲法律体系，又要规范休闲企业的休闲产品经营和管理行为，还要科学合理地平衡休闲企业和旅游休闲者的权利和义务，引导旅游休闲消费健康有序地进行。

最后，从休闲企业视角看，休闲文化建设的最终载体体现在休闲企业上。休闲文化的建设，最根本的是建立休闲企业诚信经营的机制。在特定情况下，休闲者健康科学先进的休闲理念、完善的休闲法律规范往往经不住不诚信休闲企业物欲化、低俗化的休闲产品的诱惑。反过来，旅游休闲企业诚信经营机制的建立，必须通过行业监管加大欺诈者的成本，提高信息传播的效率；通过发布诚信广告，提高广告信息的准确和透明度，抑制旅游休闲企业不合理的经营现象。

（2）提升休闲文化生态系统的环境自净能力和抗干扰能力[②]。

在休闲文化从边缘化走向常态化过程中，休闲文化生态系统的环境自净能力和抗干扰能力一般都不强，经常受到各种外来休闲文化现象的侵蚀。在休闲文化市场化过程中，“毒文化”、“丑文化”、“假文化“、“虚文化”、“俗文化”就会泛滥开来，休闲与暴力、凶杀、淫秽、赌博等现象交织在一起，休闲文化生态系统的环境自净能力和抗干扰能力自然较差。在休闲文化从边缘化走向常态化过程中，不同休闲文化产品的比例不够合理的现象大量存在。

要真正提升休闲文化生态的自净能力和抗干扰能力，最根本的是要实现休闲文化与休闲产业的互动。健康有序的休闲文化产业是健康科学先进休闲文化生态的最根本性支撑体系。休闲文化与休闲产业的互动、休闲文化生态系统稳健运行能力的提升需要正确

---

① 吴文新.休闲文化发展与创新的主体责任探讨——以政府责任为主[J].辽宁师范大学学报（社会科学版），2009，32（3）：15-19.

② 谢洪恩，孙林，张世慧.论我国休闲文化生态系统的构建[J].社会科学研究，2005（6）：182-187.

处理好市场导向与社会导向、文化品位与文化价值两对范畴的关系。只有较好平衡了休闲市场导向和社会导向的关系，休闲的经济效益、社会效益和生态效益才能有机结合并达到最大化；只有平衡好文化品位与文化价值的关系，休闲文化产品才能做到雅俗共赏。

（3）从实施路径来看，“休闲文化建设应以休闲文化设施建设为突破口，实现休闲文化下乡村、进社区[①]”。乡村和社区是民众生活和休闲的主要场所，乡村和社区的休闲文化水平和发展状况直接决定和反映着我国民众的休闲文化水平。城镇居民休闲文化设施建设重点主要有：增加和改善社区图书馆的条件，修建和扩建民众娱乐休闲场所和健身器材等，提供适合大多数人口味的休闲项目和休闲产品。农民的生活轨迹主要是在农村，农村休闲文化设施的建设最好要以村组为单位，以乡镇综合文化站、村文化室、农家书屋等文化惠民工程为依托，修缮民俗文化设施，培育特色文化村、特色文化户，举办民间艺术节，复兴各种民俗文化活动，充实和提升农民的休闲文化生活[②]。无论是城镇休闲文化还是农村休闲文化，都要结合我国传统节日文化、民族民俗文化的精髓，复兴各种传统休闲文化的诸多形式，并运用现代科学技术赋予新的载体和表现形式。中国传统休闲文化追求在摆脱物欲的控制下，获得心灵的高度自由。在建设现代休闲文化设施的过程中，必须发扬我国传统休闲文化中优秀的部分，结合时代特征建立具有生命力和原创性的休闲文化生成机制，不断产生现代的、有中国特色的休闲方式[③]。

建设健康科学先进的休闲文化，提倡“雅闲”、规范“俗闲”、抵制“毒闲”，用休闲创造文化资本，必将丰富我们的精神世界，完善我们的生命历程，开拓我们的生活空间，有利于融洽人际关系，有利于建设社会主义和谐社会。

本章重要观点

1.旅游变休闲，这是旅游发展的必由之路，或者说，这是还原旅游本来面目的必然途径。旅游文化的研究有必要拓展到休闲领域。

2.休闲文化是指人们在从事休闲活动的过程中，将那些使自己感觉愉悦的活动与自己的审美活动、创造活动联系在一起，经过充分自由选择和纯粹兴趣所致，用于自我享受、调整和发展的价值观念和生活方式；是指为满足人的精神需要由（旅游）休闲活动引致并迸发出来的形式多样的各种文化创造、文化欣赏、文化建构等文化现象。

3.不同的社会和不同的民族对各种剩余资源（如时间和金钱）的处理方式就形成了不同社会和不同民族休闲文化的基本特征。

4.从发展角度看，中国长达五千年的文明史与发展缓慢的自然经济相伴，以人的依赖性为基本特征，形成“土地捆绑”文明，人们的日常生活半径和总体的移动空间都较小，

① 湖南省中国特色社会主义理论体系研究中心（曾长秋，张永红执笔）.休闲文化的困境与超越[N].光明日报，2009-06-27.

② 湖南省中国特色社会主义理论体系研究中心（曾长秋，张永红执笔）.休闲文化的困境与超越[N].光明日报，2009-06-27.

③ 湖南省中国特色社会主义理论体系研究中心（曾长秋，张永红执笔）.休闲文化的困境与超越[N].光明日报，2009-06-27.

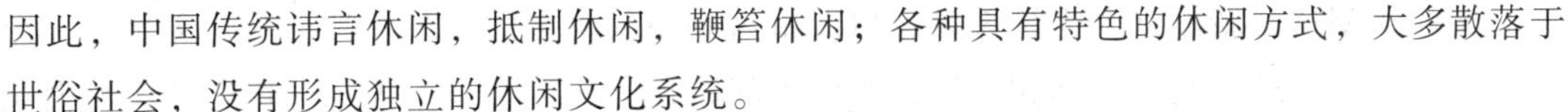

因此，中国传统讳言休闲，抵制休闲，鞭笞休闲；各种具有特色的休闲方式，大多散落于世俗社会，没有形成独立的休闲文化系统。

5.要真正提升休闲文化生态的自净化能力和抗干扰能力，最根本的是要实现休闲文化与休闲产业的互动。

6.建设健康科学先进的休闲文化，提倡“雅闲”、规范“俗闲”、抵制“毒闲”，用休闲创造文化资本，必将丰富我们的精神世界，完善我们的生命历程，开拓我们的生活空间，有利于融洽人际关系，有利于社会主义和谐社会的建设。

本章问题讨论

1.旅游与休闲关系如何？旅游文化与休闲文化关系又如何？你认可本章“旅游变休闲，这是旅游发展的必由之路，或者说，这是还原旅游本来面目的必然途径。旅游文化的研究有必要拓展到休闲领域”这一说法吗？

2.旅游休闲作为新兴的文化休闲产业，已被越来越多的人所喜爱，结合你自己和身边亲朋好友的旅游休闲经历，谈谈你对休闲文化未来发展方向的认识。

3.“人们为了休闲而拼命地工作，为了令人羡慕或成为大众眼中休闲一族而拼命地花掉自己的收入。于是，我们从工作的奴隶中摆脱出来，又重新沦为休闲的奴隶。”你赞同这种观点吗？你又是怎样看待这样的生活方式的？

4.每个民族都延续着自己的血脉与文化精髓，休闲文化也必然有着自己延续的特殊性，即民族性。请结合自己家乡和自己民族的特征，谈谈你对自己民族或地方休闲文化方式的理解。

5.在市场经济条件下，如何把中国传统的典型休闲方式（如琴棋书画，诗词歌赋）市场化？如何培育休闲文化的产业链？

6.休闲文化作为新兴的文化产业，已逐渐被越来越多的人所喜爱，但休闲文化“毒化”、“俗化”、“西化”、“虚化”现象较为普遍，请简单谈谈你对这些现象的看法以及对休闲文化未来发展方向的认识。

7.生活是一部很宽泛的哲学，针对休闲名著《人类思想史中的休闲》提到的生活哲学，大胆地展开你的想象，谈谈你对“思想史中的休闲”的理解。

本章补充阅读材料与案例分析

2008北京《休闲宣言》

当今，中国人的公共假期每年已有115天，这意味着人的三分之一的时间是在闲暇中度过。这一国家行为使得休闲成为中华民族一个新的福祉。关注休闲，实质是注重用文化引导和人文关怀的力量推动社会的文明与进步，这是中华民族人文复兴的新路标。

学者们以“学问”的方式关注国计民生中的休闲现象，关注中国文化传统中的休闲智慧，关注社会转型中休闲价值的提升，关注大众的、民族的、科学的国民文化休闲需要，关注科技创造与休闲的互动关系，是当代学者义不容辞的社会责任。

关注休闲这一新的社会文化现象，以及由这一现象提出的哲学、社会学、文化学、行为学、经济学等理论与实践问题，意在为学术问路，为民生祈福，为社会担道义，为大众启心智。

对个体而言，休闲与个体生命的存在质量和生活品质密切相连，是产生幸福感的来源之一。

对社会而言，休闲是社会公共政策、经济政策、文化政策、社会保障的重要议题，是构建和谐社会的基础要素。

对各级政府而言，休闲是管理和服务于国计民生的手段和思维方式，是从经济、行政、科技、法制等手段，转向以人文关怀的方式构建服务型政府的新起点。

对社会生产力而言，休闲可以直接或间接地提升人的教养，可以从多方面培养人的能力和兴趣，从而增加个体生命价值和创造价值。

人类成长的历史表明，休闲具有重要的文化价值，是人的本体论之所在，是人“成为人”的过程中的重要舞台，是人类通往美丽精神家园的适宜途径。不同时代的思想家们无不充满激情地赞美休闲。亚里士多德说：休闲是哲学、艺术和科学诞生的基本条件。老子说：静胜躁，寒胜热；清静为天下正。马克思说：人有了充裕的闲暇时间，就等于有了充分发挥自己一切爱好、兴趣、才能、力量的广阔空间；个人就会在艺术、科学等方面获得发展，个人的充分发展又作为最大的生产力反作用于劳动生产力。

从古至今、从东方到西方，休闲始终作为一种特殊的亚文化形态传承一个国家或民族的文化血脉，并且以直接、亲切、富于情趣、人文关怀的力量渗透在人的生活方式和行为方式中。文化依靠休闲滋养，休闲培育文化品质。没有休闲难有真正的哲学、科学与艺术，也难有真正的生活品质!

中华民族是一个具有高超休闲智慧的民族，古代圣贤常常将休闲与自然哲学、人格修养、审美情趣、文学艺术、养生延年紧密地联系在一起，表达着我们民族的聪明与智慧、道德与伦理、勤劳与善良。

毋庸置疑，中国正全面迈向小康社会，休闲必将对社会、经济、文化产生重要的影响——影响着人的存在方式、生产方式和行为方式，影响着整个社会的精神文明和思想道德建设，影响着以人为本的科学发展观，影响着社会的生产关系和产业结构，影响着文化政策、经济政策和社会保障政策的制定，影响着领导决策层的战略选择与调整。

因此，我们呼唤处于社会转型中的人们，用休闲铸造文化资本，丰富精神世界，完善生命过程，开阔生活空间，融洽人际关系，建构社会和谐。

这也必将是中国对未来世界文明的又一个伟大贡献!

特别说明：2008北京《休闲宣言》是2008年中国休闲与社会进步学术年会暨中国休闲哲学专业委员会代表会议期间经全体与会代表讨论并起草通过的，最后由马惠娣定稿。

【阅读提示】

1.《休闲宣言》从哪些角度强调了休闲和休闲文化的重要性？

2. 中华民族传统的高超的休闲智慧体现在哪些方面？中国传统休闲文化有哪些特征？对中国现代休闲文化建设有何意义？

3. 在日程生活中，你能感受到休闲文化的重要性吗？试举例说明之。

第七章

旅游产品文化

学习目标

学过本章之后，你应该能够：

1.了解旅游产品文化的概念与特征，区分旅游文化产品与旅游产品文化，理解旅游产品文化的构成，掌握旅游产品文化功能阶梯模型。

2.了解旅游产品文化的形成和发展的路径，理解旅游产品文化的形成机制、运动规律和调节机制模型。

3.了解旅游产品文化主题提炼的意义，掌握旅游产品文化主题提炼的基本方法。

4.多层次、全方位地认识旅游产品文化的表现形式。

第一节　旅游产品文化概述

旅游产品和产品文化是旅游产品文化概念的逻辑起点。要真正理解旅游产品文化的概念，首先需要仔细审视旅游产品和产品文化的概念。我们力图从已有的关于旅游产品和产品文化的研究中提炼出旅游产品文化的概念，为旅游产品文化勾勒出一个基本的轮廓。

一、旅游产品与产品文化

（一）旅游产品

历来对旅游产品的定义存在极大分歧，出现了旅游产品、旅游商品、旅游品、旅游购物品等一大堆含义不清的名词。学界对旅游产品概念进行了深入研究，取得了一些较有意义的成果[①]。“从旅游目的地的角度出发，旅游产品是指旅游经营者凭借着旅游吸引物、交通和旅游设施，向旅游者提供的用以满足其旅游活动需求的全部服务”，而“从旅游者的角度出发，旅游产品是指旅游者花费一定的时间、费用和精力所换取的一项经历[②]”。这是目前比较认可的旅游产品概念，也是从广义角度给出的旅游产品的概念。谢彦君先生基于产品是一个企业的产物，而不是一个行业的产物的认识，从狭义的视角界定了旅游产品：旅游产品是指为了满足旅游者的愉悦需要而在一定地域上被生产或开发出来以供销售的物

① 一些代表性研究成果可参见：宋书楠，张旭.对旅游产品概念及其构成的再探讨——兼与曲玉静等同志商榷[J].辽宁师范大学学报，2003，26（2）：16-18；武光，韩渝辉.再论旅游产品概念及其特征[J].哈尔滨商业大学学报，2006（5）：82-84；任朝旺，谭笑.旅游产品定义辨析[J].河北大学学报（社会科学版），2006，31（6）：97-100；王玉明，冯卫红.关于旅游产品概念及产品结构的进一步探讨[J].太原师范学院学报，2007，6（3）：35-39；陈愉秉.旅游产品散论[J].旅游学刊，2007，22（10）：82-88.

② 林南枝，陶汉军.旅游经济学[M].天津：南开大学出版社，1994：35-36.

象与劳务的总称[①]。

按照谢彦君先生的观点，最典型、最核心的旅游产品形式是已经被开发出来的旅游地，它是指出于交换目的而开发的能够向旅游者提供审美和愉悦的客观凭借的空间单元。从最本质的意义看，旅游产品的定义与一般商品的第一共通的地方就是，旅游产品也是由企业所生产的，直接出售旅游产品——如旅游地——的企业就是旅游地的开发商和经营者，一些中间商仅仅以旅游批发商或零售商身份转销旅游产品生产者的产品，旅行社的经营业务就属于这种性质。作为旅游批发商或旅游零售商，他们在销售旅游产品时却可以通过将其他服务产品围绕旅游产品进行适当组合而大幅度地增加旅游产品的利益成分，甚至使旅游产品扩展为对应于旅游者旅游全过程的一种整体产品。由旅行社根据旅游地的区位、特点而综合设计的旅游线路，就是这样一种被大大扩展了价值成分的旅游产品。这一点与商业企业通过运输、储存、分拣、包装等发生在流通领域的生产行为来改变工业产品的价值是同样的道理，也具有相同的性质。由旅行社所经营的组合旅游产品就属此类。

从产品构成看，旅游产品可以分为两种：核心旅游产品和组合旅游产品。核心旅游产品是旅游产品的原始形态，组合旅游产品是旅游产品的终极形态，是旅游企业或旅游相关企业围绕旅游产品的核心价值所做的多重价值追加。这种追加既可以发生在生产领域，也可以发生在销售领域；既可以由生产企业来完成，也可以由销售企业来完成。从产品形态角度看，旅游产品既有物质的形态，也有非物质的形态，主要取决于构成旅游产品资源体的属性，也取决于构成旅游产品基本要素的旅游服务的属性。从旅游产品的生产形式看，一种是依赖于旅游资源进行开发，形成的资源依托型产品；另一种是凭借拥有的人、财、物力资源而仿造或创造的旅游产品，即资源脱离型旅游产品。从类型学角度看，学界一般认为，主要存在观光型、休闲度假型、文化型、会展型和特色型五大类旅游产品[②③]。从资源依托的角度看，主要存在自然和人文类旅游产品。不同类型的旅游产品，具有不同的产品特征和文化特征。在旅游产品文化形成的过程中，旅游产品类型的不同，以旅游产品为依托的旅游产品文化或多或少地存在差异。

（二）产品文化

关于产品文化的各种说法在各种期刊上时有出现，但关于产品文化的概念阐释，基本上处于蜻蜓点水的状态，尚未出现逻辑严密、论述完整的说法。从理论逻辑的起点看，产品是在商品经济条件下出现的产物；产品文化是商品经济条件下出现的文化现象。因此，要更多从市场和营销的角度来理解产品文化的概念。陈宇认为，产品文化是浓缩于核心产品、通过形式产品和附加产品具体展现的产品特质，是企业价值文化和制度文化在产品上的反映[④]。

我们认为，产品文化是以企业生产或销售的产品为载体，反映企业物质及精神追求，在生产设计和销售流通环节所表现出来的、以满足消费者的精神需要和促进产品销售为目

① 谢彦君.基础旅游学[M].北京：中国旅游出版社，2004：114-115.
② 姚昆遗，贡小妹.旅游文化学[M].北京：高等教育出版社，2006：58-66.
③ 刘晓航.旅游文化学[M].天津：南开大学出版社，2009：165-170.
④ 陈宇.产品文化内涵浅析[J].现代企业，2006（6）：56-57.

的的文化现象（如文化创意等）和营销思想。产品是企业的文化符号和承载体，社会和顾客对企业及其文化的认识，往往是从认识该企业的产品开发、产品销售以及产品包装和产品标识等产品文化载体形式而逐步深入的。企业产品不仅是技术和工具的产物，而且是企业员工理想和奉献精神的结晶；不仅凝结着一般的抽象的人类劳动，而且凝聚着企业员工的创造力，是企业员工群体特定的价值观、思维模式和心理的、知识的、能力的综合素质的体现。产品文化深深地打着企业文化的烙印，产品文化在很大程度上反映着企业文化。

二、旅游产品文化

（一）旅游产品文化的概念

当前关于旅游产品文化的研究还处于起步阶段，旅游产品文化的内涵和外延还不是很清晰。学界对旅游产品文化内涵的研究相对较少，缺乏深入思考和系统分析。初晓恒从旅游产品的文化挖掘视角出发，分析了旅游产品文化内涵[①]。按地域标准看，旅游产品文化包括旅游产品地域性文化、旅游产品民族性或国家性文化、旅游产品国际性文化三个内涵层次。前者反映旅游目的地在承袭前人所创造的文化成果的同时，在新的历史条件下从事新的文化创造；中者体现了旅游目的地非地域范围内的非世袭形成的文化，是一种在整个国家的某段历史进程中表现的具有国家整体特征的精神文化在旅游目的地的集中典型体现；后者体现为旅游目的地在某方面代表整个人类在某段历史进程中共同的、有集中典型代表性的精神文化。按人数标准看，反映旅游目的地个体精神观念的文化在旅游产品开发中的典型代表为旅游目的地的名人故居；反映旅游目的地群体精神观念的文化，既是旅游目的地群体文化创造的结果，也是人类历史发展进程中一定的社会群体为应对各种环境、满足各种需要而不断积累出来的社会创造物，是没有个人版权的群体文化积淀[②]。

从各种旅游文化和旅游文化学教材和专著来看，大多数旅游文化学论著没有把旅游产品文化纳入旅游文化系统的研究内容[③]，小部分旅游文化学论著虽然把旅游产品文化纳入旅游文化的范畴，但或是回避旅游产品文化的界定问题，或是简单地以旅游产品的文化特征代替旅游产品文化的概念[④]。

旅游产品文化的概念应该体现旅游产品文化的内涵。基于我们对产品文化的基本认识，在与旅游文化概念契合一致的情况下（参见第二章旅游文化概念界定相关内容），我们认为，旅游产品文化是指在商品经济条件下（特别是在市场经济条件下），受经济发展水平的影响，在现代市场意识和营销意识支配下，渗透到旅游产品设计、开发和营销过程中，逐渐形成的一种整体性的观念形态和文化创造以及反映在旅游产品上的文化层次和文化取向。

旅游产品文化表现在旅游产品的设计、开发和销售等环节，而且与旅游活动的食、

---

① 初晓恒.旅游产品文化及其传递探析[J].商业研究，2009（10）：199-203.

② 初晓恒.旅游产品文化及其传递探析[J].商业研究，2009（10）：199-203.

③ 如：谢贵安、华国梁.旅游文化学[M].北京：高等教育出版社，1997；马波.现代旅游文化学[M].青岛：青岛出版社，1998；沈祖祥.旅游文化概论[M].福州：福建人民出版社，1999；尹华光.旅游文化学[M].长沙：湖南大学出版社，2005；方志远.旅游文化概论[M].广州：华南理工大学出版社，2006；刘敦荣.旅游文化学[M].天津：南开大学出版社，2007；李星明.旅游文化概论[M].武汉：华中师范大学出版社，2007；邹本涛，谢春山.旅游文化学[M].北京：中国旅游出版社，2008；曹诗图，孙静.旅游文化学概论[M].北京：北京大学出版社，2008.

④ 如：姚昆遗，贡小妹.旅游文化学[M].北京：高等教育出版社，2006；刘晓航.旅游文化学[M].天津：南开大学出版社，2009.

住、行、游、娱、购六大要素息息相关。旅游产品文化是作为旅游业主体之一的旅游（相关）企业在旅游产品的设计、开发和销售过程中所表现出来的文化观念。旅游产品构成的复杂性决定了旅游产品文化可以体现在旅游活动的任何一个阶段。

我们认为，旅游产品与旅游消费品是相对应而言的。因此，旅游产品文化和旅游消费文化是反映旅游文化一大范畴的两个方面（旅游消费文化相对于旅游者，旅游产品文化相对于生产者即旅游业或旅游供给者）。当中国社会发展经历从前现代到现代再到后现代的转变时，与之相适应，旅游消费文化也不断从崇尚节俭向注重享乐再向审美和个性化的方向过渡[①]，也客观上要求旅游产品文化相应地满足旅游消费文化发展演变的要求。中国现代社会的生产，经历了从纯粹物的生产即使用价值的生产（主要与第一产业相关的主类生产），到交换价值（即商品的含金量）的生产（生产力证明，主要与第二产业相关的技术类生产），再到符号价值的生产（主要与第三产业相关的信息类生产）的发展变化过程。对应地，中国现代社会的消费，经历了从纯粹物的消费即使用价值的消费（主要与第一产业相关的主类消费），到交换价值（即商品的含金量）的消费（购买力证明和炫耀，主要与第二产业相关的技术类消费），再到符号价值的消费（主要与第三产业相关的信息类消费）的发展变化过程。当社会发展到从生产转向消费的阶段，形成以消费为中心时，在面临市场和竞争双重压力下，消费文化的特征基本决定了产品文化的特征。在市场经济和大众传媒的双重诱导下，旅游产品文化具有强烈的媒体诱导和导向特征，旅游产品文化已经成为一个欲望满足的对象系统，成为体现身份的产品符号体系和符号信仰的过程[②]。在工业化和市场化的进程中，旅游产品文化呈现出复杂多变的景象，呈现出健康与非健康、持续性与非持续性并存的特征。

（二）旅游产品文化的构成

理论上，旅游产品的构成决定了旅游产品文化的构成。延续谢彦君先生核心旅游产品和组合旅游产品的基本思路，旅游产品文化包括三个层面（见表7-1）。完整的产品文化是核心产品、形式产品和附加产品三个层面特质的有机综合，有着丰富的内涵。通常人们所说的产品文化或产品的文化附加值，或侧重于核心产品文化，或侧重于品牌文化，是一种狭义的理解。

（三）旅游产品文化的功能

随着旅游休闲生活方式的常态化，旅游者购买旅游产品时，更加注重旅游产品的精神愉悦功能、个性的实现和情感的满足。旅游者的旅游动机和文化需求不同，在现代市场意识和营销意识支配下，渗透到设计、开发和营销过程中的旅游产品文化是一个满足旅游者物质与精神需求和满足旅游企业市场追求相契合的功能综合体。旅游产品所反映的文化层次和文化取向，是旅游企业迎合旅游者需求而体现出来的旅游产品文化功能形式。

旅游企业有意识地将符合（甚至是迎合）旅游者情感需求、旅游审美观念、价值观等的文化内涵融入旅游产品之中，在满足旅游者需求的同时，也取得旅游者对旅游产品文化

① 杨魁，董雅丽.消费文化——从现代到后现代[M].北京：中国社会科学出版社，2003.
② 鲍德里亚.消费社会[M].刘成富，译.南京：南京大学出版社，2000.

表7-1　　旅游产品文化的构成

	构成	描述	典型案例
旅游产品文化	核心旅游产品文化	源自旅游企业对旅游者的感受、现代市场意识和严谨技术的综合，体现了旅游产品的价值观创新，旅游企业对旅游者的人文关怀以及对社会的责任	国际上一些国际性旅游企业推出负责任旅游产品、可持续旅游产品、生态旅游产品等，张扬了旅游企业的人文关怀以及社会责任，集中体现了旅游产品文化品位
	形式旅游产品文化	形式旅游产品文化是旅游市场上以物化形态出现，既包括旅游产品的内在质量与功能，又包括外在符号、品牌等形式所体现出来的文化。旅游核心产品文化主要是通过形式旅游产品文化具体演绎的（包括旅游产品的质量文化、功能文化、特征文化与品牌文化等）	中国旅游图形标识“马踏飞燕”反映中国龙马崇拜的文化底色，反映龙凤文化和谐融合的文化传统。当中国游被视为一种旅游产品时，“马踏飞燕”成为中国游这一旅游产品最好的形式化注解①
	附加旅游产品文化	以旅游产品的介绍、包装(如广告)和服务为主要内容的旅游附加产品文化，主要体现在为增加旅游产品核心价值而提供的各种服务过程中所呈现的文化层次与取向	2005年3月浙西大峡谷景区发生浮桥侧翻事故，景点导游却只顾自己逃生，88名游客落水，5名罹难；同年8月，陕西洛川一来自湖南的旅游团队发生重大车祸，导游文花枝因“先救游客”错过最佳治疗时间而高位截瘫

的功能与价值的认同。旅游企业在分析旅游需求和旅游市场的基础上，设计、生产和销售满足（潜在）旅游者的物质精神需要，所进行的价值各异、形式多样的各种文化创造、文化欣赏、文化建构等文化现象，都应该纳入旅游产品文化的范畴。需要特别指出的是，旅游产品文化不仅具有正价值和正功能，也具有负价值和负功能。旅游产品文化的功能具有阶梯性和层次性。无论是正负价值或功能，都能满足不同旅游者的需求。旅游企业设计、开发或销售以健康为导向的旅游产品，体现了旅游产品文化的正价值与功能；旅游企业设计、开发或销售不健康的旅游产品，则体现了旅游产品文化的负价值与功能（参见图7-1）。

（四）旅游产品文化的特征

旅游产品文化的特征既包含在文化的基本特征之中，也包含在旅游文化的基本特征之内。在各种文化特征分析的基础上，结合我们对旅游产品文化本质的理解，我们认为，精神性（精神需求）、愉悦性和创造性是旅游产品文化的基本特征，其他特征都是旅游产品文化精神性、愉悦性和创造性的自然延伸。

1.旅游产品文化的精神需求特征

日常的产品文化主要是一种惯常性的物质生活文化，以满足物质生活需求为主；旅游产品文化主要是一种打破日常生活常规的精神生活文化，以满足精神生活需求为主。

2.旅游产品文化的愉悦性特征

旅游产品文化最典型、最根本的是愉悦性功能特征。现代社会日趋紧张，工作节奏加快，竞争加剧，客观上需要丰富多彩的旅游产品文化来消除紧张，调剂精神生活。

① 胡幸福.铜马非马——中国旅游形象标识“马踏飞燕”新解[J].天津大学学报（社会科学版），2005，17（4）：314-316.

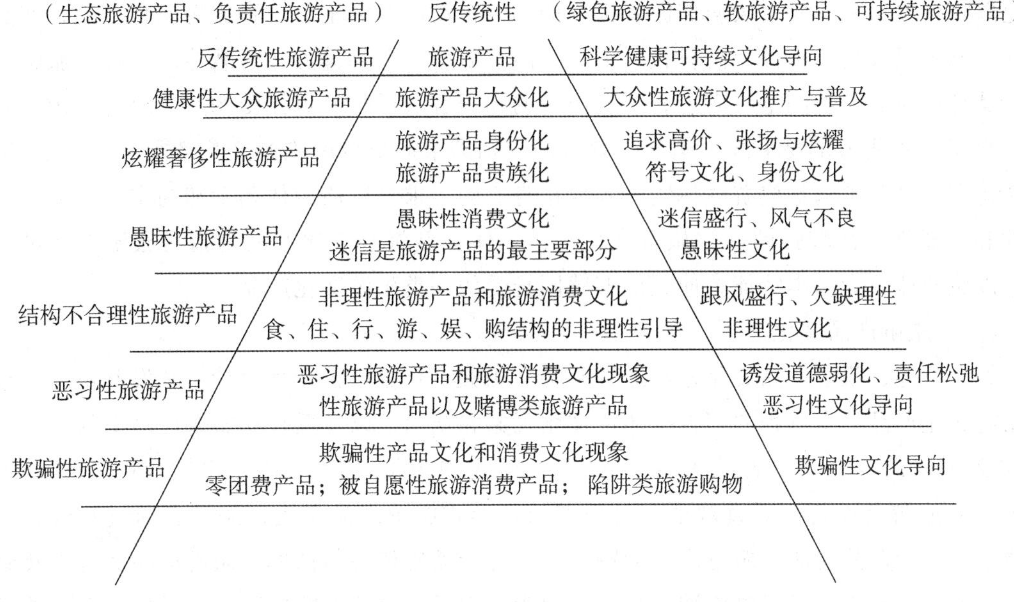

图7-1 旅游产品文化及其功能层次阶梯模型

3.旅游产品文化的创造性特征

无论是资源依托型还是资源脱离型旅游产品，在设计、开发和销售过程中，必须加入旅游相关企业的创造因子，来满足市场性要求和文化品味性要求。

三、旅游产品文化与旅游文化产品

在日常生活中，旅游文化产品与旅游产品文化各有所指，在很多情况下，它们被用来指称同一类事物。旅游文化产品和旅游产品文化是两个相关的重要研究领域，有过很多相关的阐述，但困惑、误用和混淆现象长期存在。因此，区分旅游产品文化与旅游文化产品的概念是十分必要的。

（一）旅游文化产品

顾名思义，旅游文化产品是作为旅游产品的一个分支存在的，它既有旅游产品的基本特征，也有自己独特的文化特性。我们认为，旅游文化产品是以一般文化资源为内在价值，以人类的行为方式和创造成果为主要背景和依托，以自然景观为补充，由旅游（相关）企业向旅游者提供的有形产品和无形服务的组合。

从旅游供给的角度看，旅游文化产品与其他商品（产品）在本质上是没有区别的。从旅游者的角度看，旅游文化产品是自身的一种综合感受。对旅游者而言，从不同类型的旅游文化产品中获得的感受只有深浅之别，并无本质差异。从旅游文化产品的构成看，自然景观是旅游文化产品的必要补充成分，如果旅游文化产品与优美自然景观组合在一起，就会大大提升旅游文化产品的价值。

从旅游文化产品的性质出发，旅游文化产品主要有展示型旅游文化产品、学习型旅游文化产品、休闲旅游性文化产品以及体验性旅游文化产品[①]。展示型旅游文化产品是旅游

① 谢元鲁.旅游文化学[M].北京：北京大学出版社，2006：192-198.

企业以陈列展示为主要手段向旅游者提供的，以被动游览为主的一种旅游文化产品，产品的展示形态以实物、影像、高科技、书法绘画、雕塑、歌舞等方式为载体。学习型旅游文化产品是针对旅游者的学习需求，开发出来的知识容量可行和可接受的，以综合展示、讲解、交流与实践为主要手段，满足旅游者的求知需求而形成的旅游文化产品[①]。休闲旅游型文化产品是为了满足旅游（休闲）者放松身心的需求，以旅游休闲游憩为主要活动，自主性和随意性特征较强的一类旅游文化产品。体验型旅游文化产品是指为旅游者提供条件，以旅游体验为基本特征，使其能够感同身受的一类旅游文化产品。

（二）旅游产品文化

如上所述，旅游产品文化是渗透到旅游（相关）企业旅游产品设计、开发和销售（包括旅游文化产品）全过程的一种整体性文化现象和观念，以及反映在旅游产品上的文化层次和文化取向。旅游产品文化是由核心、形式和附加旅游产品文化构成的（参见表7-1）。对旅游者而言，最直观最容易把握的是形式旅游产品文化，旅游者通过对旅游产品质量、旅游产品功能、旅游产品的特征、旅游产品的包装与销售、旅游产品品牌以及旅游服务的实际感知，形成对旅游产品文化的实际判断。旅游者的这种判断是建立在旅游者自身的价值观和旅游观基础之上的，不同的旅游者对不同的旅游产品会有不同的文化认知。

旅游产品文化的实质是旅游产品生产商和提供商通过一定的创意和设计体现出产品所倡导和所包含的文化意味，从而迎合和影响旅游者的消费需求。具体而言，旅游产品的设计与构思、旅游产品结构的组合、旅游产品的包装与广告、旅游产品商标等，无不凝结着旅游（相关）企业的文化素养、文化个性和审美意识，无不体现着市场经济的市场渗透力，是旅游企业文化素质和市场力量综合作用的结果。

第二节　旅游产品文化的形成机制

正如前文所述，旅游产品文化凝结着旅游（相关）企业的文化素养、文化个性和审美意识，体现着市场经济的市场渗透力，是旅游企业文化素质和旅游市场力量综合作用而形成的。旅游产品文化的形成离不开旅游产品的生产和旅游市场的活动。

探讨旅游产品文化的形成机制，仅以个别旅游产品文化现象为例来分析是不够的。当我们超越这些现象来把握旅游产品文化形成过程时，可以得出以下一些有规律性的认识。

一、旅游产品文化的形成路径

从旅游产品文化的形成机制与过程看，旅游产品文化的形成主体主要是旅游业运行过程中参与旅游文化创造的旅游产品开发者与旅游服务者。旅游产品文化的形成主要是从旅游业的视角以及旅游供给的视角来考察的。

① 张国洪.中国文化旅游[M].天津：南开大学出版社，2005：35.

从旅游业角度或旅游企业角度考察旅游产品文化的形成，首先还要对旅游客体（资源）文化进行深入的再认识。对旅游客体（资源）文化的正确认识，是我们把握旅游产品文化发生与演化的前提条件。众多旅游客体文化研究成果认为，旅游客体文化即旅游资源文化，或者旅游客体文化主要是旅游资源文化[①]。旅游资源按其基本性质可划分为自然旅游资源和人文旅游资源，前者文化成分少，后者文化成分多。我们认为，旅游客体文化实际上包含两种不同的文化：旅游客体原有文化和旅游客体附加文化。旅游资源是客观存在于一定地域空间，因其所具有的愉悦价值而使旅游者为之前往的自然存在、历史文化遗产或社会现象[②]。旅游资源在成为旅游客体之前，因为人类的社会实践活动，已经具有特定的文化内涵，人们也对其进行不同的文化解读，也是一种人化的过程。但这些文化创造并不是旅游活动和旅游业活动引致的结果，不能成为旅游文化的组成部分。这些原有文化一旦与旅游业结合，旅游业从业人员为了更好地满足旅游者的文化需要，不断在原有文化的基础上进行文化再创造，形成附加文化。这些附加文化是旅游者和旅游业共同创造的，一经依附于旅游客体，成为旅游吸引物，成为旅游者的旅游对象，它们就转化为旅游客体文化不可分割的组成部分。这些附加文化或因旅游活动，或因旅游业活动形成，或是旅游活动和旅游业活动综合作用的结果，因此它们自然是旅游文化的重要组成部分。

旅游业视野下的旅游文化主体主要包括旅游规划与景观开发者、旅游活动服务者（为食、住、行、游、娱、购直接服务的人）、旅游经营与管理者和旅游目的地居民等；旅游产品文化视野下的旅游文化主体则主要是旅游产品开发者和旅游服务提供者。按照时间和逻辑发展的线索，我们可以勾勒出旅游产品文化形成和发展的基本路径（见图7-2）。

正如图7-2所示，旅游产品文化的最终形成要经历旅游资源—旅游产品—旅游产品的文化内涵—旅游产品文化四个阶段。旅游资源文化包括原始文化和附加文化，它们在形成旅游产品的文化内涵过程中是起决定性作用的要素，但旅游资源只是旅游产品的生产性要素之一。初始状态的旅游资源不是旅游产品，经过开发的旅游资源同样不是旅游产品[③]。

在旅游广告等旅游市场吸引力和作为吸引物的旅游产品的倍加吸引力（在资源吸引力基础上倍加）的双重作用下，和旅游资源的文化内涵综合作用，形成旅游产品的文化内涵。

---

① 以旅游客体文化和旅游三体文化为理论框架构建旅游文化学体系的旅游文化（学）著作，基本持有这样的观点。学术论文中有类似界定的主要有：吴莉淳.旅游文化的类型与特征分析[J].宿州师专学报，2002，17（2）：31-32；王方，周秉根.旅游文化类型与特征及其在旅游业中的作用[J].安徽师范大学学报（自然科学版），2004（1）：87-90；邹本涛.旅游文化建设论纲[J].渤海大学学报，2004，26（2）：71-73；刘永生.论文化旅游及其开发模式[J].学术论坛，2009（3）：108-112.在这些论述中，旅游客体文化就是在中国山水、园林、建筑、宗教、饮食和艺术文化前面贴上旅游的标签。

② 谢彦君.基础旅游学[M].北京：中国旅游出版社，2004：100.

③ 对于旅游资源是否是旅游产品或产品的一部分以及两者关系如何，学界有过大量的论述。我们认为，陈秉愉的《旅游产品散论》（原载《旅游学刊》，2007年第10期）最有说服力。该文认为，相对于旅游者的活动或旅游企业的活动，旅游资源都是一种先在的客观因素，和作为人类劳动结果的产品有着清晰的界限。如果我们承认交易或买卖行为总会伴随交易对象所有权的转移，便解释了凝结了人类劳动的旅游资源依然不是旅游产品，因为交换的只是旅游资源的临时性使用权。对交换领域的观察，使资源的功能得以从资源本体中剥离出来，对生产和交换两个领域的观察，又使作为生产要素的资源被排除在原材料要素之外，还原为狭义的土地要素。至此，旅游资源和旅游产品在理论上实现了彻底的剥离。只有把旅游资源（无论是否凝结了人类劳动）从旅游产品中彻底剥离，理论实践中的一些问题才能得到更加合理和可靠的解释。一些欠发达国家或地区依托独特的资源发展旅游业，但经过多年发展，情况并不乐观，不少地区贫困依旧。原因在于这些地区富有的是资源，缺少的是资金，而资本被视为稀缺的，资源往往是一些开放性的、无价格的或价格水平很低的产品。在按照要素分配收益时，资源因已被看作产品而往往不再以独立要素地位参与收益分配。当我们把旅游资源和旅游产品剥离，把旅游资源看作旅游产品的生产性要素之一时，当地居民作为旅游资源这一生产要素的主人，就会因资源的稀缺而在利益格局的安排中获得大不相同的地位。

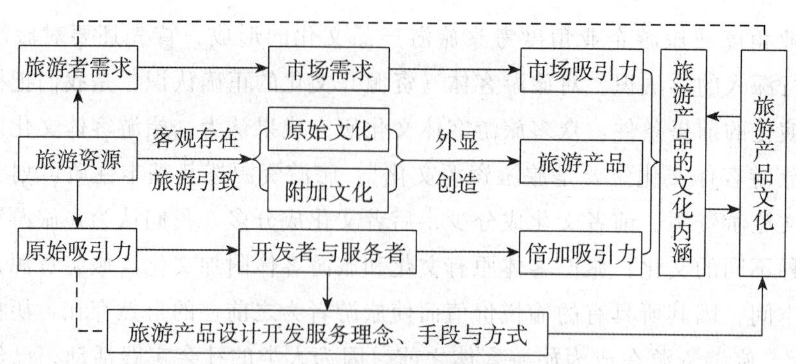

图7-2　旅游产品文化形成与发展的路径

旅游产品的文化内涵是形成旅游产品文化的基础，旅游产品的文化内涵与旅游产品设计、开发的理念、手段与方式是最终旅游产品文化形成的两大基础性力量。在图7-2中，带虚线的部分表示事物之间的关系是间接关系。也就是说，旅游者的文化需求和旅游资源的文化吸引力不能直接促成旅游产品文化的形成。

二、旅游产品文化形成机制

在第三章，我们分析了旅游文化的形成机制（参见图3-1）。旅游者的旅游活动和旅游业活动在旅游文化的形成过程中的基础地位是有所差别的。旅游者的旅游活动在旅游文化形成过程中处于第一核心的地位；旅游业活动在旅游文化形成过程中处于第二核心的地位。随着旅游的发展和演变，两者的地位有此消彼长的可能。从旅游产品文化的角度看，旅游产品生产者（旅游企业）是旅游产品文化的核心主体。旅游产品生产者的活动是旅游产品文化形成的最基本的前提条件，没有旅游企业的旅游产品生产活动行为，就没有旅游产品文化。旅游企业的产品生产活动指向的内容自然而然成为旅游产品文化形成的内容。旅游产品的生产是对旅游资源原始文化的挖掘与外显，是在原始文化基础上生产附加文化的创造性文化生产过程。

类似于旅游文化的形成机制（参见图3-1），探讨旅游产品文化的形成机制，也需要超越个别旅游产品文化现象。我们从旅游业和旅游供给的视角，依据时间和逻辑发展的线索，分析了旅游产品文化形成与发展的路径，提炼出了旅游产品文化的形成与运动机制模型[①]。旅游产品文化的形成机制、运动规律与调节模型如图7-3所示。

图7-3显示，旅游产品的生产与开发是在市场经济条件下，面对旅游者的旅游消费需求进行创造的过程。旅游产品的设计、生产与开发是借助于外化和创造机制来实现的。资源依托型旅游产品以及旅游资源原始文化更多的是借助于外化机制；资源脱离型旅游产品以及旅游资源附加文化更多的是借助于创新机制。旅游企业在外化和创造过程中所呈现出来的整体性文化意象就形成了旅游产品文化的雏形。这种整体性文化意象在旅游行政管理部门的监管和引导下，体现出旅游产品文化的层次性（有高下之分）。

旅游企业基于旅游者需求开发旅游产品的过程也是进行旅游文化创造的过程，在本质

① 李朝军，郑焱.旅游产品文化的形成机制——旅游文化学学科建设研究之一[J].衡阳师范学院学报，2011（6）：98-101.

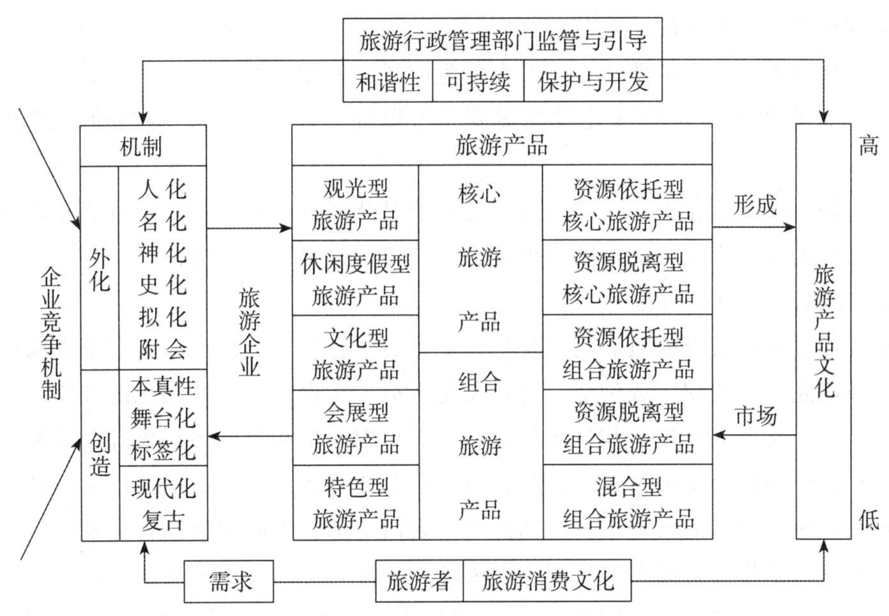

图7-3 旅游产品文化的形成机制、运动规律与调节模型

上与旅游者是相同的，只是表现出来的方式有所差异而已。旅游产品开发人员或通过人化、名化、神化、史化、拟化、附会等外化机制，在旅游资源原有文化的基础上或增删，或改编，或创造，进行文化再造，迎合旅游需求，使之符合旅游发展要求，达到提升旅游资源的旅游价值的目的；或者凭借拥有的人、财、物力资源，或者凭借文化创意，或仿造，或创造，开发出资源脱离型旅游产品。

（一）外化机制

1.旅游产品文化外化的含义

旅游产品文化的外化机制具有多层含义：第一，产品文化必须依靠某种物化产品作为表现载体而展现出来，旅游产品文化外化的最初始含义是以一种最具体的、静态物化载体体现出来的，如各种博物馆、展览馆等。第二，旅游产品文化的外化依靠旅游资源文化内涵和旅游产品文化内涵的不断丰富和发展。在这一过程中，高新科技成为旅游产品文化外化的重要手段。第三，旅游产品文化的外化是根据具体的目标市场需求导向，结合资源本身特点，对旅游产品重新定位、设计、加工包装，形成特色鲜明、品味高雅的旅游产品。

2.旅游产品文化外化实现的步骤

旅游产品文化外化的实现一般遵循以下步骤：

第一，旅游产品生产者在对旅游资源进行全面分析的基础上，确立构成某一旅游资源的核心文化内涵和辐射文化内涵。对资源依托型旅游产品而言，准确分析和定位旅游资源文化内涵是旅游产品文化外化的最基础性要件。

第二，根据旅游资源文化内涵来确立旅游产品外显系统的特征。旅游产品的文化气质通过什么表达，怎样表达？旅游产品的艺术意境如何表达，如何实现？旅游产品的审美功能如何突出和实现？如何把时代特征融合到旅游产品中去？我们认为，对这些问题的回答，将决定旅游产品文化的质量与特征。

第三，根据外显特征的要求，旅游企业生产现实的旅游产品。

第四，根据市场需求和文化发展需要，不断完善旅游产品，提高旅游产品的文化品位。

当然，旅游产品文化外化的实现过程是一个复杂动态过程，是一个永无止境的动态过程。这一过程的真正实现，还需要借助于一些具体的技术手段和方法。

3.旅游产品文化外化方法

旅游产品开发人员或通过名化、神化、史化、附会等外化机制，在旅游资源原有文化的基础上或增删，或改编，或创造，进行文化再造，实现旅游产品文化的外化。

所谓神化，是指旅游规划与景观开发人员、导游人员和目的地居民等，或利用改造已有神话传说，或创造新的神话故事，神化自然旅游资源或人文旅游资源，赋予其精神和灵气的过程。在旅游发展的历程中，中国的名山大川，都有不同程度的神化现象。

所谓史化，是指旅游规划与景观开发人员、导游人员和目的地居民等，赋予自然和人文旅游资源以历史的意义。正所谓，“自然是历史的见证人”，“读山如读史”。例如，宋苏轼游湖北黄州赤壁时写下《念奴娇·赤壁怀古》，就其本身而言，并不属于历史文化范畴，但却赋予它历史文化的内涵，还让它做了三国历史的见证者。词中的赤壁，并非三国鏖战的赤壁，苏轼将错就错，在这里演绎了一场赤壁之战。后经过历代人的讴歌、旅游规划和景观开发人员的精心设计，黄州赤壁成为著名的历史文化景观，不再是单纯的自然风景。

所谓名化，是指旅游规划与景观开发人员、导游人员和目的地居民等，利用名人、名诗、名词、名景、名事件等有名的一切事项，或比附，或牵引，或编造，赋予旅游资源名效应的过程。例如，在整个旅游发展过程中，一直存在着旅游地争名更名的现象，“桃园之争”、“夜郎之争”、“三顾茅庐之争”、“香格里拉之争”……这些以争夺名山、名人和名景的地理归宿为表征而更改旅游地名的现象，其主要目的就是利用名效应，提升旅游资源的旅游价值。

所谓附会，“即依附于具有一定公众基础的神话传说、民间故事、名人逸事等，结合旅游地特殊的自然及人文环境，加以夸张、拼凑、涵化、重组、集中、置换，为旅游地注入文化和历史内涵，用以提高旅游地吸引力和丰富旅游者体验[①②]”。

（二）创造机制

所谓创造，是指旅游产品开发人员发挥想象力和创造力，提出和创造概念，创造旅游产品的行为。例如，资源脱离型旅游产品的开发更多是（不全是）借助创造机制来实现的。这种旅游产品文化创造现象屡见不鲜。例如，风靡全球的各种主题公园，似非而是或似是而非的景观命名，都是通过创造开发出来的旅游产品。又如，一篇优美的导游词，也会带给旅游者诗情画意般的享受。

① 庞宏伟，邢慧斌.依托民族文化深入开发旅游附会资源[J].河北大学学报，2008，33（6）：140-144.
② 张士伦.旅游附会文化现象初探[J].华中师范大学学报（自然科学版），2007，41（2）：318-321.

实际上，从旅游产品的生产过程看，外化也是一种创造过程。无论是人化、名化、神化、史化、拟化还是附会，都是旅游企业（旅游产品生产商）发挥主观能动性，迎合市场需求，开发旅游产品的过程。但外化更多地强调寻找到一种表达或展示的平台，这种外化创造过程一般不能凭空捏造，而是基于时空关系密切的事物加以发挥的过程。对资源脱离型旅游产品的开发却不需要基于时空关系密切的事物，旅游企业可以凭空想象，凭空捏造，也可以超越时空限制，进行迁移或创造。

我们区分旅游产品文化的外化机制和创造机制，是因为通过外化机制进行旅游产品开发的过程中，人们往往要追问这种旅游产品文化的价值取向和道德取向；而通过创造机制开发旅游产品时，人们一般不会追问旅游产品文化的取向问题。例如，在旅游发展的过程中，争夺名山、名人和名景的地理归宿，更改旅游地名的现象时有发生，这引发了对旅游产品文化伦理价值取向的追问（参见本章补充阅读材料）。因此，我们有必要进一步来深刻认识旅游产品文化的运动是如何发生的，进而认识旅游产品文化运动的规律。

三、旅游产品文化的运动规律

作为旅游业活动要素之一的旅游产品开发文化是不是存在某种规律性的现象？在旅游产品形成过程中，是不是存在某些内在性的矛盾推动旅游产品文化的运动和发展？

在旅游产品的创造开发过程中，学界围绕着旅游本真性（真实性）、商品化、舞台化、标签化以及现代主义和旅游产品复古主义倾向进行了大量研究。我们认为，本真性（真实性）与商品化、舞台化、标签化和复古与现代是旅游产品文化形成过程中最主要的矛盾对，它们的矛盾运动推动着旅游产品文化的运动和发展，影响着旅游产品的性质、形态、结构和功能（参见图7-3）。

四、旅游产品文化的建设原则

旅游产品文化是在商品经济条件下（特别是市场经济条件下），在现代市场意识和营销意识支配下，渗透到旅游产品设计、开发和营销过程中，逐渐形成的一种整体性的观念形态和文化创造以及反映在旅游产品上的文化层次和文化取向。因此，旅游产品文化的发展不能仅仅依靠旅游产品文化的自我调节来实现其健康发展，还需要外部的力量来加以引导和规范。旅游行政管理部门就是承担这一任务的外部力量（参见图7-3）。旅游行政管理部门在进行旅游文化建设时，不仅要引导旅游消费文化的健康和科学发展，而且还要引导旅游产品文化的健康和科学发展。旅游产品文化和旅游消费文化是一个事物的两个方面。奢侈性（炫耀性）、欺骗性、愚昧性、恶习性、非文明性和非理性旅游消费文化大行其道（参见第五章），“毒”、“丑”、“假”、“虚”、“俗”等旅游休闲消费文化肆虐猖獗（参见第六章），这恰恰说明了旅游产品文化建设中存在重大问题。

粗略而言，在引导旅游产品文化健康发展的过程中，需要遵循如下发展原则：

（一）和谐性原则

文化问题本身是一个复杂的问题，旅游需求具有多样性，旅游者对文化的选择也具有多样性；旅游企业自身文化具有差异性，旅游企业提供的旅游产品文化也具有差异性。旅游产品反映着旅游产品文化的层次和取向。在旅游产品设计、开发和销售的过程中，要运用多重视角，从不同人的角度，从产品的不同目标市场角度，从社会整体的角度，来考虑旅游产品文化是否和谐。旅游产品文化的建设，首先，要考虑旅游产品与社会的和谐度。例如，旅游企业推出恶习性旅游产品（如性旅游产品）和愚昧性旅游产品（如烧香求仙），体现和反映的旅游产品文化层次非常低下。其次，旅游产品与旅游者的和谐。例如，旅游企业推出欺诈性旅游产品（如“零团费”旅游线路），这样的旅游产品文化引领欺骗性文化发展的导向。再次，旅游产品与自然的和谐。例如，旅游企业开发出生态旅游产品，有助于推广和普及旅游生态文化意识。最后，旅游产品与文化的和谐。例如，旅游产品要考虑旅游者和目的地居民的文化禁忌。产品文化建设过程中要懂得语言学、消费心理学和民俗学等，以免冒犯另一种文化而影响旅游产品的市场①。

（二）适度性原则

在旅游产品文化建设过程中，保护与开发是一对矛盾的共同体，关键问题是要把握好开发与保护之间的度。从旅游产品文化形成机制和运动规律来看，要把握好本真性、创造性、舞台化和标签化之间的度，要把握好现代与复古主义之间的度。无论是资源依托型旅游产品还是资源脱离型旅游产品，都需要把握好上述几对矛盾体之间的度。度的把握关乎旅游产品文化的生命，需要非常谨慎。

（三）可持续原则

实现旅游业的可持续发展在旅游理论学界层面基本达成共识，但在旅游业界，追逐短期经济利益，各种粗放式的旅游产品开发和经营行为大行其道。很多开发者不惜牺牲旅游产品文化的深层化、高雅化和丰富化，只是追求旅游产品形式上的光怪陆离，只是追求迎合某些低级趣味的旅游市场，从而使得旅游产品内容浅薄、文化层次低下、文化含量缺乏②。可持续原则要求开发出来的旅游产品要平衡好经济、社会和环境的承载量以及利益相关者的利益。

第三节 旅游产品文化主题提炼

旅游产品文化的实质，是通过一定的创意和设计体现出产品所倡导和包含的文化意味，是旅游产品提供商在市场经济条件下，迎合和满足旅游者旅游需求的文化创造过程。这一文化创造过程体现在旅游产品的设计与开发、旅游产品的包装与广告以及旅游产品商标与品牌树立过程中。设计的重要性是不言而喻的。优秀的设计是真、善、美的体现。例如，旅游产品的设计已从过去仅强调旅游产品功能提升到在产品中融入文化，增加文化附加值。旅游商标作为一个旅游产品的品牌标识，最能体现该产品的文化内涵。

一、旅游产品文化创意

旅游产品是以文化为灵魂的，没有文化的旅游产品，就没有生命力；文化品位不高的

① 刘芳，艾桃桃.产品文化探析[J].世界标准化与质量管理，2006（2）：38-39.
② 刘晓航.旅游文化学[M].天津：南开大学出版社，2009：176-177.

旅游产品，就缺乏竞争力。对旅游产品的设计与开发、旅游产品的销售、旅游产品品牌的建立而言，创意是形成旅游产品文化和提升旅游产品文化品位关键性的一步。无论是以旅游地、旅游景观还是旅游景点，抑或是以旅游线路形式出现的旅游产品；无论是核心旅游产品还是组合旅游产品；无论是资源依托型旅游产品还是资源脱离性旅游产品，它们在设计、开发和销售过程中所体现出来的文化创造和整体性文化意味，应该具有艺术性、愉悦性、趣味性、刺激性、参与性、教育性和竞技性。旅游产品只有具有上述特性时，才既能满足市场性要求，又能满足文化健康发展的需要。

二、旅游产品设计

李燕认为，文化创造活动的基本结构是由三个相互联结、相互作用的层次组成的：（1）形式——符号的创造；（2）关系——结构的创造；（3）意义——价值的创造[①]。这三个层次也是在旅游产品文化设计和文化挖掘中应该着力的重点、揭示的核心层面。

旅游产品设计是指按照一定的规则，配置旅游资源和首层服务，把旅游服务加入其中，并以一定的主题、内容、形式和价格表示出来的过程。设计旅游产品，首先要选定旅游地的旅游价值点，并据此进行创新设计。按照旅游产品的量化标准，将旅游产品设计分为初级设计、中级设计和高级设计三个等级[②]。根据学界研究成果，结合旅游产品设计实践经验，可以描绘出不同等级旅游产品设计的任务及其特征（参见表7-2）。

表7-2 旅游产品设计等级及其特征

设计等级	任务	服务特征要求				
		产品属性	产品主题	产品内容	形式部分	价格部分
初级设计	配置旅游资源及附属首层服务	小型、粗品、经济	命名	生理心理的低层需求	慢拙	无疑难服务要求
中级设计	配置旅游资源及另加中层服务	中型、细品、标准	美名	中层	轻快	疑难服务收费
高级设计	配置旅游资源及附属高层服务	大型、精品、豪华	树立品牌	高层	舒缓	代收代付及时转移

三、旅游产品文化主题提炼与传递

旅游的本质是旅游者体验和感受不同文化背景的生活方式。只有具有文化创意、别具一格、文化品位高的旅游产品，才有竞争力和生命力，既符合文化发展的规律，又满足市场经济的需要。任何一个旅游产品都应该有一个鲜明的主题，有鲜明主题才会产生鲜明的市场形象[③]。

文化主题是在文化中充当灵魂的那个最核心的观念，即以特定的主题词表达出来的文化的根本价值和诉求。文化主题是文化的核心体、实质所在，也是文化之间相互区别的最

① 李燕.文化释义[M].北京：人民出版社，1996：169-194.
② 陈燕英.旅游产品文化主题设计的思考[J].毕节学院学报，2012（10）：79-84，128.
③ 刘晓航.旅游文化学[M].天津：南开大学出版社，2009：176-177.

深刻的原因[①]。旅游产品的文化主题是指旅游产品中蕴含着的要向旅游者表达的一种核心价值理念。旅游产品的文化主题设计是指根据旅游目的地的旅游资源中蕴含的文化主题的独特性，结合潜在旅游者的精神文化需求，设计出适应现代旅游业发展趋势，能满足旅游者个性化需求的高品位旅游产品。它要求对旅游产品的设计和开发必须灵活多样，满足不同的特定人群的需求。只有通过主题设计和主题提炼，才能提升旅游产品文化的品位；只有通过文化传递，才能实现旅游产品文化的市场价值。因此，主题设计与提炼和文化传递在旅游产品文化的形成和建设过程中尤显重要。主题突出、特色鲜明、品味高雅成为评判旅游产品文化及其层次的基本标准。

（一）从目标市场出发进行旅游产品文化主题定位

现代旅游是一种大众旅游，不同的旅游者群体有着不同的文化需求，旅游产品的设计与开发应该满足不同旅游者群体的旅游消费需求。就核心旅游产品而言，不可能打造一个“老少咸宜、东西毕至、包打天下”的旅游产品。在策划、设计和打造一个具体的旅游产品时，要针对不同的市场群体，表现产品的鲜明个性和明确指向。例如，深圳世界之窗、民俗村和欢乐谷等旅游产品主题鲜明、个性突出，并能形成竞争合力。

（二）以资源为依托开发个性化的旅游产品，凸显旅游产品文化特色

文化具有传承性。旅游产品的主题定位，不可能凭空想象，完全依靠创意，开发纯概念性旅游产品。旅游产品文化的形成和建设，要从资源特征出发，因时度势、因地制宜，按照旅游产品文化外化的方法和步骤（核心文化内涵确定—确立外显特征系统—现实旅游产品）加以提炼。我国地域辽阔、历史悠久、资源丰厚，单纯从资源本身来看，历史文化、民族文化、地域文化、聚落文化、民俗文化、山水文化、园林文化、饮食文化等都足以构成内容丰富、个性突出的旅游文化产品体系。但任何一个资源依托型核心旅游产品都有自身的时空背景，只有挖掘自身个性，形成主题定位，才能形成品牌。

从1992年起，国家旅游局借鉴国际大型主题年活动的成功经验，每年向国际旅游市场推出一个促销主题，形成系列中国特色的旅游产品谱系（见表7-3）。这些旅游主题年活动大大推动了中国旅游产品文化的建设，提升了中国旅游产品的文化品位与内涵。

（三）围绕主题，在形象和营销上提升旅游产品文化品位

旅游产品是一个综合性产品，开发旅游产品文化主题是一个系统性工程。除了主题突出、内容丰富、品味高雅之外，还需要塑造产品形象。旅游产品的形象塑造和营销推介同样能够反映和体现旅游产品文化的质量和品位。

形象是内涵的延伸和外在表现，好的旅游产品以深邃的内涵吸引和打动旅游者，但也需要具有和内涵匹配的形象，需要对旅游产品进行形象包装。中国“马踏飞燕”的旅游形象，表达了中国悠久的历史和深厚的文化底蕴，造型灵动、构思巧妙；中国香港旅游形象从“购物天堂”到“魅力香港，万象之都”到最后定格于“动感之都，就是香港”，凸显

① 李玉林.关于文化主题的思考[J].前沿，2011（13）：20-22.

表7-3 **中国旅游主题和旅游产品系列**

年份	中国旅游主题	口号
1992	友好观光游	游中国、交朋友
1993	山水风光游	锦绣河山遍中华，名山胜水任君游
1994	文物古迹游	五千年的风采，伴你中国之旅；游东方文物的圣殿：中国
1995	民族风情游	中国：56个民族的家；众多的民族，各异的风情
1996	休闲度假游	96中国：崭新的度假天地
1997	中国旅游年	12亿人喜迎97旅游年；游中国：全新的感觉
1998	华夏城乡游	现代城乡，多彩生活
1999	生态环境游	返璞归真，怡然自得
2000	神州世纪游	文明古国，世纪风采
2001	体育健身游	新世纪、新感受；跨入崭新世纪，畅游神州大地
2002	民间艺术游	民间艺术，华夏瑰宝；体验民间艺术，丰富旅游生活
2003	烹饪王国游	游历中华胜境，品尝天堂美食
2004	百姓生活游	游览名山大川、名胜古迹，体验百姓生活、民风民俗
2005	中国旅游年	红色旅游
2006	乡村游	新农村、新旅游、新体验、新风尚
2007	和谐城乡游	魅力乡村、活力城市、和谐中国
2008	中国奥运旅游年	北京奥运、相约中国
2009	中国生态旅游年	走进绿色旅游，感受生态文明
2010	中国世博旅游年	相约世博，精彩中国
2011	中华文化游	游中华，品文化；中华文化，魅力之旅
2012	中国欢乐健康游	爱旅游，爱生活
2013	中国海洋旅游年	美丽中国，海洋之旅；体验海洋，游览中国；海洋旅游，精彩无限
2014	美丽中国之旅——2014智慧旅游年	美丽中国，智慧旅游；智慧旅游，让生活更精彩；新科技，旅游新体验
2015	美丽中国——2015丝绸之路旅游年	游丝绸之路，品美丽中国；新丝路，新旅游，新体验

了东方之珠的活力、动感与风采。此外，旅游产品文化因旅游产品的营销策划而生动。凤凰造型发现于湖北荆州，然而“凤凰古城”却作为湘西的表征为世人所知。宋祖英歌声凤

凰，黄永玉山水凤凰，《血色湘西》精神凤凰，棋行天下、天下凤凰等系列营销策划活动，通过歌声中的凤凰、笔墨下的凤凰和镜头中的凤凰等多种形式对湘西古城进行包装，使其名扬天下。

（四）围绕主题，传递旅游产品文化的意义和价值

通过以上对旅游产品文化主题设计和提炼的分析可知，旅游产品文化传递主要表现在旅游者对依附和沉淀在旅游产品上的物质性和精神性文化的直接感知、理解和接受，是人类共同智慧和体验的凝固意识能够长久地引起旅游者在经验和情感上的共鸣。初晓恒构建了旅游产品文化传递机制模型（参见图7-4）[①]。旅游产品文化传递是主题设计和文化挖掘的延续，并且在传递过程中存在性质转换的过程，是文化创造、艺术创作和经济运作相结合的过程。旅游产品文化传递是借助旅游开发者的力量在旅游者和旅游产品之间进行的。在确定旅游产品文化传递方式时，旅游产品文化传递方式的建立是旅游开发、管理、经营者使旅游产品中凝聚的人类抽象思维在旅游产品文化传递中能够向旅游者形象地展现的模式。旅游产品文化传递方式的建立要求旅游开发、管理、经营者必须能够抓住旅游产品文化内涵历史发展过程中的基本要素。

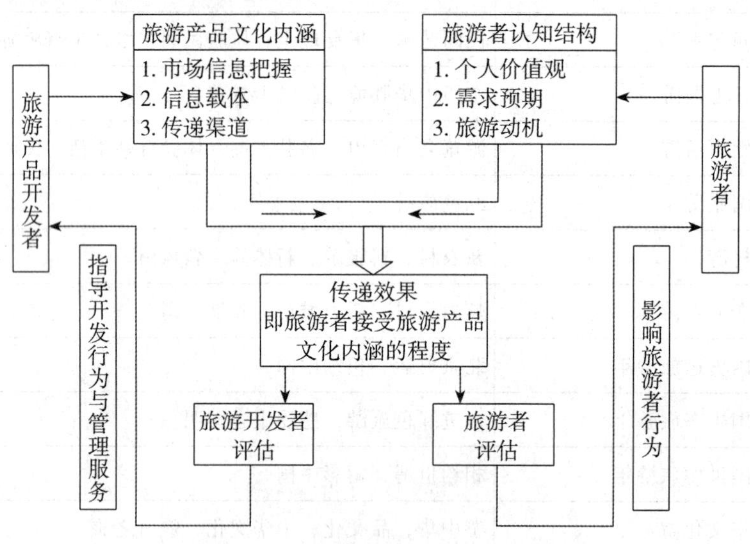

图7-4 旅游产品文化传递机制模型

第四节 旅游产品文化的表现形式

旅游产品是一个综合性概念，旅游产品的构成和分类较为复杂，因此旅游产品文化的表现载体也极为复杂多样。旅游文化是旅游业的灵魂，旅游产品的设计、开发不能脱离旅游文化。旅游产品是一种独特的消费文化品，必须充分考虑旅游者的旅游消费需求和消费心理；旅游产品是一种特殊商品，旅游者购买的不是旅游资源而是旅游产品，必须充分考虑对各种资源（包括旅游资源）的筛选、挖掘、加工、开发和升华；旅游产品是文化产

① 初晓恒.旅游产品文化及其传递探析[J].商业研究，2009（10）：199-203.

品，必须遵循文化创作的规律，自觉地遵循文化发展的基本路径。这种复杂性给我们观测旅游产品和旅游产品文化带来了麻烦，有必要从旅游产品文化的基本载体形式来认知旅游产品和旅游产品文化。

我们认为，作为旅游产品形式之一的旅游景观是旅游产品最佳的观测单位；旅游线路是最常见的旅游产品；旅游服务是无形的旅游产品。因此，只有仔细审视旅游景观文化、旅游线路文化和旅游服务文化，才能理解和把握旅游产品文化的脉搏和全貌。

一、旅游景观文化

学界一般把旅游景观的文化内涵与旅游景观文化混为一谈。认识到旅游景观的文化内涵与旅游景观文化的区别是十分必要的，有助于我们真正理解旅游产品文化的内涵与外延。

（一）旅游景观与旅游景观规划设计

旅游景观，是区域中在自然和人类相互作用下形成的对游客有吸引力作用的客观实体，以及能让旅游者感受到的积极正面的精神文化现象[①]。旅游景观是旅游者通过视觉、听觉和嗅觉等对特定的某一旅游时间和空间内具有旅游意义的自然（岩石、构造、大气、阳光、水分、土壤、生物等）、人文（建筑、人类和诸文化形态）复合物象和现象的感知景象[②]。旅游景观主要包括区域中具有一定景色、景象和形态结构，可供观赏的景致建筑和可供享受的娱乐场所等客观实体，以及能让旅游者感受、体验的文化精神现象，甚至于该区域存在的优美的环境条件以及旅游接待服务等内容。旅游景观是一个区域环境，是旅游者进行旅游活动的对象，具有整体性特征。

旅游景观规划设计是通过对旅游环境空间的科学安排，来创建安全、高效、健康、舒适和美丽的旅游环境的规划设计艺术。旅游景观规划设计是运用旅游景观学原理，对旅游区（旅游景点）内的各种景观要素进行整体规划与设计，使旅游景观要素空间分布格局、形态与自然环境中的各种生态过程和人类观瞻协调及和谐统一的一种综合规划设计过程。

（二）旅游景观文化

1.旅游景观文化的界定

旅游景观的文化内涵与旅游景观文化是有区别的，然而两者经常混为一谈。旅游景观的文化内涵是形成旅游景观文化的基础，旅游景观的文化内涵是一种客观存在，是旅游景观要素自身所具有的文化内涵；而旅游景观文化是在规划和设计旅游景观过程中所体现和反映出来的文化创造过程与现象，是渗透到旅游景观规划和设计过程中逐渐形成的一种整体性观念文化以及反映在旅游产品上的文化层次和文化取向。

2.旅游景观文化的表现方式

主题化是旅游景观文化的首要表现方式。作为旅游产品的旅游景观，必须服从于旅游项目的主题定位思路或服从于旅游景区（旅游地）主题品牌建设的需要。旅游项目、旅游景观的主题化，能促使旅游产品开发者整合各种资源，不断挖掘和创造新的内涵和旅游项

---

① 周向频.全球化与景观规划设计的拓展[J].城市规划汇刊，2001（2）：17-23.
② 李云霞.旅游景观规划的内涵、原则和内容探讨[J].经济问题探索，2007（7）：79-83.

目。旅游景观是否是按照主题化的思路来规划设计的，是评判旅游景观文化的基本标准之一。风靡全球的各种主题公园、主题游乐园，体现了旅游景观文化的主题性特征。

情境化是旅游景观文化的另一体现方式。在旅游景观规划和设计过程中，要在“食、住、行、游、娱、购、体、疗、学、悟”每个环节，都要围绕主题定位进行规划和设计，形成情境化氛围。例如，农家乐突出“住农家屋、吃农家饭、干农家活、享农家乐”的体验，是旅游景观文化情境化特征的一个典型例子。

游乐化是旅游景观文化的又一要求。在旅游景观规划和设计过程中，应考虑能不能在旅游景观实体建筑中，融入游乐化的元素。

生态化是旅游景观规划和设计过程中的重要原则。旅游景观生态和谐是旅游可持续发展的要求。人要与自然和谐相处，生态旅游模式是基本的实现路径。越来越多的主题生态化、游乐生态化和艺术表现生态化的旅游景观，如生态迷宫、森林氧吧、大型树屋、大地艺术、空中花园等，逐渐成为先进旅游景观文化的代表。

动感化是旅游景观文化的重要表现手段。在创意产业中，一切都要动起来，一切都在向动感的方向发展。旅游产业也属于创意产业，在景观规划和设计过程中，也应坚持动感理念。动感艺术游憩模式和动感艺术景观设计开始出现，动感不是运动本身，而是以人的感觉为主导的，是运动的感觉与互动的感觉。动感化是对传统静态旅游产品进行创新的一个有效手段[①]。动感化是旅游的常态体验方式。游乐娱乐型旅游项目，无论是与机械和电子，还是与民俗文化和街舞等结合，都深受游客的欢迎。旅游景观、动感艺术设计与表演艺术结合在一起，成为旅游景观的典型形式。张艺谋的山水实景剧“印象刘三姐”，就是旅游动感景观的经典之作。体验场、实景剧、立体动感剧等是旅游景观文化艺术动感化的集中体现。

主题化、情境化、游乐化、生态化、动感化是我们审视旅游景观文化最重要的视角。我们可以从这些方面来评判旅游景观文化的整体性状况以及具体旅游景观文化产品的文化层次和文化取向。

二、旅游线路产品文化

（一）旅游线路与旅游线路产品

旅游线路是指在一定区域内，为使游人以最短的时间获得最大观赏效果，由交通线把旅游活动主体（旅游者）与客体（旅游对象）合理地联系在一起，并具有一定特色的线路[②]。旅游线路是旅游者在旅游过程中所游览旅游景观的顺序，是旅游吸引物的载体。好的旅游路线应该能够通过旅游目的地的有机组合，体现出旅游路线设计者的主题，即蕴涵在旅游路线中的旅游吸引物。或者说，旅游线路是旅行社在特定的有利润空间的特定区域内，根据时间、交通、景区及六要素的情况，所做的经营性计划。

旅游线路是旅游产品吗？无论是旅游产品的广义概念还是狭义概念，对于“旅游产品是指为了满足旅游者的愉悦需要而在一定地域上被生产或开发出来以供销售的物象与劳务

① 李伟.旅游文化学[M].北京：科学出版社，2006：181.
② 马勇.旅游学概论[M].北京：高等教育出版社，1996.

的总和[①]”这一观点，学界还是比较认可的。毫无疑问，旅游线路是旅行社凭借旅游吸引物，将食、住、行、游、购、娱等服务围绕一定旅游路线组合在一起，提供给旅游消费者的产品。正如旅游产品有核心和组合旅游产品之分一样，旅游线路产品从构成上也可以分为核心旅游线路产品和组合（整合）旅游线路产品。核心旅游线路产品即旅游路线，它是旅游线路产品的最初形态，是旅游吸引物的连接载体，本身就具有满足旅游消费者审美和愉悦需求的价值；组合旅游线路产品是旅游线路产品的终极形态，是旅游企业和旅游相关企业围绕旅游线路产品的核心价值而做的多重价值追加，从而使旅游线路产品具有几乎可以满足旅游消费者旅游期间一切需求的效用与价值。本书所称的旅游线路产品主要是指核心旅游线路产品，即旅游路线。旅游线路产品不是旅游路线、住宿产品、交通产品、娱乐产品等各个部分的简单组合，其中的旅游路线含有开发者的创意、策划、设计及营销创造的价值。

就旅游者而言，对旅游线路的期望是最大化地满足其消费需要，成本最小、日程安排最方便；对旅行社来说，则希望在满足旅游者需求的前提下，降低成本和风险，提高效益。面向游客的旅游线路应具备成本最小化和满意度最大化两个基本特征[②]。旅游线路的设计、旅游线路的设置、旅游线路的配置和旅游线路的组织对旅游线路这一特殊的旅游产品质量具有重要的影响[③]，也对旅游线路产品文化具有决定性影响。

（二）旅游线路产品文化

旅游线路产品文化是指旅游企业（主要是旅行社）为了方便旅游者旅游，将旅游过程中的旅游路线（行程）、交通产品、餐饮产品、娱乐产品和购物产品等要素有机结合，在路线设计与相关要素的组织、设置和配置过程中，以创意、策划、设计和营销方式体现出来的文化层次与文化取向。

旅游线路产品文化的主体主要是旅行社。旅游路线的设计、旅游活动相关要素的组织与配置，体现在旅游线路产品文化之中。

1.旅游线路产品的开发

旅游线路产品文化与旅游业的发展阶段密切相关。伴随着中国旅游产业的发展，旅游线路产品开发经历了以下三个阶段，呈现出不同的文化层次和导向。

第一，旅游线路产品外延式开发阶段，类似于市场营销中产品市场生命周期的“导入期”阶段。因为在这一阶段，旅游消费者数量少而且其旅游动机和目的层次相对较低，旅游消费者与旅游产品之间仅仅是一种单向的信息传递关系，所以旅游线路产品主要是在产品外部性问题研究的基础上，设计和生产出一些简单的旅游线路产品。旅游线路产品中蕴涵的文化内涵仅是一些简单信息的相加，缺乏创意，内容单调。

第二，旅游线路产品内涵与外延式并重开发阶段，类似于市场营销中产品市场生命周

① 谢彦君.基础旅游学[M].北京：中国旅游出版社，2004.

② 马晓龙.基于游客行为的旅游线路组织研究[J].地理与地理信息科学，2005，21（2）：98-101.

③ 相关研究成果可参见：楚义芳.关于旅游线路设计的初步研究[J].旅游学刊，1992，7（2）：9-13；唐亦功.西安及毗邻地区旅游线路的配置与规划[J].西北大学学报，2002，32（2）：185-188；贾玉成.风景区旅游线路的创新设计[J].改革与战略，2004（10）：54-57；翟辅东.西藏区域旅游线路组织优化研究[J].旅游学刊，2008，23（1）：63-66；蒋满元.旅行社的旅游线路优化设置问题探讨[J].技术经济与管理研究，2008（4）：7-9；阎友兵.旅游线路设计学[M].长沙：湖南地图出版社，1996.

期的“发展期”阶段，与大众旅游阶段相适应。这一阶段，旅游业处于迅速发展和高速增长时期，旅游消费者人数迅速增加，旅游者旅游动机更加多样化，旅游消费者与旅游产品之间的信息“双向交流”越来越大，但旅游产品（包括旅游线路产品）主要是一种工业化和标准化（或准标准化）的生产模式。

第三，旅游线路产品的内涵式开发阶段。以内涵式开发为主的阶段，类似于市场营销中产品市场生命周期的“成熟期”。这一阶段是旅游业在经历了高速增长期后，旅游消费者人数和旅游收入均处于较高水平，但其增长率却比前一时期低的“高水平、低增长”阶段。旅游者的旅游动机向更高层次转变，要求有新鲜的、层次更高的和更为深入的发现和感受。旅游产品（包括旅游线路产品）开发则只能从“硬开发”向赋予旅游产品更为深刻的文化内涵的“软开发”转换，使其具有更为明显的产品个性、地方风情、民族特色和旅游消费者的参与性。

就目前中国旅游业发展的情况看，中国旅游消费者人数和旅游收入的增长速度较快，我国的旅游产品正处于第二阶段的急剧上升时期。旅游线路产品开始从大众化向个性化、人性化、价值化和创新化转变，呈现出不同的文化特征。

2.旅游线路产品文化的表现方式

大众化和标准化是旅游线路产品最为常见的表现方式。在大众旅游消费的大背景下，旅游线路产品表现为有效供给不足与需求不足并存的局面。大众化的旅游线路产品文化的表现方式体现在诸多方面：在旅游线路的组合配置上，旅游产品结构单一，低层次观光产品供过于求，旅游线路产品结构不合理，单一、雷同，缺乏创新，抄袭、仿制之风盛行，普遍缺乏个性。在功能上，旅行社功能单一，缺乏有效竞争手段，只能大打价格战，陷入恶性竞争的怪圈，并直接导致了旅行社旅游线路产品的质量严重下降。从资源配置角度看，大众化旅游线路产品体现出旅游资源破坏严重与资源大量闲置并存的趋势。一方面，热点旅游线路人满为患，环境得不到有效保护，旅游线路生命周期严重缩短；另一方面，温、冷线路旅游消费者则很少光顾，闲置了大量的资源。从游时角度看，大众化旅游线路产品大多表现为“上车睡觉，下车拍照”赶场式旅游[①]。此外，还需要指出的是，大众化旅游线路产品文化的特征与旅游消费文化和旅游休闲文化的诸多特征是相互依存的（参见第五章和第六章部分内容）。

个性化、人性化、价值化和创新化是旅游线路产品从外延式向内涵式开发转变之后出现的导向性特征。旅游线路产品文化的个性化是与大众化旅游线路产品文化的标准化对应出现的。旅游线路产品文化的人性化是人本主义的具体体现，旅游线路产品的人性化主要是避免“匆匆到此一游”或“购物团”式的旅游线路，主要是为不同类群的旅游者量身定做的。例如，根据旅游者年龄、身体状况等营造温馨的旅游过程和活动空间。旅游线路产品文化的价值化导向是指真正的旅游者不会在乎旅游产品价格，而关键看旅游线路产品是否真正能实现旅游者所追求的价值。此时，旅游线路产品文化表现为提供给旅游者追求

① 李山，王慧，王铮.中国国内观光旅游线路设计中的游时研究[J].人文地理，2005（2）：51-56.

"有价值的旅游"的旅游线路产品，让价值旅游者追求真、善、美的价值体验。

三、旅游服务文化

（一）旅游服务产品

无形服务和有形产品都具有交易的共同特征，因此服务和物质产品一样，也是产品。规范化服务和特色化服务是服务的两种基本类型。规范化服务是满足顾客普遍的、重复的、必要的基本要求而提供的服务；特色化服务是指超过规范化服务的基本要求，给顾客提供的与众不同的服务。

（二）旅游服务文化

1.旅游服务文化的概念

旅游服务文化是旅游企业员工在为旅游者提供服务的过程中所表现出来的服务意识和服务观念。旅游服务文化是无形的，是旅游企业员工在旅游企业文化的熏陶下，将规范服务转化为一种习惯和本能的形成过程。由于历史原因，服务文化在我国传统文化中始终没有地位。从世界服务产业发展进程看，服务业已经成为世界经济发展的主要产业。服务文化是体现社会进步和文明发达程度的重要指标。在现代商品经济条件下，我们生活在一个为别人服务和被别人服务的环境中。旅游产业的健康发展，离不开旅游服务文化的改善和旅游服务水平的提高。

2.旅游服务质量文化

一般认为，质量文化包含顾客（用户）第一、人本思想、协作思想、公正思想、全员参与思想等方面的内容。旅游服务质量文化是旅游服务观念、服务技术与能力、服务态度的综合性体现。可以从动态和静态的角度来认识旅游服务质量文化（见表7-4）。

表7-4 **服务质量文化的概念**

<table>
<tr><td rowspan="6">服务质量文化</td><td rowspan="3">动态视角</td><td>服务观念</td><td>开发观念、商品观念、尊重人、服务意识、自尊自爱</td></tr>
<tr><td>服务技术</td><td>较高的服务技能本身就是一种艺术表演</td></tr>
<tr><td>服务态度</td><td>服务人员对消费者的尊重和热情；服务人员的修养、气度和文明程度</td></tr>
<tr><td rowspan="3">静态视角</td><td>服务设施</td><td>服务质量文化的物质基础，其现代化水平决定旅游服务的国际化水平，其完善程度，决定服务功能的实现水平</td></tr>
<tr><td>服务项目</td><td>服务项目的多少和市场满足度是提高服务质量的关键因子</td></tr>
<tr><td>服务价格</td><td>质价相符，或质优价廉是服务质量的一个体现</td></tr>
</table>

如表7-4所示，应该全面地了解旅游服务质量文化，既要努力创造较好的物质条件，又要努力创造形成良好服务机制的条件。

3.旅游服务质量体系

服务组织是向顾客提供自己的产品和服务的公司、商社、行号、社团，是ISO国际标准中的专门术语。标准为市场竞争提供一个规则。就旅游服务而言，旅游服务文化的建设不仅依靠国家服务质量标准，而且依赖于旅游企业自身服务质量体系的建立。1995年，中国成立国家旅游标准化技术委员会，陆续颁布了《旅游涉外饭店等级的划分及评定》、《内河旅游船星级的划分及评定》、《导游服务质量》、《旅游服务基础术语》等国家标准和《旅游汽车服务质量》、《旅游饭店公共信息图形符号》、《星级饭店客房用品配备与质量要求》等行业标准。

旅游服务质量体系由管理职责、人员和物质资源和质量体系结果构成（参见表7-5）。

表7-5 旅游服务质量体系表

旅游服务管理职责	服务等级	对功能用途相同的产品和服务，按照适应于不同特征而进行分类或分级的标识
	企业形象	旅游企业的CIS战略；确立旅游企业形象识别系统
	质量措施	对员工守则、服务公约和岗位责任等质量措施的细化和定量标准化及其落实
	全员岗位职责	服务质量是由每一个员工的工作质量构成的。质量目标定量化分解；服务效果与服务成本的统一
资源	人员	人的因素和员工激励放在首位，旅游企业服务质量必须通过每一个人来保证
	物质	服务质量需要通过物质（设备）来实现

（三）旅游定制化服务

随着经济社会和旅游业的发展，旅游者的消费品位和消费要求越来越高，旅游服务也逐渐从大众化和标准化向个性化转变。在大众旅游发展到成熟阶段后，旅游企业之间的竞争更加激烈，只有对顾客要求做出快速的反应，才能赢得潜在旅游消费者，才能在竞争中得以生存和立足。定制化服务是响应旅游者需求的一种有效服务模式，体现了个性化的服务文化发展趋势。

标准化服务模式从本质上来说是一种以产定销的经营方式，与旅游服务的多变性、灵活性、不可预测性等显然是矛盾的。对员工来说，标准化的服务是必须完成的任务，是一种对重复工作的规范，机械而又缺乏灵活性，缺少一种人性化的温暖，有时甚至令客人心烦，同时也限制了员工创造性的发挥[①]。当市场经济和旅游服务发展到一定阶段，标准化服务在面对顾客的个性化需求时就会力不从心，而定制化的服务模式则能较好地满足旅游服务个性化的要求。

定制化服务是旅游企业从旅游者的具体需要出发，通过现代化科技手段及管理体系，为客人提供个性化、人性化、极致化的服务，以满足客人具体的、独特的或潜在的需要和期望，达到客人全方位满意的服务[②]。定制化服务是以顾客需求为导向，以现代信息技术和柔性技术为支持，以服务敏捷性为标志的个性化、人性化和极致化的服务。

所谓个性化，就是要强调一对一的针对性服务。标准化服务往往从客人一般的、共同的、静态的需求出发，而个性化服务则要求服务人员既要掌握共性的、基本的、静态的和显性的服务需求，又要分析研究顾客的个性的、特殊的、动态的和隐性的需求。

所谓人性化，就是强调用心服务，真正体现一种真诚的人文关怀精神。标准化强调规

① 邹益民，陈颖.试论我国饭店的定制化模式[J].浙江学刊，2001（5）：190-193.
② 邹益民，陈颖.试论我国饭店的定制化模式[J].浙江学刊，2001（5）：190-193.

范化和程序化，缺乏最基础的情感交流；定制化服务强调的是用心为客人服务，要求充分理解客人的心态，细心观察客人的举动，耐心倾听客人的要求，真诚提供亲切的服务，给客人一份亲情，给客人一份理解，给客人一份自豪。比如，浙江大学邹益民教授曾入住浙江临海远洲国际大酒店，当晚上回到客房时，突然看到床头柜上竖着一张别致的晚安卡，打开一看，一行娟秀的钢笔字映入眼帘："尊敬的邹教授：欢迎您入住13楼，在此我们衷心祝愿您旅居愉快!您一路辛苦了，我们特为您准备了洋参片，放在吧台上，请您享用。明天天气25°C~33°C，多云到阴有时有雨，请您外出时注意天气变化。最后，我们衷心希望您能为我们的服务提出宝贵建议，以便我们能为您提供更加完美的服务。祝您晚安!您的服务员：马敏。"[①]这就是酒店提供人性化服务的经典范例。

所谓极致化，就是在服务结果上追求尽善尽美，做到尽心和精心。所谓精心，就是要求超前思维，一丝不苟；所谓尽心，就是要求竭尽全力，尽我所能。极致化服务强调的是使客人满意，使客人感到物质上的舒适和精神上的舒心。

服务是旅游业形象之本、竞争之道和财富之源。目前，中国旅游服务业面临新的机遇和挑战，旅游服务要坚持标准化，发展个性化，让定制化服务作为标准化服务的自然延伸，积极推动中国旅游服务业的发展和旅游服务文化的建设。

本章重要观点

1.旅游产品文化是在商品经济条件下（特别是市场经济条件下），受经济发展水平的影响，在现代市场意识和营销意识支配下，渗透到旅游产品设计、开发和营销过程中，逐渐形成的一种整体性的观念形态和文化创造以及反映在旅游产品上的文化层次和文化取向。

2.旅游产品文化和旅游消费文化是反映旅游文化一大范畴的两个方面。旅游企业在分析旅游需求和旅游市场的基础上，设计、生产和销售满足（潜在）旅游者的物质精神需要，所进行的价值各异、形式多样的各种文化创造、文化欣赏、文化建构等文化现象，都应该纳入旅游产品文化的范畴。

3.旅游产品文化不仅具有正价值和正功能，也有负价值和负功能。旅游产品文化的功能具有阶梯性和层次性。

4.旅游产品文化的实质是旅游产品生产商和提供商通过一定的创意和设计体现出产品所倡导和所包含的文化意味，从而迎合和影响旅游者的消费需求。具体而言，旅游产品的设计与构思、旅游产品结构的组合、旅游产品的包装与广告、旅游产品商标等，无不凝结着旅游相关企业的文化素养、文化个性和审美意识，无不体现着市场经济的市场渗透力，是旅游企业文化素质和市场力量综合作用的结果。

5.旅游产品的文化内涵与旅游产品设计、开发的理念、手段和方式是最终旅游产品文化形成的两大基础性力量。

6.需要区分旅游产品文化的外化机制和创造机制，是因为通过外化机制进行旅游产品

---

① 张旖.关于我国饭店定制化服务的思考[J].时代经贸，2007，5（8）：47-49.

开发的过程中，人们往往要追问这种旅游产品文化的价值取向和道德取向；而通过创造机制开发旅游产品时，人们一般不会追问旅游产品文化的取向问题。

7.本真性（真实性）与商品化、舞台化、标签化和复古与现代是旅游产品文化形成过程中最主要的矛盾对，它们的矛盾运动推动着旅游产品文化的运动和发展，影响着旅游产品的性质、形态、结构和功能。

8.作为旅游产品形式之一的旅游景观是旅游产品最佳的观测单位；旅游线路是最常见的旅游产品；旅游服务是无形的旅游产品。只有仔细审视旅游景观文化、旅游线路文化和旅游服务文化，才能理解和把握旅游产品文化的脉搏和全貌。

本章问题讨论

1.你是如何认识旅游产品文化概念的？本章是如何界定旅游产品文化概念的？

2.如何评价本章提出的旅游产品文化的功能阶梯模型？请举例加以说明。

3.如何认识旅游产品文化的形成和发展路径？本章在对其进行阐述时，提出了怎样的旅游产品文化形成路径和机制模型？

4.本章提出并区分了旅游产品文化的外化机制和创造机制，你认为有必要吗？为什么？

5.以某一旅游地为例，尝试着提炼该旅游地的旅游产品文化主题。

6.你是如何看待和理解“作为旅游产品形式之一的旅游景观是旅游产品最佳的观测单位；旅游线路是最常见的旅游产品；旅游服务是无形的旅游产品。只有仔细审视旅游景观文化、旅游线路文化和旅游服务文化，才能理解和把握旅游产品文化的脉搏和全貌”这一观点的？试分析之。

7.了解深圳华侨城、欢乐谷和民俗村等旅游产品的开发情况，根据你了解的信息，回答以下问题：

（1）作为旅游产品的深圳华侨城、欢乐谷和民俗村在开发过程中是如何进行旅游产品文化主题提炼的？

（2）深圳华侨城、欢乐谷和民俗村在开发过程中形成了一种什么样的旅游产品文化？

（3）你能否以此为例来分析旅游产品文化最终是如何形成的？

（4）这些旅游产品文化的形成是依靠外化机制还是创造机制？

8.回忆一次体验或享受旅游服务的经历，谈谈你对旅游服务文化及其重要性的认识。

本章补充阅读材料与案例分析

旅游地更（争）名现象的旅游文化学评价

在旅游与休闲时代，政府、旅游学界和业界越来越感觉到“名山效应”、“名人效应”、“名景效应”的重要，于是旅游地更名成为时尚。争夺名人故居地、祖籍或事件发生地的浪潮席卷全国。名人名居名景归宿本是史学问题，应该交给史学家考证，纷纷扰扰的争论背后，不仅仅是为一个名，更是为了名后之利。以争夺名山、名人和名景的地理归宿为表征而更改旅游地名的现象，究竟对旅游意味着什么？我们如何来理解和评价旅游地的更名争名现象？本文试图从旅游文化学的角度做出阐释。

一、地方感：旅游地更（争）名的文化悖论

中国幅员辽阔，各地的自然和人文景观、地脉和文脉显示出不同的形态和样式，作为各旅游地首要表征的旅游地名就牵涉到Canter和Stokowski提出的“地方感（a sense of place）”的观点。1977年，Canter提出地方感的三要素是背景的自然素性、各种活动以及顾客给背景带来的概念与含义，这些要素在地名的统辖之下深刻影响旅游者的认知与感知[①]。这种观念要求人们在审视各地的文化时要从宏观传统回归到地方性的立场。地方感是一个在社会说教行动中形成与强化的社会思想，人们对社区和当地的共识通过社会交往得到发展与确认，这种共识通过广泛的社会关系得到传播与延续[②]。当社会冲突发生时，地方感就更加显著。

从旅游地的构成要素角度看，无论是Canter Gunnde 同心圆模型（包括旅游地内核、旅游地保护带和旅游地包围区）、Canter的地方感模型（包括旅游地自然素性、各种活动以及顾客带来的概念与含义），还是MacCannell的旅游吸引物系统模型（旅游地是旅游者、风景和旅游解说的经验关系），都基本承认旅游地地名对旅游者来说是最首要的文化景观，旅游地地名是附着在自然景观上的人类活动形态的反映。旅游地地名应该是历史居民文化烙印的叠加，是在记忆与情感的过程中被构建出来的。英语学术圈把公共标志（public symbol）与关爱田地（field of care）作为地方感的主要构成要素。神圣之地、纪念场所、正式园林等容易产生公共标志性的地方感，而关爱田地的地方感源于内心，通过长期的听、嗅、品、触才能形成。旅游地地名作为地方感的首要表征，依附于地脉和文脉，是地域符号和记号，具有定位作用。地名是集体回忆的纽带，是人们对地方主观情感的衍生物。旅游地地名必须通过时间来加深、通过记忆来形成、具有路径依赖的显著特点。因此，旅游地命名或更名必须在旅游地的长期规划与管理中反映地方感的要求，以反映和保护旅游地在文化地理学意义上的独特特征。

Kotler、Haider和Rein指出：“我们生活在一个地方战（place of war）的时代，一个地方同别的地方为经济生存而竞争。地方认识到有必要学习如何像商业一样思考，开发产品、市场与顾客”。他们把地方当作商品来生产、包装与销售。提出要从四个方面来生产与营销地方：地方作为性格；地方作为一个固定环境；地方作为一个服务提供者；地方作为娱乐与消遣[③]。在地方战时代，旅游地地名的争夺就更是首当其冲。人们普遍认为，旅游地更名是提高旅游地知名度从而带来地方经济尤其是旅游经济的快速发展的捷径。换一个更响亮的名字，吸引各方眼球，发展旅游经济，再贴上尊重历史、尊重文化和尊重民意的标签，成为推动旅游地更名的动力源泉。旅游地地名应该反映旅游地长期积累形成的自然与人文本质特征，有无起源感、历史感、归属感与完整感成为旅游地更名的重要准则。

---

① Canter D.The psychology of place[M].London：The Architectural Press，1977.

② Stokowski P A. Sense of place，as a social construct[C]. Baltimore，Maryland：National Recreation and Parks Association Research Symposium，1991.

③ Kotler，Haider P D H，Rein I.Marketing places：attracting investment，industry and tourism to cities，states and nations[M].New York：The Free Press，1993：178-179.

从现实角度看，地方感立场，就是要求在一体化浪潮背景下，旅游地命名和更名要更多反映旅游地的地方感要求。旅游地地名是旅游者地方依恋、地方认同等情感依恋建设的印象性突破口[①]。旅游地地名是人们对旅游地的主观与情感的附着物，是旅游者旅游体验方式中最先验的部分。地名是供旅游者意象、感知、体验的对象，一旦人名居名山名景名成为争夺的对象，更名甚至成为一种虚伪欺骗的营销手段，就会出现一种文化悖论，把旅游者的认知导入歧途。1987年，徽州改名为黄山市，严重破坏了徽州文化的完整感与历史感，地理位置的欺骗性更使徽州失去了它应有的地方感，也不能逃脱有欺骗旅游者的嫌疑。1994年，湖北省把荆州和沙市改名为荆沙市，严重违背了地方感立场的要求，削弱了荆州和沙市两个传统旅游目的地的影响力，不得不在1996年又恢复原来的名称。

从旅游角度看，旅游地更名实质就是要将原来的文化增添、删除或赋予新的文化内涵或文化意象；而旅游地改名导致各种文化属地纷争和利益纷争，愈演愈烈。各地都开展历史考证工作，为自己寻找理论支撑点。残简里的只言片语"舜崩于苍梧之野"导致广西梧州与湖南宁远的论战；湖南、云南、四川、重庆都在抢夺"夜郎"这张牌，夜郎都邑所在地、夜郎中心争夺战；山西、山东、浙江有关于罗贯中的籍贯之争；广东东莞和广西藤县袁崇焕籍贯之争；湖北襄樊和河南南阳的诸葛亮之争；全国30多处桃花源……各种争论此消彼长。然而文化名人、历史名人、历史事件、名山名景都是地域文化的产儿，每一旅游地地名的产生应该是地域文化钟灵毓秀的结晶，其生命历程中包含了地脉、历史际遇和文化渊源诸多因素。地名是集体回忆的纽带，是通过构建某个历史人物或事件来获得识别的载体。地名与唯一的认同形式紧密联系，旅游地展示根植于历史当中，地名是界定旅游地与外界的边界。"文化搭台，经济唱戏"无可厚非，但仅凭莫须有的传说，或者残简里的只言片语，或者所谓专家的一家之言，为了经济、政治利益而争名改名，滑入功利的陷阱，不顾科学和道德，必然违背旅游地地名形成的地方感、历史际遇和文化渊源。

二、文化真实：旅游地更（争）名的真实性与创造性博弈

真实就是竞争力。真实成为旅游地市场营销的热点和卖点。旅游业发展到今天，无论是文化资源还是自然资源的评价、保护、规划和开发都涉及真实性和创新性问题。获得真实的旅游体验被看做游客旅游的根本目的。在对待真实性问题上，客观主义、结构主义、后现代主义和存在主义分别从四种视角来讨论真实性问题[②]。前三种是旅游客体的真实性；最后一种是旅游主体的旅游经历的本真性[③]。而在客体相关的三种"真实性"概念中，客观主义者与结构主义者坚持客体的真实性，后现代主义者则完全否定了传统的客体"真实性"概念，认为"仿真"比原物更加真实，已达到了一种完美的"超真实"（hyper-reality）境界。因此，旅游地争名改名现象会有多种不同的解读。客观主义真实提倡者，强调地名原汁原味的真实性，由此产生的地方体验是对事物原性的认识体验。旅游地地名，包含丰富的历史文化信息。从客观主义学派角度看，地名作为依附于某一地域的符号

① 唐文跃.地方感研究进展及研究框架[J].旅游学刊，2007，22（11）：70-77.
② 张明.旅游目的地文化真实性探讨[J].学术探索，2006（6）：133-136.
③ Wang N. Rethinking authenticity in tourism experience[J].Annals of Tourism Research，1999，26（2）：349-370.

和记号而具有定位作用，旅游地为图眼前的经济效益争名改名，只能热闹一时，实际上是得不偿失的。

表7-6反映了部分旅游地地名更改引发的文化真实性破坏情况。

表7-6 旅游地地名更改引发的文化真实性破坏情况

新地名	原地名	更改时间	真实性破坏情况
黄山市	徽州地区	1987	徽州文化的重大损失；地理位置的欺骗性
三亚市	崖县	1987	割裂崖县历史，屏蔽天涯海角的含义
都江堰市	灌县	1988	扬都江堰抑青城山
武夷山市	崇安县	1988	贬抑了崇安文化
张家界市	大庸市	1994	忽视大庸作为传统交通节点的作用
荆沙市	荆州和沙市	1994—1996	淹没了蕴含的丰富历史文化信息
葫芦岛市	锦西市	1994	丢掉了地名含义中与锦州的区位关系
赤壁市	蒲圻市	1998	赤壁真实地点存在争议；割裂千年古镇蒲圻历史
井冈山市	宁冈县（茅坪）	2000	割裂宁冈历史
香格里拉县	中甸县	2001	香格里拉神秘性消失，损害大香格里拉形象。香格里拉的旅游价值大大缩水，引发地方利益冲突

另外，人们又强调创新，创新也是竞争力。例如，在旅游开发过程中，MacCannell引入"舞台化的真实性"（staged authenticity）的概念，他把"真实性"作为区分游客不同体验的主要因素。也有人喊出了造假无罪的口号，通过构建和演绎，激发幻想和想象，这又有什么可以指责的呢？我们认为，旅游地地名可以视作为旅游地剧场体验的一个展示窗口和工具。学界应更加关注的是哪些因素建构了一个地方的文化真实性；客体的真实性会怎样影响各种旅游细分市场的满意度，影响游客的本真的经历；怎样才能使游客凝视的客体具有高度的真实感等问题。旅游地地名是旅游地文脉和地脉的首要表征。从旅游文化符号角度看，旅游地争名现象利于挖掘显性内容和具有象征意义的幻想和神话，利于旅游地的表述。旅游地争名更名是旅游开发和营销创新的开始。引导得当，就能促进旅游地的发展甚至升级。

表7-7反映了典型旅游地争名引发的旅游文化创新情况。

"名高天下，何必辩襄阳南阳"。名人名山名景名事件是人类共有的文化遗产，不应该是某个地方的归属品。虽然吵吵闹闹的文化访古的方式也可以成为旅游营销的方式，但在旅游地更（争）名时，必须解决地方性知识上存在的文化悖论问题，必须平衡好文化真实性和创新性动态博弈的过程，只有如此，才能达到共赢的目的，才能建设健康的旅游文化。

表 7-7　　典型旅游地争名引发的旅游文化创新情况

	旅游地	引发的旅游文化创新
桃花源之争（三十多旅游地）	湖南桃源县	桃花节
	丽江桃花村竹山峡谷	剧场体验
	云南广南壮乡桃花源	诗意栖居
	浙江舟山桃花岛	隐士文化、影视旅游
夜郎之争（湖南贵州两省六县）	湖南新晃	夜郎文化旅游商品系列；夜郎旅游节
	贵州三地推举六枝特区作为贵州代表与湖南一较高下	西南夜郎文化研究院
“三顾茅庐”之争	湖北襄樊	三国旅游文化系列
	河南南阳	躬耕文化
香格里拉之争	云南中甸	香格里拉县
	云南四川西藏	大香格里拉旅游圈

资料来源：本书作者湖南省社科基金阶段性研究成果。参见：李朝军.旅游地更（争）名现象的旅游文化学评价[J].军需工业学院学报，2009（6）：99-102.

【阅读提示】

1.根据谢彦君先生的观点，旅游地是最典型最核心的旅游产品形式。旅游地更（争）名现象是一种什么样的旅游产品文化？

2.你同意本篇文章作者的观点吗？

3.这些不同的旅游地争名和更名现象对旅游产品文化建设有何启示？

第八章

旅游企业文化

学习目标

学过本章之后，你应该能够：

1. 理解并掌握旅游企业文化的概念、特征与功能。

2. 在了解旅游企业文化发展现状的基础上，掌握旅游企业文化塑建的程序与原则。

3. 了解旅游企业文化塑建的基本路径，掌握旅游企业文化塑建的基本方法。

4. 了解不同类型的旅游企业（经营）管理文化及其内涵，并针对不同类型的旅游者设计开发出富有文化特色的旅游线路产品。

第一节　旅游企业文化概述

一、旅游企业文化界定

（一）企业文化

“孤阴不生，独阳不长”，这是道家理论，然而用在企业文化理论和企业经营理念上恰如其分，即企业管理和企业文化体现为一种虚实结合的关系。企业文化理论源于工业革命，传统的小工业生产被大机械工业生产所替代，社会的基本生产组织迅速从以家庭为单位转向以工厂为单位。在这样的大背景下，逐渐形成以科学管理为支撑的“经济人”理论和以行为管理为支撑的“社会人”理论。20世纪50年代以来，日本经济发展迅速，美国经济日益受到日本的挑战。于是，学界和实业界掀起一场日美管理化研究的热潮，并催生了企业文化理论。管理学家们从价值、理想、目标、行为准则、传统、风气等诸多方面回答了以前管理理论无法解决的问题。企业文化理论从一个全新的视角思考了企业组织的运行，把企业管理和文化之间的联系视为企业发展的生命线，为企业管理和企业发展带来生机和活力。“企业文化使企业中共同的价值观和行为准则长期扎根于员工的心灵深处，使企业的人、财、物、管理技术、组织技能等因素有效地结合起来，从而体现出强大的企业竞争力[①]。”

国内外学者对于企业文化概念的认识和理解各不相同。据不完全统计，有关企业文化的定义有120余种。迪尔·甘乃迪认为企业文化由企业环境、价值观、英雄模范、典礼和礼仪、文化网络五大要素组成；威廉·大内把企业文化归结为企业传统、风气和价值观；

① 杨永平.旅游企业文化研究[M].北京：经济科学出版社，2004：9.

泰伦斯·迪尔认为企业文化是企业一种深远的价值观、神话、英雄人物的标志的凝聚；劳伦斯·米勒指出，企业文化如同人的灵魂一样，是企业长期坚守的一套固定的信念以及追求的崇高目标；管维立认为，企业文化就是一个企业中形成的某种文化观念和历史传统，共同的价值观、道德规范和生活信息，将各种内部力量统一于共同的指导思想和经营哲学之下，汇集到一个共同的方向。

综合国内外学者的看法，企业文化可以归结为企业哲学、价值观、道德观、企业精神、奋斗目标、经营理念、企业制度、企业标志与形象、企业环境等诸多方面。上述列举的是不同学者对企业文化概念的不同看法，无论是广义的企业文化概念，还是狭义的企业文化概念，尽管着眼点不同，但都强调了企业精神和企业价值观在企业文化中的核心地位。企业文化不是企业管理的方法，而是一种文化氛围，是形成管理方法的一种理念；企业文化不是一种行为，而是形成企业行为的原因所在；企业文化不是企业员工工作的内容，而是企业员工对工作的情感；企业文化不是一种服务，而是服务背后无形的精神①。企业文化所追求的目标是：培育价值共守、精神共通、情感共流和命运共担的企业团队。

此外，学界一般从管理文化、经济文化、微观组织文化三个角度来认识企业文化的性质。企业文化是一种以人为中心的管理思想，它的目的在于利用文化的功能充分调动员工的积极性、创造性，从而更好地发挥全体员工的内在潜力，形成企业内部的团结气氛和强大的凝聚力；企业文化必须考虑到企业的营利性特点，为企业营利服务；企业文化亦不同于宏观的社会文化和民族文化，是一种微观组织文化。

（二）旅游企业文化

无论我们从何种视角来解读文化和企业文化，企业文化都是以企业精神为核心，由内向外辐射渐次展开为企业制度文化、企业行为文化、企业物质文化，由精神向物质、由观念和心理向行为和物质渗透的过程。旅游企业文化是旅游企业在长期经营管理活动过程中逐步形成和发展起来的，通过企业倡导和培育为全体员工所认同和遵守，具有本旅游企业特色的价值观念、道德规范、行为准则以及蕴含在企业形象、企业制度、企业产品甚至企业物质设施之中的物化精神因素的总称。具体而言，旅游企业文化具有以下内涵：

1.共同价值观是旅游企业文化的核心要素

价值观是旅游企业文化的核心与基石。不同的旅游企业具有不同的主导价值观，如利润价值观、服务价值观、人才价值观、育人价值观、效率与公平价值观等。优秀旅游企业的价值观一般包括：顾客至上、服务第一、人本管理、团队精神、鼓励创新、追求卓越、诚实守信。例如，广州花园酒店确定的经营宗旨为：员工第一，客人至上。酒店精神为：①热情周到，礼貌敬语，微笑服务；②花园爱我，我爱花园；③一流服务，一流效益；④红棉——挚诚、竞争、进取；⑤舍利求义；⑥“要我做”变为“我要做”。又如，香格里拉国际饭店管理集团倡导五个核心价值：尊重备至、温良谦恭、真诚质朴、乐于助人、彬彬有礼。优秀的旅游企业都拥有持续的核心理念和为之奋斗献身的员工队伍。只有旅游

① 李伟.旅游文化学[M].北京：科学出版社，2006：206-208.

企业的价值观、经营哲学附着在员工的日常言行、规章制度、经营管理过程以及物化设施等有形载体之上，旅游企业文化就真正形成了。

2.旅游企业精神是旅游企业文化的灵魂

旅游企业精神是该旅游企业按自身特点的性质、任务、宗旨和发展方向，在长期生产经营实践过程中由企业负责积极倡导、精心培育而形成的，它以简洁、富于哲理的语言形式概括出现，是现代意识与企业个性相结合的一种群体意识，是被企业员工全体认同的正向心理定式和主导意识。例如，同舟共济的团队精神、开拓创新的进取精神和以人为本的人本精神等。优秀的旅游企业都有自身的企业精神。例如，假日饭店联号提倡“暖”，希尔顿饭店联号强调“快”，香港文华大酒店突出“情”等。

3.旅游企业道德是旅游企业文化的重要组成部分

旅游企业道德是一般社会道德在旅游企业中的特殊表现，是旅游企业在生产经营活动中协调、处理企业内部人际关系和企业与外部关系的行为规范。旅游企业道德是旅游企业文化的重要组成部分，是调节旅游企业与社会、旅游企业之间、企业与员工、员工与员工之间相互关系的基本准则，是调整旅游企业各种利益关系的有效方式。职业道德和经营道德是旅游企业道德的两个主要方面。职业道德要求旅游企业员工养成正确的幸福观和苦乐观，经营道德要求旅游企业一心为顾客着想。

4.以人为本是旅游企业文化的最根本要求

旅游企业是一种服务性企业，员工直接面对顾客，为顾客提供面对面的服务，因此以人为本是旅游企业文化的最根本性要求。旅游企业文化强调要把旅游企业建设成为一个人人具有使命感和责任感的命运共同体。以人为本，尊重人的基本权利、尊重人的才能、尊重人的意见，贯彻尊重人、理解人、关心人和信任人的原则，重视开发人的精神素质，使人得到全面发展，员工就会自觉将自己置于主人翁地位，从思想上归属这个旅游企业。同时，旅游企业作为一个接待服务性的社会组织，需要提供的是充满人性亲情的情感服务，来吸引和打动消费者。员工的工作态度对服务质量有着决定性影响。因此，以员工为中心的准则对旅游企业显得尤为重要。旅游企业在倡导“顾客至上”的理念时，还必须树立“员工第一”的思想，在民主化、人性化的经营管理过程中，逐渐培育旅游企业文化。

二、旅游企业文化的特征

学界多从无形性、群体性、独特性（个体性）、软约束性、相对稳定性、发展创新性和知识导向性等方面来论述企业文化的特征①。无形性是指企业文化作为一种信念和心理力量潜移默化于企业员工；群体性是指企业文化是所有员工的共同价值观和趋同的行为方式，所有员工价值共守、精神共通、情感共流和命运共担；独特性是指企业因地域、行业、历史、文化的不同，根据自身特点塑造形成的特色；软约束性是指企业文化靠核心价值观感染和引导员工，规范和约束员工行为；相对稳定性是指企业文化不以领导人的更换和环境的变化而变化，具有连续性；发展创新性是指企业文化随着企业内外环境的变化不

① 诸多企业文化研究论著以及把旅游企业文化纳入研究内容的旅游文化学论著大多是从以上这些角度来展开论述的。

断变革和创新；知识导向性是指企业资源配置知识化、拉动因素知识化、竞争方式知识化[①]。旅游企业作为企业的一部分，自然也具有这些特征。

当然，不同行业企业文化特点是不一样的，旅游企业和工商管理企业在产品性质、市场环境、经营管理过程、顾客群等基本条件上存在着明显的差异[②]，具有自己独特的个性特征。

（一）旅游企业文化的服务性

旅游企业文化是一种服务经营型文化，服务意识是旅游企业文化的基本特点[③]。旅游企业提供的是以无形服务为主的产品，而不是有形的物质产品。旅游企业的生产经营活动是以服务为中心的，服务理念和服务方式是旅游企业文化的基本特点。旅游产品具有无形性、不能转移性、生产与消费同步性、提前购买性和不可存储性等特点，使得保证旅游产品的质量显得尤为重要。旅游企业文化的服务性特征，决定旅游服务必须注重细节。“顾客至上”、“顾客是上帝”、“顾客永远是对的”这些旅游业中流行的口号，反映出了旅游企业一个共同的价值观——为顾客提供优质服务是旅游企业的生命线。

（二）旅游企业文化的文化性

文化是旅游业的灵魂，旅游经营只有体现出不同的文化特色才能吸引游客，从而提高旅游企业的经济效益。正因为旅游的文化属性，要求旅游企业具备浓厚的文化意识。旅游产品的文化性越强，文化味越浓，就越受旅游消费者欢迎，社会经济效益也就越好[④]。例如，饭店本来是提供游客吃、住、娱的场所，主要是保证良好的服务设施和高质量的服务，但现在众多的旅游饭店，为了形成自己的特色品牌，不仅在建筑设计、装修和各种设施上下功夫，以体现自己的文化特色和民族风格、地域风格，而且在客房、餐饮及整个服务过程中，也表现出相当的文化艺术品位。一方面，旅游企业的宾客来自世界各地，旅游企业员工需要了解不同国家和地区的文化传统和价值观，尊重宾客的风俗习惯；另一方面，旅游企业为适应市场需求就要开发文化品位较高的旅游产品，求新、求奇、求特、求美。

（三）旅游企业文化的协同性

旅游产品特别是旅行社产品具有高度的综合性，涉及旅游者旅游过程中食、住、行、游、娱、购诸多方面，其中许多服务是旅行社自身不能提供的，通过对旅游服务的组合来满足旅游者的需求。在这一环节过程中，任何一个环节的服务质量，都会影响旅游产品和服务的形象和质量，这客观要求各类旅游企业之间、各类员工之间要具有强烈的协作意识。从总体来看，不同类型的旅游企业和各类员工之间价值共守、精神共通、情感共流和命运共担。

（四）旅游企业文化的开放性或国际性

随着国际旅游市场的形成，世界各国之间的文化交流更为广泛，旅游企业文化更加具

---

① 严宽荣.旅游企业文化的知识导向[J].经营与管理，2010（7）：89-90.
② 曹诗图，查俊峰.试论旅游企业文化的特征、发展趋势与建设[J].武汉科技大学学报，2008，10（2）：33-36.
③ 杨永平.旅游企业文化研究[M].北京：经济科学出版社，2004.
④ 曹诗图，查俊峰.试论旅游企业文化的特征、发展趋势与建设[J].武汉科技大学学报，2008，10（2）：33-36.

有开放性和世界性特点。旅游客源地广泛，旅游者需求多种多样，差异性大，旅游企业在面向国际化市场经营管理的过程中，必须与国际接轨，具体表现为旅游企业管理文化的一体化方面。例如，旅游饭店星级评定制度、饭店金钥匙制度、旅行社质量保证金制度、“绿色环球21”国际旅游可持续标准体系以及ISO9000国际质量体系认证的导入和实施都是旅游企业文化国际化特征的体现。

（五）旅游企业文化的知识导向性①

知识被包含在生产要素之中，成为第一生产力，这是由知识资源本身所具有的知识产品投入少、产出多的特性决定的，旅游企业管理者应在提高企业发展过程的知识含量和加大人力资本的投资力度两个方面有所突破。工业经济时代，资本是拉动经济增长的最重要因素，知识经济时代取而代之的是知识。旅游企业将从传统的以资源、客源为主的竞争，转化为以知识、技术、信息为主的竞争，领先为游客提供更加新颖、实用、方便的旅游产品和更加优质的服务。国际著名的旅游企业无不通过培育“知识型员工第一”、“提炼富有知识个性的企业精神”、“建立学习型组织”、“树立双赢的竞争观”来建设知识导向性的企业文化。

三、旅游企业文化的功能②

文化的力量在企业发展过程中起着最根本性的作用。同样，旅游企业文化对于旅游企业的生存和发展或隐或现发挥出强大的影响力。

（一）导向功能

旅游企业文化的导向功能主要表现在企业价值观对旅游企业领导者和广大员工行为的引导上，即旅游企业通过塑造共同的价值观念，把企业所有员工个人目标引到企业确定的总目标上来。“不怕众人心不齐，只怕没人打大旗”，旅游企业倡导什么，崇尚什么，员工的注意力就转向什么。旅游企业文化集结众人才智，引导员工统一行动步伐，为自己和企业的共同目标不懈努力。具体而言，旅游企业通过引导员工建立旅游企业的共同价值观和各种目标体系，形成不同的旅游企业文化和生产经营管理理念。

（二）激励功能

“精神的力量是无穷的。”优秀的旅游企业文化是旅游企业成长的强大动力，能激发员工的工作和创造热情。优秀的旅游企业建立精神和物质激励相结合的激励机制，通过目的激励、公平激励、示范激励、参与激励、物质激励和典型激励等诸多方式，着眼于“以人为本”，在良好文化氛围的建立过程中激励员工为实现自我价值和旅游企业的发展目标而努力。

（三）凝聚功能

旅游企业文化是旅游企业组织全体成员共同创造的群体意识，意味着成员间相互吸引、相互接纳、坦诚相对、价值共守、精神共通、情感共流和命运共担。当旅游企业的文

① 严宽荣.旅游企业文化的知识导向[J].经营与管理，2010（7）：89-90.

② 不同的旅游文化功能论述散见于旅游文化学论著中，其中较为典型的论著有：曹诗图.旅游文化学概论[M].北京：北京大学出版社，2008；尹华光.旅游文化学[M].长沙：湖南大学出版社，2005；方志远.旅游文化概论[M].广州：华南理工大学出版社，2006.学术论文对旅游企业文化功能的论述基本没有超出这些教材认识的范围。

化价值观被全体员工认同后，它就会成为一种黏合剂，把成员凝聚起来，形成巨大的向心力和凝聚力，使企业发挥出巨大的整体优势。

（四）约束功能

旅游企业文化的约束功能是指运用旅游企业的文化氛围、群体行为准则和道德规范、群体意识等共同精神文化内容来约束和规范员工的思想、心理和行为。通过利用企业文化的软约束，使员工产生自控意识，达到内在的自我约束，使企业上下左右达成和谐默契。

（五）品牌形象功能

旅游企业文化与经济实力是构成品牌形象的基本要素。品牌展示了一个旅游企业的形象，这个形象是企业经济实力和企业文化内涵的综合体现。旅游企业如果形成了一种与市场经济相适应的企业精神、经营管理理念、品牌战略，就会产生强大的团体向心力，推动企业可持续发展。品牌形象的建立过程不仅仅是时间积累的过程，更是企业文化的塑造过程。另外，企业品牌形象的树立，会增强员工的自豪感和责任感，提升企业的知名度和美誉度，增强企业市场竞争力。

旅游企业文化的辐射功能、调节功能、创新功能等也是旅游企业文化功能的重要组成部分：旅游服务的人对人模式以及旅游企业文化的开放流动性发散着旅游企业文化的示范效应，辐射影响着社会整体文化；旅游企业文化协调企业与社会、企业内部员工之间的关系，促进社会的和谐；旅游企业文化注重开拓适当的环境，赋予全体成员创新动机，提高成员的创造素质，进而开发独特的旅游产品，开展有特色、有文化新意的旅游服务。

综合起来，旅游企业文化铸旅游企业之魂，育旅游企业之本，塑旅游企业之行，内聚人心，外塑形象，贯穿旅游企业发展过程，潜移默化地影响着旅游企业的运行与发展。

第二节　旅游企业文化的塑建

管理是房屋，企业文化是地基（柳传志语）。优秀的企业文化提供给企业生生不息的牵引力和持续不断的内部动力。因此，塑建企业文化是旅游企业势在必行的选择。因此，有必要弄清楚旅游企业文化建设的内涵、塑建原则与过程等。

一、旅游企业文化建设的内涵

旅游企业文化建设是指企业成员有意识地培育优良文化、克服不良文化的过程，主要内容有：培育具有优良取向的价值观念，塑造杰出的旅游企业精神；坚持以人为本，全面提高旅游企业员工素质；提倡先进的管理制度和行为规范；加强礼仪建设，促进旅游企业文化的习俗化；改善物化环境，塑造旅游企业的良好形象①。

二、旅游企业文化建设现状与误区

（一）旅游企业文化建设现状

（1）旅游企业开始从观念上认识到企业文化建设的重要性，或多或少地进行了企业文

① 张德.组织行为学[M].北京：高等教育出版社，1999.

化建设。旅游企业的经营活动明显具有人格化特征。企业的制度安排、经营战略的选择，最终会体现在员工对企业的价值认同上，这就需要有卓越的企业文化来凝聚人。一些做得好的旅游企业都在强化企业文化的建设，从观念上意识到了企业文化建设是企业的灵魂，是实现企业制度与企业经营战略的重要思想保障，是企业制度创新与经营创新的理念基础，是企业活力的内在源泉，是企业行为规范的内在约束[①]。

（2）旅游企业文化从全面从外引入向发掘自身特质发展，从雷同化向个性化发展[②]。越来越多的旅游企业在残酷的市场竞争中意识到照搬西方的管理模式或成功旅游企业的典范模式，很难使自己迅速走向成功，旅游企业成功的根本是要提供优质的服务和个性化的旅游产品，形成自己特色鲜明的企业文化，以确立自己的竞争优势。

（二）旅游企业文化建设的误区

学界对旅游企业文化建设存在的误区有过详尽准确的描述[③④]。不少管理者对企业文化的理解仍显肤浅，企业形象、以人为本、人性化管理、柔性管理这样的词汇经常挂在他们的嘴边，但言行不一。旅游企业文化建设中存在的误区主要有以下一些现象：

很多旅游企业把旅游企业文化视为设计文化、个人文化、造人文化、形象文化、拿来文化或政治文化。部分旅游企业认为旅游企业文化是企业家的事，企业家精神就是旅游企业文化。相当一些旅游企业管理者认为企业文化建设的目的是“造人”，塑造员工，包括按照领导者和组织的意图来改变员工的观念、习惯和行为方式，强调员工的接受和服从，而没有见到企业文化对企业组织行为的引导和员工对企业文化的创造作用。很多企业十分幼稚地认为，企业文化建设就是搞一些日常的文化娱乐活动、文艺演出。部分旅游企业把旅游企业文化建设简化为提出几个口号，搞几次运动式活动。多数旅游企业聘请专门的咨询（设计）公司或专家为自己精心雕琢，制定企业文化手册，就以为完成了企业文化的建设。多数旅游企业将 CIS（corporate identity strategy）即企业形象战略视为企业文化，但事实上CIS包含 MI（理念识别）、BI（行为识别）和VI（视觉识别）三大内容，它是以企业的对外形象为主的一种企业对外宣传口号。有些旅游企业认为企业文化大同小异，实行“拿来主义”，照搬西方企业的企业文化或国内成功企业的企业文化，没能根据企业自身的特性去塑造与之相适应的企业文化；有些旅游企业尤其是国有企业认为旅游企业文化和精神文明建设、思想政治工作是一码事，只是换个新名词而已；还有些旅游企业把旅游企业文化类同于卡拉 OK、职工文体娱乐等活动，都没能把它与旅游企业经营管理联系起来。上述这些问题的存在将会成为我国旅游企业发展的瓶颈，事实证明，任何一个企业的成功都离不开卓越的企业文化建设[⑤⑥]。

三、旅游企业文化塑建原则

对旅游企业文化建设的原则，可以从物质文化、行为文化和精神文化三个层面来分

① 魏杰.企业文化塑造——企业生命常青藤[M].北京：中国发展出版社，2002：17-21.
② 吴开军.试论旅游企业的企业文化塑造[J].宿州教育学院学报，2009，12（2）：5-7.
③ 吴开军.试论旅游企业的企业文化塑造[J].宿州教育学院学报，2009，12（2）：5-7.
④ 董革冰，董革非.加强旅游企业文化建设的思考[J].沈阳大学学报，2006，18（1）：37-39.
⑤ 徐震宇.如何进行企业文化建设[M].北京：北京大学出版社，2004：36-43.
⑥ 张丙军，杨虎森.关于旅游企业文化建设的几点思考[J].河南商业高等专科学校学报，2006，19（5）：61-63.

析[①]。一般认为，旅游企业物质文化建设要遵循品质化和审美性原则。品质化原则强调企业产品直观物质的物理质量，它是企业核心产品的有形载体；审美性原则强调旅游产品的审美要求。旅游企业行为文化建设要遵循顾客愉悦性原则和规范性原则。前者指旅游企业通过优质高效的服务活动和服务行为，树立自己良好的服务形象，使顾客产生满意感，赢得顾客的心；后者指企业在构建自己的行为文化时，必须建立企业行为的规范、企业人际关系的规范和公共关系的规范。旅游企业精神文化建设要突出以人为本和市场导向原则。以人为本就是把人视为管理的主要对象和企业的最重要资源；以市场为导向就是以市场为中心进行管理定位，确立企业的经营决策，帮助企业占领市场。

作为同一类型的旅游企业，在塑建企业文化过程中还要遵循人本性原则、创新性原则和独特性原则。"以人为本"的管理理念是旅游企业最成功的经验，而创新是旅游企业文化建设的灵魂，独特性就是要求旅游企业在企业文化建设过程中根据自己的行业特点和企业实际塑造独具特色的具有吸引力和感召力的理念、行为和视觉识别形象。

四、旅游企业文化塑建程序

旅游企业文化塑建是一项复杂艰巨的工作，塑建者必须依据上述原则，遵循一定的工作程序，采用科学的方法和手段，才能达到塑建旅游企业文化建设的目标。

（一）建立支撑体系

旅游企业文化塑建最基本的支撑条件是要有形成和塑建企业文化的共识。通过原因、背景、宗旨和目的的大讨论和分析，来聚敛人气、制造氛围，形成企业员工关心企业文化建设的氛围。旅游企业文化的塑建是一个在充分把握本企业的实然和应然状态与特征的基础上，通过摸清团队情况，找到价值取向的契合点，然后结合企业自身特征和运营境况，运用企业文化分析工具进行归纳和梳理的理性探索过程。

（二）系统的规划设计

旅游企业在讨论梳理的基础上，需要以创造性思维方式对企业文化进行系统的规划与设计。首先，旅游企业需要选择价值标准，确立本企业的价值观。价值观是旅游企业文化的核心和灵魂，因此如何确立企业的价值观至关重要。员工的共同参与是必须遵循的原则。全体员工对价值体系进行讨论与界定，并做出明确的价值选择。一旦企业的核心价值观念得以确立，还需要运用确切的文字把肯定的价值观念体系表述出来，形成固定的理念。

在这一过程中，头脑风暴法、形态分析法、类比法是较为常用的分析方法，不管运用什么样的分析工具和方法，旅游企业文化规划与设计的主要内容基本相同：企业使命；企业价值观；企业理念；企业行为准则；企业形象。企业使命表述企业存在的意义。企业价值观是对如何完成使命的远景的行为准则的确定，即怎样做才能获得成功。企业理念涵盖了企业精神、企业作风、企业客户观、诚信观、道德观以及经营理念等诸多方面。企业行为准则基本包括企业关键行为准则、员工行为准则、基本规章和工作流程等。企业形象则

① 尹华光.旅游文化学[M].长沙：湖南大学出版社，2005：155-157.

需要设计企业形象象征物、英雄故事和视觉识别系统等。

（三）实践

经过系统的规划设计后，企业文化基本定格，就要创造条件付诸实践，把企业所确定的价值观念体系体现在企业的经营管理和日常行为之中。旅游企业文化的建设就是要对内贯彻、对外宣传所确定的企业文化。

首先，要创造优秀的旅游企业文化，就必须为企业价值观念的落实提供制度保障。建立产权清晰、权责明确、自主经营、自负盈亏的现代企业制度是旅游企业文化建设最基本的要求；推行民主管理制度，建立科学合理的人事晋升和激励制度，促进旅游企业利益共同体的形成；建立系统的培训教育制度，不断培育训练有素的员工队伍，让企业文化建设观念深入人心。

其次，领导带头，率先垂范。领导本身就是企业文化的代表，企业领导人要在工作实践中积极宣传新的企业文化并身体力行，让员工看到企业提倡什么，反对什么以及以什么样的准则和规范从事工作。只有领导者在每项工作中通过自己的言行向员工示范企业文化，良好的企业文化才能形成。

再次，充分利用激励手段。企业文化的形成是一种个性心理的累积过程，需要管理者不断加以强化，需要及时奖励与企业文化相一致的言行，及时批评或惩罚与企业文化相背离的思想和行为，使企业文化成为可见、可感的现实因素。

最后，要重视宣传。通过各种舆论工具和各种业务活动，宣传企业文化，让员工在潜移默化中接受和强化新的价值观念，并逐渐用于指导自己的行为。在宣传过程中，要树立企业文化偶像，设计企业形象象征物、英雄故事和视觉识别系统，让企业文化通过可感、可见、可触的存在方式融入员工的生活之中。

五、旅游企业文化塑建的基本路径

（一）培育共同的旅游企业价值观

培育共同的旅游企业价值观是构建旅游企业文化的核心任务。首先，培育共同的价值观，就要做好宣传教育工作，让员工理解和接受企业价值观。宣传教育工作是培育企业价值观的基本途径，它以舆论为导向，通过文化传播等方式，让企业员工和社会公众在耳濡目染、潜移默化的宣传中，接受企业倡导的价值观。报纸、杂志、书籍、图片、标语、广播、电视、网络等大众传播媒介是宣传教育必不可少的工具。其次，培育共同的价值观，要发挥人格示范的力量，将价值观直观生动地展示给员工。企业领导者的言行决定着员工对价值观的认同度，很多优秀的旅游企业管理层与员工一道在服务等方面身体力行，起着良好的示范作用。最后，培育共同的价值观，需要精心设计企业文化仪式或仪轨（包括工作仪式、生活仪式和纪念仪式等），在日常生活中强化员工对企业价值观的感知和认同，增强员工的归属感和自豪感。

（二）树立良好的旅游企业道德风尚

良好的企业道德风尚是旅游企业文化的重要内容。建立和实施企业道德规范，提升企业员工素质是树立企业良好道德风尚的根本途径。一个符合法律规范和道德力量的企业道德规范能够帮助企业确立生产、经营、管理的道德秩序，培养良好健康的道德生活空间。而只有提高企业员工的道德素质，才能培养具有现代科学文化和道德素质的行为主体。

（三）打造积极的旅游企业精神

打造旅游企业精神是旅游企业文化塑建的关键性环节。企业精神的含义必须明确清晰，凸显企业个性，张扬企业精神，并运用具体明确的语言文字形式表达出来。例如，“中外通商之途，殷勤待客之道（广东中国大酒店）”，“温情无限，尽享阳光（福建阳光假日酒店）”就是较好的企业精神的表达方式。香格里拉饭店集团的“殷勤好客亚洲情”经营总方针，突出了亚洲式的殷勤好客服务和亚洲传统文化风格个性化特征。

（四）塑造科学的经营管理理念①

经营管理理念包含经营理念和管理理念两个方面。从经营角度看，要把创新性经营理念、市场性经营理念、品牌性经营理念和整合性营销理念有机结合起来。面对旅游企业经营环境的不断变化，旅游企业可以在经营活动质量、业务和经营方式组合等诸多方面进行创新；面对多变的竞争市场，要树立积极主动的市场竞争观，发现和利用企业的比较优势，实现供需双方的共赢；面对日益细分的旅游市场需求，要研究设计不同层次需求的旅游产品，并在旅游产品开发设计经营过程中注重创立品牌，实现多层次多品牌经营；面对营销革命的到来，要研究分析自己产品及所面向的顾客，通过跨部门作业流程再造，融合企业资源为顾客提供整合性的服务，并采取人际关系的、网络的、媒体的等多渠道多方式的营销，在留住回头客的基础上开辟新的客源。

从管理角度看，作为人本性和服务性特征突出的旅游企业，要把以人为本的管理理念、自我管理和制度控制和谐发展管理理念、危机管理理念和形象管理理念有机整合起来。具体而言，旅游企业在内部管理上要关心尊重员工，改善他们的环境，建立沟通渠道以增强员工对企业的归属感和荣誉感，充分调动员工的主动、积极、负责的工作态度，充分发挥激励机制，使企业价值观和行为规范为企业的广大员工所接受，变成员工的自觉行动。旅游企业服务对象为人的特殊性决定了企业在提供服务过程中随时可能出现如人身伤亡类的危机，因此必须做好事前的危机预防和预警机制、应急机制和沟通善后机制等。

以以人为本的管理理念为例，人本管理理念经历了从CS（customer satisfaction）、ES（employee satisfaction）到EL（employee loyalty）的演进历程。

（五）塑造良好的旅游企业形象

塑造良好的企业形象是提升旅游企业竞争力的根本途径。旅游企业必须积极导入企业识别系统（CIS），不断塑建和提升旅游企业形象。通过企业的理念识别、行为识别和视觉识别三组识别系统来展示企业的整体形象。CIS作为经营管理理念与企业文化是一种你中有我、我中有你的关系。通过企业形象系统把企业文化以信息的方式传播给大众，促使大众了解和认同企业信息，树立良好的企业形象。

① 吴开军.试论旅游企业的企业文化塑造[J].宿州教育学院学报，2009，12（2）：5-7.

一般认为，CIS中的MI理念识别系统、BI行为识别系统和VI视觉识别系统与企业文化的精神、行为和物质层面分别对应（见表8-1）。

表8-1　　CIS企业形象与企业文化层次结构对应表

CIS企业形象	企业文化
MI理念识别系统	企业文化精神层
BI行为识别系统	企业文化行为层
VI视觉识别系统	企业文化物质层

六、旅游企业文化塑建的基本方法

文化主要是通过文化的微妙暗示和感召力量来发挥作用的，因此企业文化的建设必须建立在人的心理机制之上，运用心理定式、重视心理强化、利用从众心理、培养认同心理、激发模仿心理和化解挫折心理等诸多机制来实现。

具体而言，塑建企业文化的基本方法有以下几种：

（一）领导垂范[①]

旅游企业的领导者是旅游企业文化的倡导者、塑造者和实施者。旅游企业领导重视企业文化建设，在组织结构的设置和建设上予以落实。领导通过归纳提炼，将旅游企业文化升华，并通过宣传教育，在本企业内强化和落实企业精神。当企业的领导者率先垂范时，领导者自己的行为作风就会以潜移默化的方式教育企业员工。大量事实说明，企业的价值观和行为规范真正成为企业员工观念和自觉行为，不是靠行政命令和强制性压力，而是在极大程度上依赖企业领导对员工的感染力[②]。因此，旅游企业领导言传身教、身体力行，是旅游企业文化建设中最关键的环节。国外旅游公司或旅游企业的培训活动很多，培训的主要内容之一是讲授旅游企业文化，而且公司或企业的最高领导要亲自讲课，向员工灌输企业文化，使员工认同企业文化。

（二）典型示范[③]

在塑造优秀旅游企业文化的过程中，英雄模范人物是“排头兵”，起着带头引导作用、骨干作用和示范促进作用[④]。英雄模范人物是旅游企业文化的生动体现，他们为全体员工提供了角色模式，建立了行为标准。通过他们，向外界展示了旅游企业的精神风貌，也给全体员工提供了学习的榜样（如文枝花等优秀旅游工作者的英雄事迹等）。英雄模范往往成为一个旅游企业文化的具体象征。在建设旅游企业文化中，要特别注意发现典型，培养、宣传企业自己的英雄模范人物。

（三）关键事件

旅游企业价值观的揭示、行为规范的形成以及企业成员间相互理解的产生，往往是通过一些关键事件实现的。例如，当旅游企业面临危机时，领导处理危机的方式、企业员工

① 曹诗图，查俊峰.试论旅游企业文化的特征、发展趋势与建设[J].武汉科技大学学报，2008，10（2）：33-36.
② 张德.组织行为学[M].北京：高等教育出版社，1999.
③ 曹诗图，查俊峰.试论旅游企业文化的特征、发展趋势与建设[J].武汉科技大学学报，2008，10（2）：33-36.
④ 张德.组织行为学[M].北京：高等教育出版社，1999.

的反应，往往会导致新的判断准则、行为规范和工作程序的产生，并且由此显示企业最重要的基本价值观念。不失时机地抓住关键事件，对于旅游企业文化的塑造和传播有着非常重要的作用。

（四）教育培训与故事传说

旅游企业文化建设要实行广泛教育的方法，发挥教育培训和“传说”、“故事”的作用①。旅游企业的员工培训，首先要培育员工的企业文化理念，然后再培训业务知识和技能。旅游企业文化的价值观往往会反映在旅游企业的一些“传说”和“故事”当中。在一个有强有力文化的旅游企业中，“传说”和“故事”往往很多：艰苦创业的故事、直面竞争的故事、研发新产品的故事、开拓市场的故事。例如，美国某饭店门口立有一个在此店工作过48年的门童的塑像（他能记住入店的每个客人的面孔甚至名字，用心去做事，敬业爱岗）。通过“传说”和“故事”，可以广泛地在员工中传播企业的思想意识和价值观。这种方式对新加入旅游企业的成员理解本企业的文化背景尤为有效。

（五）仪轨

旅游企业文化建设需要借助一定的仪轨形式来强化员工的企业文化理念。仪轨是企业文化价值的载体。仪轨主要包括企业仪式和典礼，表彰会、庆功会、职代会、团拜会、联谊会、歌舞会等都是仪轨的变体形式。日本旅游企业广泛实行“朝礼”、“店训”或“社训”制度，把企业文化理念常态化和生活化。中国很多饭店、景区的“迎宾仪式”就是一种昭示企业文化的仪轨形式。

（六）文化网络

组织文化网络是一个有关组织文化要素的图表性描述，通过图表说明组织文化各要素对组织范式的影响。故事、标识、惯例和仪式、控制系统、组织结构和权力结构是企业文化网络的主要因素②。旅游企业在塑建自己的企业文化时，按照文化网络所设计的基本要求，在经营理念和管理理念中，形成程序性的范式，按部就班地推进企业文化建设。

总之，旅游企业文化的生长不是空泛的概念，可以借助规章制度（强化）、良好风气（定式化）、英雄模范人物（人格化）、群体活动（共识化）、仪式与器物（情境化）等途径来培育优良的旅游企业文化③。只有把人看成是旅游企业的中心，一切为了人，一切关心人，一切尊重人，一切引导人，一切塑造人，旅游企业文化才能真正建立。

七、旅游企业文化与管理制度的互动

学界和业界普遍认为，企业文化和管理制度都是管理企业的有效手段，两者之间存在某种特殊的关系。学界对企业文化与制度执行之间的互动关系进行了深入的研究。一方面，企业文化对管理制度的执行产生深刻影响。例如，企业或组织执行力文化良好，企业的执行力就高④。企业要执行管理制度，必须建设强有力的制度文化氛围，尊重制度和以

---

① 张德.组织行为学[M].北京：高等教育出版社，1999.
② 埃文斯.旅游战略管理[M].马贵顺，译.沈阳：辽宁科学技术出版社，2005：73.
③ 曹诗图，孙静.旅游文化学概论[M].北京：北京大学出版社，2008：136.
④ 莫勇波.提升地方政府政策执行力的路径选择——基于制度创新角度的探析[J].云南行政学院学报，2005（6）：63-66.

制度为行动最高准则是打造制度执行文化的关键[①]。从企业运行机制角度看，企业文化对知识型员工执行力的影响是潜移默化的[②]。这些研究表明，企业文化对制度执行、制度执行力的打造有着关键作用。另一方面，制度对企业文化也产生反作用。例如，制度对核心价值观的反作用主要表现在强化作用和推动作用上。当制度与企业核心价值观一致时，对制度的有效执行会固化或者强化其核心价值观；当制度与企业核心价值观不一致且制度先进于价值观时，通过先进制度的引进、执行，会对企业核心价值观的变革产生推动作用[③]。

更多学者研究企业文化和管理制度的相互作用。乐为国认为，只有把文化因素融入制度管理，使企业独特的精神、价值观念等通过制度载体得以实现，才能实现企业文化的有效落地[④]。李亚军认为，制度与文化间是一种良性互动关系：文化的创建、调整与变革往往离不开制度载体，而制度的实施和改革往往需要文化的内在推动[⑤]。还有很多类似研究论述了制度和文化是企业管理和发展的两翼，是辩证统一的，文化影响制度的制定和实施，制度也推动文化不断提升，适应新的变化。

蔡卫民、范文英研究发现，理论界对企业文化和制度执行之间互动关系的研究大多只是在哲理层次上的表述性解释。他们对企业文化和制度执行之间产生相互作用的根源、互动机制进行了实证研究。他们首先提炼出企业文化的七大要素：愿景与目标、共同价值观、企业环境、文化网络、英雄人物、仪式与庆典、行为习惯；基于内容分析法分析出制度执行的三大构成要素：制度执行的能力、制度执行的动力、制度执行的保障；在界定心智模式的基础上，把心智模式作为中介变量引入两者关系研究，最终建构和验证了企业文化对制度执行的影响机理（参见图8-1）和制度执行对企业文化的影响机理（参见图8-2）[⑥⑦]。

图8-1企业文化对制度执行的影响机理表明，依靠企业文化的手段和措施影响管理主动方的心智模式，可以影响制度执行的效果，从而达到企业管理的目的；要确保制度执行的实施效果，需要关注管理指向方的心智模式是否与制度执行的能力相匹配。主动方心智和指向方心智相匹配的程度越高，企业管理者和员工对制度的认识和想法越一致，就越有利于制度执行的顺利实施。

图8-2制度执行对企业文化的影响机理表明，制度执行可以通过指向方心智对企业文化产生一定的影响。主动方心智可以对企业文化要素中的愿景与目标、文化网络、仪式与庆典和行为习惯产生影响，而相互匹配的管理主动方和管理指向方的心智模式会对企业文化要素中的愿景与目标、共同价值观、文化网络、行为习惯产生影响。作为管理的主动一方，应积极调整自我认识，同时更多地关注管理指向方的心智模式，促使管理主动方心智和指向方心智相互匹配、相互融合。

---

① 陈满雄.论提高制度执行力[J].中国行政管理，2011（7）：14-16.

② 申晓刚.知识型员工执行力要素模型及提升对策研究[J].现代商贸工业，2010（12）：147-148.

③ 张文军.佳通公司核心价值观对管理制度实施效果的影响[D].成都，电子科技大学，2005.

④ 乐为国.解析企业制度和企业文化之间的关系[J].政工研究动态，2009（17）：30-31.

⑤ 李亚军，李健艺.建立与现代企业制度相适应的现代企业文化[J].商业研究，2003（7）：153-154.

⑥ 蔡卫民，范文英.旅游企业文化与制度执行的互动机制——以湖南海外旅游有限公司为例[J].旅游学刊，2014，29（10）：77-88.

⑦ 管理主动方指企业管理制度、行为规范、企业活动等的设计者和决策者；管理指向方是指企业管理制度、行为规范、企业活动等的执行者和被约束者。

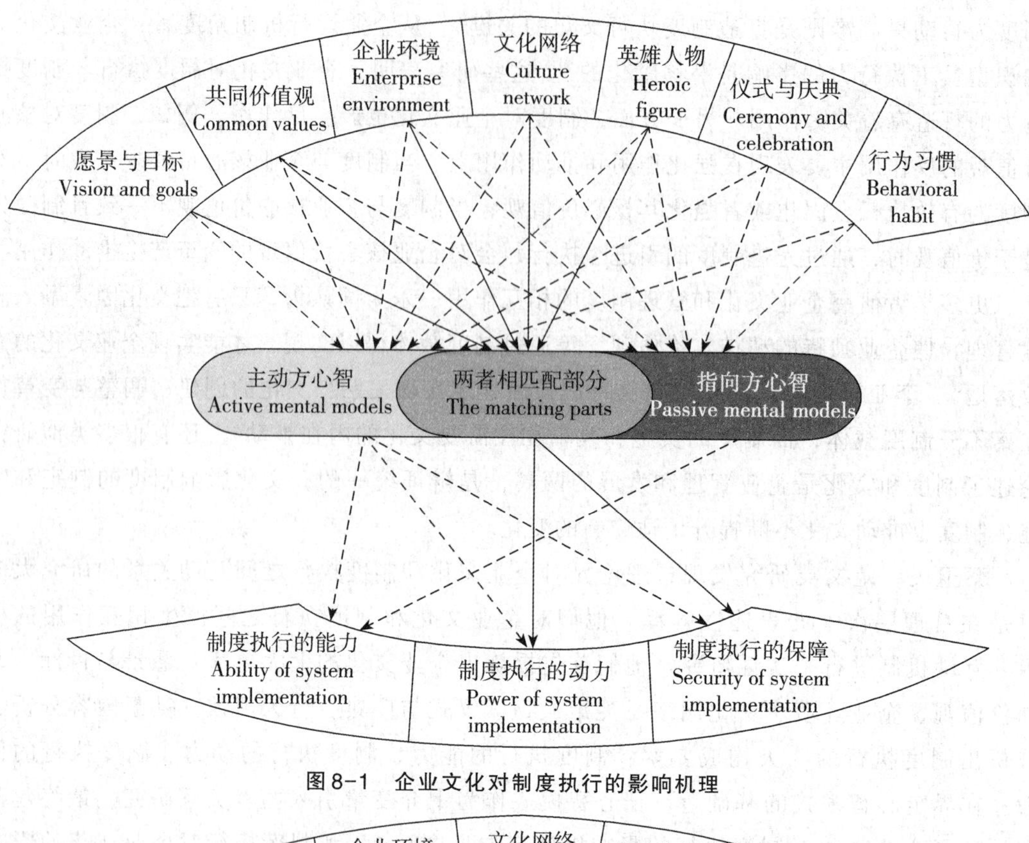

图 8-1　企业文化对制度执行的影响机理

愿景与目标
Vision and goals
共同价值观
Common values
企业环境
Enterprise environment
文化网络
Culture network
英雄人物
Heroic figure
仪式与庆典
Ceremony and celebration
行为习惯
Behavioral habit
主动方心智
Active mental models
两者相匹配部分
The matching parts
指向方心智
Passive mental models
制度执行的能力
Ability of system implementation
制度执行的动力
Power of system implementation
制度执行的保障
Security of system implementation

图 8-2　制度执行对企业文化的影响机理

第三节　旅游企业（经营）管理文化

旅游企业管理是旅游企业经营管理的简称，包括经营和管理两个方面，指管理者在了解市场的前提下，为了有效实现企业的预定目标，应用各种方法，对旅游企业拥有的人力、物力、财力、信息和时间等要素进行的计划、组织、领导和控制在内的一系列活动的总称。旅游企业管理文化是旅游企业在整个旅游经营管理活动过程中形成的企业目标、价值观、管理理念等观念形式以及其物化载体的表现形式。

在丘克·Y.奇（Chuck Y.Gee）的《旅游业》（The Travel Industry）一书中，旅游业以及相关经济社会组织被划分为三种类型：直接的旅游经营单位，如饭店、交通运输、旅行社和零售店；间接的旅游经营单位，如航空食品供应、饭店饮料原料或成品供应、印刷；相关组织部门，如教育培训、政府管理部门和城市规划部门①。在传统的旅游文化研究中，旅游三体说中的旅游介体就是丘克·Y.奇所指的直接旅游经营单位。契合这些观点，本书所指的旅游企业经营管理文化的主体主要是旅游饭店、旅行社、旅游交通企业和旅游景区等。

一、旅游饭店企业文化

旅游饭店企业文化是企业文化在饭店行业的具体表现形式，是饭店员工在饭店经营管理过程中共同拥有的一系列价值观念。饭店是一种以人与人的组合为基础的劳动密集型企业，其经营管理服务活动最终都要人格化。饭店的经营管理活动最终体现在人的价值观念中，以饭店文化的形式表现出来。饭店企业文化的实质是饭店企业的价值观，以精神现象、规章制度、物质现象和服务理念为载体的多层次有序整体。其中，以精神现象为载体的观念文化，是饭店文化的精髓。饭店文化是一种服务产品的经营性文化，服务意识是其综合的外显形式。而服务的直接接触性，更赋予了饭店文化的人性化特色，而与此同时展现出来的服务品位的高低也体现了饭店产品消费的文化倾向性。

（一）旅游饭店文化的表现形式

1.物化（质）文化

映入游客眼帘的饭店视觉识别系统是旅游饭店物化（质）文化的首要组成部分。饭店的视觉识别系统是旅游者直观了解旅游饭店气质和形象的第一印象物和最直接的文化表达平台，主要包括饭店名称、标志、标准字、标准色、象征物、招牌旗帜、装潢、产品包装、广告媒体、服饰装饰、办公设备、交通工具以及事务用品等。

饭店设施环境文化是饭店物化文化的另一载体。饭店设施设备是饭店各部门的物质技术装备。饭店设施设备的质量直接影响到饭店的服务质量和形象。饭店的设施环境既要体现以顾客为中心，也要满足员工的需要。总之，饭店设施环境要符合人性化设计。

饭店有形的物化文化还包括饭店餐饮文化、客房文化和娱乐文化。菜肴本身就是一道

① 姚昆遗，贡小妹.旅游文化学[M].北京：旅游教育出版社，2006：98.

文化风景，茶文化、酒文化、餐饮礼节等都是餐饮文化的组成部分。随着饭店餐饮传统观念和传统烹饪方法的改革和创新，餐饮制作过程的文化艺术欣赏逐渐成为创新的餐饮文化。客房文化要通过客房内设施的选配、室内的装饰等充分体现出不同的文化组合和文化情趣。康体娱乐文化是饭店运转的必要条件，健康活泼、高雅有意义的娱乐文化有利于吸引客源，有利于营造健康高雅的饭店文化气氛。

2.行为文化和礼仪文化

旅游饭店行为文化主要是指旅游饭店在饭店产品营销和营造服务环境中所体现出来的文化行为特征。无论是饭店内部行为活动，还是外部行为活动，都要求旅游饭店企业创造高品位、个性化的服务。旅游饭店的服务质量是其生存和发展的生命支柱。创造高品位、个性化的服务是旅游饭店在激烈竞争中立足的关键所在。

饭店礼仪文化要求做到站立服务、举止大方、表情真切；微笑服务、真诚友好；敬语服务，言为心声；真诚服务、主动热情、耐心周到。此外，饭店礼仪文化还要求注意应答礼节、迎送礼节和操作礼节。只有员工言行举止得体，处处体现饭店的气质和文化修养，才能给宾客亲切感、安全感和信任感。

3.精神文化

精神文化是饭店文化中最为重要的核心与灵魂，主要由饭店的饭店使命、经营哲学、饭店道德、饭店精神、饭店目标、饭店风气等组成。

饭店使命是指饭店管理者从根本上定义饭店经营的目的和动机，表述饭店的行为取向，为饭店指明发展方向和未来前景。饭店使命是制定饭店战略目标的前提和行动基础。饭店的经营哲学就是饭店从管理人员到基层员工所共同尊奉的基本理念和理想追求，现代饭店的一些基本经营哲学取向主要包括面向未来、与时俱进、社会责任、理性行为和注重环境等。饭店道德是调节饭店与社会、饭店与员工、员工与员工之间相互关系的基本准则。饭店精神是饭店发展到一定阶段的基本产物，它是由饭店高层管理者极力倡导的一种团体精神和群体意识。饭店目标是饭店文化建设的出发点和归宿点。饭店风气是饭店及其员工在经营管理过程中逐渐形成的一种精神状态及精神风貌，它是饭店精神的外在表现，人们能从饭店风气了解到饭店文化。

4.饭店文化谱

饭店企业文化的物化、行为和精神表现形式，相互渗透，形成一个紧密相连的饭店文化谱：组织标志、服饰礼仪、仪式惯例、故事传说、服务流程、心理契约和组织控制等。

（二）旅游饭店企业理念

1.绿色理念

面对竞争加剧的客源市场，饭店管理者纷纷提出绿色理念，打造“绿色饭店”。绿色饭店把环保理念纳入企业文化建设，实施开源节流措施，同时采购精品，减少浪费、循环利用，降低污染、节能降耗，推广绿色食品，提供绿色服务，营造绿色环境。例如，很多旅游饭店鼓励客人“打包”，推广使用“节能卡”，提供“无烟客房”，这些都是饭店倡导和实施绿色理念的具体体现。

2.特色理念

饭店经营的成功，不在于其高档和豪华程度，而在于其特色服务水平。饭店要突出服务特色，就必须提供个性化的服务，满足游客在吃、住、行、游、娱、购等方面的要求，在接待方式、客房氛围、菜肴口味、旅行方式等各个细节方面满足客人的个性需求。饭店服务的特色要突出人性化服务的内容，重视感情的投入和沟通，处处为客人着想。此外，独具特色的服务展示也有助于形成特色的服务文化。“凡是客人看到的都是整洁美观的，凡是提供给客人使用的必须是安全有效的，所有员工对客人必须是热情友好的。”

3.创新理念

创新是追求特色的必然要求和延伸。

从物化文化层面看，饭店企业文化的创新主要体现在设施与装饰的创新上。通过艺术设计上的创新，饭店设施与装饰体现出饭店的文化品位。学界常用来引证创新理念在企业文化建设中的重要性的例子有：希尔顿酒店“睡得香”房间和喜达屋集团推出的“雪橇床”客房。“睡得香”客房中有加厚的床垫，高雅而又不透光的艺术窗帘，闹钟铃响时台灯自动开启，按个人习惯设置的生物钟可调灯箱等。客人的反馈意见是：舒适，印象深刻，睡眠效果确实好。“雪橇床”客房，床架上部外翘，床上配置枕顶靠垫，桌子加宽，椅子是按人体坐姿最佳功效发挥而设计的，增加木质装饰和更新艺术灯饰，卫生间里灯光更明亮，镜子镶上框架，棉织品都是一流质量的。这一切都是为客人营造出一种温馨、舒适的居家感。

从观念文化层面看，旅游饭店企业文化的创新首先体现在服务观念的创新上。旅游饭店必须向客人提供一种无微不至、无所不在的关怀，才能体现出其独特的时代性。而且只有追求完美与不断创新的服务，才能使饭店这一艺术空间充满人文气息。在追求服务标准国际化的同时，还必须突出自己的文化特色。以宴会服务为例，要为客人提供贴心服务，就要结合客人需要去设计，用文化氛围突出宴会主体，从台型服饰、饰品摆放、口布折花设计、整体色泽搭配到冷盘雕刻、菜肴装盘等，都要围绕宴会主题，突出中心，在细微之处体现客人的尊贵[①]。

二、旅行社企业文化

旅行社企业文化是指旅行社企业在经营和管理活动中所创造的具有本企业特色的精神财富及其物质形态和完整的思想体系，其中包含了企业的价值观、企业的精神、企业的伦理道德、企业的风貌以及企业的形象等内容[②]。它是旅行社个性文化的根本体现，贯穿于旅行社发展战略、经营管理之中，是旅行社生存和发展的灵魂，是旅行社企业核心竞争力的重要组成部分。

旅行社企业文化的形成、发展和变迁过程主要受四个基本要素的影响和制约：企业的产权特征；企业人员的个性和专业特点；企业的道德规范；企业的组织结构[③]（见图8-3）。

---

① 尹华光.旅游文化学[M].长沙：湖南大学出版社，2005：170.
② 冯郑凭.广州旅行社企业文化建设初探[J].桂林旅游高等专科学校学报，2006，17（2）：208-211.
③ 冯郑凭.广州旅行社企业文化建设初探[J].桂林旅游高等专科学校学报，2006，17（2）：208-211.

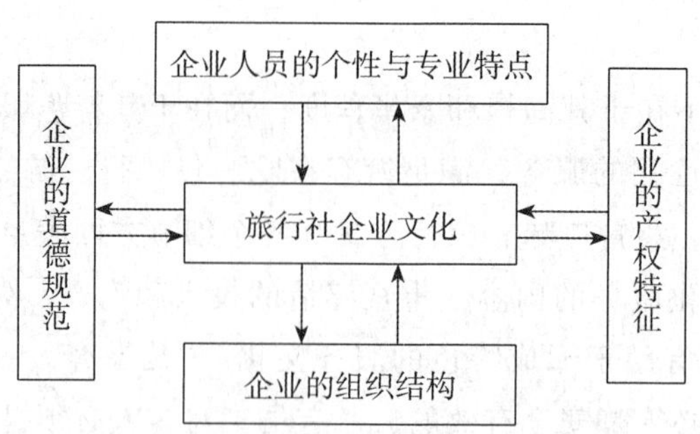

图 8-3 旅行社企业文化四要素模型

（一）旅行社企业文化的表现形式

1.物质文化

旅行社企业文化是一种“上层”的理念，但是必须以物质基础为载体。旅行社的物质文化是由旅行社的员工创造的旅游产品和物质设施等构成的一种表层文化，它主要包含旅行社的线路设计，企业名称、企业标志、企业象征物、纪念品，宣传的标语、文字、音像、图片资料，以及员工的衣着、企业的建筑物等企业形象标示物等，这些直接外化地反映了一家旅行社的总体特征①。

在品牌营销的今天，企业形象标示系统对旅行社企业至关重要。企业形象标示物意味着企业产品和服务的个性，意味着企业的外部形象。旅行社是旅游业中唯一依靠为旅游者提供满意服务而生存的旅游企业，这要求旅行社必须加大自身形象塑造。旅行社的视觉识别系统和标示物将旅行社的经营理念、经营方针、使命、价值观、经营哲学、文化等都展示给旅游者，获得旅游者的认同。例如，国旅的“CITS”、中旅的“CTS”、青旅的“CYTS”等中国旅行社行业的三大品牌便是旅行社企业文化的一部分。

2.行为规范与礼仪文化

旅行社管理制度是旅行社运行的基础，旅行社员工招聘与管理、员工考勤、业绩与过失记录、投诉与投诉处理、员工手册、领队管理、导游守则与管理、财务制度、服务质量制度、业务操作程序以及质量监督制度等是规范企业员工行为和员工自我约束的依据。旅行社企业行为层面的文化主要体现在旅行社经营、人际关系活动、公关策划以及教育培训活动中的系列行为规范中。

旅行社是旅游活动的组织者、安排者和联系协调者，在整个旅游活动中处于核心地位。旅游活动要圆满完成，旅行社就必须和游客、景点、饭店、交通运输等方面保持良好的协调和沟通关系，在联系、协调和沟通过程中，旅行社接待中的公关沟通、办公室的接待礼仪和旅行社的接待礼仪是旅行社企业文化的最直接、最重要的载体。无论是旅行社的上行沟通、下行沟通还是平行沟通，都要求信息交流的双方达到信息量满足和精神愉快的程度。旅行社接待办公室是连接旅游业与公众关系的枢纽，办公室的环境艺术、接待水平、电话接待礼仪、接送礼仪等无不体现着旅行社企业文化的品位与水准。

① 吴倩.谈旅行社企业文化的建设[J].商场现代化，2007（6）：323-324.

（二）导游文化

导游是旅行社的支柱，导游作为旅游业中具有特殊职责和技能的载体，扮演着旅行社的“形象使者”和经营理念的“传播者”等角色。导游是旅游业从业人员中与旅游者接触最多的人，是旅游者的“指南针”，导游的言谈举止都会给游客留下深刻的印象。只有具备较高知识与业务修养的高素质的导游人员才能为游客提供优质服务，赢得游客信任，才能在旅游实践活动中释放出强烈的文化魅力，赋予旅游实践活动以高尚的文化品位，为游客创造更高的消费价值，也才能为旅行社培育出忠诚的游客，使旅行社保持旺盛持久的竞争能力。

1.导游礼仪文化

导游是美的大使，因此导游的言谈举止、仪表礼节和风度都要达到美的要求。首先，导游的服饰要求整洁得体、端庄大方。中国历来强调“温文尔雅”、“彬彬有礼”、“量体裁衣”、“修短合度”、“诚于中而形于外”，以凸显服饰文化在交际中的重要性。另外，导游人员的服饰还要符合目前国际上公认的TPO（T——Time，代表时间，通常也用来表示日期、季节、时代；P——Place，代表地方、场所、位置、职位；O——Object，代表目的、目标、对象）原则。唯有如此，导游的仪表形象才能恰如其分，符合导游礼仪要求。导游服饰还应该与旅游景点（区）的美相匹配，人景合一，使人景相得益彰，从而更充分展示出导游的形象魅力。

其次，除了遵守常规性的礼仪（如守时、物品携带提醒、进餐礼节以及其他服务工作）要求外，导游礼仪还表现在尊重旅游者的宗教信仰和风俗习惯等方面。导游特别要注意旅游者的宗教习惯和禁忌，服务要严谨，态度要和蔼，热情体贴。

2.导游语言礼仪规范

导游语言是导游员在接待工作中所使用的具有丰富表达力的、生动形象的一种口头语言，是导游活动中最核心的部分。“江山之美全靠导游之嘴”、“看景不如听景”这些说法无不强调导游语言讲解的重要性。只有导游人员语言准确、高雅、悦耳，讲解形象生动，并且言之有礼、言之有物、言之有据、言之有情、言之有理、言之有神、言之有喻、言之有趣，才能把所有的愉悦、意蕴和美感体验传导给旅游者，激起旅游者的联想并进行美的再创造，从而产生审美的效果。于是，在导游人员的语言讲解和引导下，“一千个旅游者，就有一千个拙政园，一千个西双版纳……”。一篇好的欢迎辞，不仅能一扫远道而来旅游者的一路风尘，而且还能突破旅游者的心理防线，拉近与旅游团成员的关系；一段好的欢送辞，能给游客留下永久的怀念和美好的回忆。

3.导游服务文化

导游服务伴随旅游者旅游活动过程的始终。温馨个性化的服务能化解旅游者的舟车劳顿与不适，促成旅游者最佳旅游审美时机的出现，使旅游者游兴倍增。旅游者来自不同的国度、不同地区、不同民族，有着不同的饮食习惯和文化差异，导游人员仔细研究他们的背景资料，处处留心，就能为他们安排适合他们口味习惯的饮食。特殊的日子，例如生日、结婚纪念日、民族节等，悄悄为他们准备一份小礼物，或为其举办一个小party，会给他们带来意外的惊喜和感动。在旅游者购物活动中，来自异域的旅游者，不了解中国的旅游纪念品，不懂得如何选购，这时候，导游人员就应运用自己平素积累的历史的、文化的、艺术的、科学的知识为旅游者介绍，让旅游者充分了解中国的代表性旅游纪念品的价值，合理地为他们推荐购买对象，这不仅适度地尽到了导游人员的促销义务，更是起到了宣传祖国文化的作用。在旅游者眼中，导游人员不仅是他们的服务者，也是他们的朋友，更是美的使者，是导游人员带给他们美的享受，使他们的旅游变得更加丰富多彩，他们会永远记住我们的旅游地，我们的国家。可能在未来的日子里，他们会模糊了导游的名字，但永远不会模糊这次难忘的旅行，他们会把这种美好的体验讲给更多的人听……

4.导游文化知识体系

旅游者文化素质不断提高，游览阅历丰富，对旅游活动文化品位的要求越来越高。旅游的发展势必对导游的文化素质提出更高的要求。提高导游的文化素质，培育导游文化，还要研究导游文化知识体系，完善导游人员的知识结构与体系。当导游人员的文化知识体系比较完备时，才能真正实现导游文化建设的目标。

"以国家制定的相关法律法规为依据，以中国传统文化为核心，以现代旅游发展需求为补充[①]"，来构建导游文化知识体系，才能解决"我国导游队伍的整体素质还不能适应旅游业发展需要，与我国旅游产业素质全面提升的要求不相适应，与建设世界旅游强国要求不相适应[②]"的问题。构建导游文化知识体系，需要厘定知识板块结构，图8-4构建了导游文化知识体系图谱。如果我们把这一模型加以完善，融入高等院校导游课程体系的建设之中，并与导游资格证考试结合起来，逐渐培育和完善导游人员的文化知识体系和结构，在提高其导游技能的同时，逐渐提高导游的审美趣味和文化品位，导游文化的魅力才能真正实现。

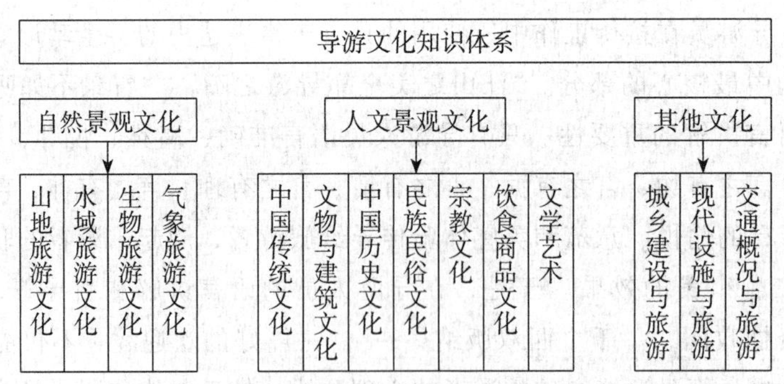

图8-4　导游文化知识体系模型（据王京平[③]模型改编）

（三）旅行社产品文化

在旅行社的各类产品中，旅游线路产品为旅行社的基础产品，因而常常用来特别指代旅行社的产品。旅行社产品文化是旅行社将其各项承诺和服务融入固化形态的旅游线路产品之中所展示出来的文化内涵与品格。

① 王京平.论导游文化知识体系的构建[J].沈阳师范大学学报（社会科学版），2009，33（4）：138-140.
② 参见邵琪伟在全国导游大会上的讲话。
③ 王京平.论导游文化知识体系的构建[J].沈阳师范大学学报（社会科学版），2009，33（4）：138-140.

目前，旅游线路老化和恶性竞争是旅游业内公认的通病。当旅行社产品创新意识和创新能力不高，都试图回避产品创新和开发问题而立足于搭便车时，旅行社产品的同质化和恶性竞争将不可避免[①]。众多的旅行社长期局限在同质、缺乏个性的旅游线路产品上进行恶性降价竞争，没有满足深度旅游、文化性和专题性旅游的市场需要[②]。要解决这些问题，要提升旅行社产品的文化层次和品味，就必须展示旅行社产品之美，凸显旅行社产品的文化性。

1.旅行社产品的美

旅行社产品要展示美、表现美和渲染美，这样才能满足旅游者的审美需要和期待。旅游主题不同，旅行社产品所展示的美也有所不同。旅行社提供的文化旅游产品，要展示文化文明之美；休闲文化产品，要张扬自然之美；体验性旅游产品，要凸显“甜蜜地带”之美[③]。优美、壮美、悲美、喜美，各种美的表现类型和表现形式，要在不同类型的旅行社产品中进行阐发。旅行社产品是以满足旅游者的审美需要为出发点来设计和构架旅行社产品内容的排列与组合。从产品的命名、产品的广告制作、广告语的设计以至门市销售的环境，都可以进行美的设计。通过文化创意，把握产品生产的细节，调动各方面因素满足旅游者审美愉悦的感受，从而张扬旅行社产品之美。

比如“非常男女”是欢乐北国旅行社打造的全国旅游界的唯一品牌，它是一种多元化、人本化、注重情感交流和情感释放的全新的特色旅游方式。在简单的线路安排之外，附上一篇充满感情色彩的美文，与产品的线路宣传单的平直形成对应，往往会起到一种催化剂的效果。

“非常男女”将带您踏上“非常之旅”，相识更多的新朋友，与更多的老朋友重温友情，让您知道亲情的可贵。和爱人相携去拥抱大自然、缅怀历史文化、释放内心情愫……

“非常男女”特色旅游已不单纯是模式化的旅游，它所倡导的是在听景、看景的同时还要读景、写景。让您置身于景，心融于景，放飞遐想……

驻足回首间，领悟人生真谛——珍惜您所拥有的，爱惜您所选择的。每一个不曾起舞的日子都是对生命的辜负。真诚地与他（她）牵手，尽情地唱吧，唱出你的热情；跳吧，跳出你的骄傲。欢乐无极限，北国永相携！让“非常男女”拥抱你的梦，让我们拥有你真心的面孔，让我们共同期待“非常男女”明天会更好！

来吧！不要再犹豫，不要再驻足。

来吧！我们在“非常男女”俱乐部恭候着把意外的惊喜送给您[④]。

2.旅行社产品的文化性

据世界旅游组织估算，文化旅游占所有旅游种类的37%，并以每年15%的惊人速度增长。打“文化旅游”的牌，以“文化旅游”为旗帜营销“文化旅游”产品是旅行社未来发

① 宋子千.旅行社产品同质化及其成因分析[J].旅游学刊，2005，20（6）：58-64.

② 程艳玲.旅行社产品创新中的文化性思考[J].企业活力，2007（11）：14-15.

③ 《体验经济》的作者将体验分为四大类：娱乐体验、教育体验、顿时体验和审美体验。让人感觉最丰富的体验必须同时涵盖四个方面，即处于四者交叉点的“甜蜜地带”。学界也从体验经济的视角考察了旅行社产品的文化创新问题，具体参见谢雨萍.体验经济视角中的旅行社产品创新研究[J].特区经济，2008（4）：175-176.

④ 案例引自尹华光.旅游文化学[M].长沙：湖南大学出版社，2005：175.

展的必然趋势。旅行社生产文化、经营文化和销售文化，是由旅行社作为旅游的经营部门的工作属性决定的。文化性特征突出的旅行社产品具有较好的市场竞争力和较强的生命力。

欧洲的文化旅游经过多年的发展，形成了一整套理论和规范，包括整体性文化理念、主题化包装和产品的另类性，这些理论对我们的旅行社产品的文化建设具有借鉴意义。首先，整体性文化理念，要求旅行社从整体和质量角度出发，把经济、文化和科技各个方面都纳入产品规划的设计和规划框架之中，无论是内容还是表现形式上都要突出文化性，并借助高科技手段张扬产品的文化性。其次，旅行社产品需要进行主题化包装。旅行社无论推出何种产品，都应该有鲜明的主题。主题鲜明的产品能促使旅行社形成品牌形象，提升产品的文化品位和内涵。目前，旅行社推出的主题旅游大致有两大类别：一是同一目的地不同行程的系列旅游；二是具针对性如探险、休闲、夏令营等个性化、专业化的主题旅游。最后，旅行社产品要突出特色，强调奇异性。不同的旅游吸引物对不同的旅游客源市场具有不同的吸引力。文化旅游对另类的强调是其他旅游形式所无法比拟的，因为文化旅游者对异地真实文化的追求大大降低了他们对娱乐性、舒适性的要求[①]。对旅行社产品的文化开发与挖掘，不能仅仅局限在旅游线路编排组合上，而是要在线路产品中尽显文化造诣的深层功力。

3.旅行社产品的创新性

旅行社产品文化还体现在旅行社产品的创新性上。旅行社产品创新，要坚持从旅行社产品开发的原则出发，在认识和把握旅游市场的发展趋势的基础上，明确开发新产品的方向[②]，从而改变旅游产品供给结构比较单一的现状。例如，观光、度假游，参与式游，散客游，豪华游，短程游，自助游等是旅行社产品创新性开发时可以考虑的产品或线路组合。

四、旅游交通企业文化

作为旅游活动六要素（食、住、行、游、娱、购）之一的旅游交通，是完成旅游的主要条件，是旅游发展的主要保障，是旅游活动的重要组成部分。旅游过程是以景点为带点，以交通路线为连线形成的闭合系统。随着旅游休闲生活方式的常态化，旅游交通的地位与作用愈加突出。现代旅游的主要交通方式包括航空、铁路、公路和水路四种基本运输方式。另外，为适应特殊的自然条件或特殊的文化氛围以及特殊的旅游需求，还有索道、轿子、滑竿、骆驼、雪橇等交通方式。各种旅游交通方式在旅游客源地与目的地之间、目的地与旅游中心城市之间、旅游中心城市与其所辖的各景区之间以及景区内部紧密衔接，构成了通达有序的旅游交通网络。为满足旅游者对旅游文化品位越来越高的要求，旅游交通企业也纷纷致力于自身企业的文化建设。

旅游交通企业是指为旅游者实现旅游提供各种交通运输方式的服务性经营单位，其出售给旅游者的产品是以物化形态出现的，向旅游者提供运力和服务方式来体现的劳务性商

① 尹华光.旅游文化学[M].长沙：湖南大学出版社，2005：177.
② 苏丽春.我国旅行社产品创新问题研究[J].经济问题探索，2005（3）：109-111.

品。旅游者只能凭借宣传介绍、自身体验、内心感受和实际需要来选购这种商品，而不像一般商品那样先比较，后决定。这一特点要求旅游交通部门既要有较高的服务质量、良好的企业形象，又要有较强的企业管理能力，通过塑建自己的企业文化，来满足日益变化的市场需求。旅游交通企业文化作为一种具有特殊内容和表现手段的企业文化形态，是人们在旅游活动中依赖于以交通、交通资源、交通技术为支点的信息活动而创造出来的企业文化形态，包括物质形态的交通文化、行为方式和制度规范的交通文化、精神观念的交通文化等内容。

作为物质形态的交通文化，主要包括交通企业视觉识别系统、交通工具、交通设施等，它们是形成旅游交通企业文化的基本实体，承担着旅游者的空间流动和物质、能量、信息的社会流转的基本职能，集中物化了生产系统中的渗透性因素——科技文化的优秀成果。旅游交通企业视觉识别系统是旅游交通企业文化的静态识别符号，是旅游者最直观感受交通企业文化的形象感受物；旅游交通运输工具、运行线路和站港等是交通运输工具流动的物质基础，这些物质基础的存在与运行状态也直接体现了旅游交通企业文化的存在与运行状况。

作为行为方式的交通文化，主要包括企业家、模范人物及全体员工的行为，是他们在交通意识、交通能力、交通心理、交通活动等选择、接受、利用等行为方式上的体现，是旅游交通企业文明程度的具体体现。

作为制度规范的交通文化，是旅游交通企业文化的生态机制，它是一种来自员工自身以外的、带有强制性的约束，以追求效率为目标，以协调交通诸要素间的关系为核心。例如，严格的岗位责任制、科学的操作规程、严格的交通伦理规范，对交通营运中人与人之间、人与物之间关系的规定等，都是为了保障交通企业井然有序地运营。

作为精神观念的交通文化，是旅游交通企业文化良性推进、健康发展的灵魂与方向，它包括旅游交通企业的经营理念、价值观、企业精神等。现在，“顾客至上”已成为旅游交通企业普遍认同的价值观。以游客为核心，以便利为原则，以舒适为目标，安全、便捷、准时、舒适、有特色成为众多旅游交通企业共同的追求。例如，深圳市新国线运输集团有限公司“温馨旅途，真情处处”的服务理念，上海大众交通股份有限公司“服务大众，报效社会”的企业使命，春秋航空公司“安全、低价、准时、快捷、优质”的宗旨等。

五、旅游景区文化

旅游景区文化是企业文化在景区管理行业的具体表现形式，是景区员工在景区管理过程中共同拥有的一系列价值观念。景区的经营管理活动是一种人格化的服务活动，最终体现在人的价值观念之中，以景区文化的形式表现出来。景区服务的直接接触性，赋予了景区文化的人性化特色，与此同时展现出来的服务品味的高低也体现了景区文化水平的高低。旅游景区文化主要体现在旅游景区的视觉识别系统、景区的管理服务文化以及景区的旅游宣传主题与形象等方面。

（一）旅游景区视觉识别系统

旅游景区文化是以旅游景区物质基础为载体的企业文化形式。旅行社的视觉识别系统是由景区员工创造的旅游产品和物质设施等构成的一种表层文化，它主要包含旅游景区的线路设计，景区名称、企业标志、景区象征物、纪念品，宣传标语、户外广告、文字、音像、图片资料，以及员工的衣着、景区的建筑物等企业形象标示物等，直接外化地反映了旅游景区的总体特征。

（二）旅游景区管理服务文化

旅游景区管理服务文化首先体现在旅游景区的管理制度上。景区服务质量标准与操作规范、景区管理条例、景区质量评定办法、景区安全手册、景区员工手册、景区管理方案、景区安全管理制度等都是旅游景区管理服务文化的主要载体。

旅游景区是旅游者旅游的目的地，在整个旅游活动过程中处于核心地位。旅游者在旅游审美和体验中所获得的满足感取决于景区管理制度的完善程度与服务质量的高低。旅游审美和体验活动要圆满完成，旅游景区就必须和旅游者保持良好的协调和沟通关系。景区的旅游管理水平和服务质量无不体现了旅游景区的文化品位和特征。

（三）旅游景区旅游主题与品牌形象

旅游景区形象与旅游主题是体现景区文化特色的主要表征之一。对景区文化资源进行整合开发，最终目的是要打造景区文化旅游品牌，形成景区旅游主题与形象。旅游市场的走势已经表明，旅游者购买旅游产品时的选择取向越来越指向特定主题和特定形象：一是旅游品牌和形象具有较好的认知特征，旅游者容易对其做出判断；二是特定主题或品牌具有较高的品质保障，可以较大程度地满足旅游者特定的旅游需求；三是特定主题和旅游形象能给旅游者带来心理上的满足感，满足其“形象消费”或“意境消费”的需要。世界知名的主题旅游产品和旅游形象或品牌，在旅游者心目中的知名度高、认定的质量好，并且品牌的忠诚度高，而且，可以实现效益的最大化，许多国外知名的旅游品牌如美国的迪士尼世界、国家地理、发现频道等都能溢价销售[①]。国内旅游品牌如“印象·刘三姐”、绍兴沈园等旅游品牌通过深入挖掘景区文化内涵，拓展景区文化产业链，进行有效的文化传播和营销，构建了景区形象和品牌，最终实现了景区文化建设目标[②③]。

本章重要观点

1. 无论我们从何种视角来解读文化和企业文化，企业文化都是以企业精神为核心，由内向外辐射渐次展开为企业制度文化、企业行为文化、企业物质文化，由精神向物质、由观念和心理向行为和物质渗透的过程。

2. 旅游企业文化铸旅游企业之魂，育旅游企业之本，塑旅游企业之行，内聚人心，外塑形象，贯穿旅游企业发展过程，潜移默化地影响着旅游企业的运行与发展。

---

① 张国洪. 中国文化旅游：理论、战略、实践[M]. 天津：南开大学出版社，2001：220.

② 黄益军. 浅议旅游景区文化资源的利用与开发——以绍兴沈园为例[J]. 资源利用与开发，2008（4）：108-111.

③ 李红梅. “印象·刘三姐”留下深印象[N]. 人民日报，2006-08-21；梁沂滨. “印象·刘三姐”唱响走向世界的文化品牌[N]. 经济日报，2006-08-30.

3.管理是房屋，企业文化是地基。优秀的企业文化给企业提供了生生不息的牵引力和持续不断的内部动力。

4.文化主要是通过文化的微妙暗示和感召力量来发挥作用的。旅游企业文化的建设必须建立在人的心理机制之上，运用心理定式、重视心理强化、利用从众心理、培养认同心理、激发模仿心理和化解挫折心理等诸多机制来实现。

本章问题讨论

1.根据你在某一旅游景区（点）的购物经历，谈谈如何进行购物中心、旅游商品专卖店的文化氛围建设。

2.旅游企业文化具有哪些功能？这些功能是如何体现在旅游企业的经营管理过程中的？

3.你认为旅游企业文化建设所要采取的策略，对于中国企业和中国旅游行政管理部门来说，将会有哪些困难？

4.通过网络等途径了解一家旅游企业，运用一些常用的旅游企业文化分析工具，分析该旅游企业文化现状，并提出发展建议。

本章补充阅读材料与案例分析

深圳一导游自揭旅游黑幕

邬敬民[①]："叫我如何不宰你"

邬敬民，有着12年的导游生涯。1994年他开始接触旅游行业，1997年正式从事导游工作；2003年成为国际导游，带团出游新加坡、马来西亚、泰国、俄罗斯等国家。2005年12月，邬敬民用真名实姓在个人博客上发表了《叫我如何不宰你》，向旅游业的潜规则挑战，揭露旅行社、定点商场、导游、司机等联手宰客等种种黑幕。文章引起人们关注，他本人也因此被迫辞职。今年5月14日记者专访邬敬民，以下是他的自述：

一、"负团费"背后的负心旅行社

人们常说天底下没有免费的午餐，但旅游行业有！那是挂着宰人"刀"的免费午餐。

比如说港澳游，黑龙江、吉林、北京、天津等地的游客，港澳游四天，港澳本地的接团价是负300元。就是说，不管内地的旅行社收游客多少钱，不用付一分钱给香港旅行社。相反，香港旅行社倒贴给内地旅行社300元。

为什么这些地方的游客备受香港旅行社的青睐？原因是，那些地方的人离香港远，去一趟不容易，多是"子弹"充足，有备而来，又弄不懂行情，可以被大宰特宰。香港旅行社绝对不会白白请你游港澳的，他们的钱从哪里赚呢？他们会在香港安排三到四站购物，再去掉进出关的时间，你还能有多少时间去玩景点，体验旅游的真正乐趣？

购物又怎么能伤害游客呢？香港不是人称购物天堂吗？殊不知，旅行社带你去的地方，是他能拿高额回扣的地方。媒体报道的一位香港珠宝大王因涉嫌向旅行社及职工提供

---

① 邬敬民，1967年生，山东潍坊人，1994年开始接触旅游业，1997年正式从事导游工作。2006年出版《叫我如何不宰你》（花山文艺出版社）一书，引人关注。

非法回扣，被香港廉政公署拘捕的事件，就证实了这个问题。他们提供的回扣率高达30%，然后还要付给旅行社人头费等，再加上他们自己所谓的合理利润，可以想象他卖给你的东西值多少钱？同样的一个行程，港澳四天，广东人去要交800元给香港旅行社。如果是厦门人、海南人，花600元就可以了，因为他们还能在购物时上一点儿当。

曾经引起轰动的广州199元泰国五日游，连起码的泰国的签证费（泰币1 000铢，相当于港币200元）都不到，更不用说一路上吃喝住行，还谈何利润？任何一个有理性的人都会明白，这是一个陷阱。上海2 380元泰新马十日游、北京1 880元香港四日游、重庆800元张家界双飞四日游、江苏660元海南岛六日游、四川500元泰国六日游，这些报价能有利润吗？扪心自问，机票任你打折，车还得坐吧？饭还得吃吧？觉还得睡吧？很多游客对旅游市场所提供产品的价值失去理性的判断，很多旅游者在经历了多次变质旅游之后，依然不思悔改，你说这是不是一种悲哀呢？

二、将游客关在房内，不买东西不让出去

客人就像是猪肉。我买过来爱怎么宰就怎么宰。榨得干干净净的，不把你榨干誓不罢休，这是高手。旅行社会想尽一切办法，把钱从旅客的身上榨出来，而且，还要获得高额利润。最主要的办法是安排购物，一站接一站，马不停蹄。我带的“新马泰”团，十天进了13家购物店。

这背后是旅行社和购物商店的勾结。购物商店靠旅行社拉客，靠导游推销商品。导游靠司机配合，司机、导游、商店、旅行社靠购物生存，他们结成了利益共同体，向旅游者高额出售一些“次、假、虚”的产品，从中谋取高额利润。有些时候，地陪导游和商场会逼着你买东西，不买不让上车。一些商场采取“关门打狗”方式，将游客关在房内，不买东西不让出去。

我曾经带过一个团，客人来自台湾，购物店的营业员把他拉到贵宾室里边去，打开保险柜，拿一个玉镯出来。开价要多少？10万元。这人随便开了一句玩笑，哪里要这么贵？1 000元啦。好了，这个购物店就觉得这个人有挖掘潜力，组长、班长、部长、经理、总经理，一路出面缠着他，后来这个客人就以1 000元买了这个玉镯。开价10万元，1 000元就成交了，这只是0.1折啊！这1 000元里，购物店大概还要把四成左右的回扣给旅行社，还有讲解员、售货员，他们都要提成的，他们拿的是效益工资，这又去掉一部分，剩下到底还有多少？大概不到一半，这一半老板还得有利润，要不然卖它干什么？购物店的商品如果不是假的，就是价格特别虚。

三、购物店支出成本=回扣+人头数+停车费

定点购物商店，原本是为了加强对旅游购物的管理，方便游客购物、维护游客的利益而设，现在却成了宰客最厉害的地方。每一条旅游线路上都有这种购物店，而且有很多家。要想吸引旅游团把客人送到店里来，必须不断竞争，提供高额回扣。一般行规是回扣率10%，但很多旅游购物点提供的是40%~50%，而且购物店除了提供回扣外，还要付人头费、停车费。

我带一个人到你这个店里来，买不买东西都得给钱，这就叫人头费。我把车开过来

了，你就得给停车费，停车费一般在50~200元之间，以车辆的大小及人数多少来定。人头费付多少得看购物店卖的是什么产品，珠宝、玉器、珍珠、水晶这种购物店就会给5~20元/人。

游客来自不同地方，也会有不同的人头费。如果是外宾的话，人头费还要进一步上交，甚至高达50~200元/人。也不是每个进店的旅客都能签到人头费，一般来讲，18岁以下的青少年不给签。有些12岁以下的不能签，有的12~18岁签半个人头。所以导游在跟购物店报人数的时候不是以全团的总人数来报，而是报可以签到的人数，如八个半人，或十五个半人。就本人所知，日本人平均人头费最高，多的达到了200元，所以在人头数上会严格把关。

鼓动游客参加自费项目，甚至强迫游客参加自费项目，是旅行社赚钱的又一武器。游客往往被引诱到价高质次的自费景点，结果游客正常的游览时间被压缩挤占，实际费用支出又往往大大超出所报的团费。

我曾带团去俄罗斯圣彼得堡，芭蕾舞那是一定要看的，那可是俄国人的国粹啊。但600卢布的表演，差不多是700元人民币啊，一场表演就赚了你500元人民币。再来看看国内遍地开花的战场吧！在海南1元的兴隆热带花园，卖到30元；底价为50元的西岛转卖到100元；南山文化苑，卖到120元，比门市价格高出55元；猴岛，自费销售价为100元，旅行社实际支付的费用为34元；玉带滩家博鳌会址，70元的门票，旅行社底价是23元；大小洞天景区门票，16元的底价，卖给游客80元；底价5元的黎村苗寨，卖到了50元，差价高达10倍；潜水380元潜水公司却只能拿到50元；人妖表演必收你150元，底价也不过50元。

至于一些正规的著名景点，回扣比较低，就会遭到冷落，而偏偏这些景点确实最值得一看的。如苏州著名的景点像拙政园、狮子林、虎丘、留园、西园等，回扣率只有10%左右，导游当然不会自找辛苦了。

四、“不养导游”的经营路线把导游逼“黑”

导游被称为“三无”人员：无基本工资、无福利、无最低保障。听听导游的自嘲吧：“被媒体骂得猪狗不如，被旅行社宰得比兔子还惨，被客人投诉得比绵羊还乖，被旅游局罚得比蚂蚁还多。”

我在某旅行社有一个假工资表，上面的月薪是1 547元，每个月要报给劳动局、社保局、旅游局，可我一分钱也拿不到，每年还要倒交400元管理费。我帮你带团，给你创造利润，你还要我上交管理费，这是什么道理？再者，带游客我要交人头费，带一个游客去新马泰，去年交80元，今年交110元。带一个游客去俄罗斯要交300元人头费，我带一个团20人，一回来就要交6 000元！我不坑你、宰你，我怎么活呢？

导游的角色非常尴尬。旅行社对导游的要求跟游客对导游的要求，从本质上来讲恰恰是相反的。旅行社的标准是：无论你的讲解多么糟糕，服务多么差劲，也无论你采取什么样的手段，哄也好，骗也好，只要不砸团，没有投诉，只要能为企业带来最大的经济效益，就是最好的导游。如此，导游怎么可能“洁身自好”啊？

目前多数旅行社公开标榜的，都是“不养导游’的经营路数，公然以此作为自己的经营策略。所折射出来的，是旅行社管理者在杀鸡取卵的经营行为中对导游环节的不屑。旅行社说到底无非就是产品与质量，而导游是直接影响旅游质量的，却没有纳入到企业质量体系当中去，这是很大的隐患。

五、旅游定点的购物店该砍掉

这些问题的根源是管理部门不作为。他们并不是不清楚旅游业存在的问题，但他们怕严格管理会影响短期内的旅游经济，影响住宿、交通等行业，怕自己和部门的政绩受影响，所以都是睁一只眼闭一只眼。

有些政策是早已明确规定了的，比如不准零团费、负团费等，但根本没有落到实处，缺少真正的监管。

2002年年初，国家旅游局按照和国际接轨的要求，提出把导游对商店的个人回扣行为转为旅行社对商店的公对公佣金行为，并将其纳入国家税务和企业财务双重管理的规定。公对公的佣金，即定点购物商店将利润的一部分直接付给旅行社，然后由旅行社按情况合理分配给导游。从社会各方面来看，导游回佣收入得到了市场的认同和理解。于是乎，非法的回扣摇身一变，就成了合理的佣金。导游手里有了一道免死金牌，可以名正言顺地带着游客进店购物。导游吃回扣是公开的秘密，在毫无保障并迫于旅行社的压力的情况下，吃回扣成了导游唯一的谋生手段。

我个人建议，把旅游定点的购物店全部砍掉，不允许旅行社有指定的购物点，带游客到当地居民购物的商场、超市去购物，还游客一个公平的购物环境。旅行社可以与超市协商3~5个点的购物提成，以游客购物小票进行结算。

【阅读提示】

1.你有过“零团费”的旅游经历吗？“零团费”现象反映了一种什么样的企业文化现象？

2.本文反映了旅游企业文化建设存在哪些问题？

3.从旅游企业文化建设的角度，你认为应该如何治理零团费现象？

4.“宰客”是我国旅游企业经营管理中一种普遍的现象吗？你认为其原因何在？该如何治理？

5.从旅行社产品文化的角度，谈谈“零团费”现象与旅行社产品文化的关系。

6.请阅读邬敬民《叫我如何不宰你》一书，了解旅行社恶性竞争现状，了解导游以欺骗游客为基本生存条件的无奈，进而理解旅游者的旅游意识与旅游企业文化的关系。

7.旅游行政管理部门在“零团费”现象中应该承担什么责任？通过制度构建，能解决这类问题吗？

第九章

旅游目的地文化生态

学习目标

学过本章之后，你应该能够：

1.理解旅游目的地文化生态系统的复杂性。

2.掌握地域文化与旅游文化的关系及其表现形式。

3.了解地域文化在旅游目的地旅游形象中的地位，掌握旅游目的地形象策划的基本内容与程序。

4.了解旅游对目的地的社会文化的积极影响和消极影响及其作用过程。

5.理解各种影响因素及其合力对旅游目的地文化变迁和发展的作用。

6.掌握旅游目的地文化调试的原则与方法。

旅游本质上是一种跨文化的交流活动。旅游者在不同地域流动所感知和体验到的不仅仅局限于某几个旅游景点（观），旅游过程中的一切，特别是旅游目的地的一切成为旅游者感知的对象。旅游者实际感知的是旅游目的地的文化生态系统，如旅游目的地的文化氛围、服务文化、环境文化等。

旅游目的地（旅游接待地）是旅游文化现象的最终极载体和最佳观测点。从旅游文化学视角看，旅游目的地地域（本源）文化、旅游对目的地的社会文化影响与各种旅游文化现象在旅游目的地的各种表现形式交织在一起，你中有我，我中有你，难以区分。旅游目的地文化生态是包括旅游目的地地域文化、旅游对目的地文化影响、旅游目的地文化（各种旅游文化现象）以及旅游目的地文化发展变迁与调试的综合体。把握旅游目的地文化生态的全貌有利于全面认识旅游目的地的旅游文化（现象）。

第一节　地域文化与旅游文化

地域是文化人类学中的概念，是指在文化上具有同质性和内聚力的地区。地域文化指某一地域内人们为了适应当地的自然和社会环境所创造的文化个体，具有鲜明的地域性、亲缘性和文化个性。旅游目的地地域文化是指旅游目的地特定区域文化背景和社会文化环境及其所体现出来的地域文化特征与形象。

一、旅游目的地地域文化

一方水土孕育一方文化。无论是从旅游者的旅游审美、旅游消费和旅游休闲角度，还是从旅游业的旅游产品、旅游企业经营管理的角度来审视旅游文化（现象），旅游目的地地域文化既是一个原则和视角，又是一个重要的素材。在中华大地上，不同的社会结构和发展水平的地域的自然环境、政治经济发展情况，培育了不同特质的各具特色的地域文化。自然地理学、人文地理学和经济地理学三大地理学分支无不钟情于对中国区域的划分，从文化地理的角度看，诸如齐鲁文化、三秦文化、燕赵文化、中州文化、三晋文化、湖湘文化、荆楚文化、巴蜀文化、徽文化、吴越文化、闽文化、岭南文化等都是学界广为关注的研究对象。这些区域文化对旅游目的地文化背景影响深远，对旅游目的地的社会经济文化的发展具有根本性的影响。地域文化构成旅游目的地的文化背景和文化底色，极大地影响着旅游目的地的文化面貌和旅游文化形象。

（一）地域文化与旅游产品开发

从旅游目的地方面来说，旅游产品实质上是旅游者用货币购买的一种在旅游目的地的经历，它具有综合性、无形性、不可转移性、时间性、生产和消费同步性等特点。综合性是说旅游产品是一种群体产品或集合产品，无形性是说旅游产品是旅游地借助一定的旅游吸引物和设施提供的服务，而非旅游吸引物和设施本身[①]。旅游产品综合性和无形性决定了地域文化在旅游产品的生产和组合中可以作为最重要的素材和着眼点的地位。在旅游产品规划中，旅游目的地地域文化的表达可以从以下几个方面入手：通过市场分析推出具有地方文化特征的旅游产品或旅游吸引物；利用物质和非物质文化遗产，生产和组合旅游产品，挖掘文化内涵；通过增加地方性和民族性的服务内容和特点，凸显旅游地的旅游文化吸引力和竞争力；注重地域文化挖掘的同时，平衡好本土文化的舞台化和真实化旅游发展需要[②]。例如，丽江古城以独特、悠久、神秘的纳西族文化为基础，积极开发文化旅游产品，游人在这里可以亲身体会纳西人的生活，可以聆听名扬海内外的纳西古乐，可以尽情品尝丽江风味美食，可以优游地徜徉于石板小街感受“高原姑苏”的优美。

（二）地域文化与旅游商品开发

旅游的过程是旅游者经历文化、体验文化、欣赏文化的过程，文化因素渗透在现代旅游活动的各个方面。一种产品能够被来自其他地区（而且主要是其他文化区）的旅游者购买而成为旅游商品，其主要原因是这种产品具有一定的地方特色、民族特色、纪念性和“礼轻情义重”的可馈赠性，即承载了某一地域的文化特色。旅游商品的开发和生产绝不仅仅是一种技术和经济过程，而应该更多地承袭、积累和表达地域文化的内容。缺乏地域个性已是我国旅游商品最大的弱点，也是中国旅游商品市场长期存在且难以解决的问题[③]。造成旅游商品现状的根本原因在于对具有地域、民族特色的文化内涵挖掘不够。因此，旅游商品的开发与设计应该在遵循生态保护原则的前提下，增加旅游商品的文化附加值，突出地域特色，使旅游的过程成为旅游者经历文化、体验文化、欣赏文化的过程，努力实现旅游业经济持续发展。

---

① 李天元，王连义.旅游学概论[M].天津：南开大学出版社，1997：153-154.
② 乌恩.地域文化与旅游规划[J].人文地理，2001，16（1）：24-26.
③ 姜日韦.地域文化与旅游商品开发[J].哈尔滨商业大学学报（社会科学版），2008（2）：49-51.

旅游商品中文化因素的体现集中于形态、材料和功能等三方面，这三方面因素交互作用又派生出旅游商品的生产工艺、结构、设计等，这些新的因素也含有大量文化信息。旅游商品的形态是指商品给予游客的知觉感受，具体表现为外观造型、款式、色彩、装饰、包装、质感以及味道、音质等，形态是最能承载文化意义的；在材料方面，越是传统的旅游商品，依赖材料表达的传统文化背景就越深厚，现代旅游商品受材料的制约较少；旅游商品的功能可分为物质功能和精神功能，物质功能包括实用功能、技术功能和经济功能，精神功能包括审美功能和地位功能①。

旅游商品开发的元素包括地域独特的生活方式、生产方式、宗教信仰和民俗特色等，从语言文字、衣着装饰到生活用品、家具建筑、生产工具、节日歌舞、食物结构、休闲娱乐，无不可以成为展示中华民族丰富多彩的风俗习惯和特色鲜明地域文化的载体。具体而言，可以从以下几个方面来进行：一是通过挖掘地域文化内涵，增加旅游商品的文化附加值。例如，以古老的原始宗教文化为背景，贵州涌现出来的艺术独特、颇具神秘性的木瓢艺术和陶土面具艺术类商品，以云南纳西族巴东文化为基础开发出来的彩绘东巴象形文字T恤类商品，无不深受游客欢迎。二是在多样销售方式中，渗透地域文化特色，提升旅游商品的文化内涵。例如，一些旅游文化功能区和购物中心设置一些民间、民族手工艺品加工表演区，集设计、制作、生产和销售于一体，通过制作工艺、过程的展示和游客的直接参与，不仅增加旅游收入，又能充当“活广告”，产生连锁效应②。例如，西南少数民族地区一直使用的蜡染与扎染，是最具特色的各民族服饰布料的染制技术。通过展示与游客的参与，张扬了旅游商品的地域文化特色，提升了商品的附加值③。三是要利用高科技手段，利用影视、演艺等宣传手段张扬旅游产品的地域文化特色。河南的“禅宗少林·音乐大典”、上海的“时空之旅”、云南的“丽水金沙”、广西的“印象·刘三姐”、杭州的“宋城千古情”、贵州的“多彩贵州风”、安徽的“绿水青山”等，都具有鲜明的民族文化特色和地域文化特色。

（三）地域文化与旅游市场营销

旅游地的市场营销过程就是将自己有特色和有优势的旅游产品推介给本区域和外区域的旅游者购买的过程。地域文化是重要的视角和素材。旅游客源地的地域文化与旅游目的地的地域文化差异性对旅游者的出游动机和旅游偏好具有极大的影响力。

二、地域文化与旅游形象

一般认为，旅游目的地形象主要受公众传媒对这一目的地的描述、报道以及个人的旅游地信息和知识储备的影响。在旅游地数量和类型迅速增多，旅游市场竞争激烈的条件下，凸显旅游地文化个性与特色，塑造旅游地品牌形象成为旅游地经营与管理的首要目标。

① 吴克祥.旅游商品开发与文化因素[J].旅游学刊，1994（3）：38-39.
② 梁玉华.论贵州民族旅游商品开发与贵州旅游经济的增长[J].贵州民族研究，2005（6）：88-93.
③ 邵琪伟.促进旅游文化产业全面发展[J].旅游调研，2007（8）.

（一）旅游目的地形象概念

"形象"一词来源于心理学，指能够引起人们的思想或感情活动的具体形状和姿态。形象是事物的外在表现形式与人的思想感情活动作用形成的结果。国外对旅游形象的概念一般依据"image"的定义。"image"是建立在人脑信息处理过程基础上所形成的一种内在信念和印象，可译为意象、映象、形象、观念等。自20世纪70年代初，Mayo提出旅游目的地形象的概念以来，研究者对旅游目的地形象的概念内涵有不同的理解：或认为旅游目的地形象是纯粹主观的概念，即人们对不在其居住地的地区所持有的印象；或认为旅游目的地形象由认知、感情、意动三部分组成，当进行实地游览时，旅游者会对三部分进行验证和再评估；或认为旅游目的地形象是旅游者在实际旅游经历之前对某个目的地的一系列期望。不论旅游地形象定义表述多么不同，但有一些基本认同的共识：旅游形象概念来源于认知心理学的感觉和认知概念；旅游形象的研究属于感知研究的范围。

我们可以从旅游者和旅游地两个角度来认识。从旅游者的角度看，旅游目的地形象是他们对旅游目的地的总体印象和期望；从旅游地角度来看，旅游目的地形象是旅游资源优势的集中体现。概言之，旅游目的地形象是一个综合性概念，是旅游者（或潜在旅游者）对于旅游地综合性、概括性的认识和印象，是对区域内在和外在精神价值进行提升的无形价值，是旅游地历史文化特征的外在表现，是旅游地现实的一种理性再现。

（二）旅游目的地形象是一个系统形象

从旅游者角度看，旅游目的地形象是本底感知形象、决策感知形象和实地感知形象三个相互联系、逐渐递进的形象层次。本底感知形象是旅游者长期形成的关于某一旅游地的总体认识；决策感知形象是旅游者通过主动收集旅游地的旅游信息形成对该旅游地的比较明确的预想和期望形象；实地感知形象是旅游者在旅游地通过旅游活动形成的对旅游地的感知形象。就旅游目的地而言，一般都具有视觉形象、味觉形象、听觉形象、嗅觉形象等。在旅游目的地内部，又存在旅游从业人员的服务形象、当地居民的形象和其他旅游者的形象。在区域空间范围内，存在第一形象区的形象、最后形象区的形象和光环效应区的形象以及地标区、核心区和边缘区的形象[①]。旅游目的地形象就是由这些不同类型、不同层级的系列形象构成的形象系统。

需要特别指出的是，旅游者对旅游目的地的认知，首先是对旅游目的地所处的地理位置和地理空间的认知，这种位置关系构成了旅游者心中关于该旅游目的地的最初和最起点的形象[②]；其次才会进一步认识该旅游目的地有什么样的旅游吸引物和旅游吸引力，并对不同旅游目的地加以比较。空间位置认知和比较认知构成旅游者对旅游目的地形象感知的认识基础。例如，欧美游客一提起北京旅游，首先想到的是"一个位于亚洲东部的古老而神秘的国度"，然后才想起长城、故宫等形象；国内游客一提起新疆的某些旅游地首先想到的是一幅"西北内陆，茫茫戈壁，大漠孤烟直，长河落日圆"的景象。简言之，旅游者对旅游目的地形象的形成，是从不同的角度形成的不同层次的形象系统。

---

① 周志红，肖玲.论旅游地形象系统的层次性[J].地理与地理信息科学，2003，19（1）：109-111.
② 李蕾蕾.旅游目的地形象的空间认知过程与规律[J].地理科学，2000（6）：563-658.

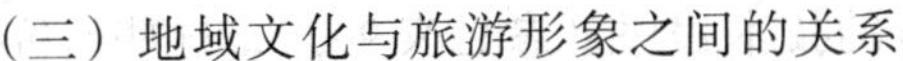

（三）地域文化与旅游形象之间的关系

旅游目的地文化与旅游目的地旅游形象之间关系密切，主要体现在以下几个方面[①]：

1.旅游目的地地域文化是塑造旅游地形象的重要基础和主要依据

旅游目的地形象是一种综合认识的结果，是旅游者在对旅游地的整体感知、体验基础上形成的综合认识和总体评价。但旅游目的地各种因素在旅游者形成旅游地形象的过程中所起的作用是不同的，“形象敏感因素”对旅游地（目的地）形象的形成起着决定作用。旅游地所拥有的高品质文化资源及其所体现的文化个性与特色，就是最重要的形象敏感因素[②]。因此，旅游地形象的塑造与建设要特别注重“地脉”与“文脉”的挖掘与延续[③]。

2.旅游目的地地域文化是旅游者形成旅游目的地本底形象的基本材料

旅游者对旅游目的地形象的形成是借助一定的材料完成的。旅游者收集关于旅游地（目的地）的一切信息，结合自己的知识储备，根据自己的旅游经验，从而形成旅游地（目的地）形象的综合判断。传播和负载有旅游地文化信息的神话传说、游记、书籍、影视剧以及网络信息等是旅游者构建旅游地相关信息和知识的储备库，是旅游者形成旅游地本底形象的主要依据。

3.旅游目的地文化是旅游者获得实际感知形象的基本材料

在实际旅游活动过程中，旅游者通过对旅游地文化氛围和风土人情的感知，形成旅游地实际感知形象。如果不注重营造旅游地的文化氛围，建设有魅力的社会文化环境，那么任何一个旅游地都很难在旅游者心中留下良好的、鲜明的旅游形象。

（四）旅游形象策划

旅游目的地形象策划是旅游地经营管理者为了树立本地良好鲜明的旅游形象，增强旅游地的吸引力和竞争力而进行的形象塑造和建设工作。旅游地形象策划是旅游地形象建设的首要工作，决定着旅游地形象建设的最终质量和效果。从产品开发角度看，旅游地具有鲜明的文化形象和意味才有较强的吸引力，凸显旅游地旅游产品的地方文化特色、民族特色、文化内涵、文化风格和品味是旅游地旅游形象策划的核心内容之一。从产品营销的角度看，旅游地旅游形象在旅游市场营销中发挥关键性的作用。从旅游消费行为角度看，旅游地旅游形象是旅游者进行旅游决策时考虑的首要因素。旅游者在进行旅游选择时，总是首先注意那些形象鲜明、特色突出的旅游地。

1.地域文化在旅游形象策划中的地位

旅游地形象策划研究是伴随着旅游规划理念的不断提升而深入的。总体而言，我国的旅游发展经历了资源导向、市场和产品导向、形象驱动导向三个阶段。人们对旅游地形象的各种驱动效应及其实践意义的认识直接推动了旅游地形象策划研究。在旅游地形象策划代表性研究成果中，陈传康[④]提出了旅游形象策划（CI），李蕾蕾[⑤]提出了旅游地形象策划

① 沈祖祥.旅游文化学导论[M].福州：福建人民出版社，2006：231-232.

② 沈祖祥.旅游文化学导论[M].福州：福建人民出版社，2006：231-232.

③ 地方（景区）文脉在旅游地形象塑造中的运用研究及案例可以参见：于希贤，于涌，黄建军.旅游规划的艺术——地方文脉原理及应用[M].重庆：重庆出版社，2006.

④ 陈传康.陈传康旅游文集[M].青岛：青岛出版社，2003.

⑤ 李蕾蕾.旅游地形象策划理论与实务[M].广州：广东旅游出版社，1999.

的TDIS模式，吴必虎[①]提出了区域旅游形象分析的技术程序（参见表9-1），这些研究成果成为后来旅游地形象策划研究的最主要理论来源，也是目前国内实际规划中通常依据的框架模型[②]。

从旅游地形象策划的内容来看，地域文化分析（包括地脉与文脉）和受众调查是旅游地形象策划的基础[③]。表9-2总结了国内旅游地形象研究的主要内容体系。

表9-1 旅游形象策划与设计模型

作者	陈传康	李蕾蕾	吴必虎
框架名称	旅游形象策划	旅游地形象系统设计模式	区域旅游形象分析的技术程序
年代	1996	1999	2001
分析	文脉	地方性	地方性
定位理念基础		定位与口号	理念核心、界面意象和传播口号
本地塑造与对外传播	行为准则BI 视觉形象VI 广告行销	人人感知系统 人地感知系统 传播	
独特处	文脉	节事活动	替代性分析(竞争者分析)

表9-2 国内主要旅游形象策划研究内容比较

作者	陈传康	李蕾蕾	吴必虎	
旅游地形象前期研究	地理文脉分析 客源市场分析	旅游市场调查 地理文脉分析 受众基础分析	基础性研究	地方性研究 受众调查 形象替代研究
旅游地形象策划	理念基础MI 行为基础BI 视觉形象VI	形象定位 主题口号 形象设计	显示性研究	形象定位 界面意象(口号) 形象塑造
旅游地形象推广	广告行销	形象广告策略 公共关系策略 网络传播策略 市场行销策略 形象传播空间策略		

表9-1和表9-2显示，无论是从旅游形象分析与策划模型研究角度，还是旅游形象策划研究内容的角度，地域文化是旅游地形象塑造的最基础性要素。陈传康、李蕾蕾、吴必虎的关于旅游形象的理论，基本是在分析地域文化（地方性）的基础上，对旅游地形象的建立提出相应的技术程序，这些理论研究和旅游实践凸显了地域文化在旅游地形象策划中的重要地位。

① 吴必虎.区域旅游规划原理[M].北京：中国旅游出版社，2001.

② 苗学玲."旅游地形象策划"的10年：中国期刊全文数据库1994—2003旅游地形象研究述评[J].旅游科学，2009，19（4）：64-70.

③ 陈晓梅.国内几种主要旅游地形象理论的比较研究[J].桂林航天工业高等专科学校学报，2008（1）：45-48.

2.旅游地形象策划的内容与程序

表9-1和表9-2表明，无论是旅游地形象策划，还是分析技术，其基本的指导理念都是相同的。整个策划的步骤可以简化为分析—定位—本地塑造—对外传播这一模型。其中，分析包括地理文脉、旅游形象的受众调查、替代性分析；定位指在分析的基础上将旅游地的核心理念概括出来，浓缩为一个形象口号；然后，围绕此理念在本地塑造物质视觉和人文感知形象；最后，选择适当的传播手段影响受众。

第一步：分析。

（1）地方性分析。

地方性分析（也称地脉文脉分析或地格分析）是旅游地形象设计的基础工作，其主要任务就是通过对规划区域的文脉和地格的把握，对地方历史文化的阅读和提炼，总结旅游地的基本特征和风格。地格是反映一旅游地的总体吸引物特征。地格确定包括自然地理特征、历史文化特征和民俗文化特征的分析与提炼。表9-3列举了一些利用地格分析方法进行形象定位的旅游地。

①自然地理特征分析（也称地脉分析）。

一旅游地在地理特征方面与其他区域具有截然不同的特征为开发出独具特色的旅游吸引物创造了条件。在旅游开发和旅游形象策划过程中，准确抓住这些地理特征，既可以开发创造出具有吸引力的旅游吸引物，又可以作为宣传行销的切入点。例如，西藏是世界上海拔最高的世界屋脊，黄河是世界上含沙量最大的河流。

②历史文化特征分析（也称文脉分析）。

旅游地形象策划与分析还需要对旅游地的历史过程进行考察和分析，寻找具有一定知名度和影响力的历史遗迹、历史人物、历史事件和古代文化背景，最为地方性的显性要素。例如，河南整体旅游形象“根”就是一种地域历史文化分析的结果。

③民俗考察。

考察和分析旅游地的民族民俗文化，提炼出富有地方特色的景观特性。例如，云南以少数民族文化为特色，大打“民族文化旅游牌”，取得巨大成功。云南各族人民在和谐交往融合的历史进程中形成了各具特色的灿烂文化和民俗风情：西双版纳、德宏、耿马、新平、元江等地的一个个充满诗情画意的民俗旅游地；滇西北玉龙雪山脚下的纳西族文化与古朴淳朴的风土人情；大理白族的聚落文明与苍山洱海的壮美风景……

（2）形象替代分析（也称竞争者分析）。

旅游地形象替代也叫旅游地形象遮蔽，它的产生是因为处于同一区域范围内的多个旅游地，由于它们的背景形象、资源赋存等因素存在相似性，其中旅游资源级别高、特色突出，或抢先占领市场的旅游地会对其他旅游地产生形象的空间竞争，从而形成形象遮蔽，即形象替代[①]。清晰的地点形象一旦建立起来并得以稳固发展，就具有一种外溢作用，即游客一提起某地区，脑海里便会想起该地区的某个著名旅游地，此时该旅游地的形象已扩

① 杨瑞.旅游地形象策划中的“形象替代”问题对策研究[J].宝鸡文理学院学报（自然科学版），2005（2）：159-161.

表 9-3 **部分旅游地地格分析与形象定位**①

旅游地	地格分析主要内容	总体形象系统	
长沙	湖南省会，政治、经济、文化中心；地处湘江下游，属亚热带湿润季风气候区；具有3 000多年历史的文化名城，湘楚文化悠远，岳麓风光秀丽，亭台楼阁独特，浪漫的橘子洲，珍贵的马王堆文物	整体形象	湘楚文化发祥地
		一级理念	数千年湘楚风情，誉万代才俊风骨
		二级理念	古城驻足名人风采依旧，风景入画伟人哲思犹存
宁夏	处于西北干旱地区与东部季风区域的过渡地带，自然资源类型多样；历史悠久，中华文明的发祥地之一，自古是西北的要塞，丝绸之路北线的重要组成部分；神秘的西夏古韵，美丽的塞上江南，浓郁的回乡风情	整体形象	多姿多彩的塞外
		一级理念	山川奇秀新宁夏，西夏秘境古文明
		二级理念	天下黄河美宁夏，塞上江南好风光
长春	吉林省的政治、经济、文化和交通中心；位于东部山地湿润季风气候向西部半干旱季风气候过渡地带，属温带大陆性季风气候区，四季分明，自然生态保护较好；具有代表性的殖民遗迹，关东文化独具特色，是闻名华夏的电影城、汽车城	整体形象	北国春城，绿色都市
		一级理念	北国冰雪之乡，世界雕塑之都
		二级理念	新中国电影的发源地、新世纪东方的好莱坞、东方底特律、中国汽车城
平遥	位于山西中部，太原盆地西南端，汾河中游，属大陆性季风气候区；在文化上包含汉民族文化、三晋文化、晋商文化、宗教文化、风水文化、儒家文化等特质；建筑物符合古城原赋风格，呈现出龟体城池的格局；是国家历史文化名城，现存最为完整的明清古城，已被列入《世界遗产名录》	整体形象	唯一完整古城，全面明清文化
		一级理念	华夏第一古县城——城墙围起来的历史
		二级理念	晋商文化通天下，古城英姿冠神州；中国近代金融业的摇篮，汉民族城市的遗存景观

展为所在区域的背景形象了。

对于某一旅游地来说，旅游形象的塑造过程会遇到地方性和市场类似的其他目的地的竞争，面临着直接的形象冲突和挑战。差异化和独特性形象策略，就能凸显旅游地的产品特色。无论是背景形象和资源赋存突出的旅游地，还是资源特色一般的旅游地，实行差异化形象策略，给景区一个准确的个性化形象定位，是摆脱“形象替代”的唯一出路。如“香格里拉”旅游，云南迪庆藏族自治州已先入为主，率先抢占市场，如果四川甘孜州继续打“香格里拉”的形象，势必会与迪庆藏族自治州展开恶性竞争，所以需要另辟蹊径，重新定位，才能避免损失。我们知道甘孜州德格县的阿须草原，是格萨尔王的故乡，作为藏族的英雄，格萨尔王在欧美影响很大，所以可以将甘孜州的旅游形象定位为“格萨尔王

① 张广宇，简王华.旅游地形象定位的理论与方法浅析[J].市场论坛，2009（4）：73.

的故乡”，这样则避免了被云南迪庆藏族自治州形象替代。

（3）受众分析。

旅游地形象调查首先要掌握旅游者形成旅游地形象的信息来源。旅游者的旅游地本底感知形象、决策感知形象和实地感知形象，都是旅游者对旅游地信息认知的结果。其次，要把握旅游者对旅游地的了解程度、喜好程度和认可程度。最后，旅游地形象的“人-地”感知要素和“人-人”感知要素各不相同，要了解是哪些要素促使旅游者形成这样的印象的。只有如此，旅游形象策划与设计才可能达到预期的目的与效果。

第二步：定位。

旅游地形象定位是旅游地规划与开发的实践中所要解决的核心问题之一。形象定位所依据的基本理论主要有旅游地形象理论（TDIS）、形象遮蔽和形象叠加理论①。形象遮蔽是指在一定区域内分布着若干旅游地，其中旅游资源级别高、特色突出或者产品品牌效应大或者市场竞争力强的一个旅游地，在旅游形象方面也会更突出，从而对其他旅游地（景区）的形象形成遮蔽效应，主要在以竞争为主的旅游地之间产生。形象叠加是指在同一区域内不同的旅游地间差异化的形象定位，使每一个旅游地具有各自的形象影响力，进而使这一区域产生一种叠加的合力，产生整合性的影响力。在这些理论指导下，在旅游形象研究和实践过程中，形成如下一些主要的形象定位方法：

（1）领先定位。

旅游者根据不同的标准和属性建立形象阶梯。在这些形象阶梯中占据第一的位置，就有领先的形象。领先的形象定位适宜于那些具有独一无二、不可替代的旅游地。例如，中国的长城、埃及的金字塔、意大利的威尼斯水城、美国的大峡谷，都是世界上绝无仅有的人类奇迹旅游地。又如，“天下第一瀑”，“五岳归来不看山、黄山归来不看岳”等等。

（2）比附定位。

比附定位是一种“借势”的定位方法，并不去占据同类形象阶梯的最高位，而是借用已经知名的旅游地对市场的影响来突出、抬高自己。与处于第一领先地位的第一品牌进行竞争是十分困难的。比附定位避开第一位，抢占第二位。在旅游的实践中，不少旅游地已经注意并使用这种比附、关联的定位方法。例如，牙买加形象定位为“加勒比海中的地中海”，使牙买加从加勒比海地区众多海滨旅游地中脱颖而出。海南三亚定位为“东方的夏威夷”，就是利用夏威夷国际海滨旅游形象地位来推广自身形象。广西的八寨沟主题形象口号“九寨沟太远，八寨沟就在您身边”就是利用九寨沟的知名度来提升自己的形象。“塞上江南”（银川）、“东方好莱坞”（无锡影视城）也是比附形象定位的经典例子。

（3）逆向定位。

逆向定位是采用逆向思维的方式，强调并宣传定位对象是消费者心中第一位形象的对立面或相反面，并同时开辟一个新的易于接受的心理形象阶梯。例如，深圳野生动物园人在“笼”（车）中，动物在“笼”外的旅游形象，建立了国内第一城市野生动物园的地

---

① 杨振之，陈谨．“形象遮蔽”与“形象叠加”的理论与实证研究[J].旅游学刊，2003，18（3）：62-67.

位。河南林州市林滤山旅游区以“暑天山上看冰锥，冬天峡谷观桃花”的奇特形象定位来征服旅游者。

（4）空隙定位。

空隙定位是通过分析旅游者心中已有的形象类别，发现和创造与众不同、从未有过的主题形象，开辟一个全新的形象阶梯。空隙定位实际上是人无我有的特色定位法，最能体现和发扬旅游地的“本我”特质，既能避开强有力竞争者的直接竞争，又能帮助旅游地在旅游目标市场上迅速树立良好的形象，如“锦绣中华”（深圳），“热带中国”（海南岛），“中华药都、华佗故里”（安徽亳州），“泉城”（济南）。

（5）原型定位。

原型定位是指利用人类广为接受的理想理念和广为认知的文化符号来进行形象定位[①]。例如，“伊甸园”、“蓬莱仙境”、“瑶池”、“田园”，是人类广泛认同的超越现实的最高理想境界，利用这些人类理想原型定位的如“纯真武夷山，东方伊甸园”，“塞舌尔群岛：失落的伊甸园”，“上有天堂、下有苏杭”等。又如，中原、孔子、大观园、园林、乡村、龙、牡丹是中国广为认知的文化符号，利用这些符号定位的如“花果山福地，水帘洞洞天”（连云港云台山），“鲁迅故里”（绍兴），“鬼城丰都：中国神曲之乡，人类灵魂之都”等。

第三步：本地塑造。

本地塑造是包括旅游地视觉景观形象设计、旅游地视觉形象的区位和空间结构，以及旅游地视觉识别符号系统设计为主要内容的形象塑造过程。本地塑造环节着重围绕已经形成的理念，在当地塑造物质视觉和人文感知的形象[②]。对旅游者而言，旅游地是一个充满视觉感性的地方。“视觉观光”是旅游的显著特征之一，任何空间尺度的旅游地都会追求独特的视觉景观，以培育旅游地的形象力。

（1）旅游地视觉景观形象设计。

旅游地视觉景观形象大致可以划分为3个发展阶段和类型[③]：

①传统旅游地（点）形象——隐含性。

传统旅游地是指旅游业发展初期的旅游地，也指人们心中最具纯粹的视觉观赏价值的旅游地。传统旅游地的视觉形象主要是通过隐含和封闭的景观来表现和表达观光功能。自然美的选择和多样性似乎背离人类对平坦大道的聚落空间的选择，任何山容水态的美都需要小心寻找和探求，绝不一览无遗地轻易跃入眼帘。自然景观的视觉形象的隐蔽和封闭性有其生态意义上的客观性，而历史名胜则主要表现为主观设计上的隐含性：寺庙、道观和书院多隐于林中或养在深山。中国古典园林和历史古典建筑更是体现了隐含性旅游形象。例如，中国园林叠山理水，融合书法、诗词和绘画之道，不懂其中内涵者难以理解“模山范水”的玄机，难以获得“虽为人作，宛自天开”的审美感悟。

---

① 许刚.论旅游地形象定位法[J].北方经贸，2007（6）：119-121.
② 季宏.“中国绿色心脏——安康”的旅游形象策划研究[J].安康学院学报，2008，20（2）：33-36.
③ 李伟.旅游文化学[M].北京：科学出版社，2006：268-271.

②大众旅游初期的旅游形象——招揽性。

随着大众旅游的兴起，为迎合大众旅游者的旅游需要，旅游资源和景点开发主要利用传统名山胜水建立风景区，依托历史文化名城和文化遗产开发相应的观光地。新闻媒体开始介绍旅游地旅游资源和产品，各种迎送招牌树立在旅游地边界，旅游地广告铺天盖地，这些都是为了吸引旅游者的目光，招揽游客。

③主题公园旅游形象——行销性。

以迪士尼乐园为标志的现代主题公园（theme park），与城市公园具有完全不同的形象。城市公园主要是城市绿地系统，是安静清悠之所，后增加了娱乐活动设施。这些娱乐活动设施从公园中独立出来，成为游乐园。有了公园的主题化，就形成了主题公园。

主题公园具有比广告招徕性更为突出和强烈的、更为自觉和有意识的行销形象设计特征。例如，深圳华侨城三大主题公园：苏式旅游商品街、微缩长城和人造水车是锦绣中华的标志性视觉景观；人造仿真石林、出口处的麦当劳和超级商场，大大提高了民俗村的识别性和行销功能；埃菲尔铁塔等各种广场式的大门景，提升了视觉的冲击力，与广场一角的欧风建筑街，实现了视觉性的行销功能。

（2）旅游地视觉形象的区位与空间结构。

旅游者在从事“食住行游娱购”旅游活动时，游览区、宾馆、饮食区、娱乐区、购物区等是形成视觉形象较强的地方。根据旅游地视觉形象的区位和空间结构，旅游地视觉形象区主要包括第一印象区、最后印象区、光环效应区和地标区。第一印象区即旅游者在实地旅游时形成旅游地形象时最先到达的地方，如机场、车站、门景区等。最后印象区是旅游者离开旅游地时的区域。光环效应区是对旅游地整体形象形成具有决定意义的区域，如城市中心区、重点旅游区。地标区是旅游地标志性形象区，是旅游者心中目的地的代表性区域。

（3）旅游地形象视觉识别符号系统。

旅游地形象视觉识别符号系统是一个不断发展和生长的系统，主要包括作为旅游者认知旅游地起点的旅游地名称、旅游地标徽、旅游地标准字体、旅游地象征吉祥物、旅游地象征人物、户外广告、旅游地纪念品、旅游地交通工具、旅游地人的视觉形象、旅游企业的视觉形象等。以吉祥物为例，米老鼠和唐老鸭形象恰如其分地传达了迪士尼乐园的形象。又如，深圳华侨城开展“我是一个景点”的活动，将旅游企业员工与旅游地形象整合在一起，张扬了旅游地人的视觉形象。

第四步：对外传播。

从广告传播学角度看，形象广告策略、公共关系策略、网络传播策略、节事传播策略是旅游地对外形象传播的主要策略。旅游消费是一种形象导向的消费，现代人有一种对形象的根本性欲望，形象已经成为人们日常生活的一个部分。形象构成替代信息，商品销售转化为形象销售。旅游地形象广告必须具有显著的形象信息。市场营销大师科特勒总结了宣传地方形象所采用的一般策略，见表9-4。

表 9-4　　地方形象传播的一般策略（科特勒[①]）

方式	解释
广告	报纸、电视、电台、户外广告、广告板、电话、画册，其他如录音带、录像带、传真、咨询、旅行作家会议、交易会、欢迎中心
直接行销	发邮件或打电话，电台和电视节目
促销	免费尝试、赠券、折让、回报、保险、示范、有奖竞赛
公关促销	制造新闻和公众事件，游说
人员销售	直接派形象促销人员与顾客面对面接触
其他	关于地方的影视剧或节目，歌曲；足球、校歌、国歌、厂歌等；利用体育赛事活动宣传举办地形象；利用媒体对发生某事件的地点关注，吸引人前往该地点；表演或演出活动、保龄球赛、T恤衫、招贴画、运动帽等

第二节　旅游对目的地的社会文化影响

当旅游从个别偶然的现象发展成为大众的经常性的社会文化现象时，就会对社会整体产生巨大影响，这种影响首先和最主要的表现为对旅游目的地的影响。旅游者的行为和旅游企业的行为成为足以影响人类社会文化发展趋向、左右旅游地社区演化方向的十分重要的因素。因此，正确认识旅游对旅游目的地的社会文化影响，是我们准确把握旅游目的地文化生态的重要环节。

就理论研究而言，旅游目的地文化影响研究主要是从社会学和人类学两个视角来展开的。国外旅游社会学的研究领域主要包括四个方面：旅游者、旅游者与当地人的关系、旅游系统的结构与功能、旅游的影响[②③]。旅游的社会文化影响涉及面很广，李建欣将其归纳为十个主题：在大背景下社区的混乱、人际关系的性质、社会组织的基础、社会生活的节奏、移民、分工、分层、权利分配、行为异常、风俗和工艺品[④]。肖宏根对国外旅游社会学的研究进展进行过比较透彻而深入的分析，他指出，旅游社会文化影响是旅游社会学研究的重点，旅游者对接待地的社会文化影响包括以下几个方面：生活方式；就业方式；社会结构；新“殖民主义”（neo-colonialism）；价值标准与道德[⑤]。从旅游对目的地社会文化影响的视角出发，人类学者认为旅游是一种涵化和发展形式，它使目的地的社会文化发生变化。其中的涵化理论（Acculturation Theory）、社会交换理论（Social Exchange Theory）等影响深远，被国内外许多学者运用，以解释目的地社会文化影响的案例。另外，“示范效应”、“商品化”、“内化（社会化）”、“社会矛盾（社会冲突）”等人类学概念，也在旅

① 科特勒.市场营销教程[M].俞利军，译.北京：华夏出版社，2004.
② 申葆嘉.国外旅游研究进展[J].旅游学刊，1996，11（3）：48-54.
③ 宗晓莲，朱竑.国外旅游的社会文化影响研究进展[J].人文地理，2004，19（4）：14-21.
④ 李建欣.国外旅游社会学管窥[J].桂林旅游高等专科学校学报，1999（10）：64-68.
⑤ 张进福，肖宏根.旅游社会学研究初探[J].旅游学刊，2000（1）：53-58.

游的社会文化影响的研究中被大量地使用[①②]。多数学者在探讨旅游带来的社会文化影响时，都能辩证地看待这个问题，认为旅游的发展为旅游地带来了正负两方面的社会文化影响。Louise Crandall曾对这些研究内容和一般性结论做了概括（见表9-5）。

表9-5 旅游社会经济文化效应[③]

效应		积极方面	消极方面
社会经济效应	个人经济独立	薪金	传统社会冲突
	劳动力转移	为受雇而向旅游区迁移	居民的被迫迁移
	用工变化	旅游业用工	季节性失业；传统就业方式丧失
	土地价值变化	土地增值	地价上涨；土地所有权变化引发用地冲突
	生活水准变化	服务、设施得以改善	通货膨胀
	政治经济体制变化	精英族成长；落后地区发展	国家统一体分裂
社会文化效应	消极活动增加		犯罪、娼妓增加
	社会二元性	跨文化交流	价值观冲突
	示范效应	对提高生活标准的模仿	挫折；挥霍；进口增加
	文化成为商品	文化遗产的保护；自豪感	文化丧失本义
	对旅游者的敌视		怨怒和敌视态度的发展；奴性文化发展

一、旅游对目的地文化的积极影响

（一）旅游促进目的地的对外社会文化交流

旅游在客观上起着促进不同地区、不同民族乃至不同国度文化之间的相互沟通作用。与其他文化传播方式相比，旅游在促进文化交流方面有着十分明显的优势。旅游交往不仅可以弥补文字等间接沟通和信息传递的不足之处，而且旅游引发的各种社会文化现象的交流与传播具有无形渗透性、内容广泛性等特点。旅游还主要是一种民间文化交流活动，远离政治的羁绊，是人类文化理想的交流方式。旅游地通过发展旅游，一方面可以了解别人，促进人类和谐和世界大同观念的形成；另一方面又可以宣传自己，树立自己的真正形象。

（二）强化目的地本土文化的认同，促进目的地本土文化的保护和复兴

在旅游业尚未发展之前，每一个地方不过是一处生活的地方，或者是一处在生存资源方面（包括景观方面）有特点的地方，而旅游业的发展使当地居民充分意识到当地资源的旅游价值。在旅游业发展过程中，旅游目的地居民在与不同文化背景的外地旅游者日益频繁的接触中，会逐渐意识到本地自然资源与人文资源与众不同、独具魅力之处，会唤起对自身归属的认识，会对当地景观价值有新的认识，并形成新的认同感，并借此展示和张扬

① 刘赵平.社会交换理论在旅游社会文化影响研究中的应用[J].旅游科学，1998（4）：30-33.
② 周宵.人类学视野——论旅游的本质及其社会文化影响[J].湖北大学学报（哲学社会科学版），2003（5）：114-116.
③ 谢彦君.基础旅游学[M].北京：中国旅游出版社，2004：351-352.

本地文化，重树自我形象，加强本土文化的认同。

本土文化是一个国家或地区重要的旅游资源，随着旅游业的发展和接待外来旅游者的需要，当地一些原先几乎被人们遗忘了的传统习俗和文化活动得到开发和恢复；传统的手工艺品因市场需求的扩大得到发展；传统的音乐、舞蹈、戏剧等受到重视和发掘；长期濒临泯灭的历史建筑得到维护和管理等。所有这些原先几乎被抛弃的文化遗产不仅随着旅游的开展而获得了新生，而且成为其他旅游接待国或地区所没有的独特文化资源。它们不仅受到旅游者的欢迎，而且使当地人民对自己的文化增添了新的自豪感。

例如，今天的夏威夷在当地人的心中已不再是太平洋上的普通岛屿，而被视为国际旅游胜地。这种认同显然会深刻地影响着夏威夷人的思想和行为方式，形成新的“地方精神”和“地方性”。在我国许多地方也在经历着一种“旅游地化”的过程，这个过程不仅仅是经济发展的过程，更是人们对地方的自我认同过程。我国江南三大名楼的重建与维修，西安市抢救整理了仿唐乐舞，湖北省的三国文化与清江流域的土家族风俗旅游资源的保护与开发等都是旅游强化目的地本土文化的认同，并促进目的地本土文化的保护和复兴的经典案例。湖北的宜昌地区是我国土家族居住区域的边缘地带，历史的进程使本地区土家族的民族印记越来越少。他们由于与汉族杂居，在长期的共同生活中已渐渐汉化，除了保留一些传统的饮食习惯之外，他们的服装与汉族已经完全一样，民居建筑已由吊脚楼逐渐变成了和汉族一样的土砖屋、水泥楼房，许多风俗习惯和民俗仪式已经被遗忘。宜昌的土家族居住地区在发展旅游业的过程中主要将土家民族文化融入旅游开发过程中，挖掘整理进而保存这个区域独特的土家文化。目前，数百种土家族传统民间文化形式被一一搬上了旅游舞台。如诙谐幽默的碗碟小闹《夸丈夫》，铿锵激越的田园山歌击打乐“缛草锣鼓”，原汁原味的土家祭祀舞蹈跳丧、跳神，以及“土家堂戏”、打夯等。此外，在一些景区的半山腰、水车边、屋檐下，都有当地土家农民歌手在喊山歌、唱小调、织西兰卡普。一些源于生活的劳作场景，也被演绎在田园之中，土家族的独特生活方式得到重新展现。同时，通过发展旅游业，大量游客的到来唤醒了当地的“族群意识”，他们意识到自己民族文化的独特和不可替代性而倍加珍惜，百般呵护。许多被遗忘到角落里的东西又被重新捡了起来，日渐消逝的民族文化得到了保护和复兴。

研究表明，旅游者对目的地观光和与当地居民的交流，在引起旅游地文化变化的同时，保护乃至振兴旅游地原有地方色彩的文化。越来越多的外来旅游者开始追求“真实的”旅游目的地，他们不愿意在那些专门为外地游客设立的商场购物，而渐渐地从旅游地文化活动的表演舞台走出来，更愿意去当地常去的地方，深入到当地居民的日常生活，发掘更多更有价值的当地文化内容。正是由于旅游的发展，旅游者的探索，导致当地居民对其价值的重新认识与定位。世界上一些旅游业发展较好的国家和地区开始回归自己的文化传统，重新认识并强调自己的文化个性。当地一些原本几乎已被人们遗忘的各种习俗活动再获新生，传统的手工艺品得到重新开发，一些旅游地也注意对传统居民和古建筑的保护，探讨重新塑造城镇风格的可能性，很多濒临毁坏的文化被拯救出来。例如，云南石林五棵松撒尼人的针织手工艺品、贵州苗族和布依族的蜡染手工艺品的振兴和扩大生产，都

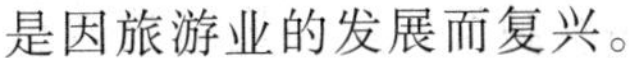

是因旅游业的发展而复兴。

（三）旅游促进目的地社会文化的现代化

1.旅游能促进目的地社会文化在物质层面上的现代化

为了适应旅游业发展的时代需要，吸引游客前来参观访问，接待地会不断改进自己的物质条件，新的文化设施会有所增加，文化环境不断优化。旅游促进了一些城市独特风貌以及其他颇具创造性的人文景观的形成，为旅游地增添了新的文化风采。世界水电旅游名城宜昌市的城市环境、文化设施、社会面貌的大改观就与旅游业的促进和带动有关。

2.旅游能促进目的地社会文化在科学技术水平上的提高

科学技术的发展是旅游活动产生和发展的前提条件，但旅游发展过程中又不断对旅游的科学技术水平提出新要求，要求与旅游活动有关的交通运输工具、通信以及旅游服务设施和设备等更加快速、便利、舒适和安全。尤其对发展中国家来说，旅游是刺激这些领域发展的重要因素。同时，在旅游交流过程中，一些旅游者会给接待地直接带来先进的科学技术思想和成果（如学术交流、会议旅游等），对接待地的科技发展起到一定的促进作用。

3.旅游促进目的地社会文化在行为层面、精神层面趋向国际化、现代化

旅游能促进目的地社会文化不同层面的变化，尤其是行为方式、价值观念、消费模式上的演变，使之趋向国际化、现代化。比如，在我国，受所谓携带“欧风美雨”的国际旅游者的影响，人们的家庭观念、社会观念、消费模式、企业管理和城市管理意识等都发生了巨大变革。可以说，改革开放以来我国旅游业的发展不仅为国民经济的繁荣做出了巨大贡献，而且在很大程度上促进了文化的现代化进程。

二、旅游对目的地社会文化的消极影响

旅游对目的地文化的影响，一直是旅游学界探讨的热点，从实证研究来看，更多的学者还是侧重于研究旅游给目的地（接待地）所带来的消极影响①，研究重点主要集中在以下几个方面：

（一）历史文化遗产物化载体的破坏

首先，旅游对目的地（接待地）历史文化遗产物化载体的破坏表现为对文化遗产的破坏性开发。或受利益驱动、急功近利，或因缺乏相关知识、考虑不周，建造了一些不适当的工程，造成了对旅游文化资源的破坏。在保护性开发的掩护下，行破坏之实。有些古建筑被改造得面目全非，未能“修旧如旧”、“整旧如故”，而是“修旧如新”、“整旧如新”。文物古迹的价值就在于它们是历史的遗存，所以称文物古迹为“历史的载体”。为了延续其寿命，有时需进行修缮，修缮中往往违背对文物古迹应遵循“修旧如故”的原则，而是“修葺一新”，严重削弱了人文旅游资源原有的价值。

比如“杜甫草堂”，当年杜甫穷困潦倒，在友人的帮助下才在成都筑一草堂勉强度日，有了这种切身的体验才得以写出《茅屋为秋风所破歌》以及“安得广厦千万间，大庇

① 周慧颖，吴建华.国内有关旅游对接待地社会文化影响的研究述评[J].旅游学刊，2004，19（6）：88-92.

天下寒士俱欢颜"的千古名句。而今天所看到的杜甫草堂却是雕梁画栋，门外还蹲着两个石狮子。这哪里是"草堂"，简直成了官绅之家。武当山金殿曾有"雷火炼殿"奇观。当电闪雷鸣时，金殿常遭雷击，火球滚动，但在殿内的人却安然无恙。待雨过天晴之后，因电火将铜锈剥离，所以金殿500年来金光闪闪。近年来也像对其他古建筑一样安装了避雷针，"雷火炼殿"的奇观消失了，金殿也因为锈而变黑了[①]。

其次，旅游对旅游目的地（接待地）历史文化遗产物化载体的破坏还体现在因旅游容量超载引起的文化遗产破坏性问题。例如，世界七大奇迹之一的埃及金字塔由于长时间游人的攀爬已受到严重损害；我国敦煌石窟和十三陵地宫由于游人呼出的二氧化碳、其他有害气体和水分以及散发出的体热造成了封闭空间的环境变化，对其中的文物造成不利影响，使壁画及文物褪色剥蚀。

最后，旅游对旅游目的地（接待地）历史文化遗产物化载体的破坏还表现在游客对文化遗产的人为破坏，如"某某到此一游"等乱刻乱画现象随处可见。

（二）道德标准的下降或扭曲

一些学者认为，旅游是导致犯罪的潜在决定因素。旅游业的发展致使旅游目的地（接待地）人的道德水准下降，甚至出现卖淫、犯罪率上升和赌博成风等现象。自然风景区内的犯罪类型，除了卖淫和赌博外，主要是偷盗、抢劫、贪污、受贿和黑市交易[②③]。另一些学者认为，犯罪、赌博、卖淫等社会不良道德问题并非是发展旅游导致的必然结果[④]。

综合起来看，旅游地"文化设限"宽松化，容易导致社会道德观念扭曲和道德标准下降。任何本土文化在与外来文化接触时，通常会通过"文化设限"过滤机制来接受那些与本身价值观相契合的，而排斥那些与本身价值观不相容的东西。在经济利益的诱惑下，旅游地为了招揽游客，虚意或违心地接受外来文化中与本土文化道德观念与价值取向大相径庭的东西。泰国在前几年大力推销的某些不健康的旅游产品，如"人妖"表演、色情表演等，确实迎合了少部分游客的需要，也为泰国带来了滚滚外汇。但据泰国官方公布的资料显示，从1984年到现在，泰国人感染艾滋病、再度感染以及扩散的速率很快，已有14万人死于这种顽症。尽管"色情、酗酒、抢劫皆由旅游业而起"的说法是片面的，但应该承认旅游业同一些社会问题的出现和蔓延有密不可分的关系。在旅游者"现代化"消费示范效应的诱惑下，在旅游者和旅游地之间生活水平差异悬殊这一客观事实的刺激下，当地的部分居民极易失去原有的纯朴美德，坠落到罪恶的泥沼之中，色情泛滥，赌博猖獗，离婚率上升，严重影响社会秩序的安定，使当地的社会风气恶化。

（三）民俗风情失真，目的地本土文化舞台化、庸俗化

目前学术界就旅游对民俗风情所造成的影响，大多数人倾向于将其定位在消极影响方面，即认为在旅游发展过程中，经过商业包装的民俗风情丧失了原有的文化内涵，真实性的流失将不利其发展。郑向敏[⑤]把旅游发展对旅游地风情民俗产生的消极影响总结为风情

① 曹诗图，孙静.旅游文化学[M].北京：北京大学出版社，2008：174.
② 全华.从武陵源看自然风景区的区域社会效应[J].经济地理，1994（4）：89-92.
③ 黄建军.昆明旅游犯罪研究[J].旅游学刊，2000（3）：60-64.
④ 保继刚，楚义芳.旅游地理学[M].北京：高等教育出版社，1999.
⑤ 郑向敏.旅游对风情民俗资源的消极影响及对策研究[J].旅游学刊，1996（3）：44-47.

民俗的同化、民俗庸俗化和异地文化对旅游地文化的冲击三个方面，并在此基础上，提出了实施民俗风情的封闭与反同化，高品位地开发和利用民俗风情资源，防止出现“庸俗化”，从思想意识的引导和行动制度的限制等方面来消除各种消极影响的发展对策。

当传统民族文化和民俗风情作为旅游资源开发时，就会走上市场化和商品化的道路。为了满足旅游者的猎奇心理，目的地的传统文化、地域文化、民族文化被明显地表演化，被作为标价的商品摆放在舞台和货架上，待价而沽。各种民俗和民族节日，在旅游目的地（接待地）天天发生着，失去了原有的意义和价值。

在市场经济条件下，旅游开发者完全按照旅游者的喜好来开发各种民族民俗文化，各种伪传统、伪文化大行其道。这种附会现象在旅游业发展中较为普遍，它虽然丰富了当地文化的内容，促进了目的地旅游的发展，但是那种任意编造、添加、拼凑、虚构出来的伪文化非但不会加强和突出当地文化的个性和特色，反而会破坏民俗文化的背景，阻碍旅游业的发展。各旅游地随处可见的大同小异的民俗表演、少数民族婚俗以及占卜、祭祀以及纷纷兴建的西游记宫脱离了文化真实背景，带有明显的迁就游客的表演成分[①]。一些民族歌舞演员大多是从艺术院校毕业的学生，没有任何本地民族文化的底蕴，是一群不折不扣的“职业土著”。文化形式经过修饰，传统节日、风俗习惯经过预先安排，以娱乐的形式介绍给旅游者；一些与本土文化毫无关联的景观，在现实中基本看不到的伪民族、伪民俗凭空出现；原本只有在特定的时间、场合及地点，并按传统的内容和方式才能举行的各种礼仪习俗，也往往随意登台亮相，甚至刻意渲染一些因果报应等封建迷信、格调低级的东西，如鬼文化等；把一些有特色的文化描绘成“原始的和怪异的”，当地民族文化中不愿意拿出来展示的诸如纹面、天葬、水葬以及一些相对隐秘的文化习俗摆上市场，严重伤害其自尊和民族感情，使宗教礼拜场所世俗不堪，宗教仪式变质，圣物受到亵渎。长此以往，当地固有的文化就会逐渐失去特色，本土文化开始“旅游化”。

伴随民俗风情失真的另一种现象是目的地本土文化的庸俗化。为满足旅游者消遣和猎奇的需要，一些轻松、感性和刺激的民俗风情项目被开发出来，旅游项目庸俗化难以避免。最典型的就是各目的地的媚俗表演，这一节目鼓励游客参与，一般男性游客充当新郎，整个表演过程在口哨声中完成。游客关注的是过把新郎瘾，并不会真正去进行文化鉴赏，他们只是为了求消遣和刺激。游客对各种仪轨和民俗风情的真正含义还是一无所知，其结果是民族文化被庸俗化。

（四）引发媚外或排外情绪，影响旅游目的地文化的健康发展

旅游目的地“仆从性”文化现象加重，居民的媚外或排外情绪直接影响当地文化的健康发展。在经济相对落后的旅游地，成群结队的旅游者所挟强势文化使得当地居民的民族（地区）自卑感和媚外思想等“仆从性”文化逐渐加重。在旅游发展过程中受来自经济发达国家和地区的富有旅客以及随这些旅客进来的外来先进经济文化势力的直接冲击，旅游目的地的文化自卑感和媚外思想会逐渐加重。旅游目的地居民一方面对旅游者的言行举

---

① 王子新，王玉成，邢慧斌.旅游影响研究进展[J].旅游学刊，2005，20（2）：90-95.

止、穿着打扮、生活方式等进行曲意的迎合、追求和模仿，最终使得人们对本地社会文化传统等开始怀疑、离弃乃至反叛，从而对目的地固有的社会文化产生强烈的腐蚀作用，诱发民族虚无主义的产生，逐渐丧失了对本土文化的自豪感，进而对自己的文化缺乏信心和兴趣，从而成为当地“仆从性”的文化掮客[①]。

此外，旅游者的大量涌入使当地居民的正常生活受到干扰和妨碍，并导致原有的淳朴民风与民族美德弱化，产生种种社会问题（犯罪增多，地价、物价上涨，交通拥挤，环境污染等）。当这种现象发生到一定程度时，当地居民对旅游者的态度就可能从起初的友好热情转为不满甚至怨恨（“旅游怨”）。当地居民对旅游发展的态度随旅游开发的深入经历一系列不同阶段：从最初的愉快（乐于接触），演变为冷淡（对大量游客逐渐冷漠）、恼怒（对物价上升、犯罪、粗鲁及文化准则遭受的破坏表示关注和愤怒），直到敌视（公开地或隐蔽地对游客进行冒犯）阶段。旅游对目的地社会文化影响可以根据当地居民对旅游发展的态度而划分为不同阶段：融洽阶段、冷漠阶段、恼怒阶段、对抗阶段、最后阶段[②]。而旅游目的地居民之外的各种利益集团则对旅游发展的态度可能截然不同。这些不同的力量会深刻影响着目的地文化的发展方向，甚至影响着旅游目的地文化的健康发展。

第三节　旅游目的地文化变迁与调试

一、旅游目的地文化变迁

文化是一个兼具习得性和传承性双面特征的学习与被学习的过程，在旅游世界中，文化的学习与被学习的特征表现得淋漓尽致。旅游目的地文化是一种相遇文化、相异文化和低势能文化。旅游目的地是客源地与接待地两种文化直接相遇、碰撞和发生交融的地区，文化遭际、文化交流和融合无处不在、无时不在。旅游对旅游目的地文化的影响，是旅游者和目的地居民即参观者和被参观者之间的直接或间接的际遇所形成的。这种际遇导致了外来文化同本土文化的冲突与融合，从而引发目的地社会文化的逐渐变迁。表9-6反映了旅游目的地文化变迁的影响因素及变迁路径[③]。

表9-6显示，相互交织在一起的多重文化构成了极其复杂的变迁合力，从旅游发展的角度看，旅游产业的一系列开发引起了旅游者主体、旅游目的地客体、旅游目的地系统内部各角色之间发生各种直接或间接作用，这些各角色之间相互作用的结果导致了旅游目的地文化变迁[④]。

旅游目的地本土文化同外来文化之间的冲突与融合，具有文化冲突与融合的一般规律，表现为低势能文化与高势能文化的交流和融合发展的轨迹。高势能文化处于主流文化

---

① 曹诗图，孙静.旅游文化学[M].北京：北京大学出版社，2008：176.

② 王莉，陆林.国外旅游地居民对旅游影响的感知与态度研究综述及启示[J].旅游学刊，2005，20（3）：87-93.

③ 吕宛青.基于旅游产业视角的旅游文化变迁主源构成——以纳西族集聚地丽江市为例[J].思想战线，2008，34（6）：60-65.

④ 吕宛青.基于旅游产业视角的旅游文化变迁主源构成——以纳西族集聚地丽江市为例[J].思想战线，2008，34（6）：60-65.

表 9-6 **旅游目的地文化变迁合力与依赖路径模型**

<table>
<tr><td rowspan="21">旅游目的地文化变迁合力与依赖路径</td><td rowspan="5">外致性力量</td><td>旅游者人次</td></tr>
<tr><td>旅游经济行为</td></tr>
<tr><td>旅游者综合素质</td></tr>
<tr><td>旅游者对旅游及其相关要素的要求</td></tr>
<tr><td>对旅游交通可达性的要求</td></tr>
<tr><td rowspan="5">内致性力量</td><td>旅游景区</td></tr>
<tr><td>旅游产品因素</td></tr>
<tr><td>旅游产业结构</td></tr>
<tr><td>旅游目的地相关经济因素</td></tr>
<tr><td>旅游目的地社会文化因素</td></tr>
<tr><td rowspan="4">诱致性力量</td><td>当地居民参与旅游活动的广度</td></tr>
<tr><td>当地居民参与旅游活动的深度</td></tr>
<tr><td>当地居民对经济利益的诉求</td></tr>
<tr><td>当地居民在旅游中的行为模式</td></tr>
<tr><td rowspan="7">强制性力量</td><td>思想意识的强制性贯彻</td></tr>
<tr><td>障碍性体制的合理性存在</td></tr>
<tr><td>政府组织利益诉求的强制性实现</td></tr>
<tr><td>政府组织的行为模式</td></tr>
<tr><td>政府相关组织的强势力量</td></tr>
<tr><td>旅游法规的强制性实施</td></tr>
<tr><td>招商引资的强度</td></tr>
</table>

注：根据吕宛青先生的旅游产业时代旅游文化变迁主源构成模型修改而成。

地位，表现出强烈的自信和咄咄逼人的气势，处于一种强势辐射状态，持续地、大规模地向低势能文化传播和流动。低势能文化相对处于劣势，尽管其文化是优秀的、有价值的，却很难被认识理解和接受，无法与主流文化相抗衡，只有在吸收、融合高势能文化的基础上才可以生存和发展，由此形成文化融合过程中的主动和被动的差别。

（一）旅游目的地文化的潜移过程

旅游目的地文化变迁主要表现为文化的一种潜移过程。旅游是不同文化背景和特征的人与人之间的交流和接触，而两种文化接触后的传播，首先表现为物质文化的采借，伴随着物质文化的被采借，精神文化的传播不可避免。文化潜移的过程主要是相对落后的旅游目的地采借客源地社会中的先进社会文化元素。文化采借结果是由参与文化交流双方的力量对比决定的。

如果我们把旅游目的地文化放在大尺度的历史空间中去考察，旅游目的地文化潜移几乎是必然发生的。旅游或是加快了旅游目的地文化变迁的脚步，或是阻挡着本土文化朝着商业化的方向发展。谢彦君先生把旅游目的地文化分为文化的动态部分（语言、社会结构、习俗、行为方式、价值观和生活习惯等）和静态物化部分（艺术作品、历史遗迹和遗物等）以及其对文化发展变迁的看法对我们有很大的启发："动态部分所经历的演变过程与整个社会经济发展的历史过程结合在一起，企图让它停滞在某个阶段的形态上是不现实的；物化的文化是人类的历史遗产，对其中有价值的部分是能够也应该加以原样保护的。一个社会如果想知道它的来龙去脉，就一定要保护静态的文化，并从中发掘生动的信息；一个社会要想满足其成员不断增长的精神和物质需要，就一定要认可文化的积极变迁，否则，就会产生伦理上的问题，也可能酝酿不安定的社会因素。"①

（二）旅游文化的冲突与融合

在旅游消费活动中，作为客源地文化载体——旅游休闲者的位移，对旅游目的地文化载体——居民的沟通交流和行为示范，发生了外来文化和本土文化的交流传播和冲突融合。一方面，旅游目的地文化有可能影响客源地文化，促使客源地文化变迁，如乡村游客受城市文化影响、内地游客受港澳文化影响、中国游客受西方文化影响；另一方面，客源地文化作用于旅游目的地文化，促使旅游文化变迁，这是旅游文化变迁的主流。可见旅游休闲者促进了客源地文化和旅游目的地文化的交流与传播，引起了文化冲突与融合，导致文化的变迁。在旅游经营活动中，旅游经营者对旅游地文化环境的建设及文化资源的保护利用，不仅可以改变旅游地的物质与行为文化，而且可以改变旅游地的精神文化，这是对民族和地域文化的自觉改造。不过，旅游以文化差异为基础，但旅游又促进了文化的一体化；结果是旅游对文化的改变造成了对文化多样性的威胁，反过来又影响了旅游。旅游在改变文化的同时，也在改变社会。在旅游活动过程中，由于旅游者和旅游地居民，以及其他旅游活动相关者不仅会通过文化交流改变文化观念，而且会通过经济活动改变社会地位，进而引发客源地特别是旅游地的社会结构、社会风尚等方面的变化。旅游文化的冲突主要表现为：旅游者与目的地居民之间的误解；旅游者固有文化与目的地文化的对立；旅游者对旅游目的地环境文化的破坏和负面影响。旅游文化的融合或整合主要表现为：旅游者与接待地居民之间的好奇与相互欢悦；不同文化集团和社会背景的人们的精神交流和情感融合（如现代国际旅游使得中西方人们在不少问题和观念上得到理解和沟通）。

（三）旅游目的地文化的重构和变迁

社会文化变迁是一个社会生活方式所发生的变更，这种变更或是因为内部发展所引起，或是由于不同民族或地区之间的交流而产生。归因于内部发展的变迁往往追溯到发明或发现，而归因于外部发展或交往的变迁则常常追溯到采借或传播。旅游业的发展，大量人员的相互流动，作为现代生活的标志，在客观上起到了沟通不同地区、不同民族乃至不

---

① 谢彦君.基础旅游学[M].北京：中国旅游出版社，2004：359.

同国度人们的作用。由于旅游，不同地区、不同宗教、不同文化背景的人们之间的交往，异地文化的流入，导致不同文化的交融、碰撞，因此，旅游业的发展会导致和推进社会文化的重构与变迁。旅游目的地文化的重构与变迁具有以下特征①：

从过程和形式来看，文化重构有可能是自发的（自然重构），也有可能是有计划的（计划重构）。自然重构是指旅游目的地对外来文化的选择吸收是自然发生的结果，文化变化和变迁是不自觉进行的潜移默化的过程。计划重构是目的地在发展旅游过程中，对外来文化内容进行详细分析与甄别，有目的地筛选吸收，并研究文化改造、融合的对策与方法，以此来指导旅游开发和管理工作。从文化变迁的整体结果来说，不同旅游目的地结果不同。经济落后、可达性差、思想封闭、文化构成单一的旅游目的地更容易受到外来文化的影响，容易引起更大的文化变迁。在现实的社会变迁过程中，进步和倒退两个方向上的社会变迁往往是同时存在、同时进行的。

二、旅游目的地生命周期、旅游目的地旅游形象与旅游目的地文化变迁

旅游目的地生命周期是指旅游地从发生到消亡的过程。旅游地生命周期理论以Butler的六阶段模型最为著名，分为探索、起步、发展、稳固、停滞、衰落或复兴，并且引入了使用广泛的S形曲线来加以表述。Butler的旅游地生命周期演化模型见图9-1。

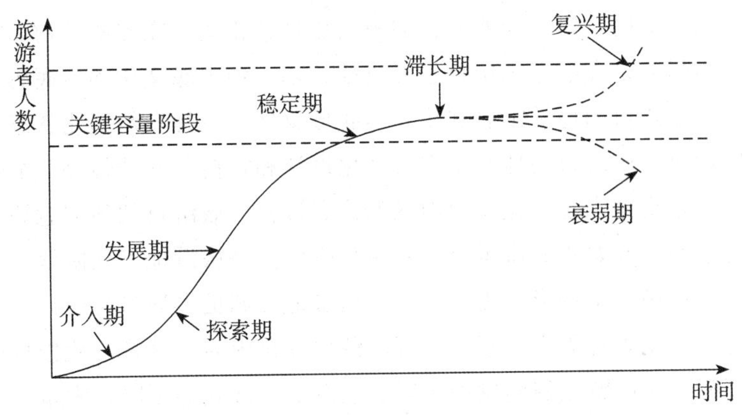

图9-1 Butler旅游地生命周期演化模型

旅游者对旅游地发展的不同阶段具有不同的认识与评价，这些对旅游地发展阶段的不同认识和评价与旅游地形象的生命周期模型具有紧密的关系。旅游者知道某旅游地是否是一个新开发的旅游地或成熟古老的旅游地，是否是“正热”的旅游地或“温冷”的旅游地……这些关于旅游地形象的认知随着旅游地生命周期而变化的规律，可同构为旅游地形象的生命周期模式，对旅游地发展的不同阶段的形象设计与传播具有指导意义②。旅游目的地形象与旅游地生命周期之间具有紧密联系，表9-7总结了旅游地旅游形象的演化规律③。

---

① 曹诗图，孙静.旅游文化学[M].北京：北京大学出版社，2008：178-179.

② 李蕾蕾.旅游地形象策划：理论与实务[M].广州：广东旅游出版社，1999.

③ 乌铁红.旅游地形象的动态研究与生命周期的演化[J].内蒙古师范大学学报（哲学社会科学版），2005，34（2）：119-121.

表 9-7　旅游目的地旅游形象和文化特征演化规律①

旅游目的地所处阶段	旅游目的地旅游形象演化阶段	旅游形象演化类型	旅游形象特征	旅游目的地文化特征
探索阶段	自然演化阶段	本底感知形象型	旅游资源占绝对优势	本底文化（原生态文化）
起步阶段	旅游经济演化阶段	旅游资源型	旅游资源为主	资源文化内涵的认识
发展阶段	旅游经济演化阶段	资源型向市场型过渡	资源为主，市场为辅	文化内涵的挖掘
稳固阶段	旅游经济演化阶段	旅游市场型	市场为主，资源为辅	文化内涵塑造与传播
停滞阶段	旅游经济演化阶段	市场型向综合型过渡	资源与市场并重	人造文化
衰落或复苏阶段	旅游经济演化阶段	资源与市场紧密结合的综合型	资源与市场紧密结合，不分主次	文化再造

无论是旅游目的地生命周期还是旅游目的地形象生命周期，都是旅游目的地文化变迁和发展已经或将要经历的阶段，与旅游目的地文化息息相关。在旅游地初始发展阶段，旅游地文化与旅游地形象是在潜意识中自然形成的，是一种本底文化和本底感知形象。在漫长的发展过程中，旅游目的地的本底文化和本底形象处于一种自然演化状态。当旅游目的地发展到起步阶段时，旅游目的地开始进行文化设计和宣传，开始传播凸显本土文化特征的旅游形象，这一过程是本土文化资源内涵的认识过程。旅游目的地有意识地设计、塑造旅游形象和文化形象，开始步入旅游经济的演化阶段。在旅游地发展阶段，旅游地逐渐开始形成一定的旅游市场，市场形象更加重要，旅游地资源更多通过再设计、再创造，在附会、神化、名化、史化等过程中，不断挖掘旅游地文化内涵，这种文化挖掘是建立在资源基础上的市场开拓。在旅游地稳固发展阶段，旅游地经济效益下降，大量游客活动影响着目的地居民的生活，旅游目的地更加重视市场细分，旅游地一般通过文化内涵的塑造和传播来选择获利最大的市场作为目标市场，旅游地旅游形象和文化形象可能进行了再设计和再传播。在停滞阶段，旅游地可能新建一些表现历史文化的人造景观和设施，旅游地形象可能更加突出人造文化的特征，自然和文化的吸引物或被人造设施取代。在旅游地衰落或复苏阶段，旅游地力图通过文化再造保持或增加旅游流，资源和市场更加紧密结合，旅游目的地文化发展变迁完成一个循环，开始一个新的循环。

三、旅游目的地文化调试

文化不是一成不变的，试图阻止文化的变化是不切实际的幻想。落后的弱势文化总会受到先进强势文化的冲击、弱化和同化，文化的发展变迁是一种必然。因此，旅游目的地文化变迁难以避免。旅游文化研究的任务之一就是要引导旅游目的地文化向积极的方向发

① 旅游目的地旅游形象与文化特征演化规律模型是在乌铁红的旅游地旅游形象特征演化规律基础上修改而成的。

展，防止其消极的变迁。因此，需要综合考虑影响旅游目的地文化变迁的因素，通过对相关因素的控制，对旅游目的地文化进行调试，使之朝积极的方向变迁发展。一方面，旅游目的地不能排斥先进文化，否则旅游目的地必然愚昧落后；另一方面，旅游目的地也不能否定自身的文化特色，导致文化的同化和异化。在科学发展观的统领下，用可持续旅游发展观，指导旅游目的地文化的潜移和变迁过程，牵引旅游目的地社会文化的良性健康发展。

（一）可持续旅游发展观

可持续发展将人类协调和管理活动的两种基本思路——追求发展和控制人类活动对环境所造成的有害影响——结合在一起。可持续发展观念强调保护生态过程的重要性，强调保护人类遗产和文化多样性的重要性，强调永续发展的重要性。旅游业是最需要也最能体现可持续发展基本原则的基本领域。可持续旅游发展最核心的一点就是要保证在从事旅游开发的同时又不损害后代为满足旅游需要而进行旅游开发的可能性。

旅游目的地旅游可持续发展是坚持目的地环境、经济、社会和文化可持续发展的统一体。旅游目的地文化变迁过程与旅游地可持续发展情况紧密相关。可持续旅游发展观对旅游目的地文化变迁和发展方向具有最根本性的影响力。从宏观上看，可持续旅游发展观有助于改变人们长期以来对旅游文化资源的片面性理解，对于加强旅游开发过程中的宏观管理从而从整体上保护旅游目的地文化生态系统的完整性和发展性具有重大意义。可持续旅游发展的提出必将引起技术领域和组织结构领域的重大革新，这对于旅游目的地传统文化元素的表现和展现是一种福音。

具体而言，在可持续旅游发展观的指导下，旅游目的地旅游行政管理部门可能会更加重视旅游目的地本土文化在旅游产业中的地位，加强旅游规划过程中的宏观引导和管理力度，加强本土文化的保护力度。对旅游目的地旅游企业而言，可持续旅游发展观对其提出更高要求，可促使它们在开发旅游产品时，借助各种各样符合可持续旅游发展哲学的旅游方式，开发出利于旅游目的地发展变迁的非传统旅游产品（如生态旅游产品、替代旅游产品、负责任旅游产品、绿色旅游产品、软旅游产品、变通性旅游产品）。这些旅游产品开发方式的重大调整对于旅游目的地文化变迁来说具有重大引导意义。对旅游目的地居民来说，一方面，可持续旅游发展观能帮助目的地居民真正认识本土文化的重要性，强化目的地居民的本土文化认同，促进目的地本土文化的保护和复兴；另一方面，可持续旅游发展的政策和措施能帮助目的地居民提高文化发展选择权的能力。

（二）旅游目的地文化调试

追求旅游目的地文化变迁中的健康发展，需要平衡好以下几个方面的关系，努力把握好诸多影响旅游目的地文化变迁因素之间的契合点和平衡点。

1.旅游者文化消费权与旅游目的地居民文化发展权间的契合与平衡

旅游开发过程中经常出现的现象就是为了满足旅游者的文化消费需求，在商业资本与权力政治的双重压力下，旅游目的地居民的发展权（包括经济发展权、社会发展权和文化发展权）被肆意地剥夺了。旅游开发过程中，旅游目的地传统文化元素的过度舞台化、商品化和市场化已经损害了旅游目的地文化特质。旅游目的地社区和居民应该享有选择如何继承和发展自己传统文化道路的权利。旅游目的地文化调试过程就是要充分了解和理解旅游目的地本土文化在漫长历史发展过程中所形成的自我意识和自我特色，就是要不断提高旅游目的地社区和居民文化表达、文化判断和文化选择的能力，努力探求建立保障旅游目的地文化表达权的有效机制，强大的社区力量有助于在文化变迁和发展过程中更好地平衡多种因素，从而更可能地防止旅游目的地文化误入歧途。

2.旅游目的地利益相关者之间的整合与平衡

从影响旅游目的地文化变迁的因素看，要综合平衡各种外致性力量、内致性力量、诱致性力量和强制性力量（具体情况可参见表9-6），要把旅游目的地各种利益相关者都要纳入文化变迁与发展的决策主体范围之内，强调旅游目的地社区参与旅游决策的重要性。

在旅游目的地利益相关者主体中，面对商业资本和政治力量的双重压力，旅游目的地社区居民是所有利益主体中力量最为薄弱的一方，因此旅游目的地文化调试最重要的是保障旅游目的地社区居民真正全程参与旅游发展的过程与结果。旅游目的地居民真正成为旅游地发展主体的前提条件是让旅游目的地居民拥有一定的资源，让目的地居民的潜在资源变成投资和决策权。在规划过程中，应紧密联系与社区居民生产生活相关的事项来开发，这是居民最为熟悉的领域，也是社区参与旅游经济文化活动的又一前提。确保旅游目的地居民在旅游活动的吃、住、行、游、娱、购六大要素的经济文化活动中有真正的参与性竞争力。整合和平衡旅游目的地利益相关者的各种利益，是实现旅游目的文化变迁过程调试目标的最根本性方法和途径（见表9-8）。

3.旅游目的地文化传统与现代性发展间的整合与平衡

在旅游开发过程中，存在着旅游目的地文化传统与现代性发展之间的矛盾问题。从旅游地社会文化的持续发展看，必须重视传统性和现代性的平衡。文化传统是旅游目的地人民长期劳动创造的智慧的结晶，旅游实践表明，旅游目的地忽视自身文化传统和特色，旅游目的地社区精神家园就会荒废，旅游目的地文化多样性就会在强势文化的冲击和同化下迅速地消退。而与此同时，现代化是包括旅游目的地在内的任何一个地方，尤其是经济欠发达旅游目的地，都在追求的东西。在旅游发展的实践中，要均衡传统性和现代性的矛盾，至少要做到以下两点：

首先，平衡旅游目的地文化传统与现代性之间的矛盾的核心思想是，不管采取何种方式和形式挖掘、利用和开发旅游目的地民俗、历史文化资源，都要符合特定区域文化的特质和区域文化的发展方向。旅游目的地社会文化资源的开发必须要有利于优秀地方文化和民俗文化的传承和发展，有利于目的地社会整体的和谐发展。

其次，继承和发扬传统的过程，必须结合现代化的合理内涵，充分利用科学技术手段，发展和创新传统文化资源的表现形式和存在方式。如对传统民居、乡土建筑的旅游开发遵循“外土内洋”的原则，实行外观保护、内部改造的措施。建立传统型与现代化互补的二元结构，更好地促进目的地文化的可持续发展。

表 9-8 旅游目的地居民与旅游地变迁关系模型

旅游目的地参与旅游发展系统	次级系统	主要内容与因子
旅游目的地居民参与旅游地发展的支撑系统	政策法律系统	概念性和详细性地规定社区居民在旅游规划和旅游发展中的地位
	平台系统	政府、企业、社区的角色定位；居民参与的平台选择（自上而下式或自下而上式）
	程序系统	目的地居民参与的程序设计；协调机制
旅游目的地居民参与旅游地发展的内容系统	旅游目的地社区居民参与旅游发展决策	激励机制；制度模式设计；旅游规划的选择；内生力量与外援性力量平衡
	旅游目的地社区居民参与旅游经济活动	目的地居民在吃、住、行、游、娱、购六大要素中的参与权与话语权；社区融资；参与旅游经济活动的方式
	旅游目的地社区居民参与相关的管理活动	管理内容界定；管理权
	旅游目的地社区居民参与收益的分配	利益相关主体的界定；利益分享机制；收益漏损预防机制
	旅游目的地社区居民参与旅游资源、环境的保护	目的地居民参与旅游资源、环境保护的利益和奖惩规则
	旅游目的地社区居民参与旅游知识的教育与培训	目的地居民参与旅游发展能力的培养；环境意识的培养
旅游目的地居民参与旅游地发展的评价系统	本地文化、控制与旅游	体现本地主题；多样化本地旅游；高度的本地文化控制
	旅游目的地社区居民参与能力评价因子	参与水平；参与层次；参与方式；参与阶段
	旅游目的地社区居民旅游利益分享评价	目的地居民分享旅游经济效益的程度；社区就业；目的地居民旅游收入分享；目的地居民承担的旅游发展所伴随的经济成本、社会成本、文化成本以及机会成本
	旅游者社区文化真实性感知	旅游者真实融入社区日常活动和社会环境程度；旅游者感知的旅游空间间隔程度

4.旅游目的地文化本真性和商品化的整合与互补[①]

文化的本真性是指文化发展和展示中的真实性和自然性，这是旅游资源的魅力所在。

① 曹诗图，孙静.旅游文化学[M].北京：北京大学出版社，2008：180.

但是旅游开发中出现文化的商品化往往又导致文化丧失本真性，并最终遭到腐蚀和破坏。因为商品化多照顾公众的一般爱好，使得文化的发展和展示只是维持在最能带来收益的现实或潜在的顾客的水平上，从而降低文化品位或使文化平均化，甚至使文化实际上已经解体。这就要求把握好本真性与商品化的兼容关系。其措施有：一是正确处理旅游开发中经济效益与社会文化效益的关系；二是旅游开发既要遵循经济规律，又要遵照文化法则（如我国大量人造景观匆匆衰败的反面例子）；三是为游客在一定范围内亲身体验当地人民的真实生活创造条件，防止“伪文化”的传播[①]。

5.民族性与世界性的整合与平衡

民族性与世界性的整合与平衡，就是正确处理目的地文化与外部文化的关系。旅游目的地的发展过程，也是旅游目的地民族化走向世界的发展历程。旅游目的地文化要走向世界，既要吸收外来文化中有价值的东西，特别是在服务文化建设过程中，要具有国际标准和眼光，又要继承和发展民族文化的特色，避免民族文化的消退。

本章重要观点

1.旅游目的地（旅游接待地）是旅游文化现象的最终极载体和最佳观测点。从旅游文化学视角看，旅游目的地地域（本源）文化、旅游对目的地的社会文化影响与各种旅游文化现象在旅游目的地的各种表现形式交织在一起。旅游目的地文化生态是包括旅游目的地地域文化、旅游对目的地文化影响、旅游目的地文化（各种旅游文化现象）以及旅游目的地文化发展变迁与调试的综合体。

2.当旅游从个别偶然的现象发展成为大众的经常性的社会文化现象时，就会对社会整体产生巨大影响，这种影响首先和最主要的表现为对旅游目的地的影响。旅游者的行为和旅游企业的行为成为足以影响人类社会文化发展趋向、左右旅游地社区演化方向的十分重要的因素。正确认识旅游对旅游目的地的社会文化影响，是我们准确把握旅游目的地文化生态的重要环节。

3.旅游目的地是客源地与接待地两种文化直接相遇、碰撞和发生交融的地区，文化遭际、文化交流和融合无处不在、无时不在。旅游目的地文化是一种相遇文化、相异文化和低势能文化。旅游者和目的地居民，即参观者和被参观者之间的直接或间接的际遇导致了外来文化同本土文化的冲突与融合，相互交织在一起的多重文化构成了极其复杂的变迁合力，从而引发目的地社会文化的逐渐变迁。

4.文化不是一成不变的，试图阻止文化的变化是不切实际的幻想。落后的弱势文化总会受到先进强势文化的冲击、弱化和同化，文化的发展变迁是一种必然。旅游文化研究的任务之一就是要综合考虑影响旅游目的地文化变迁的因素，通过对相关因素的控制，对旅游目的地文化进行调试，使之朝积极的方向变迁发展。

5.追求旅游目的地文化变迁中的健康发展，需要平衡好五个方面的关系，努力把握好诸多影响旅游目的地文化变迁因素之间的契合点和平衡点。

---

① 曹诗图，孙静.旅游文化学[M].北京：北京大学出版社，2008：180.

本章问题讨论

1.从旅游文化学视角看，旅游目的地地域（本源）文化、旅游对目的地的社会文化影响与各种旅游文化现象在旅游目的地的各种表现形式交织在一起，你中有我，我中有你，难以区分。你是怎样看待这一观点的？

2.旅游对目的地社会文化有哪些影响？以你熟悉的一旅游目的地（旅游地）举例说明。

3.很多人在谈到旅游对文化的影响时，都举例说明旅游能促进文化的保护和复兴，你对此怎么看？

4.有人特别主张对一些文化型旅游目的地要加以保护，要维持其文化传统和特色，这能行得通吗？

5.影响旅游目的地文化变迁的因素有哪些？请尝试把这些因素加以归纳和整合，构建一个分析旅游目的地文化变迁的理论模型。

6.本章认为，追求旅游目的地文化变迁中的健康发展，需要平衡好五个方面的关系，努力把握好诸多影响旅游目的地文化变迁因素之间的契合点和平衡点。你是如何理解这五对关系的？请逐一加以分析和评价。

本章补充阅读材料与案例分析

材料1

如何看待文化旅游目的地的社会文化变迁①

在《重访主人与客人》一书中，Pi-Sunyer Brooke Thomas 和 Daltabuit所撰写的“玛雅文化旅游”一文，实际上针对土著玛雅人这一主题的着墨很少，真正的主题似乎是墨西哥尤卡坦半岛的旅游发展及其给当地人口带来的损失。

造成损失的原因是什么呢？是由于20世纪70年代围绕当时还充满野趣的渔村（该村坐落在昆塔纳鲁州）而进行的快速旅游开发以及在20世纪90年代后期达到的每年200万人的入境旅游者规模？是，也不是。我们先来看不是这一面。该文作者非常清楚，尤卡坦半岛的玛雅人的社会边缘化过程实际上在第一位旅游者涉足这里美丽的沙滩之前就已经开始了，但就其原因和过程而言，作者并没有告诉我们多少。在对1847年至1855年之间的种姓之战（Caste War）以及之后直到1901年间的历史马马虎虎做了几句评论之后，作者仅仅提到玛雅人遇到了墨西哥人，就好像那是幽灵，在真空中游走，避而不谈当时甚为流行的富国强民的意识形态，也不谈盘踞海岸地带的克利奥尔人与非玛雅混血儿，而他们当时正引进新的生产方式。当时，在政治斗争的顶峰，有一个社会人物便利用这些群体来反对玛雅人。而玛雅人输了，因为他们落后而脆弱的耕作体系不足以应付也不适合那种为非玛雅人所推崇的更为复杂的经济形态。所以，玛雅人的社会边缘化过程，在该地区旅游开发之前很多年就已经开始了。

① 原文载于Tourism Recreation Research，Vol.27，No.2，2002，是Julio Aramberri教授关于Valene L.Smith所著的Host and Guests Revisited：Tourism Issues of the 21st Century一书中的书评。这里是该文的后一部分。

另一方面，毫无疑问，该地区的旅游开发已经留下了它自己的烙印。对新的旅游度假地和旅游服务的需求已经吸引了许多来自墨西哥其他地方和来自国外的就业人员，而通常情况下是替代了旧有的劳动力，部分原因是就业政策当中有歧视印第安人的成分，另一部分原因是外来人员拥有新的服务经济所需要的良好训练和技能，而玛雅人缺少这些。于是，那些因各种原因而落后于快速变革的时代的玛雅人便要承受艰难的命运。

作者们对这样的结果哀怨欲绝，从道义上讲是值得赞赏的。但是，道义本身并不能解决问题。作者们似乎有意否认服务经济会持续下去的事实，他们宁愿将自己包裹在怀旧的斗篷之中，即使他们对应付所谓边缘化的玛雅人的现代化进程所做的阐述很不一致。玛雅人，或更确切点说是他们当中的多数人，对于得失自有自己独特的衡量尺度。对他们而言，要离开合作农场而去做一个拿工资的力工，这一步并不容易。但是，另一方面。他们并不依恋原来的栽培农业生活方式。在该文作者的调查之中，百分之七十八的被调查者称，倘若没有旅游业，情况未必更好。

可是，作者们不依不饶地还在哀悼玛雅社区的旧有结构在解体，慨叹消费主义已经浸透到社会生活当中。他们甚至一丁点也不愿意考虑一下为什么许多玛雅人对此都并不忧虑。Pi-Sunyer Brooke Thomas 和 Daltabuit 惋惜的只是西式的便装已经取代了老式服饰；惋惜现代医学和商业药品顶替了玛雅牧师的权威；惋惜各种印刷媒体，尤其是电视，成了娱乐和消息的新型渠道；惋惜人们消费类似可口可乐、雀巢咖啡和其他著名品牌的商品，而不追随传统饮食——根据作者们的意思，这种饮食更有利于健康。对这些真是不值得一驳。牛仔服和T恤衫可能比老式套头连衣裙更便宜也更管用；现代医学在与疾病做斗争方面比传统做法有更好的记录（顺便问一句，当作者们要急诊时，你们到哪儿去了呢？到邻居那位江湖郎中那儿呢，还是到大学附属医院？我这只是好奇）；做现成的玉米粉圆饼和玉米面豆卷节省了妇女们的大量劳动；品牌食品通常比非品牌食品在质量控制方面更好；或者，那种墨西哥电视系列剧（culebrones）对许多玛雅人来说可能比往昔流传下来的口头文学更有意思。显然，在这种发自内心的保持玛雅文化的借口当中，哪一方面都考虑到了，唯独不给现在的尤卡坦半岛的玛雅人一席之地。如果我们都追随与 Pi-Sunyer Brooke Thomas 和 Daltabuit 相同的人类学传统，那么，关于玛雅文化就只有一种怀旧的声音，而真正的玛雅人可能会认为，倘若他们真要是回到各位作者所建议的旧日时光，他们的命运会更糟。

在现代化进程中，尤卡坦半岛的玛雅人似乎采取和世界其他地方数百万人同样的方式进行自我调查，同时也遇到了类似的问题。有人可能不喜欢这个，但很难弄明白为什么这会加剧其边缘化进程。事实上，玛雅人似乎有很好的本体感。他们知道往日不会再来，知道他们必须适应新的环境，也知道他们必须扩张其有限的社会资本。这似乎是超越边缘化而不是否认随着新时代的到来而产生的变化——同时还有机会——的一种比较好的方式。这些作者们可以面无表情地说：在墨西哥，“第二次世界大战后的发展模式对大多数人的生活水平的改善非常有限”，虽然世界银行的统计数字和联合国人口发展指标所反映的恰好相反，但对于已经边缘化了的玛雅人来说，没必要认这种不实之词的账。但是，虽然玛雅人可能不读那些神秘兮兮的数字统计资料和统计报告，虽然他们可能对于新的服务经济所给予他们的些许机会颇有怨言，但他们也知道现在所拥有的东西比昨天曾经拥有的东西多。你不能责怪他们没持有与你相同的理论假设：现代化和服务经济只是某些不可告人的组织机构创造的神话，意在愚弄和更好地剥削玛雅人而已。

【阅读提示】

1.如果把玛雅文化旅游地作为旅游文化（旅游文化现象）的一个观测点，那么在这一观测载体上，你能据此说明旅游目的地地域文化、旅游对目的地的文化影响以及旅游目的地旅游文化是如何相互作用、旅游目的地文化是如何发展变迁的吗？

2.在对待旅游目的地本土文化方面，不同的人持有什么样的观点？试分别分析旅游目的地利益相关者之间和旅游文化研究者之间观点的异同。

3.你同意作者的哪些观点，反对哪些观点？再把这些观点放到中国的现实当中考虑，看看其可取与不可取的地方有哪些。

4.在旅游目的地文化变迁过程中，存在诸多形成合力的因素，结合本章观点，根据玛雅文化旅游目的地文化变迁的现状，加以解释或说明。

5.本文作者的观点，对我们如何认识和看待旅游目的地文化的变迁有何启示意义？在保护旅游目的地文化本真性方面，应如何对待动态文化（语言、社会结构、习俗、行为方式、价值观和生活习惯等）和静态文化（艺术作品、历史遗迹和遗物等）？

材料 2

泸沽湖忧思录——变迁中的女儿国[①]

泸沽湖虽然地域封闭，但人们每天接触电视、广播、报纸、书刊，外来文化对人们的影响力是巨大的，当地的文化传统、风俗习惯正在起着变化。比如，这里的婚姻制度已嬗变为三种形式：一是走婚制，即“阿夏异居婚”，这是母系社会婚姻的主要形式，约占70%。二是“阿夏同居婚”，这是“走婚”这棵树上生出的一根枝杈。这种婚姻指已结成情侣关系的男女同居一家，但不另立门户，男到女家或女到男家由两家协商而定。三是一夫一妻制。后两种形式约占30%，而且还有扩大的趋势。据我观察，文化水平较高或有工作的，婚姻一般为“一夫一妻”或“同居婚”。这种趋势似已使母系社会的冰山一角开始融化，最具特色的婚俗文化现象的魅力在减弱。

过去，这里的民风民俗最醇正，但近几年也出现了打架、斗殴、赌博等歪风。过去，在交往中，诚实为本，骗人为耻，现在做买卖时以次充好、少给多收现象时有发生。

僧侣的戒规和宗教仪式的庄重与过去相比也发生了变化。碰巧，我们在里格岛遇上了殡葬仪式，一位名叫扎西的当地的僧人给我留下了深刻的印象。他是出家人，却有一个同居的阿夏，与拉克六斤的五妹结婚并生有一男一女；他白天去念经，晚上主持篝火晚会，亦歌亦舞，是姑娘们喜欢的对象；他的职业是僧人，却用自家房产开了个旅馆，采购、收钱，扮演地方商人的角色。小伙子聪明漂亮，那副潇洒劲头，村里的年轻人都很羡慕。

① 佚名.泸沽湖忧思录——变迁中的女儿国[EB/OL].[2015-08-10].http：//www.docin.com/p-257092457.html.

对于种种文化现象的变化，各类人众说纷纭。这里摘录几段村民的议论：在湖边的木楞房旁，几个老人坐在粗大的木桩上。一个头戴毡帽、魁梧的老人说："我年轻的时候，走南闯北，赶马经商，远到印度，走过不少地方，也算见过世面吧。但还没见过现在的年轻人，骑着马走村串寨，见到老人，遇到喇嘛也不下马，说是骑给游客看的，真是活见鬼。"另一个老人插话："别说是村中间骑马，就是连转尼马堆也有人不再行走了，骑着马转。"另一个老人深有感触地说："现在，什么人都谈着钱、钱、钱，他们真是没见过钱。我年轻的时候，曾用十多匹马驮过钱。"有一个老人说："他们天天谈论歌舞厅，我就悄悄摸进去看了一下。哎呀，这哪里是在跳舞，那男的双手抬着女人，完全是我们葬礼中孝男举贡品托盘的姿势嘛!"议论引来了一阵阵笑声。

杨二车娜姆在她的《走回女儿国》一书中说："老人们的谈论，我并不完全赞同。社会在发展，民族也需要发展，永远保持传统是不可能的。永远保留那种自然经济状态，孙女重复外祖母，女儿重复母亲，那种亘古不变的历史应该成为过去。任何人也没有能力让时间倒流，关键是怎么变，怎么发展？如何少走弯路，如何认识传统，又如何辨别外来文明，这是值得思索的。如果认为外来的、一切新鲜的都是对的，不加选择地一概吸收，那么，不要几年工夫，在泸沽湖，将再也看不到真正的摩梭，说得严重一些，只能见到一些穿着摩梭服装的服务员。""那些紧挨着祖母房的卡拉OK厅、发廊等所谓的现代文明进入泸沽湖，似乎是一股浑浊的河水淌入纯净的泸沽湖。这里有一种隐痛、一种看不见摸不着的城市病，随着现代文明传染给了我的故乡。湖边，在古老的猪槽船边，我看到一堆堆塑料口袋、饮料瓶。这些东西，一百年也不会腐烂。我有种奇怪的感觉：我们的母亲湖正在被人强奸。""外边进入的东西，并不全是精华，而是一些说不清是垃圾还是娱乐品的东西，津津有味地看着这些《精武门》、《生死关头》、《鸳鸯情侣》之类的港台作品。真不知道，受这些东西熏陶的我的兄弟姐妹，将来走向何方，我很担心。"

【阅读提示】

1.旅游发展对泸沽湖的社会文化产生了哪些影响？哪些是积极的？哪些是消极的？你是如何看待这些影响的？

2.以泸沽湖为例，试用社会文化变迁来分析旅游目的地社会文化的发展。

3.作者对泸沽湖的担心有道理吗？

4.如何保证泸沽湖旅游的可持续发展？

附录

地方文化与旅游产业融合发展研究

作者注：了解文化与旅游产业融合发展的理论基础和产业实践现状，是我们真正理解文化旅游与旅游文化具有本质差异的桥梁和纽带。为了让读者真正理解和把握旅游文化与文化旅游、文化旅游资源开发与旅游文化等相关概念之间的区别，我们特地总结了地方文化与旅游产业融合发展的相关理论问题，选择典型案例分析了地方文化与旅游产业融合发展的具体路径，以帮助理解文化旅游与旅游文化之间的差异和转化问题，助力旅游文化学学科建设。

改革开放30多年来，我国旅游业发展迅速，在国民经济和国际交流中扮演着越来越重要的角色。在对外开放程度不断加深的进程下，我国旅游业发展已进入重大战略调整期。当前和今后一个时期，促进旅游产业的转型发展和升级换代，是我国旅游业发展面临的一个关键任务。以产业融合为主要形式和发展趋势，探索旅游产业的转型升级路径，探索旅游产业的发展方式、发展形态，由粗放型向集约型方向转变，由注重规模扩张向扩大规模和提升效益并重转变，由注重经济功能向发挥综合功能转变，必然成为旅游业转型升级的重大切入点。旅游产业的天然渗透性势必推进旅游业与其他产业的融合。

一、地方文化与旅游融合发展的理论与实践

（一）文化与旅游融合发展的理论和实践

总体来看，文化与旅游逐渐从结合走向融合，形成以博物馆、古镇古村、历史街区、文化旅游地产、文化遗产、滨水景观、文化实景演出、影视文化城、文化主题公园以及文化创意产业园为主要载体的文化与旅游融合发展的模式。附表1归纳总结了地方文化与旅游从结合到融合发展的演进情况。

（二）地方文化与旅游产业融合发展的案例借鉴

文化与旅游产业的高关联性和展示性等特征，使得两者在具体实践运作过程中涌现出不少互动融合的经典案例，这些成功经验值得我们借鉴。旅游业价值链主要有旅游产品和销售渠道两大价值活动创造环节，表现为文化与旅游内容制作环节的深度融合以及文化与旅游内容传播销售环节的互动与融合。附表2和附表3归纳总结了国内外地方文化与旅游产业融合发展的典型案例。

附表1　**文化与旅游融合发展模式及其演进过程**

载体	发展阶段		案例
	结合	融合	
博物馆	依托（非）物质文化遗产，分类陈列，静态展示	依托（非）物质文化遗产，以数字博物馆方式动态展示	苏州民俗博物馆和洛阳民俗博物馆
古镇古村	依托古镇古村聚落景观和历史街区开发旅游观光类产品	基于利益相关者参与的社区旅游；基于乡土文化气息的体验旅游	周庄、乌镇、诸葛八卦村、西递、宏村
历史街区			上海新天地、北京南池子、苏州桐芳巷、福州三坊七巷、丽江古城
文化遗址	遗址公园、文化遗址旅游区	遗址展示深化、遗址展示数字化	
文化遗产	以垄断和特许经营为主要思路的文化遗产旅游开发	以普世价值为取向的文化遗产旅游开发	杭州西湖免费模式
文化旅游地产	分时度假和产权酒店结合，形成以观光旅游、休闲度假、娱乐游憩、商业运动为主要业态的旅游地产开发	以文化旅游资源与土地资源为基础，以旅游休闲功能为主导，结合大型旅游休闲项目，形成旅游综合体	深圳华侨城、杭州宋城、芙蓉古城、黄山宏村
城市滨水景观	以城市陆城和水城结合开敞空间的多功能旅游休闲开发	城市陆城和水城结合区域的旅游空间生产	武汉江滩、上海外滩、南京秦淮河
文化实景演出	民族民俗文化的舞台化商业演艺	以自然风光为天然背景，以地方文化为主题，综合运用多媒体声光与舞台技术，以地方文化演出为场景的剧场体验	以“印象刘三姐”为代表的印象系列旅游文化产品
影视文化旅游	以影视拍摄、制作和相关事件为旅游吸引物的影视基地	以影视文化旅游资源为基础、以影视旅游主题公园为主要表征的影视旅游产业链条	横店影视城、大理天龙八部影视城、曲靖翠山影视城、昆明玉龙湾影视城、丽江束河茶马古镇影视城
节庆文化	主题化的节庆活动	融纪念、文化、旅游、学术、艺术、经贸和科技于一体的节庆产业	曲阜国际孔子文化节、西湖龙井开茶节、洛阳牡丹花卉节、龙虎山道教文化旅游节、大理观音节
饮食文化	以美食为旅游吸引物	以饮食为本底的特色专项文化旅游产品谱系	广东美食旅游线；成都国际美食旅游节

附表2 国内外文化与旅游内容制作环节深度融合的经典案例

经典模式	主题	主要内容
桂林“旅游+演艺”	大型山水实景演出	以区域文化为主调的商业演艺与旅游产业结合，集自然山水风光、民族民俗文化和艺术创造于一体
美国迪士尼“动漫+旅游”	动漫主题公园	通过技术渗透将科技与艺术完美融合，将动画片与游乐园功能结合，借助游乐园地域空间真实再现虚拟的动漫世界
法国“旅游+创意设计”	时尚与工艺设计激活旅游纪念品市场	旅游与创意设计融合，形成感官冲击力，渗透浓郁的地方文化特质
杭州宋城“旅游+网络游戏”	旅游与网络游戏对接	旅游与网络游戏对接，网络游戏公司找到承载自身文化内容的载体，旅游企业找到一个很好的文化内容，游客和网络用户实现共赢
浙江横店影视基地“影视+旅游”	影视基地景区文化	通过影视作品的影响开发旅游主题，积极创建富有特色的影视旅游主题公园

附表3 国内外文化与旅游内容传播销售环节深度融合的经典案例

经典模式	主题	主要内容
韩国“影视+旅游”	影视作品催生旅游热潮	以“内容为王”精工细作的影视为先行企业，借助影视作品中所体现出来的特色文化，培育大批潜在旅游消费者
携程旅行网“网络技术+旅游”	智慧旅游	改变以旅行社为中心的旅游传统运营模式，利用网络和数字技术，网络与传统旅游无缝结合

二、地方文化与旅游融合的整合模式

（一）地方文化与旅游融合的类型整合模式

1.类型整合理念

在全面分析地方文化类型的基础上，从类型学角度，归纳地方文化与旅游结合的类型整合模式，探究典型模式的实用性和易用性。要充分考虑文化兴旅，旅游兴业，产业富民。

2.类型整合模式

已有的文化旅游资源的开发，纯粹的、单一的开发模式已经很少，多数都表现出程度不一的结合和整合色彩。文化旅游资源的开发，是一个不断深入发展的过程，也是一个不断融合和相互渗透的过程，类型的整合总体上就表现出了两方面的属性：第一是整合肯定带有综合色彩；第二是众多的整合要素综合一体后，仍然可以看出功能上的主导色彩。这样我们就依据主题功能概念，命名类型的整合模式。

在地方文化与旅游融合的过程中，我们既要充分借鉴文化向旅游转化的各种模式和路径，又要根据主题功能的不同，进行类型的整合。附表4提供了地方文化与旅游融合的类型整合模式。

附表4 **地方文化与旅游融合的类型整合模式**

类型整合主导模式	文化与旅游融合模式（文化向旅游转化模式）
展示主导	博物馆旅游，遗址旅游，文化实景演出
创意主导	文化创意旅游，动漫旅游城，影视文化城
体验主导	文化主题公园，旅游节庆，美食旅游
融合主导	古村落古民居，文化旅游地产，城市滨水景观，历史街区

地方文化旅游产品的开发，既要依托地方文化资源向旅游转化的基本路径，又要根据主题功能的不同，进行类型整合，以适应主导功能发展的旅游产品开发需要。

（二）地方文化与旅游融合的空间整合模式

1. 空间整合理念

分析地方文化与旅游的空间整合模式，是要为旅游区域合作打下坚实的基础。现代产业融合的理论和实践客观要求，在探索产业的空间融合过程中，既要分析产业要素的空间分布规律，又要运用空间集聚、空间体系和空间优化的理念，去探求空间关系。

旅游资源一般具有遍在分布与集中分布的特征，将优势和特色资源向优势地域集中，促成相关产业链条增长，形成集聚效应，并促进空间优化，是产业融合的基本要求。

2. 空间整合模式

理论上，旅游业的发展不是依靠规模的扩大，而是依靠系统的产出来实现最佳经济效益。文化旅游资源在空间上的整合，总体上应该遵循空间规律。附表5反映了产业融合过程中的空间整合的基本模型。

附表5 **产业融合过程中的空间整合模式**

空间整合模式	空间整合模式下的地方文化旅游空间格局
中心边缘的块面整合模式	地方文化旅游的“核、块、带、区”格局
利益互容的网络整合模式	功能主导的地方文化旅游产品群
主题浸润的线路整合模式	主题鲜明的地方文化旅游产品线

在开发地方文化旅游产品过程中，我们要自觉遵循产业融合的空间整合模式，抓好地方文化旅游空间格局中的“核心”，增强核心的空间辐射能力，从而带动“块”、“带”和“区”的旅游发展。在布局地方文化旅游产品谱系过程中，要真正做到功能分区与功能主导相结合，形成各具特色的地方文化旅游精彩时段，这种精彩时段的时空特定组合，形成了各地区因时因地特色突出的旅游热点，极其有利于旅游业的发展。

在开发地方文化旅游产品过程中，遵循空间整合规律，自觉按照由点到线到面，点线面结合的空间规律，根据文化资源禀赋和丰度，由开发不同级别的核心地方文化旅游产品再到组合旅游产品（群），再到功能主导或特色主题的地方文化旅游产品线，最后形成地方文化产品谱系和产品网络。

（三）地方文化与旅游融合的时序演进模式

1.地方文化整合规律

在全面分析地方文化整合规律的基础上，从战略规划学角度，分析地方文化与旅游结合的类型整合和空间整合的现状与发展路径，探究规划思路和引导方向。我们可以从地方文化旅游产品形态、市场业态和市场结构演进规律三个角度认识地方文化的整合规律（见附表6）。

附表6 地方文化的整合规律

时空演进规律	结合 ……………→ 融合
产品形态演进规律	文化与旅游结合形成产品→提炼精品→创建品牌 文化与旅游结合的单一产品→凝练特色→综合体
市场业态演进规律	由文化事业向文化旅游产业再向产业融合化发展
空间结构演进规律	文化旅游产品的空间集聚到核心区域形成再到竞争性的网络化产品体系

2. 地方文化与旅游产业融合路径

（1）类型整合路径。

地方文化与旅游产业融合的路径，实质是研究地方文化的旅游本体适应性、地方文化的旅游客体（旅游地）适应性和地方文化的旅游介体适应性以及地方文化旅游的形成适应性。在探索地方文化的旅游适应性和旅游转化方式过程中，文化与旅游内容、类型的整合，以及文化空间与旅游空间的整合是实现地方文化产业与旅游产业的两大基点。文化与旅游产业要融合，必须探求融合的适应性，即整合路径的外在条件。不同类型的整合，需要借助于不同的整合路径；不同的整合路径，推动不同文化与旅游类型的融合（见附表7）。

附表7 地方文化与旅游融合的类型整合路径

类型整合主导模式	整合路径	文化与旅游融合模式（文化向旅游转化模式）
展示主导	科技化	博物馆旅游，遗址旅游，文化实景演出
创意主导	晕轮化	文化创意旅游，动漫旅游城，影视文化城
体验主导	人性化	文化主题公园，旅游节庆，美食旅游
融合主导	交叉化	古村落古民居，文化旅游地产，城市滨水景观，历史街区

例如，就博物馆、遗址和文化实景（文化演艺）类文化而言，高科技的全面引入大大提升了此类文化的吸引力和张力。通过高科技展示，静态式文化或文物被注入了活力。

又如，创意主导的文化旅游整合模式，就是展示文化创意产业本身和创意过程的文化旅游形态，因文化创意活动吸引了大量的艺术家和大量的专业人士集聚，大大提升了文化创意中心的吸引力。当创意与文化结合，形成创意旅游时，便形成创意主导模式的文化旅游。在成功的案例中，许多都不是依靠创意产品本身来获得文化旅游收益的，这种文化旅游发展的模式是靠晕轮效应来实现良好的经济效益的。文化创意产业园、动漫旅游城以及影视文化城都是围绕创意本身和创意过程的展示，与旅游的诸要素融合开发，形成文化与旅游的融合体系。

（2）空间整合路径。

地方文化的空间整合路径，遵循文化地理空间的演化规律，符合由点到线再到面的空间发展路径（见附表8）。

附表8 **地方文化空间整合路径**

文化空间规律	具体路径
培育增长极	基于文化资源禀赋和文化地理优势培育有影响力的文化旅游地，进而影响周边以及相关产业，逐渐拓展旅游业空间，形成旅游地
培育增长轴	基于多点旅游地，依托旅游交通线，培育文化旅游轴
培育增长带	依托旅游增长轴，开发文化旅游精品线
形成网络格局	多条文化旅游线路的空间优化与竞合，最终促成网络化旅游空间格局

三、案例分析：湖湘文化与旅游产业融合发展要点

（一）核心湖湘文化旅游产品开发

1. 现存湖湘文化旅游产品的开发与诊断

湖湘文化与旅游产业融合，开发湖湘文化旅游产品，最关键的是根据湖湘文化旅游资源禀赋、特色和丰度，结合文化向旅游转化模式，结合文化与旅游融合的类型整合和空间整合路径，开发核心湖湘文化旅游产品。在开发过程中，我们要根据文化与旅游融合的类型以及空间整合路径，对核心文化旅游资源的开发现状和路径加以比较和诊断，在开发现状基础上或调整开发路径或提质增效（见附表9）。

附表9 **湖南现存核心文化旅游产品的开发与诊断**

开发区域	现存文化旅游资源	开发路径
（长沙）国际都市文化区	湖南省博物馆；绣博物馆；马王堆汉墓；湖南第一师范纪念馆；雷锋纪念馆；九芝堂传统中药文化；铜官窑遗址公园与陶瓷技艺；浏阳花炮工艺	科技展示
	岳麓山旅游区；橘子洲头；靖港古镇；天心阁；王陵公园；开福寺	交叉融合
	胡耀邦故居；黄兴故居；杨开慧故居与纪念馆；徐特立故居；朱镕基家乡；田汉家乡；书堂山欧阳询家乡；新民学会成立会旧址暨蔡和森故居；任弼时纪念馆；船山学社	交叉融合
	湖南杖头木偶戏；长沙弹词；洞井龙舞	舞台展示体验参与
	湖南国际会展中心；贺龙体育馆	节事化
	火宫殿与湘菜文化；沙坪湘绣之乡与湘绣技艺；民间剪纸	人性化体验
	吧文化	时尚化
	影视、动漫等文化创意	创意主导

续表

开发区域	现存文化旅游资源	开发路径
（株洲）工业文明文化区	炎帝传说与炎帝陵	交叉融合
	方特欢乐世界；醴陵釉下五彩瓷烧制技艺	科技展示
	李立三故居；中国芦淞服饰城购物旅游景区	人性化体验
（湘潭）红色文化旅游区	毛泽东故居与活动纪念地；彭德怀纪念馆；齐白石纪念馆	交叉融合
	隐山湖湘文化沉淀地；石鼓·青山唢呐	体验主导
	湘潭槟榔	旅游商品
（岳阳）楚韵风骚文化区	岳阳楼；君山公园；张谷英村	交叉融合
	屈子祠与端午节习俗；国际龙舟节	体验主导
	任弼时纪念馆；左宗棠故居；巴陵戏；6501地下工程；岳州扇制作技艺；洞庭渔歌	科技展示
	君山银针	旅游商品
（衡阳）福寿养心文化区	南岳衡山	融合主导
	船山书院与王船山思想；石鼓书院	体验主导
	罗荣桓故居纪念馆；夏明翰故居；彭玉麟故居与纪念馆；岳屏公园衡阳抗战纪念城；陆家新屋——衡阳保卫战纪念馆	交叉融合
	湘剧；衡山影子戏（皮影戏）；衡州花鼓戏；衡南七巧龙舞；瑶族谈笑	剧场体验
	常宁无渣生姜	旅游商品
（娄底）民族遗产文化区	梅山龙宫-紫鹊界梯田	体验主导
	曾国藩故居	交叉融合
	以蚩尤文化和梅山傩戏为代表的梅山文化	科技展示
（郴州）生态休闲文化区	义帝岭；湘南起义指挥部旧址	体验主导
	湘粤古道（未开发）	体验主导
	天堂温泉度假山庄	体验主导
	莽山；东江湖；万华岩风景区；苏仙岭；仰天湖草原风景度假区	休闲体验
	以苏仙岭为代表的福地文化；以晋简为中心的简牍文化；以湘昆曲为代表的地方戏曲文化；以中国女排“五连冠”为代表的体育文化（未开发）	整合主导

续表

开发区域	现存文化旅游资源	开发路径
(永州)生态旅游文化旅游区	瑶族风情游	交叉融合
	以舜文化（舜帝）、柳文化（柳宗元）、碑文化、女书文化、草书文化为主体内容的潇湘文化	体验主导
	浯溪碑林；宁远文庙；舜帝陵庙；玉蟾岩遗址；女书院	体验主导
	千年古村上甘棠（历史古村游）	交叉融合
	九嶷山景区；阳明山景区；千家洞旅游区	旅游主导
(张家界)山岳文化旅游区	武陵源风景区，结合天门山、百里画廊茅岩河、猛洞河、八大公山原始森林等核心景点，融合多历史文化遗址和民族民俗，展现独特风景和迷人魅力	深度旅游
	文物古建筑类（贺龙故居，中华苏维埃纪念馆，玉皇洞石窟，华子坡窑址，五雷山道观，普光禅寺）	展示主导
	民俗风情类（茅古斯舞，四月八，火把节，摆手舞，过赶年）	展示+体验
(常德)山水田园文化区	森林公园类（桃花源，花岩溪，夹山，黄头山，天供山，黄姑山，太阳山，瓶壶山）	深度旅游
	文物古迹古建筑类（城头山原始社会遗址，铁经幢，荣王府，余家牌坊，桃花观，林伯渠故居，彭头山文物遗址）	展示主导
	民俗风情类（桃花源桃花节，秦人村，武陵戏）	交叉融合
	擂茶	旅游商品
(邵阳)绿色文化旅游区	世界自然遗产崀山；南山；武冈云山；绥宁黄桑；回龙洲；魏源湖	绿色旅游
	文物古迹古建筑类（武冈城墙，文庙，关圣殿，宣风楼，文昌阁，三渡水牌坊，普照寺，魏源故居，侗族鼓楼，水府庙）	展示主导
	民俗风情类（邵阳花鼓戏，祁剧，邵阳曲艺）	剧场体验
	邵阳黄花菜；宝庆猪血丸子；武冈铜鹅	饮食旅游
(湘西)神秘文化旅游区	凤凰古城；德夯村	展示主导
	乾州古城；倭寨；苗家吊脚楼；凤凰古城楼；凤凰桥；祖师殿；沈从文故居；山江苗寨；黄丝桥古镇；边城茶洞；溪州铜柱；老司城；王村；革命根据地旧址	展示主导
	民俗风情类（四月八，赶秋节，八人秋，上刀梯，摆手舞，三月三，百狮会，茅古斯舞，赶年，六月六，清明歌会，哭嫁歌，苗族鼓舞，赶尸）	参与体验
	溪州土家族民俗博物馆	展示主导
	湘泉酒；土家织锦；苗家酸鱼；古丈白毛尖	旅游商品

续表

开发区域	现存文化旅游资源	开发路径
（怀化）民俗历史文化区	怀化博物馆；黔城芙蓉楼；芷江受降纪念馆；向警予同志纪念馆；龙兴讲诗；皇都侗寨；凤凰古寺；滕代远纪念馆；靖州忠义侯祠	展示主导
	洪江古商城；万佛山	融合主导
	藕团芦笙节；歌会节；火场鸟乡；侗族服饰；赶坳；靖州民族服饰	体验主导
	木洞杨梅；八龙油板栗；冰糖橙；安江香柚；侗锦；溆浦鹅；碣滩茶	旅游商品

2. 湖湘文化旅游产品转型升级的主要方向

湖湘文化旅游产品的转型升级，要结合各旅游区的主题功能定位和旅游产品的空间格局，遵循湖湘文化与旅游产业的融合路径，根据展示主导、创意主导、体验主导和融合主导的路径要求，以强化博物馆和遗址类旅游资源的科技化展示途径为突破口，以策划湖湘文化实景演出为增长点，以动漫等创意旅游延长产业链，建设一批符合各旅游区主题功能的文化主题园。

（二）湖湘文化旅游产品线

根据湖南旅游的分区结构，要继续开发、完善与提升10条精品文化旅游线路，使湖湘文化旅游产品线路布局更加合理（见附表10）。

附表10 **湖湘文化旅游产品线**

序号	湖湘文化旅游产品线	线路主题
1	长沙—汨罗屈子祠—岳阳	湘楚文化
2	长沙—韶山—宁乡（花明楼）—曾国藩	名人故里
3	长沙—南岳—郴州	宗教文化
4	长沙—常德（桃花源）—张家界—湘西（猛洞河）	山水文化
5	张家界—湘西（凤凰、德夯）和怀化（侗寨）	民族风情
6	长沙—娄底（紫鹊界、波月洞）—邵阳（虎形山、崀山、南山）—怀化	地质奇观
7	长沙—株洲（炎帝陵）—南岳—永州（舜帝陵）	寻根祭祖
8	长沙—益阳（桃江）—常德（夹山、城头山和壶瓶山）	田园文化
9	长沙—益阳—岳阳	滨江文化
10	怀化（通道）—邵阳（崀山）—娄底（曾国藩）—衡阳（衡山）—郴州（东江湖、莽山）	山水文化

（三）完善湖湘文化旅游产品谱系

实现湖湘文化旅游产品的转型升级，要在诊断并调整现存文化旅游产品开发路径的基础上，结合文化旅游产品精品线的设计与开发，突出主题功能分区，完善湖湘文化旅游产品谱系（见附表11）。

附表11 **湖湘文化旅游产品谱系**

<table>
<tr><th colspan="2"></th><th colspan="2">完善湖湘文化旅游产品谱系的主要发展方向</th></tr>
<tr><td rowspan="22">特色主题文化旅游</td><td rowspan="3">文化遗产</td><td colspan="2">进一步提升武陵源和崀山两大世界自然遗产品质，并与文化旅游整合开发；加快南岳衡山、紫鹊界-梅山龙宫环境整治与遗产资源保护性开发</td></tr>
<tr><td colspan="2">以凤凰古城的申遗为契机，提升凤凰古城的品质</td></tr>
<tr><td colspan="2">加快马王堆“物址合一”、洪江古商城、澧阳平原史前遗址群、湖南古代简牍及遗址与里耶秦简保护与整理工作，引入高科技手段，并推动世界文化遗产申报</td></tr>
<tr><td rowspan="2">城市文化</td><td colspan="2">加快长沙、岳阳等地创建中国最佳文化旅游城市以及其他市州创建中国优秀文化旅游城市的步伐</td></tr>
<tr><td colspan="2">加快品牌文化演出项目建设，鼓励与引导多样化的夜间游乐项目</td></tr>
<tr><td rowspan="2">红色文化</td><td colspan="2">打造以韶山为中心的“领袖故里红三角”旅游区，将其建设成为全国独一无二的极品红色旅游区，牢固确立湖南省在红色旅游中的龙头地位</td></tr>
<tr><td colspan="2">继续做好“红色经典景区”的精品化</td></tr>
<tr><td rowspan="7">民俗文化</td><td>编导特色鲜明、有观赏性、有震撼力的民俗文化表演项目</td><td>湘楚文化</td></tr>
<tr><td rowspan="2">鼓励、引导恢复传统民族文化节日，净化与修缮重大节事活动场所</td><td>历史文化</td></tr>
<tr><td>民俗文化</td></tr>
<tr><td rowspan="4">重点建设以吉首德夯苗寨及黔城古城、皇都侗文化村、洪江古商城、荆坪古文化村、高椅古村、隆回花瑶旅游区、通道侗民族文化旅游、中国龙文化园等为代表的民族生态旅游村和民族生态博物馆</td><td>古汉文化</td></tr>
<tr><td>饮食文化</td></tr>
<tr><td>宗教文化</td></tr>
<tr><td>革命文化</td></tr>
<tr><td rowspan="2">名人故里</td><td colspan="2">配套完善曾国藩、魏源、左宗棠、蔡锷、蔡伦故居等一系列故居旅游资源的基础与接待服务设施</td></tr>
<tr><td colspan="2">丰富与完善故居旅游产品的表现形式，将故居旅游产品与其他旅游产品整合，形成综合性旅游产品</td></tr>
<tr><td rowspan="3">古城古镇古村</td><td colspan="2">筛选部分重点村镇进行品牌营销，建立古村古镇的旅游品牌</td></tr>
<tr><td colspan="2">将古村古镇与其他旅游产品整合，形成综合性旅游产品</td></tr>
<tr><td colspan="2">探索古村古镇旅游开发新模式，推动古村镇保护与开发协调发展</td></tr>
<tr><td>修学旅游</td><td colspan="2">岳麓书院、屈子祠、省博物馆、走马楼竹简、常德城夹山遗址、岳阳楼、船山学院、永州浯溪碑刻、宁远文庙</td></tr>
<tr><td rowspan="2">节事文化</td><td colspan="2">积极完善与提升张家界国际森林节，猛洞河国际漂流月，岳阳汨罗国际龙舟节，桃花源游园会，炎帝陵公祭，南岳庙会，长沙、株洲国际烟花节，郴州山水节，怀化侗文化旅游节，益阳竹文化节等活动的内容和知名度</td></tr>
<tr><td colspan="2">不断策划类似飞跃天门、棋行大地、蜘蛛侠攀辣椒峰等事件，提升旅游地的知名度与品牌形象</td></tr>
<tr><td></td><td>文化创意</td><td colspan="2">以湖南影视和动漫品牌为基础，创建几个文化创意产业园</td></tr>
</table>

（四）湖湘文化旅游产品的时空分布与功能调整

湖湘文化的时间结构表现为四季皆宜与精彩时段相结合。四季分明的气候条件，为湖南旅游资源四季精彩创造了条件。仅就人文旅游资源情况来看，在自然环境的季节变化和人类社会生产劳动的季节性变化的基础上，湖湘文化旅游资源呈现出随时间而变动的人文景观，特别是各少数民族的传统节日、庆典，民族文化活动等，都具有季节性特点。湖南旅游资源的季节性色彩，形成了湖南旅游活动各具特色的精彩旅游时段，特别是特定地区内自然旅游资源和人文旅游资源的精彩时段的出现特征不一，或同时出现而相映成趣，或相错分布而独领风骚。这种精彩时段的时空特定组合，形成了各地区因时因地特色突出的旅游热点，极其有利于旅游业的发展。根据湖南省各地区人文旅游资源的季节性特征，结合湖南省旅游产品空间布局与功能定位，按照春夏秋冬四时时令的变化，推出适合于不同季节的旅游产品。

资料来源　本书作者主持的湖南省社科基金和省旅游局科研项目阶段性研究成果（未发表）。